高等学校系列教材

公路工程施工技术

张 鸿 主 编
吴 多 孙红燕 副主编
徐 斌 主 审

中国建筑工业出版社

图书在版编目（CIP）数据

公路工程施工技术 / 张鸿主编；吴多，孙红燕副主编. -- 北京：中国建筑工业出版社，2024.6.（2025.6重印）--（高等学校系列教材）. -- ISBN 978-7-112-29908-9

Ⅰ.U415

中国国家版本馆CIP数据核字第2024GN6816号

本教材内容基本涵盖了道路桥梁工程施工的所有常规内容，以解决工程实践问题能力为本位，以工程应用为核心，以实用、实效为原则，紧密贴近公路施工一线，及时反映现行各类施工技术规范的最新研究成果和当前对道路桥梁工程技术人才的需要，内容选取充分考虑当前工作岗位实际所需，加强教学针对性，突出实践应用。

本书可作为高等院校道路工程、市政工程等专业教材，也可作为工程技术人员参考用书。

本书配套教师课件，可通过以下方式获取：yangyunbj@163.com，010-58337123。

责任编辑：杨　允　吉万旺
责任校对：赵　力

高等学校系列教材
公路工程施工技术

张　鸿　主　编
吴　多　孙红燕　副主编
徐　斌　主　审

*

中国建筑工业出版社出版、发行（北京海淀三里河路9号）
各地新华书店、建筑书店经销
国排高科（北京）信息技术有限公司制版
建工社（河北）印刷有限公司印刷

*

开本：787毫米×1092毫米　1/16　印张：18½　字数：456千字
2024年7月第一版　　2025年6月第二次印刷
定价：**58.00**元（赠教师课件）
<u>ISBN 978-7-112-29908-9</u>
（42873）

版权所有　翻印必究
如有内容及印装质量问题，请联系本社读者服务中心退换
电话：（010）58337283　　QQ：2885381756
（地址：北京海淀三里河路9号中国建筑工业出版社604室　邮政编码：100037）

前　言

公路建设是国家基础设施建设领域中的重要组成部分，也是交通强国战略的主要组成部分，它关系到国家经济发展和人民生活水平的提高，是全面建成社会主义现代化强国的重要支撑之一。随着公路工程施工技术的不断发展与创新，基于施工前沿和应用性强的施工技术是工程教育的重点，同时为满足 CDIO [构思（Conceive）、设计（Design）、实现（Implement）和运作（Operate）] 工程教育模式的要求，将目前公路工程建设施工中出现的新技术、新方法、新材料、新工艺等更新至教材内容中，使学生能够及时学习最新施工前沿知识，拓展知识面，提高学生解决复杂施工问题的能力。

本教材是作者们在广泛吸纳各方面意见，认真总结以往教学经验的基础上编写的，充分体现了以下特色：

1. 突出教材内容的实践性。本教材内容体现以解决工程实践问题能力为本位，以工程应用为核心，以实用、实效为原则，紧密贴近公路施工一线，及时反映当前公路行业对道路桥梁工程技术专业人才的需要，加强教学针对性，突出实践应用。

2. 注重编写模式的创新性。作者结合多年对该学科领域的理论研究与教学和工程实践经验，在该教材中引入和编写了大量公路工程施工案例、例题与思考题，力求做到理论联系实际、深入浅出、图文并茂和通俗易懂。

3. 教材内容新颖，与时俱进。本教材的编写紧密结合我国新颁布的公路工程领域相关的一系列行业技术规范和技术标准，以便学生能够掌握目前公路工程施工中最新的技术内容与学科前沿知识。

本教材由南昌工程学院张鸿任主编，吴多、孙红燕任副主编，张鸿负责全书的统稿工作，具体的编写分工为：第 1~6 章、第 16 章由张鸿编写，第 7~10 章由孙红燕编写，第 11~15 章由吴多编写。

本教材邀请南昌工程学院徐斌教授担任主审。徐斌教授严谨、认真、细致地审阅了本教材书稿，为提升本教材的编写质量提出了许多宝贵的修改意见，在此特致谢意。在教材编写过程中，编者参阅了国内外一些专家和学者的研究成果及相关文献，在此一并表示感谢！

本教材的出版得到了江西省教育厅教育改革项目（JXJG-22-18-20、JXJG-23-18-6）和南昌工程学院教材出版基金的资助，在此表示感谢！

由于编者的知识水平有限，本教材编写中难免出现遗漏和错误，恳请读者批评指正。

目 录

第1章 一般路基施工 1
1.1 施工准备 1
1.2 路基施工的主要机械 9
1.3 土方路基施工 16
1.4 石质路基施工 23
复习思考题 31

第2章 软土地区路基施工 32
2.1 换填土层法 32
2.2 表层处理法 34
2.3 排水固结法 38
2.4 挤密法 43
2.5 化学加固法 45
复习思考题 48

第3章 轻质填料路堤施工 49
3.1 粉煤灰路堤施工 49
3.2 聚苯乙烯泡沫路堤施工 53
复习思考题 58

第4章 路基拓宽改建施工 59
4.1 路基拓宽改建方案 59
4.2 路基拓宽施工 60
4.3 新旧路基衔接处治措施 61
复习思考题 66

第5章 路基排水设施施工 67
5.1 地表排水设施 67
5.2 地下排水设施 70
复习思考题 78

第6章 路基防护与支挡工程施工 80
6.1 坡面防护工程 80
6.2 冲刷防护工程 87
6.3 路基抗滑支挡工程 90

复习思考题 97

第 7 章　路面工程施工概述　98
7.1　路面的分类和路面结构　98
7.2　路面施工主要机械设备　100
　　复习思考题 107

第 8 章　路面基层（底基层）施工技术　108
8.1　碎、砾石基层（底基层）施工　108
8.2　半刚性基层（底基层）施工　113
　　复习思考题 124

第 9 章　沥青路面施工技术　125
9.1　沥青路面分类　125
9.2　常用材料与基本要求　126
9.3　沥青混合料配合比设计与压实度控制　130
9.4　沥青路面施工工艺流程　132
9.5　透层、粘层、封层施工　141
　　复习思考题 146

第 10 章　水泥混凝土路面施工技术　147
10.1　水泥混凝土路面构造　147
10.2　水泥混凝土路面材料要求　150
10.3　水泥混凝土配合比设计与质量控制　151
10.4　施工工艺流程　153
　　复习思考题 161

第 11 章　桥梁基础施工技术　162
11.1　明挖基础施工　162
11.2　钻孔桩基础施工　171
11.3　沉井施工　177
　　复习思考题 187

第 12 章　桥梁下部结构施工技术　188
12.1　承台和系梁的施工　188
12.2　墩身（台）施工　189
12.3　盖梁施工　194
　　复习思考题 200

第 13 章　桥梁上部结构施工技术　201
13.1　装配式预应力混凝土简支梁桥施工　201
13.2　预应力混凝土连续梁桥施工　207

13.3　拱桥施工 ··· 221
　　13.4　斜拉桥施工 ·· 229
　　13.5　悬索桥施工 ·· 242
　　复习思考题 ··· 247

第14章　桥面及附属工程施工 248
　　14.1　支座安设 ·· 248
　　14.2　伸缩缝装置及其安装 ··· 249
　　14.3　桥面铺装层施工 ··· 251
　　14.4　其他附属工程施工 ·· 252
　　复习思考题 ··· 254

第15章　公路沿线设施施工技术 255
　　15.1　公路安全设施施工 ·· 255
　　15.2　公路防眩设施施工技术 ··· 261
　　15.3　公路标志、标线和轮廓标施工技术 ··························· 264
　　15.4　公路绿化工程施工技术 ··· 272
　　复习思考题 ··· 278

第16章　公路工程施工BIM技术应用 279
　　16.1　BIM模型的创建与管理 ··· 279
　　16.2　BIM模型在公路工程施工中的应用分析 ··················· 280
　　复习思考题 ··· 284

参考文献 285

第 1 章　一般路基施工

> 🎯 **学习目的与要求**
>
> 了解公路工程施工准备具体内容，掌握修筑试验路段的内容和重要性；了解路基施工的主要机械设备的特征、分类、适用范围和基本作业方法；熟悉土质路基施工中路堤和路堑的施工工艺，掌握土方路堤压实质量的检测方法和验收标准；熟悉石质路堤中的路堤和路堑的施工工艺，掌握填石路堤压实质量检查标准。

1.1　施工准备

施工单位通过投标获得工程任务并与建设单位签订工程施工承包合同，施工企业应成立项目经理部，按照合同的要求着手进行施工准备工作。施工准备分为组织准备、技术准备、物资准备、场地准备和施工现场准备等几个方面。经验表明，公路施工能否按计划顺利进行，与准备工作的好坏有直接关系，因此必须认真做好各项准备工作。

1.1.1　组织准备

施工组织准备工作的主要任务是：组建施工项目经理部；选配强有力的施工领导班子和施工力量；强化施工队伍的技术培训。

1. 施工组织机构的组建和人员的配备

这里的施工组织机构是指为完成公路施工任务，负责现场指挥、管理工作的组织机构。

根据我国具体情况及以往的公路施工经验，施工组织机构一般由生产系统、职能部门和行政系统等组成。如图 1-1 所示是公路工程中比较常见的一种施工组织机构。

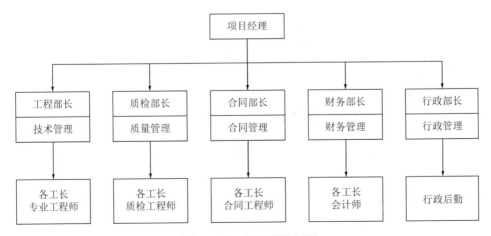

图 1-1　施工组织机构框图

2. 建立健全各项管理制度

（1）施工计划管理制度

施工计划管理是施工管理工作的中心环节，其他管理工作都要围绕计划管理来开展。计划管理包括编制计划、实施计划、检查和调整计划等环节。由于公路施工受自然条件的影响大，其他客观情况的变化也难以准确预测，这就要求施工计划必须经过充分调查研究后制定，同时在执行过程中应随时检查，发现问题及时采取措施解决，必要时还应对计划进行调整修改，使之符合新的客观情况，保证计划的实现。

（2）工程技术管理制度

施工技术管理是对施工技术进行一系列组织、指挥、调节和控制等活动的总称。其主要内容包括：施工工艺管理、工程质量管理、施工技术措施计划、技术革新和技术改造、安全生产技术措施、技术文件管理等。要搞好各项技术管理工作，关键是建立并严格执行各种技术管理制度，只有执行技术管理制度，才能很好地发挥技术管理作用，圆满地完成技术管理的任务。

根据施工单位的组织机构情况，制定分级技术责任制。上级技术负责人应履行向下级技术负责人进行技术交底和技术指导的职责，监督下级按施工图、施工规范和操作规程进行施工，处理下级请示的技术问题等责任。下级技术负责人应该主动接受上级技术负责人的技术指导和监督，执行自己所在技术岗位上的任务。各级技术负责人所负的责任，应根据组织机构和施工任务情况，明确规定在技术责任制中。

（3）工程成本管理制度

工程成本管理是施工企业为降低工程成本而进行的各项管理工作的总称。工程成本管理与其他管理工作有着密切的联系，施工企业总的技术水平和经营管理水平的高低，均能直接或间接地反映在成本这个指标上。工程成本的降低，表明施工企业在施工过程中活劳动（支付劳动者的报酬）和物化劳动（生产资料）的节约。活劳动的节约说明劳动生产率的提高，物化劳动的节约说明机械设备利用率的提高和建筑材料消耗率的降低。因此，建立成本管理制度，加强对工程成本的管理，不断降低工程造价，具有十分重要的意义。

工程成本是工程建设过程中耗费的物化劳动和活劳动的货币表现。公路工程成本是施工企业为完成一定数量的工程所耗费的各项生产费用的总和，由直接成本和间接成本所组成。直接成本分为人工费、材料费、施工机械使用费和其他直接费四部分；间接成本分施工管理费和其他间接费两部分。若工程发生质量事故及返工等损失，也应计入直接成本。

（4）施工安全管理制度

施工安全管理制度主要考虑以下方面内容：第一是建立施工安全责任制。施工工地应设安全工程师，班组应设不脱产或半脱产的安全检查员。各安全检查员应该负责本班组或单位工程施工的安全工作，督促和帮助操作人员遵守操作规程和各项安全施工制度。组织班前和班后的安全检查，一旦发现事故苗头应及时向工程管理人员报告，采取预防措施，防止事故的发生。第二是加强安全教育、检查及事故处理。安全教育是提高施工人员安全施工知识和预防作业时发生事故的重要手段。安全检查是预防各种事故发生的重要措施。

发生伤亡事故时应立即采取紧急措施，组织力量抢救，并将情况向有关方面报告。第三是加强安全技术工作。安全施工是一项技术性很强的工作，应根据公路工程作业的各种特点来制定安全规范、作业章程。

1.1.2 技术准备

1. 熟悉与审查设计文件并进行现场核对

组织有关人员学习设计文件，其目的是对设计文件、设计图及资料进行了解和研究，使施工人员明确设计者的设计意图和业主要求，熟悉设计图的细节，并对设计文件和设计图进行现场核对。其内容主要包括：

（1）设计图是否齐全，规定是否明确，与说明有无矛盾。

（2）路基平、纵、横断面，构造物总体布置和桥涵结构物形式等是否合理，相互之间是否有错误和矛盾。

（3）主要标高、尺寸、位置有无错误。

（4）设计文件所依据的水文、气象、土壤等资料是否准确、可靠、齐全。

（5）核对路线中线、主要控制点、水准点、三角点、基线等是否准确无误。

（6）路线或构造物与农田、水利、航道、公路、铁路、电信、管线及其他建筑物的互相干扰情况及其解决办法是否恰当，干扰可否避免。

（7）对地质不良地段采取的处理措施。

（8）主要材料、劳动力、机械台班等计算（含运距）是否准确。

（9）施工方法、料场分布、运输工具、道路条件等是否符合实际情况。

（10）结构物工程数量计算是否有误。

（11）工程预算以及采用的定额是否合理。如现场核对时发现设计不合理或有错误之处，应做好详细记录并拟定修改意见，待设计技术交底时提交。

2. 补充调查资料

进行现场补充调查是为编制实施性施工组织设计收集资料。调查的内容主要有：

（1）工程地点的水文、地形、气候条件和地质情况。

（2）自采加工料场、当地材料、可供利用的房屋情况。

（3）当地劳动力资源、工业加工能力、运输条件和运输工具情况。

（4）施工场地的水源、电源以及生活物资供应情况。

（5）当地风俗习惯等。

3. 设计交桩和设计技术交底

工程在正式施工之前，应由勘测设计单位向施工单位进行交桩和设计技术交底。

交桩应在现场进行，设计单位将路线测设时所设置的导线控制点和水准点及其他重要点位的桩志逐一移交给施工单位。施工单位在接受这些控制点后，要采取必要措施妥善地加固与保护。

设计技术交底一般由建设单位主持，设计、监理和施工单位参加。交底时设计单位应说明工程的设计依据、设计意图，并对某些特殊结构、新材料、新技术以及施工中的难点和需注意的方面详细说明，提出设计要求。施工单位则将在研究设计文件中发现的问题及有关修改设计的意见提出，由设计单位对有关问题进行澄清和解释，对于合理的修改设计的意见，必要时可在统一认识的基础上，对所讨论的结果逐一记录，并形成会议纪要，由建设单位正式行文，参加单位共同会签，作为与设计文件同时使用的技术文件和指导施工的依据，以及进行工程结算的依据。

4. 建立工地实验室

（1）工地实验室的作用

公路工程施工过程中，必须进行各种材料试验，以便选用合适的材料及其材料性能参数，才能保证公路工程结构物的强度和耐久性，并有利于掌握各种材料的施工质量指标，保证结构物的施工质量。

（2）工地实验室的主要工作内容

工地实验室是为施工现场提供直接服务的实验室，主要任务是配合路基、路面施工，对工地使用的各种原材料、加工材料及结构性材料的物理力学性能，以及施工结构体的几何尺寸等进行检测。

（3）工地实验室的人员及设施

工地实验室的试验检测人员必须是施工单位试验检测机构的正式人员。工地实验室负责人应由施工单位试验检测机构负责人授权，从事试验检测工作 3 年以上，具有交通运输部试验检测工程师资格的人员担任；工地实验室部门负责人需具有省交通厅试验检测员及以上资格的人员担任；一般试验检测人员需具有省交通厅试验检测员及以上资格或交通系统试验检测培训证的人员担任。未取得交通系统试验检测资格或培训证的人员不得上岗。

施工单位试验检测人员数量按施工合同额进行配备，5000万元以下的至少 4 人；5000万元以上、1亿元以下的至少 6 人；1亿元以上、2亿元以下的至少 8 人；2亿元以上的至少 10 人。

工地实验室面积应达到 300m^2，并按检测项目要求合理布局，满足工地试验要求；设备安置要合理，便于操作，并保持环境整洁卫生。

工地实验室应按照合同和工程实际需要配备合格的试验检测仪器设备。工地实验室试验检测仪器设备在使用前必须通过计量检定或校准。试验检测仪器设备应由专人负责日常保养、保管，做好使用记录、保养记录，主要试验检测仪器设备应建立设备档案，仪器设备的操作规程要张贴上墙。

5. 编制施工组织设计

施工组织设计是指工程项目在施工前，根据设计人员、业主和监理工程师的要求，以及主客观条件，对工程项目施工的全过程所进行的一系列筹划和安排。公路施工组织设计是指导公路施工的基本技术经济文件，也是对施工实行科学管理的重要手段。编制施工组织设计的目的在于全面、合理、有计划地组织施工，从而具体实现设计意图，按质、按量、按期完成施工任务。

（1）编制施工组织设计的程序

编制施工组织设计需要遵守一定的程序，根据合同要求和施工现场的具体条件，按照施工的客观规律，协调和处理好各个影响因素的关系，用科学的方法进行编制。常见的施工组织设计程序如图 1-2 所示。

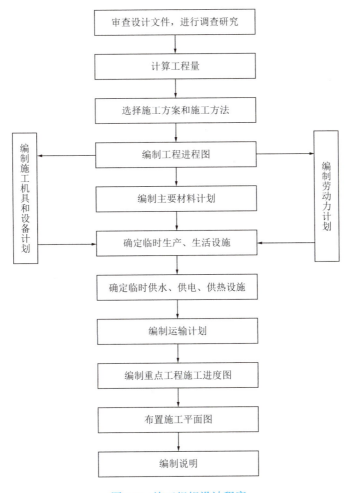

图1-2 施工组织设计程序

（2）施工组织设计的主要内容

①工程概述。简要说明工程项目、施工单位、业主、监理机构、设计单位、质检单位名称、合同开工日期和竣工日期、合同价；简要介绍项目的地理位置、地形地貌、水文、气候、交通运输、水电供应等情况；介绍施工组织机构设置及职能部门之间的关系；说明工程结构、规模、主要工程量；说明合同特殊要求等。

②施工技术方案。主要是施工方法（特别是冬期和雨期以及技术复杂的特殊施工方法），施工程序（重点是施工顺序及工序之间的衔接），决定采用的新技术、新工艺、新材料和新设备，技术安全措施、质量保证措施等。

③施工进度计划。主要是对施工顺序、开始和结束时间、搭接关系进行综合安排，包括以实物工程量和投资额表示的工程的总进度计划和分年度计划，以及所需用的工日数和机械台班数。

④施工总体及部分工程平面图。施工总平面图布置必须以平面布置图表示，并应标明项目建设的位置、生产区、生活区、预制厂、材料场、爆破器材库等的位置。

⑤劳动力需要量和来源。包括总需要量和分工种、分年度的需要量在内。

⑥施工现场平面布置。

⑦施工机械，建筑材料，施工用水、用电的分年度需求量及供应方案。
⑧便道、防洪、排水、生产和生活用房屋等设施的建设及时间要求。
⑨施工准备工作进度表，包括各项准备工作的负责单位、完成时间及要求等。

施工组织设计用文、图、表三种形式表示，互相结合，互相补充。凡能用图表表示的，应尽量采用图表，因为图表形象、准确、直观。

（3）施工组织设计的编制步骤

①施工方案是指对项目施工所作的总体设想和安排。施工方案应包括：施工方法和施工机具的选择，施工段划分，施工顺序，新工艺、新技术、新机具、新材料、新管理方法的使用，有关该工程的科学试验项目安排等。选择和制定施工方案，首先要考虑其是否可行，同时还要做到技术先进、经济合理、施工安全，应全面权衡、通盘考虑。

②施工进度计划的编制。施工进度计划是对施工顺序、开始和结束时间、搭接关系进行综合安排。施工进度计划是施工组织设计中最重要的组成部分，它必须配合施工方案的选择进行安排，它又是劳动力组织、机具调配、材料供应以及施工场地布置的主要依据，一切施工组织工作都是围绕施工进度计划来进行的。

③资源供应计划。资源供应计划包括劳动力供应计划、材料供应计划、施工机械和大型工具供应计划、预制品供应计划等，这些计划是根据施工进度计划编制的，是计划进度的保证性计划，是进行市场供应的依据。

④场外运输计划。将各种物资从产地或交货地点运到工地仓库、料场，称为场外运输。场外运输计划应解决的主要问题是正确选择运输方式及运输工具，以达到降低成本和加速工程进度的目的。

6. 施工现场规划

（1）施工现场规划和场地布置

施工现场规划和场地布置情况应以场地平面布置图表示出来。在施工场地平面布置图内应表示出公路的平面位置、场地内需要修建的各项临时工程和露天料场、作业场的平面位置和占地面积，以及场地内各种运输线路（包括由场外运送材料至工地的进出口线路）。

（2）材料加工及机械修配场地的规划和布置

施工单位为满足本身的需要，有条件时应设置采石场、采砂场、混凝土构件预制场、金属加工厂、机械修配厂等。对于预制场，一般宜设在工地上，以减少构件的运输。对于砂石材料开采场，宜设在材料产地。如有两个或两个以上的产地可供选择时，选择的条件首先是材料品质要符合设计要求，其次是运输距离要近，再次是开采的难易程度、成材率的高低。预制场的选择要综合考虑，做出综合经济分析。

（3）工地临时房屋的规划与布置

工地临时房屋主要包括施工人员居住用房、办公用房、食堂和其他生活福利设施用房，以及实验室、动力站、工作棚和仓库等。这些临时房屋应建在施工期间不被占用、不被水淹、不受塌方影响的安全地带。现场办公用房应建在靠近工地，且受施工噪声影响小的地方；工人宿舍、文化生活用房，应避免设在低洼潮湿、有烟尘和有害健康的地方；此外，房屋之间还应按消防规定相互隔离，并配备灭火器。

（4）工地仓库及料场布置

工地储存材料的设施，一般有露天料场、简易料棚和临时仓库等。易受大气侵蚀的材料，如水泥、铁件、工具、机械配件及容易散失的材料等，宜储存在临时仓库中，钢材、木材等宜设置简易料棚堆放，砂、石、石灰等一般在露天料场中堆放。

（5）施工场内运输的规划

在工地范围内，从仓库、料场或预制场等地到施工点的料具、物资搬运，称为场内运输。场内运输方式应根据工地的地形、地物、材料在场内的运距、运量，以及周围道路和环境等因素进行选择。

（6）工地供电的规划

工地用电应尽可能利用当地的电力供应，从当地电站、变电站或高压电网取得电能。在当地没有电源，或电力供应不能满足施工需要的情况下，则要在工地设置临时发电站。最好选用两个来源不同的电站供电，或配备小型临时发电装置，以免工作中偶然停电造成损失。同时，还要注意供电线路、电线截面、变电站的功率和数目等的配置，使它们可以互相调剂，不致因为线路发生局部故障而引起停电。

（7）工地供水的规划

公路工程施工离不开水，施工组织设计必须规划工地临时供水问题，确保工地用水和节省供水费用。

1.1.3 物质准备

物资准备是指施工中必需的劳动手段和施工对象的准备。它是根据各种物资需要量计划，分别落实货源、组织运输和安排储备，以保证连续施工的需要。准备工作主要包括以下内容。

1. 建筑材料准备

首先根据工程量用预算的方法进行工、料、机分析，按批准的施工进度计划的使用要求、材料储备定额和消耗定额，分别按材料名称、规格、使用时间进行汇总，编制材料需求量计划，同时根据不同材料的供应情况，随时注意市场行情，及时组织货源，签订供货合同。主要包括：路基、路面工程所需的砂石料、石灰、水泥、工业废渣、沥青等材料的准备；沿线结构物所需的钢材、木材、砂石料和水泥等材料的准备。

2. 施工机具设备的准备

根据采用的施工方案和施工进度计划，确定施工机械的类型、数量和进场时间，确定施工机具的供应方法和进场后的存放地点和方式，提出施工机具需要量计划，以便及时组织机械进场，保证工程的顺利进行。

3. 周转材料准备

周转材料主要是指模板和架设工具。根据批准的施工进度计划和施工方案编制周转材料的需要计划，组织周转材料进场。

1.1.4 场地准备

1. 恢复定线测量

施工单位应检查工程原测设的所有永久性标桩，并将遗失的标桩在接管工地 14d 之内通知监理工程师，然后根据监理工程师提供的工程测设资料和测量标志，在 28d 之内将复测结果提交监理工程师。上述测量标志经检查批准后，施工单位应自费进行施工测量和补充测量，并经监理工程师批准之后，在工地正确放样。

2. 建造临时设施

（1）临时房屋设施

临时房屋设施包括行政办公用房、宿舍、文化福利用房及作业棚等。临时房屋设施的需要量根据职工与家属的总人数和房屋指标确定，参见表 1-1。

行政生活福利临时设施建筑面积参考指标　　　　表 1-1

项次	名称	单位	面积定额	说明
1	办公室	m²/人	2.1~3.5	
2	宿舍	m²/人	3~3.5	
3	食堂	m²/人	0.7	
4	诊疗所	m²/人	0.06	
5	浴室及理发室	m²/人	0.10	
6	招待所	m²/人	0.06	包括家属招待所
7	会议及文娱室	m²/人	0.10	
8	商店	m²/人	0.07	
9	其他		占临时建筑面积的5%	包括烧水房、实验室等

临时房屋修建的一般要求是，布置要紧凑，充分利用非耕地，尽量利用施工现场或附近已有的建筑物。必须修建的临时房屋，应以经济、实用为原则，合理选择形式（如装拆式移动式建筑）以便重复使用。

（2）仓库

仓库是为存放施工所需要的各种物资器材而设的。按物资的性质和存放量要求，其形式可以是露天、敞棚、房屋或库房。在保证安全的条件下，应设在交通方便的地方，并利用天然地形组织装卸工作。对于材料使用量很大的仓库，应尽量靠近使用地点。

3. 临时交通便道

工程在正式施工前，必须解决好场内外的交通运输问题。在工地布设临时交通便道时应遵循下列原则：

（1）临时交通道路以最短距离通往主体工程施工场所，并连接主干道路，使内外交通便利。

（2）充分利用原有道路，对不满足使用要求的原有道路，应在充分利用的基础上进行改建，节约投资和施工准备时间。

（3）利用现有的乡村道路作为临时道路时，应将该乡村道路进行修整、加宽、加固及设置必要的交通标志，并经监理工程师验收合格后方可通行。

（4）工程施工期间，应配备人员对临时道路进行养护，以保证临时道路和结构物的正常通行。

（5）尽量避开洼地和河流，不建或少建临时桥梁。

4. 工地临时用电

施工现场用电，包括生产用电和生活用电。其中，生活用电主要是照明用电；生产用电包括各种生产设施用电、主体工程施工用电、其他临时设施用电。临时供电总用量可按下式进行估算：

$$P = K(K_1\sum P_1/\cos\varphi + K_2\sum P_2 + K_3\sum P_3 + K_4\sum P_4) \tag{1-1}$$

式中：P——供电设备总需要容量（kVA）；

K——用电不均衡系数，一般取 1.05～1.10；

P_1——电动机额定功率（kW）；

P_2——电焊机额定功率（kW）；

P_3——室内照明容量（kW）；

P_4——室外照明容量（kW）；

$\cos\varphi$——电动机的平均因数（在施工现场最高为 0.75～0.85，一般为 0.65～0.75）；

K_1——动力需要系数，一般为 0.5～0.7，视电动机台数而定；

K_2——焊接需要系数，一般为 0.5～0.6，视电焊机台数而定；

K_3——室内照明或电热设备需要系数，一般为 0.8～1.0；

K_4——室外照明设备需要系数，一般取 1.0；

1.1.5 修筑试验路段

修筑试验路段的目的是取得施工经验，检验施工机械组合，根据压实机械情况及施工技术规范准许情况下的压实度、松铺系数，以确定松铺厚度、土的最佳含水率、达到设计要求密实度的碾压遍数，作为后期施工的经验资料，以指导大面积路基施工。因此，在路基工程正式施工前，应按照有关规定划出一定的路段进行试验。试验路段按下列要求进行：

（1）高速公路、一级公路及在特殊地区或采用新技术、新工艺、新材料进行路基施工时，应采用不同的施工方案做试验路段，从中选出路基施工的最佳方案以指导全线的施工。

（2）试验段的位置应选择在地质条件、断面形式等方面均具有代表性的地段，试验路段的长度不宜小于 100m。

（3）试验路段所用的材料和机具应当与路基全线施工所用的材料和机具相同。通过试验来确定不同机具压实不同填料的最佳含水率、适宜的松铺厚度和相应的碾压遍数、最佳的机械配套和施工组织。对于高速公路和一级公路应按松铺厚度 30cm 进行试验，以确保压实层的均匀性。

（4）试验路段施工中和完成试验后，应加强对有关压实指标的检测。在完成试验以后，应该及时写出试验报告。当发现路基在设计方面存在缺陷时，应提出变更设计的意见，上报审批。

1.2 路基施工的主要机械

用于路基施工的机械可分为土方工程机械和石方工程机械。

1.2.1 土方工程机械

路基土方工程中，常用的机械有推土机、铲运机、挖掘机、装载机、平地机和压实机械等。本节重点介绍以上各种机械的特征、分类、适用范围和基本作业方法。

1. 推土机

推土机是路基土方施工中最常用的机械之一，如图 1-3 所示。它适用于土壤、风化岩层、爆破石渣的铲挖与推运，以及松散粒料的移运等工作。

图 1-3　推土机

（1）推土机的分类。推土机按行走装置的形式分为履带式和轮胎式两种；按发动机功率的大小分为小型（37kW 以下）、中型（37～250kW）和大型（250kW 以上）三种。

（2）推土机的基本作业方法。推土机的基本作业循环由铲土、运土、卸土三个工作行程和一个空载回驶过程组成，如图 1-4 所示。

(a) 铲土过程　　　　　　　(b) 运土过程　　　　　　　(c) 卸土过程

图 1-4　推土机基本作业

（3）推土机的适用范围。推土机一般适用于季节性较强、工程量集中、施工条件较差的施工环境，特别适于 50～100m 的短距离作业。在公路工程施工中主要用于填筑路基、开挖路堑、平整场地、管道和沟渠回填以及其他辅助作业。此外，推土机在公路施工准备阶段可以用来堆积乱石和清除树根，在辅助作业中还可以为铲运机和挖装机械进行松土、助铲、牵引等。

2. 铲运机

铲运机也是一种循环作业式的土方机械，它能综合完成铲、装、运、卸、铺、压等一系列工序。

（1）铲运机的分类。铲运机按照斗容量可分为小容量（$3m^3$ 以下）、中等容量（$4～14m^3$）、大容量（$15～30m^3$）和特大容量（$30m^3$ 以上）四种；按卸土方法可分为强制式、半强制式和自由式三种；按操作系统的形式可分为钢索滑轮式和液压式两种；按行走方式可分为拖式、半拖式和自行式三种，如图 1-5 所示为自行式铲运机。

图 1-5　自行式铲运机

（2）铲运机的基本作业方法。铲运机的作业循环由铲装、运输、卸土和回驶四个过程组成，如图 1-6 所示为其中的铲装、运输和卸土三个过程。

(a) 铲装　　　　　　　　　(b) 运输　　　　　　　　　(c) 卸土

图 1-6　铲运机基本作业

（3）铲运机的适用范围。铲运机一般用于开挖Ⅰ、Ⅱ级土，在Ⅲ、Ⅳ级土施工时，需要用松土器预先翻松。它适宜于在湿度较小（含水率在 25% 以下）的松散砂土和黏性土中施工；但是不适宜在干燥的粉砂土或潮湿的黏土中作业，更不宜在地下水位较高的潮湿地区或沼泽地带作业。铲运机的作业内容主要是平整场地、填筑路堤、开挖路堑等。

3. 挖掘机

挖掘机是路基土方开挖作业的一种主要机械。其特点是效率高、产量大，但是机动性较差。按照挖掘机的作业形式可以分为单斗挖掘机和多斗挖掘机，在公路工程施工中普遍采用的是单斗挖掘机。在此以单斗挖掘机为例进行介绍，如图 1-7 所示。

图 1-7　单斗挖掘机

（1）单斗挖掘机的分类。单斗挖掘机按照行走方式分为履带式、轮胎式、汽车式和悬挂式；按传动方式分为机械传动挖掘机和液压传动挖掘机；按工作装置的不同分为正铲挖掘机、反铲挖掘机、拉铲挖掘机和抓斗挖掘机等。

（2）单斗挖掘机的基本作业方法。单斗挖掘机也是循环作业式机械，每个循环包括挖掘、回转、卸料和返回四个过程。在路基施工中，应用最广泛的是反铲式挖掘机。

（3）挖掘机的适用范围。正铲和反铲挖掘机的主要挖装对象是Ⅰ～Ⅳ级土和软石；拉铲和抓斗挖掘机主要适用于Ⅰ、Ⅱ级土和预松后的Ⅲ、Ⅳ级土作业。在公路工程中，当遇到开挖量较大的路堑和填筑较高的路堤时，选用挖掘机与运输车辆相配合（图1-8）是比较合理的组织方案。挖掘机还常用来开挖排水沟渠和构造物的基础，以及用来清挖爆破后块径较小的坚石。

图1-8　挖掘机与运输车辆配合作业

4. 装载机

装载机是一种应用范围广泛的机械，它兼具推土机和挖掘机两者的功能，可以完成铲掘、推运、整平装载和牵引等多种作业。它的优点是适应性强、作业效率高、操作简便。

（1）装载机的分类。装载机按发动机的功率分为小型（<74kW）、中型（74～147kW）、大型（147～515kW）和特大型（>515kW）；按行走装置分为轮胎式和履带式；按卸载方式分为前卸式、回转式、后卸式和侧卸式；按传动方式分为机械式、液力机械式、液压式和电动式。

（2）装载机的基本作业方法。装载机的作业由铲装、转运、卸料和返回四个过程组成一个工作循环。装载机见图1-9。

图1-9　装载机

（3）装载机的适用范围。装载机不仅能对松散的土石材料进行装、运、卸作业，对岩石、硬土进行轻度的铲掘，还能用来清理、刮平场地以及进行牵引作业。装载机的适用范围取决于使用场所、土石料的特性和工作环境，需要根据使用场所正确选择机型，根据装载机的容量及其质量选用经济合理的运距。一般情况下，装载机整个作业循环（装、运、卸、回）的时间不宜超过 3min；挖掘机与自卸式汽车相配合时，应注意使装载机的斗容量与自卸式汽车的车厢容积相匹配。

5. 平地机

平地机是一种以带转盘的铲土刮刀为主，并配备其他多种可换作业装置，进行土地平整和路基整形的连续作业的土方施工机械，如图 1-10 所示。

图 1-10 平地机

（1）平地机的分类。平地机按照行走方式分为自行式和拖式；按行走轮数分为四轮式和六轮式；按转向方式分为前轮转向、全轮转向等。

（2）平地机的基本作业方法。平地机的主要工作装置是刮刀，它可以调整出四种不同的动作，即刮刀的平面回转、左右端升降、左右引伸和机外倾斜。

（3）平地机的适用范围。平地机是一种铲土、运土、卸土等工序可以同时进行的连续作业式机械，能够从事多种土方工程作业。平地机主要用于开挖路槽，修整路拱，从路线两侧取土填筑矮路堤（高度不超过 1m），旁刷边坡，开挖边沟、排水沟、路缘石沟，以及进行大面积场地平整等。此外可以在路基上拌和与摊铺路面的底基层或基层材料，用于清除路肩上的杂草及进行冬季道路除雪等。

6. 压实机械

压实是在外部压力的作用下，克服土粒间的黏聚力和摩擦力，破坏原有的结构，使固体颗粒重新排列，彼此挤紧，达到一种较为密实的新的平衡。压实的目的在于提高土的密实度（干密度），从而增强路基的强度和稳定性。压实效果的好坏与压实机械密不可分，在路基施工中，需要采用专用的压实机械。

（1）压实机械的分类。压实机械按压实作用的原理分为静作用碾压机械、振动碾压机械、振荡碾压机械和夯实机械四类；按行走方式分为拖式和自行式两类；按碾轮的形状分为光轮（图 1-11）、羊足（图 1-12）、轮胎（图 1-13）等；按滚轮的数目分为单轮式、双轮式、三轮式等；按机重可分为轻型（5~8t）、中型（8~10t）和重型（10~15t）三种类型。

(a) 单轮压路机　　　　　　(b) 双轮压路机　　　　　　(c) 三轮压路机

图 1-11　光轮压路机

图 1-12　羊足压路机　　　　　　图 1-13　轮胎压路机

（2）压实机械的特点及适用范围

①光轮压路机。光轮压路机是一种静作用的压路机，即以压路机的自重来实施压实作用。由于这种压路机的单位线压力小，压实深度较浅，仅适用于一般的公路工程或作为辅助压实之用。

②羊足压路机。羊足压路机具有较大的单位压力（包括羊足的挤压力），压实深度大而且均匀，并能挤碎土块，有着很好的压实效果和较高的作业效率，广泛地用于黏性土的分层压实，但不适用于非黏性土和含水率很高的土。

③轮胎压路机。轮胎压路机机动性好，便于运输，压实作业时土与轮胎同时变形，接触面大，并有很好的揉合作用，压实效果较好。适用于各种土的压实。

④振动压路机。振动压路机单位线压力大，振动力影响深，较大地增加了压实深度，而且压实遍数也可以相应地减少。振动压路机种类繁多，在公路施工中应用广泛。

⑤夯实机械。夯实机械分为振动夯实与冲击夯实两大类，通常情况下它们的体积小，质量轻，生产率低，主要应用在狭窄工作面铺筑层的压实工作中。

振动夯实机械适用于非黏性土、砂石、碎石的压实；冲击夯实机械则适用于黏土、砂质黏土和灰土的夯实作业。

1.2.2　石方工程机械

在公路工程施工中，对石方进行开挖的工程机械主要有空气压缩机、凿岩机等。

1. 空气压缩机

空气压缩机是气源装置中的主体，它是将原动机（通常是电动机）的机械能转换成气体压力能的装置，是压缩空气的气压发生装置，如图 1-14 所示。

图 1-14　空气压缩机

空气压缩机的种类很多，按工作原理可分为往复式和旋转式两种类型；按空气在一个循环内被压缩次数可分为单级式、双级式和多级式三种类型；按活塞工作面可分为单作用式和双作用式两种类型；按压缩机安装方式可分为移动式、半固定式和固定式三种类型。

2. 凿岩机

凿岩机是用来开采石料的专用工具。利用它在岩层上钻凿出炮眼，以便放入炸药炸开岩石，完成开采石料或其他石方工程的任务。此外，凿岩机还可以用来破碎混凝土之类的坚硬物质。

（1）凿岩机的分类。凿岩机按其动力来源可分为风动凿岩机、内燃凿岩机、电动凿岩机和液压凿岩机四种类型。目前，在公路工程中最常用的是风动凿岩机，如图 1-15 所示。

(a) 气腿式风动凿岩机　　　　　　　　(b) 施工现场作业

图 1-15　风动凿岩机

（2）各种凿岩机的工作特点。简介如下：

①风动凿岩机。以压缩空气驱使活塞在气缸中向前冲击。

②内燃凿岩机。利用内燃机原理，通过柴油的燃爆力驱使活塞冲击钢钎，凿击岩石。适用于无电源、无气源的施工场所。

③电动凿岩机。由电动机通过曲柄连杆机构带动锤头冲击钢钎，凿击岩石。

④液压凿岩机。依靠液压通过惰性气体和冲击体冲击钢钎,凿击岩石。

这些凿岩机的冲击机构在回程时,曲柄连杆机构强迫钢钎转动角度,使钎头改变位置继续凿击岩石。通过柴油的燃爆力驱使活塞冲击钢钎,如此不断地冲击和旋转,并利用排粉机构排出石屑,即可凿成炮孔。

1.3 土方路基施工

1.3.1 土质路堤填筑

1. 填料的选择

为保证路堤的强度和稳定性,应选择强度高、稳定性好、易于开挖的土石作填料。如碎石、砾石、卵石、粗砂等透水性好的材料,由于它们具有强度高、水稳性好,填筑时受含水率影响较小等特点,经分层压实后较易达到规定的施工质量,此类材料应优先选用。用透水性不良或不透水的土(如黏土)作路填料时,必须在最佳含水率下分层填筑并充分压实。粉质土的水稳定性和温度稳定性均较差,不宜作路堤填料。

路堤填料应到实地采取土样并进行土工试验,相关技术指标应符合表 1-2 的技术要求。

路堤填料最小强度和最大粒径　　　　　　　　　　　　表 1-2

填料应用部位		填料最小强度（CBR）/%			填料最大粒径/mm
（路床顶面以下深度）/m		高速公路、一级公路	二级公路	三、四级公路	
路堤	上路床（0～0.3）	8	6	5	100
	下路床（0.3～0.8）	5	4	3	100
	上路堤（0.8～1.5）	4	3	3	150
	下路堤（>1.5）	3	2	2	150
零填及挖方路基	0～0.3	8	6	5	100
	0.3～0.8	5	4	3	100

2. 填筑方案

（1）水平分层填筑

分层平铺,有利于压实,可以保证不同用土按规定层次填筑。如图 1-16 所示为不同用土的组合方案,其中正确方案要点是:不同用土水平分层,以保证强度均匀;透水性差的用土,如黏性土等,一般宜填于下层,表面呈双向横坡,有利于排除积水,防止水害;同一层次有不同的方案是指:未水平分层,有反坡积水,夹有冻土块和粗大石块,以及有陡坡斜面等,其主要问题亦在于强度不均匀和排水不利。此外,还应注意用土不应含有害杂质(草木、有机物等)及未经处置的劣质土(细粉土、膨胀土、盐土与腐殖土等)。桥涵、挡土墙等结构物的回填土,以砂性土为宜,防止不均匀沉降,并按有关操作进行堆积回填和夯实。

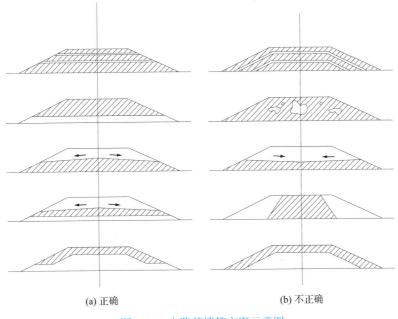

(a) 正确 (b) 不正确

图 1-16 土路基填筑方案示意图

（2）竖向填筑法

竖向填筑是指沿路中心线方向逐步向前深挖，如图 1-17 所示。路线跨越深谷或池塘时，地面高差大，填土面积小，难以水平分层卸土，以及陡坡地段上半填半挖路基，局部路段横坡较陡或难以分层填筑等，可采用竖向填筑方案。竖向填筑的质量在于密实程度，为此宜采用必要的技术措施，如选用振动式或锤式夯击机，选用沉陷量较小及粒径较均匀的砂石填料；路堤全宽一次成型；暂不修建较高级的路面，容许短期内自然沉落。此外，尽量采用混合填筑方案，即下层竖向填筑，上层水平分层，必要时可考虑参照地基加固的注入、扩孔或强夯等措施，以保证填土具有足够的密实度。

（3）混合填筑法

混合方式填筑路堤是下层用竖向填筑，上部用水平分层填筑，这样可使上部填土获得足够的密实度，如图 1-18 所示。

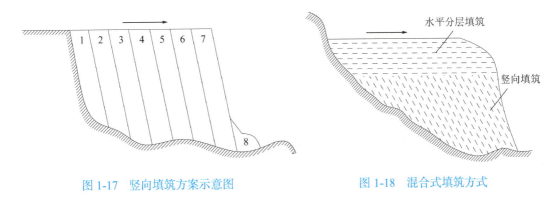

图 1-17 竖向填筑方案示意图   图 1-18 混合式填筑方式

填筑土质路堤时应根据填料运距、填筑高度、工程量等进行施工机械的配置，确定作业方式。施工机械应尽量配套，以最大限度地发挥各种机械的工效。对于两侧取土，填土高度在 3m 以内的路堤，可用推土机从两侧推填，配合平地机整平，然后在最佳含水率下用压路机压实。对于填方量较集中的路堤填筑，当填料运距超过 1km 时，可用松土机翻松，用挖土机或装载机配合自卸汽车运输，料运到作业面后用平地机整平，配合洒水车和压路机压实。

1.3.2 土质路堑开挖

土方路堑开挖根据路堑深度和纵向长度及施工方法的不同确定开挖方案，开挖方式可分为全断面横挖法、纵向挖掘法及混合式开挖法三种。

1. 全断面横挖法

对路堑整个横断面的宽度和深度从一端或两端逐渐向前开挖的方式，称为全断面横挖法。

2. 纵向挖掘法

纵向挖掘法可分为分层纵挖法、通道纵挖法、分段纵挖法三种。

（1）分层纵挖法：沿路堑全宽以深度不大的纵向分层挖掘前进的作业方式，如图 1-19 所示，适用于较长的路堑开挖。

（2）通道纵挖法：沿路堑纵向挖掘一通道，然后将通道向两侧拓宽。上层通道拓宽至路堑边坡后，再开挖下层通道，按此方法直至开挖到挖方路基顶面高程，如图 1-20 所示。

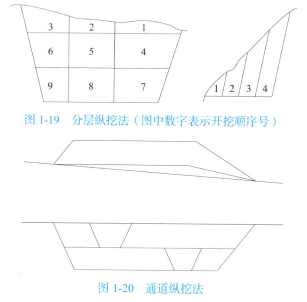

图 1-19　分层纵挖法（图中数字表示开挖顺序号）

图 1-20　通道纵挖法

（3）分段纵挖法：当路堑较长、开挖深度不大时，将开挖路堑横断面分成若干段，并沿纵向条形开挖，一般出土于两侧。若是傍山路堑，一侧堑壁不厚，选择一个或几个地方挖穿路堑壁出土。

3. 混合式开挖法

将横挖法与通道纵挖法混合使用称为混合式开挖法。即先顺路堑方向挖通通道，然后沿横向坡面挖掘，以增加开挖坡面，每一开挖坡面应能容纳一个作业组成或一台机械。

1.3.3 填土压实与检查

1. 影响土质路基压实效果的主要因素

路基压实状况通常用压实度来表征。压实度是指土压实后的干密度与标准的最大干密度之比，用百分率表示，称相对密实度。所谓标准的最大干密度，是指用标准击实试验方法，在最佳含水率条件下得到的干密度。影响路基压实效果的因素是多方面的，有内因也有外因，但与施工作业有关的主要因素有以下几点。

（1）土的含水率

任何有粘结力的土，在不同的湿度下，用同样压实功能来挤压将获得不同的密实度和不同的强度。图1-21所示为压实土的密实度与土的变形模量、相对含水率的关系曲线。从图中可以看出土中水在压实过程中的作用。压实开始时，原状土相对湿度低，土颗粒之间的内摩阻力大，因而外力难以克服，故压实的干密度小，表现出土的强度高、密度低；当相对湿度缓慢增加时，水分在土粒间起润滑作用，压实的结果使被压材料（土粒）得以重新调整其排列位置，达到较紧密的程度，表现出密度增大，但与此同时，由于水的作用，内摩阻力有所减小，因而强度继续下降。当含水率继续增加，超过图1-21中曲线顶点等最优值时，水的润滑作用已经足够，水分过多，使起润滑作用以外多余水分进入土粒孔隙中，反而促使土粒分离而不易得到良好压实效果，从而降低了土的干密度；又由于土粒间距增大，内摩阻力与黏聚力减小，使土的强度也随之减小，在压实曲线中出现驼峰形式。

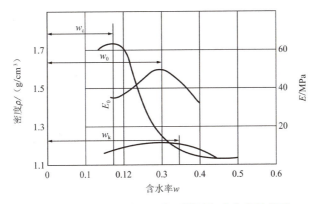

图1-21 压实土的密度、变形模量与含水率的关系

在一定功能的压实作用下，含水率的变化会导致土的干密度随之变化，在某一含水率（最佳含水率）下，干密度达到最大值（最大密度）。各种土的最佳含水率大小不同，见表1-3。一般情况下，土在天然状态下的含水率值很接近于最佳含水率，因此在施工作业中，新卸填土应当立即推平压实。

不同的最大干密度及最佳含水率的变化范围 表1-3

土类名称	塑性指数	重型标准		轻型标准	
		最大干密度/（g/cm³）	最佳含水率/%	最大干密度/（g/cm³）	最佳含水率/%
S、SF	<1	1.94~2.02	7~11	1.80~1.999	8~12
SM	1~7	1.99~2.28	8~12	1.85~2.08	9~15

续表

土类名称	塑性指数	重型标准 最大干密度/(g/cm³)	重型标准 最佳含水率/%	轻型标准 最大干密度/(g/cm³)	轻型标准 最佳含水率/%
ML	1～7	1.77～1.97	15～19	1.61～1.80	16～22
SC、CLS	7～17	1.83～2.16	9～15	1.67～1.95	12～20
CHS、CH	>17	1.75～1.90	16～20	1.58～1.70	19～23

注：S—砂；SF—含细粒土砂；SM—粉土质砂；ML—低液限粉土；SC—黏土质砂；
CLS—含砂低液限黏土；CHS—含砂高液限黏土；CH—高液限黏土。

（2）土的性质

不同土质的压实性能差别较大。一般来说，非黏性土的压实效果较好，而且最佳含水率较小，最大干密度较大，在静力作用下，压缩性较小，在动力作用下，特别是在振动作用下很容易被压实。黏质土、粉质土等分散性土的压实效果较差，主要是由于这些细分散性的土颗粒的比表面大、黏聚力大、土粒表面水膜需水量大，最佳含水率偏高，而最大干密度反而偏小。

（3）压实功能

压实功能是由碾压（或锤击）的次数及其单位压力（或荷重）所决定的。土在不同压实功能作用下的压实性质，是决定压实工作量和选择机具、选择施工方法的依据。事实上，对任何一种土，当密实度超过某一限值时，欲继续提高它的密实度，降低含水率值，往往需要增加很大的压实功能。而过分加大压实功能，不仅密实度增加幅度小，还往往因所加荷载超过土的抵抗力，即土受压部位承受压力超过土的极限强度，而导致土体破坏，因此，对路基填土的压实，在工艺方法上要注意不使压实功能太大。

（4）碾压时的温度

在路基碾压过程中，温度升高可使被压土中的水黏滞度降低，从而在土粒间起润滑作用，易于压实。但气温过高时，又会由于水分蒸发太快而不利于压实。温度低于0℃时，因部分水结冰，产生的阻力更大，起润滑作用的水更少，因而也得不到理想的压实效果。因此，碾压过程中要注意温度的变化。

（5）压实土层的厚度

经实践证明，土所受的外力作用，随深度增加而逐渐减弱，当超过一定范围时，土的密实度将与未碾压时的相同，这个有效的压实深度（产生均匀变化的深度）与土质、含水率、压实机械的构造特征等因素有关，所以正确控制碾压层厚度，对于提高压实机械生产率和填筑路基质量十分重要。

（6）地基或下承层强度

在填筑路堤时，若地基没有足够的强度，路堤的第一层难以达到较高的压实度，即使采用重型压路机或增加碾压遍数，也只能是事倍功半，甚至使碾压土层起"弹簧"。因此，对于地基或下承层强度不足的情况，填筑路堤时通常采取适当处理措施。

（7）碾压机具和方法

为了能以尽可能小的压实功获得良好压实效果，压实机械应先轻后重，以便能适应逐渐增长的土基强度；碾压速度宜先慢后快，以免松土被机械推走，形成不适宜的结构，影响压实质量，尤其是黏性土，高速碾压时，压实效果明显下降。通常压路机进行路基压实作业，行驶速度在 4km/h 以内为宜。施工中，要根据不同的土质来选择机具和确定压实遍数。

2. 土质路基压实标准

土质路基压实标准包括两个方面：一是确定采用标准干密度的方法；二是要求的压实度。关于标准干密度的确定方法，目前推行的主要是与国外公路压实要求相同的重型击实试验。

（1）最大干密度

土的最大干密度是土压实的主要指标，与路基强度稳定性有密切的关系，一般作为压实质量评价的依据。在路基压实施工中，由于受各种因素的影响和限制（气候、土的天然含水率等），所施工的路基实际干密度不能达到室内的重型击实试验求得的最大干密度。但是为了保证压实质量的基本要求，必须规定压实后土质路基压实度范围。

（2）压实度

压实度是现场检查测得的土质路基干密度ρ_d与室内求得的最大干密度ρ_{max}之比，常用K表示。

$$K = \rho_d/\rho_{max} \tag{1-2}$$

3. 土质路基压实质量检测方法

土质路基压实质量检测方法有环刀法、灌砂法、灌水法（水袋法）或核子密度仪法。环刀法适用于细粒土，灌砂法适用于各类土。核子密度仪应与环刀法、灌砂法等进行对比标定后才可应用。

工程案例

例 1-1 某合同段路基填筑土石方 176.2 万 m³，填料基本为路堑挖方和隧道出渣。填料石方大块需经过破碎机破碎，石块的最大粒径不大于 150mm（用于路基顶面以下 300mm 范围内，最大粒径不大于 100mm）。路基填筑按公路施工规范及原建设部《高密度大量土石方填筑工法》组织施工，其核心是：将土石方施工过程分为"三阶段""四区段""八流程"。三阶段为准备阶段、施工阶段、竣工阶段；四区段为填筑区、平整区、碾压区、检查区；八流程为施工准备、基底处理、分层填筑、摊铺整平、洒水或晾晒、机械碾压、检查签证、面层整修。

路基填方采用纵向分段、水平分层填筑法施工，填筑时按照横断面全宽分成水平层次，逐层向上填筑。地面不平时，由最低处分层填起，每填一层经过压实后再填下一层。填土利用推土机摊铺，平地机整平，重型压路机碾压。填石利用推土机摊铺，人工配合码砌，其压实度由试验确定的压实遍数控制。用核子密度仪和灌砂法进行压实结果检测。

4. 一般地段填筑施工方案

1）基底处理

将路基范围内的树木、杂草等进行砍伐和清理；用推土机清除原地面浮土、垃圾、有机质残渣及地面以下 100~300mm 的表土，并用压路机碾压；对经过水塘及水田地段的地基按设计要求进行清淤换填等处理。

2）分层填筑

分段按照路基横断面全宽分成水平层次，逐层向上填筑；如原地面不平，从低处分层填起，采用"纵向分层填筑法"逐层填压密实；不同性质的填料分别分层填筑，不得混填。

（1）当路堤在斜坡上填筑，其垂直路中线原坡陡于1:5时，将原地面按图纸或监理工程师的指示挖成台阶。台阶的宽度不小于1m，且向内侧倾斜2%，并用小型机具夯实。台阶所挖出的材料，可以用作填料时，同新路堤材料一起重新压实。

（2）当填土高度小于0.8m（包括零填）时，对原地表清理与挖除之后的土质基底，将地面翻松深0.3m，整平压实，压实度达到95%以上。

（3）摊铺时的最大松铺厚度不大于400mm，也不得少于100mm。每种填料层总厚度不小于0.5m。

（4）连接结构物的路堤工程，必须在结构物混凝土达到设计要求的强度后，采用适当的施工方法进行分层填筑，不能因路堤的填筑而影响结构的安全与稳定。

（5）路堤基底未经监理工程师检查验收，不能开始填筑；下一层填土未经监理工程师检验合格，上一层填土不得进行。

3）摊铺整平

采用推土机摊铺、平地机整平，先两侧后中间，达到路肩平直圆顺，层面平整，中间稍高形成横坡，便于雨天排水。

4）洒水或晾晒

填土含水率的波动范围控制在最佳含水率的±2%范围内，超出时洒水或晾晒。洒水采用洒水车喷洒，晾晒为自然晾晒及翻晒。

5）碾压成型

采用振动压路机、重型压路机，遵循"先轻后重、先慢后快、路线合理、均匀压实"的原则碾压。碾压时，横向接头轮迹重叠500mm，做到无漏压、无死角和碾压均匀；在直线段先边缘后中间，曲线碾压顺序为先内侧后外侧；路肩两侧各超填300mm，压后刷齐整平，以保证路基边缘有足够的压实度。

5. 横向半填半挖地段填方

（1）要重视半填部分路基的填筑，避免因填筑不当，引起横断面内不均匀沉降而出现纵向裂缝。

（2）认真清理半填断面的原地面，并尽可能有规划地划定半填半挖的交界面，以确保良好拼接。

（3）原地面横坡不陡于1:10时，在半填断面原地面表土翻松后进行分层填筑，地面横坡陡于1:10时，将原地面挖成不小于1m宽度的台阶，台阶顶面挖成2%~4%的内倾斜坡，再进行分层填筑。

（4）填筑时，必须从低往高处分层摊铺碾压，特别要注意填、挖交界处的拼接，碾压要做到密实无拼痕。

（5）半填半挖路段的开挖，必须待下半填断面原地面处理好，经监理工程师检验合格后，方准开挖上挖方断面。对挖方中非适用材料必须废弃，严禁填在半填断面内。

6. 纵向填挖交界地段填方

（1）要重视纵向填挖交界处的路基填筑，避免因填筑不当引起路基纵向的不均匀沉降而导致路基横向裂缝。

（2）要认真清理填挖交界处填方路段的原地面，清理长度不小于30m（可根据填土高度和原地面坡度酌定），并要有规则地挖出纵向填挖交界面，交界面尽可能与路基中心线垂直，以确保良好拼接。

（3）填挖交界处原地面纵向坡度不陡于 1∶10 时，在翻松原地向表土后分层填筑；地面纵向坡度陡于 1∶10 时，将原地面挖成不小于 1.5m 宽的台阶，台阶顶面挖成 2%～4% 的内倾斜坡，再进行分层填筑。

（4）填筑时必须从低往高处分层摊铺碾压，特别要注意填、挖交界处的拼接，碾压要做到密实无拼痕。

（5）纵向填挖交界处的开挖，必须待填方处原地面处理好，经监理工程师检验合格后，方准开挖挖方断面。对挖方中非适用材料必须废弃，严禁填在填方断面内。

（6）由于纵向填、挖交界处常伴随半填半挖断面，故在施工时，必须妥善安排，做到纵、横填筑均衡，碾压密实无拼痕。

7. 高路堤填方

（1）要重视超过 5m 的高填土的填筑，避免因填筑不当，压实不足引起路基不均匀沉降而局部开裂、沉陷。

（2）高填土填筑除做好原地面的清理工作外，重点应抓住粒径、分层和压实三个主要环节，要严格控制石料的最大粒径，石料的最大粒径在底层（路床底面 1.5m 以下）不超过层厚的 2/3；分层填筑，分层碾压，每层厚度不超过 300mm。

（3）足够的碾压是消除路堤固结形变的最有效方法。提高压实能力，完善压实工艺，以高标准进行路基的压实是保证路基应有强度和稳定性的一项最经济有效的技术措施，在高路堤填筑中，制订详细的作业计划，报监理工程师批准后认真实施。

（4）高填方的岩渣路堤，宜利用雨期使其进一步密实和稳定。应抓住气候条件进行碾压，每一碾压层内部和表面石块之间的空隙，用碎石、石屑、砂砾和砂等材料填充，并用大功率的振动压路机碾压，以增加路基的密实度和稳定性。

1.4 石质路基施工

1.4.1 石质路堤填筑

1. 对石料的要求

用于填石路堤的石料强度不应小于 15MPa，用于护坡的石料强度不应小于 20MPa，填料最大粒径不大于 500mm，并不宜超过分层压实厚度的 2/3。石料性质差异较大时，不同性质的石料应分层或分段填筑。暴露在大气中风化速度较快的石块不应作填石路堤的填料；当必须用这种强风化石料或软质岩石填筑路堤时，应先检验其 CBR 值是否符合土质路堤的填土质量要求，CBR 值符合要求的按土质路堤相关技术要求进行填筑，不符合要求的不得使用。高速公路和一级公路填石路堤路床顶面以下 500mm 范围内用符合路床要求的土填筑，土的最大粒径不得超 100mm，分层压实。其他公路填石路堤路床顶面以下 300mm 范围内用符合路床要求的土填筑，填料粒径不大于 150mm。

2. 石质路堤填筑方案

石质路堤的填筑施工方式有倾填（含抛填）和逐层填筑、分层压实两种。

由于石料是从高处自然落下，石料间难免重叠交错，空隙较大，故倾填路堤的压实、稳定等问题较多，因此，高速公路、一级公路和铺设高级路面的其他等级公路的石质路堤不宜采用倾填式施工，而应采用分层填筑、分层压实的方法。二级及二级以下且铺设低级路面的公路在陡峻山坡段施工特别困难或大量爆破以挖作填时，可采用倾填方式将石料填筑于路堤下部，但倾填路堤在路床底面下小于1.0m范围内仍应分层填筑压实。采用分层填筑方式施工，又可分为机械作业和人工作业两种方法。机械施工分层填筑时，高速公路及一级公路分层松铺厚度一般为500mm，其他公路为1000mm。

1.4.2 石质路堑开挖

石质路堑的开挖应根据岩石的类型、风化程度、岩层产状、岩体断裂构造、施工环境等因素确定开挖方案。爆破法施工是石质路基施工最有效的方法之一。此外，爆破还可以爆松冻土、爆除淤泥、开采石料等。山区公路路基石方工程量大且集中时，采用爆破法施工不但可以提高功效、缩短工期、节约劳动力，而且可以改善线形，提高公路使用质量。

1. 炸药种类和起爆方法

（1）炸药种类

炸药种类繁多，在爆破工程中常用的可分下列两类：

①起爆炸药

起爆炸药是一种爆炸速度极高的烈性炸药，爆速可达2000~8000m/s，用以制造雷管。起爆炸药又可分为正起炸药和副起炸药。正起炸药对热能和机械冲击能均具有强烈的敏感性；副起炸药须由正起炸药起爆，其爆速甚高，可加强雷管的起爆能量。

②主要炸药

用以对岩石或其他介质进行爆炸的炸药称为主要炸药，它的敏感性较低，要在起爆炸药强力的冲击下才能爆炸。道路工程中常用的炸药主要有三硝基甲苯（TNT）、黑火药、硝酸铵等。

（2）起爆方法

①导火索及火花起爆法：导火索是点燃火雷管的配置材料，外形为圆形索线，索芯内装有黑火药，中间有纱导线，芯外紧缠着数层纱与防潮纸（或防潮剂）以防潮变质。对导火索的要求是燃烧完全，燃速恒定。根据使用要求，导火索的正常燃烧速度有两种规格，一种为10mm/s，另一种为5mm/s。

②电力起爆法：电雷管是用点火器，通过电爆导线通电发热燃爆起爆的。点火器即为产生电流的电源，如干电池组、蓄电池、手摇起爆机等。

③传爆线及传爆线起爆法：传爆线又称导爆线，其索芯用高级烈性炸药制成，内有双层棉织物，一层为防潮层，一层为缠绕着的纱线。为了与导火索区别，其表面涂成红色或红黄相间等色。我国制造的传爆线是用黑索金或泰安为索芯的，爆速为6800~7200m/s。

2. 综合爆破方法

（1）中小型爆破

①钢钎炮（眼炮）

在路基工程中，钢钎炮通常指炮眼直径和深度分别小于70mm和5m的爆破方法。因其炮眼浅、用药少、工效低，一般情况下，单独使用钢钎炮爆破石方是不大经济的。但是，由于其比较灵活，仍不失为一种重要的炮型，在地形艰险及爆破量较小地段（如打水沟、开挖便道、基坑等)仍属必需。在综合爆破中是一种改造地形,为其他炮型服务的辅助炮型。

②药壶炮(烘膛炮)

药壶炮是指在深 2.5m 以上的炮眼底部用少量炸药经一次或多次烘膛,使眼底成葫芦形,将炸药集中装入药壶中以提高爆炸效果的一种炮型,用于Ⅺ级以下岩石,不含水分,阶梯高度小于 20m,自然地面坡度在 70°左右的地段。

③猫洞炮(蛇穴炮)

猫洞炮系指炮洞直径为 0.2~0.5m,洞穴呈水平或略有倾斜(台眼),深度小于 5m,用集中药包在炮洞中进行爆炸的一种方法。其特点是充分利用岩体本身的崩塌作业,能用较浅的炮眼爆破较高的岩体,一般爆破可炸松 15~150m³。采用这种爆破方法,可以获得好的爆破效果。

(2)大爆破

大爆破是指采用导洞和药室装药,用药量在 1000kg 以上的爆破,主要用于石方大量集中,地势险要或工期紧迫路段。

(3)洞室炮

为使设计断面内的爆破岩体大量抛掷(抛坍)出路基,减少爆破后的清方工作量,确保路基的稳定性,可根据地形和路基断面形式,采用以下不同性质的洞室炮爆破方法。

①抛掷爆破。当自然地面坡角小于 15°,路基设计断面为拉沟路堑,且石质大多是软石时,为使石方大量扬弃到路基两侧,通常采用稳定的加强抛掷爆破。但此法在公路工程中采用很少。自然地面坡角在 15°~50°之间,岩石也较松软时,可采用斜坡地形半路堑的抛坍爆破。

②抛坍爆破。当自然地面坡度大于 30°,地形地质条件均较复杂,临空面大时,宜采用这种爆破方法。在陡坡地段,岩石只要充分被破碎,就可以利用岩石本身的自重坍滑出路基,从而可提高爆破效果。而且由于爆后路堑边坡稳定,单位耗药量降低,还可降低路基工程造价。

③多面临空地形爆破。路线通过波浪起伏的峡谷或鸡爪地形地段,因地形状况的限制,出现临空面较多,采用这种方法则有利于爆破。

④定向爆破。这是利用爆能将大量土石方按照指定的方向,搬移到一定的位置并堆积成路堤的一种爆破施工方法。它减少了挖、装、运、夯等工序,生产率极高。采用定向爆破,一次可形成百米至数百米路基。

⑤松动爆破。大型松动爆破主要用于不宜采用抛掷爆破的次坚石、软石路基,或配合机械化清方的地段。在坚石中,宜采用深孔炮。

1.4.3 填石路基压实与检查

1. 填石路堤的填料应符合下列规定

(1)硬质岩石、中硬岩石可用于路堤和路床填筑;软质岩石可用于路堤填筑,不得用于路床填筑;膨胀岩石、易溶性岩石和盐化岩石不得用于路基填筑。岩石分类见表 1-4。

(2)路基的浸水部位,应采用稳定性好、不易膨胀崩解的石料填筑。

(3)路堤填料粒径应不大于 500mm,并宜不超过层厚的 2/3。路床底面以下 400mm 范围内,填料最大粒径不得大于 150mm,其中小于 5mm 的细料含量应不小于 30%。

（4）中硬、硬质石料填筑路堤时，应进行边坡码砌。码砌防护的石料强度、尺寸应满足设计要求。边坡码砌与路基填筑应基本同步进行。

（5）采用易风化岩石或软质岩石石料填筑时，应按设计要求采取边坡封闭和底部设置排水垫层、顶部设置防渗层等措施。

岩石分类   表1-4

岩石类型	单轴饱和抗压强度/MPa	代表性岩石
硬质岩石	>60	花岗石、闪长岩、玄武岩等岩浆类
中硬岩石	30~60	硅质、铁质胶结的砾岩及砂岩、石灰岩、白云岩等沉积岩类；片麻岩、石英岩、大理岩、板岩、片岩等变质岩类
软质岩石	5~30	凝灰岩等喷出岩类；泥砾岩、泥质砂岩、泥质页岩、泥岩等沉积岩类；云母片岩或千枚岩等变质岩类

2. 填石路堤施工注意事项

（1）填石路堤应分层填筑压实。在陡峻山坡地段施工特别困难时，三级及三级以下砂石路面公路的下路堤可采用倾填方式填筑。

（2）岩性相差大的填料应分层或分段填筑，软质石料与硬质石料不得混合使用。

（3）填石路堤顶面与细粒土填土层之间应填筑过渡层或铺设无纺土工布隔离层。

（4）压实机械宜选用自重不小于18t的振动压路机。

（5）填石路堤采用强夯、冲击压路机进行补压时，应避免对附近构造物造成影响。

（6）施工过程中每一压实层，应采用试验路段确定的工艺流程、工艺参数控制，压实质量可采用沉降差指标进行检测。

（7）施工过程中，每填高3m宜检测路基中线和宽度。

（8）填石路堤压实质量标准应符合表1-5的要求。

填石路堤压实质量标准   表1-5

分区	路床顶面以下深度/m	硬质石料孔隙率/%	中硬石料孔隙率/%	软质石料孔隙率/%
上路堤	0.80~1.50	≤23	≤22	≤20
下路堤	>1.50	≤25	≤24	≤22

3. 填石路堤施工质量验收标准

填石路堤填筑至设计高程并整修完成后，其施工质量应符合表1-6的规定。

填石路堤施工质量标准   表1-6

项次	检测项目	规定值或允许偏差		检查方法和频率
		高速、一级公路	其他公路	
1	压实	孔隙率满足设计要求		密度法：每200m每压实层测1处
		沉降差≤试验路段确定的沉降差		精密水准仪：每50m测一个断面，每个断面测5点
2	纵断高程/mm	+10，-20	+10，-30	水准仪：每200m测2点
3	弯沉/0.01mm	满足设计要求		—
4	中线偏位/mm	≤50	≤100	全站仪：每200m测2点，弯道加HY、YH两点

续表

项次	检测项目	规定值或允许偏差		检查方法和频率
		高速、一级公路	其他公路	
5	宽度/mm	满足设计要求		尺量：每200m测4处
6	平整度/mm	≤20	≤30	3m直尺：每200m测2处×5尺
7	横坡/%	±0.3	±0.5	水准仪：每200m测2个断面
8	边坡坡度	满足设计要求		尺量：每200m测4点
9	边坡平顺度	满足设计要求		尺量：每200m测4点

此外，填石路堤成形后的外观质量标准应符合下列规定：

（1）路堤表面应无明显孔洞。
（2）大粒径石料应不松动。
（3）边坡码砌紧贴、密实无松动，砌块间承接面向内倾斜，坡面平顺。
（4）路基边线与边坡不应出现单向累计长度超过50m的弯折。
（5）上边坡不得有危石。

工程案例

例1-2 1. 工程概况

深圳市某区北片区（××标段）石方爆破工程，石方爆破工程量约280万 m^3，光面爆破约1万 m^2。施工条件如下。

（6）地形条件：本标段东北侧约200m为明珠大道，东南方向是一片空地和集装箱堆场，距离约400m为沙盐公路，南邻二标段施工区，西侧约250m为石料堆场及临建，爆破施工深度为45m左右。为了确保道路、车辆及行人的安全，东北侧约200m的明珠大道需要交通管制。

（7）地质条件：本标段地表土层不厚，山体坡脚基岩已出露，地下水主要为大气降雨和少量基岩裂隙水补给。

（8）气候条件：工程正值跨雨期施工，为雨期爆破作业。

4. 爆破方案选择

本工程爆破作业为连续高强度生产，工期紧、安全问题突出、环境保护要求高。要求施工组织严密、计划周全、爆破技术先进、人员设备充裕，确保工程任务按期完成。根据爆破工程量要求，综合考虑爆区地形、地质、环境条件、设备和技术条件，主要采用深孔台阶爆破法施工，孤石及部分超规格大块石采用液压岩石破碎机进行机械法破小。

5. 爆破施工方法选择

石方爆破工作自上而下分台阶逐层进行。爆高小于5m时，用浅眼爆破法分层爆破，分层高度2～3m为一层；爆高5～15m时，用深孔爆破法一次爆破到设计高程，爆高超过15m时，分台阶进行深孔爆破。永久边坡采用光面爆破方法进行处理，工作台阶分层台阶高度定为15m。

6. 主要爆破参数

1）本工程作业要点

（1）爆破参数控制选择。

（2）爆破安全防护对爆破飞石、爆破振动进行严格的控制，采取有效的安全防护措施，控制爆破振动、飞石、冲击波等方面的危害影响，确保附近建（构）筑物的安全。

2）主要爆破参数

（1）孔径D：用Y26手持式风钻钻浅眼，$D = 42$mm；用阿特拉斯钻机钻深孔，$D = 115$m和$D = 140$mm。

（2）孔深L：浅眼爆破，$L < 5.0$m；深孔爆破，$L \geq 5.0$m。

（3）底盘抵抗线W：根据$W = (25 \sim 40)D$

$\phi 42$mm：$W = 1.2$m；

$\phi 115$mm：$W = 3.5$m；

$\phi 140$mm：$W = 4.5$m。

（4）间距a：根据$a = (0.8 \sim 1.2)W$

$\phi 42$mm：$a = 1.2$m；

$\phi 115$mm：$a = 4.0$m；

$\phi 140$mm：$a = 5.0$m。

（5）排距b：根据$b = (0.8 \sim 1.0)a$

$\phi 42$mm：$b = 1.0$m；

$\phi 115$mm：$b = 3.5$m；

$\phi 140$mm：$b = 4.5$m。

（6）堵塞长度L_2：根据$L_2 = (1/3 \sim 1/2)L$

$\phi 42$mm：$L_2 = 1.3$m；

$\phi 115$mm：$L_2 = 5.0$m；

$\phi 140$mm：$L_2 = 5.0$m。

（7）单耗q

根据施工现场岩石的硬度情况，q取$0.45 \sim 0.5$kg/m^3。

（8）装药量计算（单孔装药量Q）：根据体积公式$Q = qabH$，则

$H = 3.0$m，$\phi 42$mm：$Q = 1.8$kg；

$H = 15.0$m，$\phi 115$mm：$Q = 94.5$kg；

$H = 15.0$m，$\phi 140$mm：$Q = 151.9$kg。

（9）根据施工现场的实际情况和以往的施工经验，爆破参数如表1-7所示。

爆破参数表　　　　　　　　　　　　　　　表1-7

参数名称	孔径D/mm	间距a/m	排距b/m	抵抗线W/m	台阶高度H/m	超深h/m	堵塞长度L_2/m	单孔装药量Q/kg	单耗q/（kg/m^3）
Y26手持式风钻	42	1.2	1.0	1.2	3.0	0.3	1.3	1.8	0.50
潜孔钻	115	4.0	3.5	3.5	15.0	1.0	5.0	94.5	0.45
潜孔钻	140	5.0	4.5	4.5	15.0	1.5	5.0	151.9	0.45

以上爆破参数确定后,在具体施工时,将进行小规模试爆,寻求工程的具体特点同参数之间的内在联系,优化各参数组合,使其完全适合本工程的特点。

(10)光面(预裂)爆破

本工程永久边坡采用光面(预裂)爆破施工,选用合适的炸药和装药结构,是取得良好爆破效果的重要因素。

光面爆破参数如下:

①孔径:$D = 76mm$;

②孔深:根据边坡的开挖高度选取;

③超深:$h = 1.0m$;

④炮孔倾角:沿设计边坡坡面布孔;

⑤最小抵抗线:$W_{min} = (10\sim20)D$,$W_{min} = 1.0m$;

⑥孔间距:$a = (0.6\sim0.8)W_{min}$,$a = 0.8m$;

⑦线装药密度:$Q_x = (0.25\sim0.35)kg/m$;

⑧装药结构:采用间隔不耦合装药,将炸药分段均匀绑在一条导爆索上;

⑨回填长度:$L_2 = 1.0m$;

⑩起爆顺序:主爆孔先爆,然后光爆孔同时起爆。

采用光面爆破时,应满足以下技术要求:

①根据岩石特点,合理选择间距及最小抵抗线;

②严格控制炮孔的线装药密度,来满足装药结构的要求;

③布置在同一平面上的光面孔,宜用导爆索连接并同时起爆。

7. 爆破作业技术

根据本工程的特点和现场实际情况,爆破作业主要进行深孔台阶微差松动爆破和浅眼爆破。

1)深孔台阶微差松动爆破

深孔台阶微差松动爆破工艺流程框图如图1-22所示。

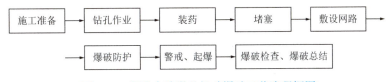

图1-22 深孔台阶微差松动爆破工艺流程框图

(1)施工准备

首先对即将进行爆破作业的区域进行清理,采用反铲挖掘机或推土机使其能满足钻孔设备作业的需要。然后进行测量放线,确定钻孔作业的范围、深度。

(2)钻孔作业

在爆破工程技术人员的指导下,严格按照爆破设计进行布孔、钻孔作业。布孔根据地形实际情况主要采用矩形布孔和梅花形布孔。布孔时特别注意确定前排抵抗线,防止前排孔抵抗线偏大或过小。偏大将影响爆破质量,使坡角产生根底,影响铲装;偏小会造成炮孔抛掷,容易出现爆破事故。在布孔时,还应特别注意孔边距不得小于2m,保障钻孔作业设备的安全。

在钻孔时，应该严格按照爆破设计中的孔位、孔径、钻孔深度、炮孔倾角进行钻孔。对孔口周围的碎石、杂物进行清理，防止堵塞炮孔。对于孔口周围破碎不稳固段，应进行维护，避免孔口形成喇叭状。

钻孔完成后，应对成孔进行验收检查，确定孔内有无积水、积水深度。

对不合格的钻孔应进行补孔、补钻、清孔，并将检查结果向爆破工程技术人员汇报，准备补钻计划。

（3）装药

①爆破器材检查。装药前首先对运抵现场的爆破器材进行验收检查，看数量是否正确，质量是否完好，电雷管是否同厂、同批、同牌号，各电雷管的电阻值差是否符合规定值（康铜桥丝，铁脚线 0.3Ω，铜脚线 0.25Ω；镍铬桥丝，铁脚线 0.8Ω，铜脚线 0.3Ω），对不合格的爆破器材坚决不能使用。

②装药。装药作业应在爆破工程技术人员的指挥下，严格按照爆破设计进行。装药前应检查孔内是否有水、积水深度、有无堵塞等，检查合格后方能进行装药作业，并做好装药的原始记录，包括每孔装药量、出现的问题及处理措施。装药应用木制长杆或竹制长杆推进，控制其装药高度。装药过程中如发现堵塞时应停止装药并及时处理，严禁用钻具处理装药堵塞的炮孔。

（4）堵塞

堵塞材料采用钻孔的石渣、黏土、岩粉等，堵塞长度严格按照爆破设计进行，不得自行增加药量或改变堵塞长度。如需调整，应征得现场技术人员和监理工程师的同意并做好变更记录。堵塞时应防止堵塞悬空，保证堵塞材料的密实，不得将导线拉得过紧，防止被砸断、破损。

（5）爆破网络敷设

装药、堵塞完成后，严格按照爆破设计进行网络连接，防止漏接、错接，并用绝缘胶布包好接头。网络连好后，应检测总电阻，如总电阻与计算值相差 8%以上，或阻值相差 10Ω 时，应查明原因，消除故障，并计算其电流量，达到设计要求时方能起爆。

（6）爆破防护

网络连接完成并检查合格后，方能按照爆破设计中的防护范围、防护措施进行防护。防护时应注意不要破坏电爆网络。确认爆破防护到位后，作业人员撤离爆区。

（7）设置警戒、起爆

严格按照爆破设计的警戒范围布置安全警戒。警戒时，警戒人员从爆区由里向外清场，所有与爆破无关的人员、设备撤离到安全地点并警戒。确认人员设备全部撤离危险区，具备安全起爆条件时，爆破工作领导人才能发出起爆信号。爆破员收到起爆信号后，才能进行爆破器充电并将主线接到起爆器上，充好电以后，进行起爆。爆破后，严格按照规定的等待时间，检查人员进入爆区进行检查，确认安全后，方准发出解除警戒信号。

（8）爆破检查、总结

每次爆破完成后，必须按照规定的等待时间进入爆破地点检查有无盲炮和其他不安全因素。如果发现有危石、盲炮等现象，应及时处理，未处理前应在现场设立危险警戒或标志。未用完的爆炸物品进行仔细清点、退库。

爆破结束后，爆破员应认真填写爆破记录，爆破工程技术人员应进行爆破总结：设计合不合理，并进行爆破安全分析，提出施工中的不安全因素和隐患以及防范办法，提出改善施工工艺的措施；对照监测报告和爆后安全调查，分析各种有害效应的危害程度及保护物的安全状况，如实反映出现的事故，处理方法及处理结果，总结经验和教训，指导下一步施工。爆破记录和爆破总结应整理归档。

2）浅眼爆破

浅眼爆破的工艺流程框图与深孔台阶微差松动爆破相同。

8. 爆破后安全检查

（1）起爆点（站）应远离爆区，宜设坚固严密的人工掩体，其位置和方向应能防止飞石、空气冲击波、炮烟和边坡滑落、滚石的危害。

（2）爆破后，必须按规定的等待时间进入爆破地点检查有无盲炮和其他不安全因素。

（3）爆破检查员如果发现危石、盲炮等现象，应及时处理，未处理前应在现场设立危险警戒或标志。

（4）各类盲炮的处理应按有关规定执行。经检查确认爆破地点安全后，经当班爆破班长同意，方准作业人员进入爆破地点。

（5）每次爆破后，爆破员应认真填写爆区。

（6）爆破结束后，爆破员应将剩余爆破器材仔细清点，如数及时直接交退给市公安局指定的市轻化公司爆破器材仓库。

复习思考题

1. 公路工程施工准备包括哪几个方面内容？并作简要说明。
2. 公路施工组织设计编制的目的与作用是什么？其主要内容有哪些？
3. 修筑试验段的目的与作用是什么？试验路段报告的主要内容有哪些？
4. 路基土方施工中常用的机械设备有哪些？各种机械的特征、分类、适用范围和基本作业方法是什么？
5. 土质路堤填筑方案有哪几种？各种填筑方案的适用范围及施工质量控制要点是什么？
6. 土质路堑开挖方案有哪几种？各种开挖方案的适用范围是什么？
7. 影响土质路基压实效果的主要因素有哪些？土质路基压实标准包括哪两个方面？土质路基压实质量检测方法有哪些？
8. 石质路基填筑方案有哪几种？各种填筑方案适用范围？
9. 什么是光面爆破和预裂爆破？选用各种爆破方法的基本原则是什么？
10. 填石路堤的填料应满足哪些要求？填石路基压实质量标准是什么？

第 2 章 软土地区路基施工

学习目的与要求

熟悉软土及软土地基的含义,掌握软土地基处理类型及加固机理,了解换填土层法、排水固结法、振动挤密法、土工织物加筋法以及化学加固法的施工工艺流程及注意事项。

软土是指滨海、湖沼、谷地、河滩沉积的天然含水率大、孔隙比大、压缩性高、抗剪强度低的呈软塑或流塑状态的黏性土。工程上常将软土细分为软黏性土、淤泥质土、淤泥、泥炭质土和泥炭等,这类影响填土和构造物稳定或使结构物产生沉降的路基称为软土路基。软土路基由于强度低、沉降量大,往往给道路工程带来很大的危害,如处理不当,会对公路施工和使用产生很大影响。软土路基加固关键在于治水和固结,其加固方法主要有换填土层法、排水固结法、振动挤密法、土工织物加筋法以及化学加固法等。各种加固方法具有不同的特点,可得到不同的效果。软土路基加固时,应根据土质、水文地质和周边环境等因素,正确选择加固方法,使其能确保路基稳定和安全。

2.1 换填土层法

当软土地基的承载力和变形不满足设计要求,而软土层的厚度又不是很大时,将路基底面以下一定深度范围的软土层部分或全部挖除,然后分层换填质地坚硬、强度较高、稳定性好的砂、碎(砾)石、灰土或素土、矿渣等材料,并及时碾压至要求的密实度,以满足工程要求。这种地基处理的方法被称为换填土层法,见图 2-1。

图 2-1 换填土层

换填土层主要用于处理路基工程中浅层软基,如淤泥、淤泥质土、松散素填土、杂填土等低洼区域填筑,高填方路基、挡土墙、涵洞地基处理等。

2.1.1 开挖换填

开挖换填适用于软土或泥岩层厚度小于 3m 的情况,如图 2-2(a)所示;若软土或泥岩层的厚度大于 3m，只挖除一部分再进行换填，如图 2-2（b）所示。换填料应选用砂、砾（卵）石、片石等水稳性和透水性好、强度较大的材料。

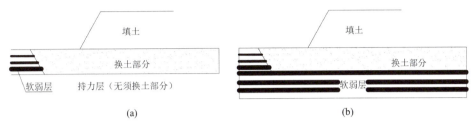

图 2-2　开挖换填示意图

开挖时应根据开挖深度与土的抗剪强度确定合理的边坡坡度，开挖时用水泵排水，防止因边坡坍塌破坏而增加不必要的挖方量。回填时应分层填筑、压实，并随挖随填。

2.1.2　抛石挤淤

抛石挤淤是指直接将换填材料铺在软土地基表层，然后借助换填材料的自重或利用其他外力，如压载、振动、爆破、强夯或卸载（及时挖出换填体周边外的淤泥）等，使软弱层遭受破坏后被强制挤出而进行的换填处理。此方法适用于常年厚度在 3m 以内的流动性大、表层无硬壳的大面积流塑状淤泥地基。

抛投片石的大小，根据泥炭或软土的稠度而定，厚度或直径不宜小于 30cm。抛投时，应先从路堤中部开始，由中部向前突进后，再次向两侧扩展，以使淤泥从两旁挤出，如图 2-3 所示。当软土或泥沼底面有较大横坡时，抛石应从高的一侧向低的一侧抛石扩展，并在低的一侧多抛填一些。抛填片石后，应用较小的石块填塞垫平，并碾压密实。在其上铺设反滤层，然后填土，如图 2-4 所示。

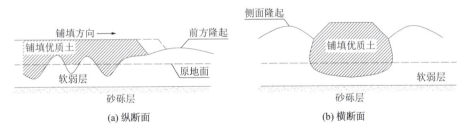

图 2-3　抛石挤淤示意图

图 2-4　抛石挤淤施工

2.1.3 爆破排淤

爆破排淤适用于淤泥（或泥炭）层较厚、稠度较大，路堤较高和工期紧的情况。爆破排淤也是换土的一种方法，该方法与一般方法比，换填深度大、工效高。其基本原理为利用炸药爆炸时的张力作用，使软土扬弃或压缩，然后填以强度较高、渗水性好的材料。

爆破排淤有两种方法：一种方法是对稠度较大的软土或泥沼，先在原地面上填筑低于极限高度的路堤，再在基底下爆破，见图 2-5（a）、（b）。但这种"先填后爆"的方法要求严格控制炸药量，做到既能炸开淤泥或泥炭，又不破坏已填路堤。另一种方法是对稠度较小的软土，可用"先爆后填"的方法，见图 2-5（c）、（d）。采用这种方法要先准备足够的回填料，爆破后立即回填，保证随爆随填，填满再爆，爆后即填，以免回淤，造成浪费。

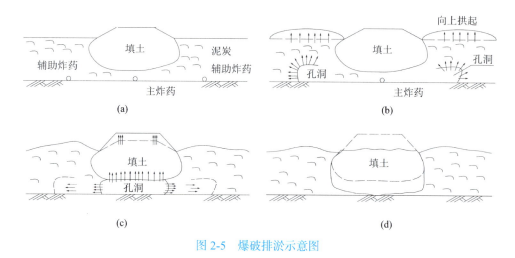

图 2-5 爆破排淤示意图

2.2 表层处理法

表层处理包括砂垫层、反压护道、土工聚合物处治等方法。

2.2.1 砂垫层

砂垫层的基本原理是通过在软土层顶面铺设砂垫层，以增加排水面，主要起浅层水平排水的作用，使软土地基在填土荷载的作用下加速排水固结，提高强度，满足稳定性要求，如图 2-6 所示。

砂垫层的厚度依据路堤高度、软土层的厚度及压缩性而定，一般为 0.6~1.0m；砂垫层的宽度应宽出路基边脚 0.5~1.0m，两侧宜用片石护砌或采用其他方式防护，以免砂料流失。

砂垫层适用于以下情况：软土表面无硬壳；软土层不很厚或虽稍厚但具备排水条件；当地有砂，运距不太远；施工期限不十分紧迫等。砂垫层铺设的特点是施工简便，不需要特殊机具设备，占地较少。

第 2 章 软土地区路基施工

1. 砂垫层施工流程

砂垫层的施工工艺流程如图 2-7 所示。

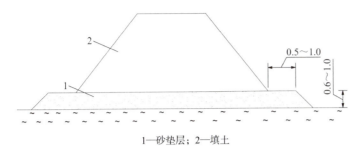

1—砂垫层；2—填土

图 2-6 砂垫层的断面（尺寸单位：m）

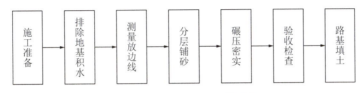

图 2-7 砂垫层施工工艺流程

2. 砂垫层施工注意事项

（1）砂垫层宜选用颗粒级配良好、质地坚硬的中、粗砂，不得掺有细砂及粉砂，含泥量不得大于 5%；也可采用天然级配砂砾，其最大粒径应小于 50mm，砾石强度不低于Ⅳ级。

（2）砂垫层施工中，当地基表面无硬壳层承载，运输机械不能在上面行走施工时，一般采用顺序摊铺法；当地基表面很软时，可在地基表面铺荆笆（或塑料编织网、尼龙编织网、土工聚合物等），在荆笆上再铺设砂垫层，见图 2-8。

（3）砂垫层应分层摊铺、分层压实，碾压到规定的压实度。在路堤填筑过程中随时掌握地基的变形情况，借以判断地基是否稳定，控制填土速度。根据经验，水平位移量应控制在每天不超过 1cm，垂直位移量每天不超过 1.5cm，地基便可保持稳定。

（4）砂垫层分段施工时，接头应做成斜坡，每层错开 0.5～1.0m，并充分压实。

（5）施工结束后，应检查砂石垫层是否有排水通道，使垫层内的水能排出路基外侧。

图 2-8 砂垫层施工

2.2.2 反压护道

反压护道是指为防止软弱地基产生剪切、滑移，对积水路段和填土高度超过临界高度的路段,在路堤一侧或两侧填筑起反压作用的具有一定宽度和厚度的土体,其高度不宜超过路堤高度的1/2。使路堤下的泥炭向外侧隆起的趋势得到平衡,以提高路堤在施工中的滑动破坏安全系数,达到路堤稳定的目的,如图2-9所示。

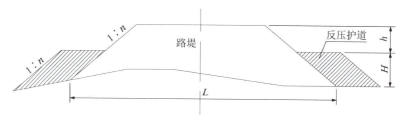

图2-9 反压护道的断面

反压护道适用于路堤高度不大于1.5倍的极限高度,非耕作区和取土不太困难的地区。多用在施工过程中已经明显出现不稳定的填方或发生了滑坍破坏填方时,作为应急措施和修复措施,见图2-10。

反压护道加固地基,不需特殊的机具设备和材料,施工简易方便;但占地多,用土量大,后期沉降大,后期养护工作量也大。

反压护道的施工要点如下:

(1)按一次全宽施工,将铺砂垫层与反压护道视为一体,整体分层摊铺压实,以提高两者的整体性,最后填筑路堤填料。

(2)反压护道填料一般和路堤使用同一种填筑材料。

图2-10 反压护道施工

(3)两侧的反压护道应与路堤同时填,反压护道压实度应达到90%。

(4)当软土层或泥沼层较薄,且其下卧硬层具有明显的横向坡度时,应采用两侧不同宽的反压护道,横坡下方的护道应比上方护道宽一些。

2.2.3 土工聚合物处治

土工聚合物处治属于加筋法的一种。土的加筋是指在路堤中铺设加筋材料(图2-11),由筋体和土共同组成复合地基,筋体承受拉应力,筋间土承受压应力及剪应力,使土体与筋体都能较好地发挥各自的作用;形成可以抗压、抗拉、抗剪、抗弯的复合土体,以提高地基的承载力，减小沉降，增加稳定性。

图 2-11　土工聚合物的处治

加筋材料主要有土工布和土工格栅等。

（1）土工布。又称为土工织物，它是由合成纤维通过针刺或编织而成的透水性土工合成材料，一般宽度为 4～6m，长度为 50～100m。土工布分为有纺土工布和无纺长丝土工布。其特点是：强度高、耐腐蚀、透水性好、施工方便。土工布铺设于路堤底部，其在软土地基加固中的作用有排水、隔离、反滤、应力分散和加筋补强，如图 2-12 所示。

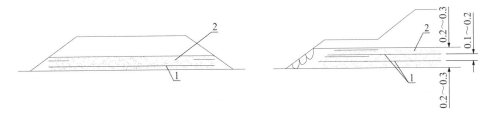

1—土工布；2—砂垫层

图 2-12　土工布加固路堤（尺寸单位：m）

当铺设两层以上土工布时，中间要夹 0.1～0.2m 的砂层，以提高基底的透水性。土工布的铺设需满足锚固搭接长度的要求，注意保持土工布的平整和张拉程度，以及端头的位置和锚固，以保证其整体性，如图 2-13 所示。

图 2-13　土工布的铺设

土工布铺设的工艺要求：

①检查下承层是否平整、坚实，如有异物，应妥善处理。

②确定土工布尺寸，裁剪后予以试铺，裁剪尺寸应准确。

③用人工滚铺，布面要平整，并适当留有变形余量。

④土工布应在路堤每边各留一定长度，回折覆裹在已压实的填筑层面上，折回外露部分用土覆盖。

⑤土工布的连接，采用搭接时，搭接长度宜为300~600mm；采用缝接时，接缝宽度应不小于50mm；采用粘接时，粘接宽度应不小于50mm。

⑥施工中应采取措施防止土工布受损，出现破损时应及时修补或更换。

⑦双层土工合成材料上、下层接缝应错开，错开长度应大于500mm。

（2）土工格栅。它是用聚丙烯、聚氯乙烯等高分子聚合物经热塑或模压而成的二维网格状或具有一定高度的三维立体网格屏栅，当在土木工程中使用时，称为土工格栅。其特点是：强度大、变形小；耐腐蚀、寿命长；施工方便快捷、周期短、成本低。

使用土工格栅的路堤，其路堤填料应满足《公路路基设计规范》JTG D30—2015的要求，并且应当选择易于压实、能与土工格栅产生良好摩擦的土质。土工格栅施工见图2-14。

土工聚合物不宜直接设置于原地基表面上，宜在原地表设置30~50cm厚的砂垫层或其他透水性较好的均质土后再铺设土工格栅；对于需设置多层土工格栅加筋的路堤，各层之间的间距不宜小于一层填土的最小压实厚度，且不宜大于60cm，土工格栅的最小铺设长度不宜小于2m。

图2-14 土工格栅施工

铺设不允许有褶皱，应用人工拉紧，必要时可采取插钉等措施固定。铺设表面应平整，表面严禁有碎块石等坚硬突出物。土工聚合物摊铺好后应立即用土料填盖。目前大部分土工聚合物由合成化工原料制成，这种材料受阳光等紫外线照射易于老化，因此铺好后的土工聚合物在2d内应进行覆盖；若无紫外线照射，则可适当延迟覆盖时间。

2.3 排水固结法

排水固结法是在地基中设置砂井、袋装砂井及塑料排水板等竖向排水体，增加土层竖向排水途径，缩短排水距离。利用路基分层填筑，逐步加载，使土体中的孔隙水排出，加速地基固结，提高强度。此法适用于沼泽土、淤泥及淤泥质土、水力冲积土等。

排水固结由两大部分组成，即排水系统和加载系统，见图2-15。

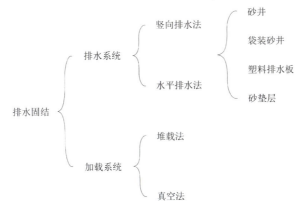

图 2-15 排水固结法的组成

2.3.1 砂井排水

砂井又称排水砂井，是在软土地基中按一定规格排列成梅花形或正方形（图 2-16），用中粗砂灌注的圆形砂柱。柱顶铺设砂垫层或砂沟将各个砂井连接起来，构成完整的地基排水系统，如图 2-17 所示。

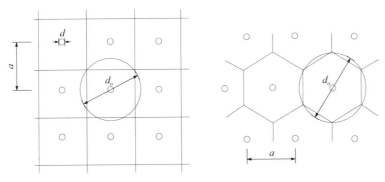

图 2-16 砂井的平面布置

砂井直径 $d = 20\sim30\text{cm}$，砂井间距 a 为砂井直径的 8～10 倍，通常用 2～4m。当填土高，地基土的固结系数小且工期短时，应采用较小井距；反之，可采用较大井距。砂井的深度应根据软土层厚度和路堤高度确定。砂井适用于路堤高度大于极限高度，软土层厚度大于 5m 的情况。

砂井是通过在履带起重机的吊臂上安装一个导向架，以锤击桩管或用振动锤夹住桩管施以振动力，把桩管打入地基中，将砂投入套管内，以 4～6m/min 的速度拔管，套管全部拔出，砂井形成，如图 2-18 所示。

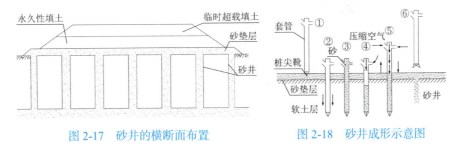

图 2-17 砂井的横断面布置　　图 2-18 砂井成形示意图

1. 砂井施工工艺流程

砂井的施工工艺流程，如图 2-19 所示。

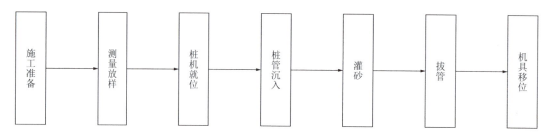

图 2-19　砂井施工工艺流程

2. 砂井施工注意事项

（1）砂井所用砂宜为中、粗砂，其含泥量不大于 3%。砂井的灌砂量应按井孔的体积和砂在中密状态时的干密度计算，其实际灌砂量（不包括水重）不得少于计算量的 90%。

（2）砂井施工前，应进行场地的清理和整平，使场地范围内没有树枝、草木等植物根系，填平低洼地和进行场地的平整。

（3）为了保证砂井内渗出的水能够及时排出，在砂井顶部应铺设厚为 0.3～0.5m 的砂垫层。当缺乏砂砾时，也可采用砂沟式垫层，即在横向每排砂井的顶部设置一条砂沟，砂沟的宽度可为砂井直径的 2 倍，高度为 0.4～0.5m。

2.3.2　袋装砂井排水

袋装砂井排水的基本原理与砂井排水基本相同，但此法是先将砂装入透水性良好的土工织物编织成的细长袋子内，再用打桩机将其沉入软土地基中，形成排水砂柱，以加速软土排水固结，如图 2-20 所示。

图 2-20　袋装砂井

袋装砂井的直径宜为 7～12cm，间距一般为 1.0～2.0m，平面布置多采用三角形。该方法将砂井的间距缩小了，加快了排水固结时间；直径缩小，减少了用砂量；同时，这种砂袋具有较大的拉伸强度，受荷后能随地基变形，避免了砂桩因断桩而排水的缺点，它既具有大直径砂井的作用，又可保证砂井的连续性，避免发生"缩颈"现象。

1. 袋装砂井施工流程

袋装砂井的施工工艺流程如图 2-21 所示。

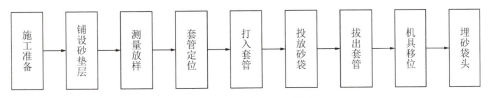

图 2-21 袋装砂井施工工艺流程

2. 袋装砂井施工要点

（1）整平场地后，视软土地基情况，铺设 20～30cm 的砂垫层，用压路机稳压 3～4 遍。

（2）采用全站仪和皮尺确定砂井轴线位置，并撒石灰线放样，然后用卷尺确定桩的位置。

（3）预制砂袋时，将袋口固定在装砂用的漏斗上，通过振动将砂填满袋子，卸下砂袋，把袋口扎好，见图 2-22。宜采用渗水率较高的中、粗砂，粒径大于 0.5mm 的砂的含量宜占总重的 50%以下，含泥量不应大于 3%。

（4）桩管垂直定位后，将带有开闭底盖的套管或带有预制桩尖的套管按井孔定位打到设计深度。

（5）将预制好的砂袋投入套管中，沉入到要求的深度，见图 2-23。如不能沉至设计深度，会有一部分拖留在地面，此时需做排泥处理，直至砂袋能沉到预定深度。

图 2-22 预制砂袋   图 2-23 投放砂袋

（6）然后一边把压缩空气送进套管，一边提升套管至地面。

（7）施工结束后，砂袋顶端应露出地面至少 0.3m，埋入砂垫层。

2.3.3 塑料板排水

塑料排水板又称为塑料排水带，中间是挤出成型的芯板，是排水带的骨架和通道，其断面呈并联十字，两面以土工织物包裹过滤层，芯带起支撑作用并将滤层渗进来的水向上排出。塑料排水板是淤泥、淤质土、冲填土等饱和黏性及杂填土运用排水固结法进行软基处理的良好垂直通道，可大大缩短软土固结时间，如图 2-24 所示。

图 2-24　塑料排水板加固软基

塑料排水板芯板，有波浪形、口琴形等多种断面形状，其断面尺寸为宽 10cm、厚 4mm。为便于施工和运输塑料排水板，通常采用卷筒状，200m/卷，卷筒直径 0.8～1.3m，高度 0.1m，如图 2-25 所示。

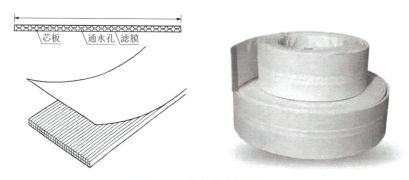

图 2-25　塑料排水板结构

1. 塑料排水板施工流程

塑料排水板的施工工艺流程，如图 2-26 所示。

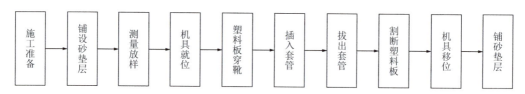

图 2-26　塑料排水板施工工艺流程

2. 塑料排水板施工要点

（1）塑料排水板施工前，要对软基进行预先处理，其处理方法与袋装砂井相同。

（2）放样时要根据情况准确定位。

（3）塑料排水板由卷筒通过井架上部的滑轮插入套管，将靴头套在空心套管端部，固定塑料排水板，使其在下沉过程中能阻止泥砂进入套管。

（4）用芯轴的输送轮带夹住塑料排水板，一起垂直压入地下，不得使透水滤套被撕破和污染。

（5）芯轴到达预定深度后，输送轮轴反转，将芯轴上拔，将塑料排水板留在土中，然后用自动刀具将塑料排水板切断，但应保证塑料排水板顶端露出地面至少 0.5m，埋入砂垫层，使其与砂垫层贯通，如图 2-27 所示。

图 2-27　塑料排水板施工

2.4　挤密法

挤密法是指在桩孔中灌以砂、石、土、灰土或石灰等材料，将其捣实，形成直径较大的桩体，利用横向挤紧作用，使地基土粒彼此靠紧，孔隙减少。孔隙被填满和压紧，形成桩体。桩体具有较高的承载能力，群桩的面积约占松散土加固面积的 20%，使得处理后的地基变成由桩和原土共同受力的复合地基，达到加固的目的。

2.4.1　灰土挤密桩

灰土挤密桩是用冲击或振动方法，将钢管打入原地基中（图 2-28），使之侧向挤密成孔，将管拔出后，在桩孔中分层回填 2∶8 或 3∶7 灰土夯实而成。灰土挤密桩与桩间土共同组成复合地基，以承受上部荷载。

图 2-28　打桩机

灰土挤密桩直径宜为 30～60cm，深度宜为 5～15m，桩孔宜按等边三角形布置。适用于处理加固地下水水位以上的湿陷性黄土、素填土、杂填土以及含水率较大的软弱地基。

1）灰土挤密桩施工工艺流程

灰土挤密桩的施工工艺流程，如图 2-29 所示。

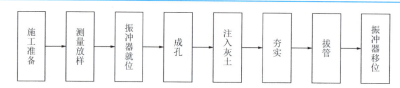

图 2-29　灰土挤密桩施工工艺流程

2）灰土挤密桩施工注意事项

（1）施工前应在现场进行成孔、夯填工艺和挤密效果试验，以确定分层填料厚度、夯击次数和夯实后干密度等要求。

（2）成孔施工时，地基土宜接近最佳含水率。灰土桩的成孔方法有沉管法、冲击或爆破等，应按设计要求和现场条件选用。

（3）灰土应在最佳含水率状态下分层回填夯实，每次回填厚度为 30～40cm。

（4）成孔和回填夯实的施工顺序，应先外排后里排，同排内应间隔 1～2 孔进行，以免振动挤压造成相邻孔缩孔或塌孔。

2.4.2　碎石挤密桩

碎石挤密桩是指用振动、冲击或水冲等方式在软弱地基中成孔后，再将碎石或砂挤压入孔中，形成大直径的碎石或砂所构成的密实桩体。适用于砂土、粉土、素填土和杂填土的地基。碎石挤密桩桩径为 30～80cm，桩间距应通过试验确定，一般为桩径的 1.8～4.0 倍；桩长应根据加固土层的厚度确定，桩长一般不宜小于 4m；桩位宜采用正方形、矩形或等边三角形布置。

1. 碎石挤密桩施工工艺流程

碎石挤密桩的施工工艺流程如图 2-30 所示。

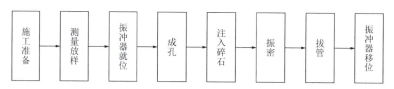

图 2-30　碎石挤密桩施工工艺流程

2. 碎石挤密桩施工技术要点

（1）碎石挤密桩施工前应进行挤密试验，桩数宜为 7～9 根。

（2）按桩位图准确放出桩的位置并编号，安装好打桩机械。

（3）开动振动器，通过振动将套管下沉至设计深度，见图 2-31。

图 2-31　碎石挤密桩施工

(4)将料斗插入套管,向管内灌一定量的碎石;再将套管提升到规定的高度,套管内的碎石被压缩空气从套管中压出。

(5)再将套管沉到规定的深度,并加以振动,使排出的碎石振密,由此碎石再一次挤压周围土体。

(6)再一次向套管灌一定量的碎石,并把套管提升到一定高度。碎石应符合级配要求,粒径为20~40mm,含泥量应小于10%。

(7)将(4)~(6)工序重复多次,直到成桩。

(8)待全部或一段碎石桩施工完毕并检验合格后,清理现场。然后填筑碎石垫层,铺单向排水土工布(或防渗土工布),填筑路堤。

2.5 化学加固法

化学加固法又称为胶结法,是指利用化学溶液或胶结剂,采用压力灌注或搅拌混合等措施,使土颗粒胶结起来,达到对土基加固的目的。加固效果取决于土的性质和所用化学剂,亦与施工工艺有关。化学加固的施工方法有压力注浆法和深层搅拌法。注浆的有效深度视其方法而异,压力注浆为6m左右,旋喷注浆在8m以下。

2.5.1 压力注浆法

压力注浆法是利用液压或气压把凝固的浆液(水泥浆液或水泥粉煤灰浆液)均匀地注入软土层中,使浆液在受注层中通过渗透、扩散、充填和挤密等方式,排挤土粒间的水分与空气,占据其位置,浆液将原来松散的土粒胶结成一个整体,从而达到加固受注层的目的。常用于加固软土地基,提高承载力;还可用于防护坡面、沿河堤岸和滑坡等。

先确定注浆压力、浆液扩散半径 r,注浆孔距取值范围为 r~$2r$。注浆排列方式分为两种:一种为矩形排列,即前排孔与后排孔渗水方向上平行;另一种为三角形排列,即前排孔的位置与后排孔的位置沿渗水方向错开 1/2 的孔距,平面上呈梅花状。

1. 压力注浆施工工艺流程

压力注浆的施工工艺流程如图 2-32 所示。

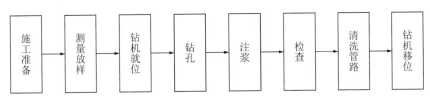

图 2-32 压力注浆施工工艺流程

2. 压力注浆材料要求

(1)生石灰粒径应小于 2.36mm,无杂质,氧化镁和氧化钙总量应不小于 85%,其中氧化钙含量应不小于 80%。

(2)粉煤灰中二氧化硅和三氧化二铝含量应大于 70%,烧失量应小于 10%。

(3)宜用普通水泥或矿渣水泥。

（4）水泥浆液或水泥粉煤灰浆液宜采用水灰比 0.8：1～1：1，水泥粉煤灰浆液中粉煤灰的含量可占固相比的 0～30%。

3. 压力注浆施工注意事项

（1）制备好的浆液不得离析，不得停置时间过长。停置超过 2h 的浆液应降低等级使用。浆液应拌和均匀，不得有结块。供浆应连续。

（2）注浆施工中，宜先注入少量水灰比在 4：1～1：1 之间的稀浆，后注入水灰比为 0.8：1～1：1 的稠浆，当地下砂砾层孔隙较大时，水灰比可提高到 0.5：1～1：1。

（3）开始注浆前，必须进行成桩试验，桩数不宜少于 5 根。应取得满足设计喷入量的各种技术参数，如钻进速度、提升速度、搅拌速度、喷气压力、单位时间喷入量等，如图 2-33 所示。

图 2-33　压力注浆施工

（4）在注浆过程中，当地面隆起或地面有跑浆现象时，应停止注浆，分析其原因，对下一段宜减量注浆，并检查封孔装置、注浆设备等，如调整后仍未改变，应结束该孔注浆施工。

2.5.2　深层搅拌法

深层搅拌法是利用粉喷机，将水泥、石灰等粉体与软土强制搅拌，搅拌后形成桩体，提高地基承载力，减少沉降。常用于加固淤泥、淤泥质土、粉土和含水率高的黏性土。粉喷桩的加固深度取决于施工机械的功率，加固深度一般为 26～27m。粉喷桩的直径是按粉喷钻机确定的，钻孔直径为 0.5m，桩间距为 1.0～1.5m。

1. 粉喷桩施工工艺流程

粉喷桩的施工工艺流程如图 2-34 所示。

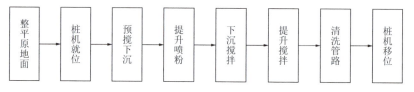

图 2-34　粉喷桩施工工艺流程

2. 粉喷桩的施工要点

（1）施工中桩机钻到设计孔深时，关闭送气阀门，喷送加固粉料，见图 2-35。

(2)整个制桩过程中要边喷粉、边提升连续作业,若出现断粉,应及时补喷,补喷重叠长度不小于 0.5m。

(3)提升到设计桩顶高程时,停止喷粉,打开送气阀,关闭送料阀,但空压机不能停机,搅拌钻头提升到桩顶时停止提升,在原位转动 2min,以保证桩头密实。

(4)钻头在钻到设计桩底后,边提升,边进行二次搅拌。

(5)搅拌结束后,将搅拌机钻头提到地面,清洗管路。

图 2-35 粉喷桩施工图

工程案例

例 2-1 某二级公路位于平原区,路基宽度为 10m,采用沥青混凝土路面,其中 K4+460～K3+550 段位于水田路段。路堤的填筑高度为 5～6m,填料为砂性土。该路堤的软土地基处理方案如图 2-36 所示,土工格栅铺设在路床范围之内。塑料排水板采用 SPB-1 型,平面间距为 1.5m,呈梅花状布设,板底深至基岩面处,板顶伸入砂垫层 50cm。

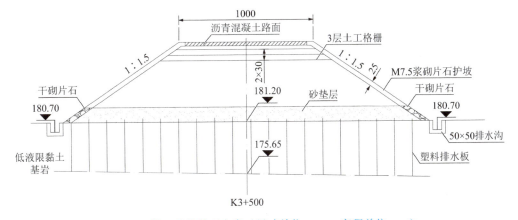

图 2-36 软土地基处理方案(尺寸单位:cm;高程单位:m)

施工单位制订的塑料排水板及砂垫层的施工工艺流程为:整平原地面→铺设下层砂垫层→机具就位→插入套管→塑料排水板穿靴→拔出套管→割断塑料排水板→机具移位→

A。其中塑料排水板采用插板机打入。

问题

1. 改正塑料排水板施工工艺流程中的排序错误，并写出工艺 A 的名称。
2. 写出图 2-36 中低液限黏土中水排至路堤外的主要路径。

答案

1. 正确的排序是：应先"塑料排水板穿靴"，再"插入套管"；A 为"摊铺上层砂垫层"。
2. 低液限黏土中的水先沿塑料排水板从下至上排到砂垫层，再由砂垫层和干砌片石横向排到两侧排水沟。

复习思考题

1. 什么是软土路基？软土路基的主要工程特性是什么？
2. 软土路基加固方法有哪些？具体的施工要点是什么？

第 3 章　轻质填料路堤施工

学习目的与要求

了解粉煤灰路堤结构的组成，熟悉粉煤灰路堤施工工艺流程及施工质量控制要点；了解聚苯乙烯泡沫（Expanded Polystyrene，简称 EPS）路堤结构的组成，熟悉 EPS 路堤的施工工艺流程及质量控制标准。

轻质材料可用作减少路堤重度或土压力的路堤填料，其应用范围包括软土地基上路堤、桥涵与挡土墙构造物合（墙）背路堤、拓宽路堤、修复沉陷或失稳路堤等，但不宜用于洪水淹没地段。

用作路堤填料的轻质材料主要有：粉煤灰和聚苯乙烯泡沫（EPS）。粉煤灰路堤就是利用电厂的废料填筑的路堤，粉煤灰是一种轻质填料，能减少路堤沉降，提高路堤的承载力及稳定性。

3.1　粉煤灰路堤施工

粉煤灰又称为烟灰，外观为灰白色的粉末，是从煤燃烧后的烟气中收捕的细灰，见图 3-1。主要是燃煤电厂排出的固体废物，主要成分是 SiO_2、Al_2O_3、Fe_2O_3、CaO 等氧化物。随着电力工业的发展，燃煤电厂的粉煤灰排放量逐年增加，成为当前排量较大的工业废渣之一。

图 3-1　粉煤灰

3.1.1　粉煤灰路堤结构

粉煤灰路堤一般由路堤主体部分、护坡、封顶层（黏土或其他材料）、包边土、隔离层和排水系统组成，如图 3-2 所示。

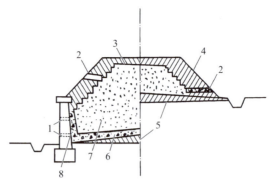

1—泄水孔；2—盲沟；3—封顶层；4—土质护坡；5—土质路拱；6—粒料隔离层；7—粉煤灰；8—反滤层

图 3-2 粉煤灰路堤结构示意图

3.1.2 粉煤灰路堤的材料要求

1. 粉煤灰

用于高速公路、一级公路路堤的粉煤灰，烧失量宜小于 20%；烧失量超过标准的粉煤灰应做对比试验，经分析论证后采用。粉煤灰的粒径宜为 0.001～1.180mm，小于 0.075mm 的颗粒含量宜大于 45%。粉煤灰中不得含团块腐殖质及其他杂质。

2. 包边土

包边土和封顶层的填料宜采用塑性指数不小于 12 的黏性土。隔离层和土质护坡中的盲沟所用的砂砾料、矿渣料等的最大粒径应小于 75mm，4.75mm 以下的细料含量应小于 50%，含泥量应小于 5%。

3.1.3 粉煤灰路堤的施工要求

1. 粉煤灰路堤施工工艺流程

粉煤灰路堤的施工工艺流程，如图 3-3 所示。

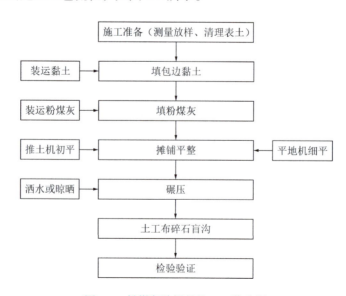

图 3-3 粉煤灰路堤的施工工艺流程

粉煤灰路堤与土质路堤的施工方法类似，仅增加了包边土摊铺和设置边坡盲沟等工序。

路堤施工质量的优劣，尤其是压实度是否满足要求，主要取决于摊铺厚度、含水率控制、压实机械的种类与碾压遍数。只有解决好这些关键问题，粉煤灰路堤的质量才会得到保障。

2. 粉煤灰路堤的施工要点

（1）粉煤灰的储运

储灰场应排水通畅，地面应硬化。大的储灰场宜设置雨水沉淀池。堆场应安装洒水设备，防止干灰飞扬。粉煤灰运输、装卸、堆放，应采取有效措施防止扬尘、流失与污染环境。

粉煤灰的含水率宜在储灰场或灰池中调节适宜，尽量减少现场的洒水工作量，过湿的粉煤灰应堆高沥干，过干的粉煤灰应在摊铺前2～3d在储灰场中洒水闷料，出场前应使含水率略高于最佳含水率。

（2）粉煤灰的摊铺

粉煤灰在摊铺前应在路堤中心、路堤边缘等处设置松铺厚度控制桩。其松铺系数应通过试验确定。当无实测资料时，可按下列数值选用并在施工中给予调整：推土机推铺为1.2～1.3，平地机摊铺为1.1～1.2。

粉煤灰路堤摊铺现场见图3-4，摊铺长度应按运灰的速度、摊铺机械、压实机具的数量和天气情况而定，以当天摊铺、当天碾压结束为原则，以免水分蒸发或遇水冲刷。在施工过程中，应及时洒水，防止干灰飞扬。

图3-4　粉煤灰路堤摊铺现场

粉煤灰路堤一般采用水平分层填筑法施工。分段作业时，先填地段应按1:1的坡度分层留1～2m的台阶，使每一压实层相互交叉衔接，搭接长度宜大于1.5m，相邻作业段接头范围内的压实度应达到规定要求。摊铺时应做好不小于3%的路堤横坡，以利于横向排水。

（3）包边土的摊铺

包边土的摊铺应与粉煤灰填筑同步进行。上包边土时，应设专人指挥倒土以使卸土数量与预计土量一致。包边土上齐后先用推土机平整，然后用平地机精平使其厚度均匀，保证宽度、边线整齐，如遇局部不整齐，可配以人工进行修整。

（4）护坡的摊铺

护坡的摊铺宽度应稍宽于设计宽度，以保证削坡后的净宽度满足设计要求。同时应按设计要求做好护坡的排水盲沟，底层盲沟的高程应避免地表水倒灌。排水盲沟应按设计要求在两侧的黏土护坡处，按 10m 的水平间距设置 40cm×50cm 的砂砾排水盲沟，盲沟用 2～4cm 的碎石填芯，渗水土工布包裹做反滤层，盲沟底的高程与粉煤灰底层的高程应一致，盲沟的纵坡坡度应为 3%。

（5）粉煤灰的碾压

粉煤灰路床碾压见图 3-5。粉煤灰在摊铺后必须及时碾压，做到当天推铺，当天碾压完毕。压实厚度应根据压实机械的种类和压实功的大小而定。一般 20～30t 的中型振动压路机，每层压实厚度应不大于 20cm；中型振动羊足碾或 40～50t 的重型压路机，每层压实厚度应不大于 30cm。碾压应遵循先轻后重、先两边后中间区、由低到高的原则。

图 3-5 粉煤灰路床碾压

对摊铺的粉煤灰层应先用 20t 以上的振动压路机碾压 4 遍之后，再用振动压路机静压 1～2 遍。碾压速度稳压时控制为 1.5～1.7km/h，振压时控制为 2.0～2.5km/h。碾压速度不宜过快，碾压时应错轮 1/3，两轮应重叠 30cm 左右。

粉煤灰路堤的施工温度必须控制在 60℃以上，以防止粉煤灰含有大量冰晶影响压实质量。粉煤灰碾压结束后，通常用环刀法或灌砂法进行压实度检测，达到规定要求后才可进行下一层的填筑施工。粉煤灰路堤的压实标准参照土质路堤的规定。

（6）养护与封层

在已达到要求压实度的粉煤灰层上铺筑上一层时，自卸车不得在已成型的灰面上进行掉头、高速行驶和紧急刹车等操作，以免造成压实层松散。若不能立即铺筑上一层，则应禁止和限制车辆行驶并适量洒水润湿，以防止表层干燥松散；若较长时间不能施工，则应进行表层覆土封闭，并做好路拱，以利于排水。对达到路槽高程的封层部位应及时采用黏性土、石灰土等或按设计要求加铺垫层材料，进行封层处理。

工程案例

例 3-1 河南安林高速公路一标段主线全长 6.35km，另有大互通立交一处。全标段地基较软弱，路基平均填高为 4m，最高约 8m，大部分路基填料设计为粉煤灰填料，结构断面形式如图 3-6 所示。材料为安阳县电厂排放的粉煤灰，质量满足要求。

第 3 章 轻质填料路堤施工

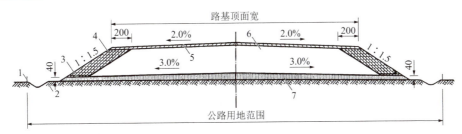

1—隔离栅；2—护坡道；3—盲沟；4—黏土护坡；5—黏土封顶层；6—粉煤灰；7—隔离层

图 3-6 粉煤灰路堤结构断面形式（尺寸单位：cm）

3. 粉煤灰路堤设计参数

路堤顶面用黏土封层厚度为 50cm；护坡土的设计宽度为 2m；隔离层厚 70cm，采用砂砾填筑；盲沟尺寸为 40cm×50cm，用砂砾填筑，按水平间距 10m 设置。

4. 施工参数

粉煤灰路基施工。采用 15t 自卸汽车运料，推土机和平地机摊铺，22t 振动压路机碾压。松铺厚度为 35cm，压实厚度为 30cm。

碾压遍数：压路机先静压 1 遍，振动碾压 3 遍，最后再静压 1 遍，共碾压 5 遍，可达到 93 区粉煤灰路基填筑的标准要求；压路机先静压 1 遍，振动碾压 4 遍，最后再静压 1 遍，共碾压 6 遍，可达到 94 区粉煤灰路基填筑的标准要求。

施工中，填料松铺系数控制为 1.15，压路机的行进速度控制为 1～2km/h。

粉煤灰的最佳含水率为 47.4%，最大干密度为 1.01g/cm³。

5. 使用效果

该段路基于 2005 年下半年至 2006 年上半年施工，2006 年下半年施作路面工程，2006 年 11 月开通，至今路面平顺，经长期沉降观测，地基有少量下沉，粉煤灰路堤本体几乎没有沉降，效果良好。

3.2 聚苯乙烯泡沫路堤施工

聚苯乙烯泡沫（EPS）是一种轻型高分子聚合物，它是采用聚苯乙烯树脂加入发泡剂，同时加热进行软化，产生气体，形成一种硬质闭孔结构的泡沫塑料，见图 3-7。这种均匀封闭的空腔结构使 EPS 具有吸水性小、保温性好、密度小以及较高的机械强度等特点。

图 3-7 聚苯乙烯泡沫

3.2.1 EPS 路堤结构

EPS 是一种新型材料，长方体，整体强度大，抗压，可代替土石方填筑路堤。EPS 的标准尺寸为 2m×1m×0.5m，密度为 10～35kg/m³，抗压强度为 39.2～392kPa，透水性低。施工时不需要像土质路堤那样放坡，但需在两侧施作护坡或挡墙，在 EPS 顶面现浇混凝土板，上面再铺筑路面，如图 3-8 所示。EPS 路堤施工简单、速度快、效果好，能有效减轻软基沉降。

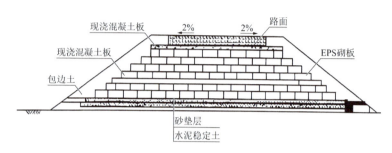

图 3-8　EPS 路堤结构示意图

3.2.2 EPS 路堤施工

1. EPS 路堤的施工工艺流程

EPS 路堤的施工工艺流程如图 3-9 所示。

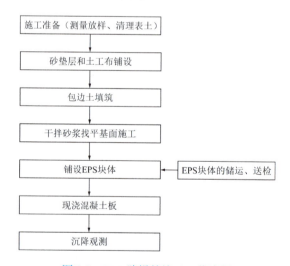

图 3-9　EPS 路堤的施工工艺流程

2. EPS 路堤的施工要点

（1）清除原地面上的杂草、建筑垃圾等，整平、压实表面，要求压实度不小于 87%，并开挖 80～100cm 深的水沟排干地表积水。

（2）确定 EPS 施工基面高程，要求施工基面高程大于地下正常水位 50cm。

（3）回填石灰土至 EPS 施工基面以下 10cm，其压实度应不小于 90%。

（4）施工基面应铺设砂垫层，起整平和排水作用。砂垫层应采用中砂或粗砂，有机质含量不大于1%，含泥量不大于3%。在铺设垫层时，应从路基横断面的两侧向中间铺设，厚度应满足设计要求，并做到均匀一致，表面平整。垫层厚度应高出路基两侧坡脚线0.5～1.0m。两侧应以片石护砌或采用其他方式防护。

（5）EPS包边土的施工。在EPS块体的侧面应设置包边土，土层高度应为1.5～2.5m，设计坡度应为1∶1.5，填料应为6%的石灰土。包边土必须分层填筑、分层压实。为保证路基内部排水通畅，在每层EPS底面与包边土内每隔5m横向施作一道盲沟。

（6）EPS的铺筑。EPS的铺筑现场见图3-10。在铺筑EPS块体前，施工基面应保持干燥，并铺设10cm厚干拌水泥砂浆，切忌铺筑砂浆路段过长。EPS应自下而上逐层错缝铺筑，块体之间的缝隙应不大于20mm，错台应不大于10mm。块体间的缝隙或错缝最下层由砂浆垫层来调整，中间各层缝隙则采用无收缩水泥砂浆充分填塞。为防止EPS块体之间发生错位，同一层块体侧面的连接和不同层块体之间的连接应牢固，连接件应经过防锈处理。

（7）混凝土盖板浇筑。在最上层EPS块体完成后，应现浇一层15cm厚的C30钢筋混凝土盖板，作为路面施工的基面。当混凝土盖板达到设计强度的70%时，在其上覆盖厚度为80cm的黏土做等载预压，待连续三个月每月沉降不大于0.5cm时，视为该段路基稳定，可以开始路面施工。

图3-10 EPS铺筑现场

（8）沉降观测。预埋沉降观测标见图3-11。沉降观测的主要内容包括：①观测并控制施工过程中EPS路堤的变形（水平和垂直方向）和EPS路堤的稳定。②观测道路运行后EPS路堤的长期稳定性。

图3-11 预埋沉降观测标

3.2.3 EPS 路堤施工质量控制标准

EPS 路堤施工质量控制标准见表 3-1。

EPS 路堤施工质量控制标准　　　　　　　　表 3-1

序号	监测项目		允许偏差
1	EPS 尺寸	长度	1/100
		宽度	1/100
		厚度	1/100
2	EPS 块体密度		≥设计值
3	基底压实度		≥设计值
4	垫层平整度/mm		10
5	EPS 块体之间的平整度/mm		20
6	EPS 块体之间的缝隙、错台/mm		10
7	EPS 块体之间路堤顶面的横坡/%		±0.5
8	护坡宽度		≥设计值
9	钢筋混凝土板的厚度/mm		+10，-5
10	钢筋混凝土板的宽度/mm		20
11	钢筋混凝土板的强度		满足设计要求
12	钢筋网的间距/mm		±10

注：路线曲线部分的 EPS 块体缝隙不得大于 50mm。

工程案例

例 3-2 沪宁高速公路主线全长 284.21km，穿越广阔的水网地区，沿线软土地基长 92.29km。沪宁高速公路扩建以路基两侧拼接加宽为主，由双向四车道对称拓宽为 8 车道，两侧各加宽 8.25m。在软土地基上进行路堤拼接后，拼接荷载所引起的沉降增量，对老路基而言，呈反盆形分布，在路中心小，两侧拓宽形成的断面形心垂线处大。这将会引起新、老路肩与老路堤中心间差异沉降的产生，极易导致老路基、路面的拉裂。为减小差异沉降，江苏段拓宽工程试验段在 K0+000～K0+300、K0+800～K1+440、K1+600～K1+770（其中包括桥头、箱头和一般路段）范围内采用 EPS 作为一种比选方案进行路堤填筑试验研究。

1. 路堤的断面结构形式

试验段 EPS 路堤填筑高度 3～5m，当采用斜坡式时平均地基压力为 40.15～55.02kN/m（包括 EPS 外侧 1.5m 厚包边土），采用直立式边坡时平均地基压力为 26.23～28.24kN/m。该试验段 EPS 路堤的设计，为充分发挥 EPS 密度小、自重轻，路堤沉降小，自立性强的特点，采用了直立式边坡和新型肋板式挡墙结构，如图 3-12 所示。这样既减少了 EPS 用量，又不必进行地基处理，还减少了公路扩建的二次征地面积，节约了宝贵的土地资源。

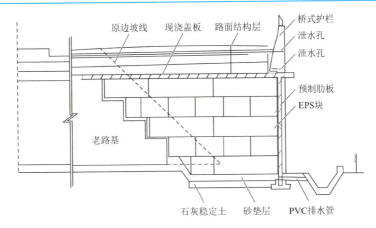

图 3-12 拓宽路基横断面（采用 EPS 填料）

为了提高板整体性能（新型肋板式挡墙），便于吊运，在预制板的中间设置加劲肋。肋板的板厚 10cm，肋宽 40cm，高 15cm，预制板总宽 1.8～1.9m。预制肋板立放于专设的立板基础上，预制板之间采用现浇连接，结构段长度取 10m，结构缝处宽度 5cm，用沥青封闭。

为防止 EPS 在重负荷作用下侧向变形对预制板产生较大的侧向压力，在 EPS 与预制板之间预留 5cm 的间隙，使肋板处于不受或少受侧压力状态。间隙处铺设一层垂直向土工布。

在 EPS 顶面与路面结构层之间现浇一层厚 20cm 的钢筋混凝土盖板，使 EPS 均匀承受上部荷载。预制板与现浇盖板之间的二期混凝土，应尽量安排在路面结构层施工后期浇筑，这样可使 EPS 的垂向、侧向变形充分发挥，减小现浇盖板以及上部结构分配至预制板上的垂向作用力。

2. 纵横向的连接

在 EPS 路堤的填筑过程中，必须重视 EPS 同一般填土路段的连接问题。EPS 同土路堤的纵向连接段应设置一过渡段，即将 EPS 块体以台阶的方式与土路堤过渡相连，横向亦如此，同时在铺砌时应采用 EPS 块体纵横向交错铺砌，以利于 EPS 块体的受力和变形连续。

对于纵横坡的调整，有两种方法可供选择：一是采用底层调坡，根据实际路面的纵横坡，通过 EPS 底部的整平砂层来放坡。采用这种方式，上部的竖向荷载将倾斜作用于 EPS 块体，EPS 块体将受到一水平分力的作用，不利于 EPS 的受力，但损耗小。为了改善 EPS 块体的受力特性，可采用底层水平铺筑，顶部的 EPS 块体切割成小的异形块，通过小台阶的方式来调整横坡，该法 EPS 受力条件好，同时施工方便，是较好的调坡方案，但损耗较大。

3. 排水问题

由于 EPS 属超轻质材料，若浸在水中，将受浮力的影响，EPS 的上部结构将受到垂直向上的荷载，使新老路基连接处结构层内产生拉应力和剪应力，严重时将会产生纵向裂缝、错台。因此 EPS 的施工基面必须高于地下水位最小安全距离 S，同时在施工基面上填筑一层石灰稳定土，彻底隔离地下水的影响。然后进行排水砂层的施工，砂层同时起整平作用，以利于 EPS 块体的铺设。

对于施工期的排水，主要是避免雨水对 EPS 块体的浸泡和在新老路基的交接处雨水渗入老路基，防止砂层被雨水冲蚀。为此必须在坡脚处设置临时排水沟，防止路基积水，施工后必须用土工布将 EPS 块体和老路基的开挖台阶覆盖，防止雨水的浸入，EPS 与台阶之间的孔隙应采用素混凝土填实。

营运期的排水是影响其使用质量的主要因素，因此必须特别重视。为了防止雨水通过路面结构层渗入路堤内部，EPS 长期吸水而造成自重增大，因此在现浇钢筋混凝土板和顶层 EPS 之间加铺一层防渗土工布。路基排水可通过在施工基面上设置 20～30cm 的砂垫层来排水，同时需与原路的排水砂层和台阶处的砂层接通。对于直立式结构，由于砂层无法与外界接通，可通过预埋 PVC 管或塑料盲沟来排水，其底部高程应在排水沟底面以上 10～20cm，防止排水沟的雨水倒灌。

为了充分发挥 EPS 的超轻特性，最大限度地降低地基应力，有时需要对地基进行开挖置换，此时应设置横向排水通道，为了避免边沟过深，可考虑在边沟以下设置纵向排水盲沟，将路基下的雨水排出。

4. EPS 铺设

由于 EPS 很轻，采用人工铺筑，关键是平整度控制与联结牢固。EPS 块体铺设在施工基面上，施工基面必须保持干燥状态。块体铺设时，不准拖拉机和其他重型机械直接在 EPS 块体上行驶。EPS 块体自下而上逐层错缝铺设，整体铺筑质量很大程度取决于施工基面和下层的铺设精度。

EPS 块体之间的缝隙和错台应尽可能地小。下层由垫层来调整，中间各层则采用无收缩水泥砂浆调平。为防止 EPS 块体互相错位，块体各层之间采用双面爪形联结件，在顶面及侧面采用单面爪形联结件，在下层 EPS 块体与施工基面和土基之间采用销钉联结。

在上面一层 EPS 块体的顶面，要浇筑一层钢筋混凝土板。它不仅可以改善 EPS 的受力特性，使行车荷载和上部路面结构荷载均匀扩散，防止由于应力集中而造成 EPS 的破坏，还使 EPS 块体形成一个良好的整体，防止有害物质侵入 EPS 块体。

5. 使用效果

EPS 路堤在上海沪宁高速公路上使用的效果证明，采用 EPS 轻质填料可大大减少下覆地基的沉降及工后沉降，解决桥头跳车问题。此外在桥头路段采用 EPS 材料可在很大程度上减小桥台台背所受的推力，有利于桥台的稳定。

EPS 作为一种超轻质的路基填料，在国外有较为广泛的应用，但由于国内使用 EPS 修建路堤的时间不长，对 EPS 本身的性能也缺乏深入、全面的研究，在使用过程中尚有许多需要解决的问题，概括起来主要有以下几点：

（1）目前国内 EPS 主要应用于包装行业和建筑行业，在公路中应用还较少。EPS 较高的价格限制了其大规模地使用，有待研究生产性能更好、价格更便宜的 EPS 产品。

（2）对 EPS 在长期荷载作用下的性能缺乏深入的了解，长期使用后的残余变形和使用寿命还有待观察。应加强对重复荷载、冲击荷载作用下 EPS 性能的长期变化情况的研究，同时应研究多种荷载形式共同作用下 EPS 性能的变化发展。

（3）应及时制订参照标准，便于工程施工中进行质量管理。

复习思考题

1. 简述轻质材料路堤的优点。目前采用的轻质路堤材料有哪些？
2. 简述粉煤灰路堤的施工要点。
3. 简述 EPS 路堤的施工要点。EPS 路堤优点、缺点有哪些？

第4章 路基拓宽改建施工

> 🎯 **学习目的与要求**
>
> 了解公路路基改扩建方案、路基拓宽加宽方式；熟悉路基拓宽施工工艺流程及注意事项、路基拓宽的施工要点；掌握新旧路基衔接处治措施。

4.1 路基拓宽改建方案

公路路基拓宽改建，应根据公路沿线的地形和地质特点、既有路基现状及拓宽后的交通组成，综合比较确定既有路基利用与拓宽衔接方案。要特别注意新旧路基间的不均匀沉降及新路基的塑性累积变形对路面结构的影响，应采取合理的工程措施，保证拓宽改建路基的强度和稳定性。

我国在20世纪90年代早期建成的高速公路大部分按照双向四车道的标准设计，这些高速公路现阶段明显在通行能力、服务水平和安全方面表现出不足，可以预见，高速公路改扩建工程建设，将在今后的交通基础设施建设领域中保持相当长的高潮期。

公路改扩建是指在现有公路的基础上，为提高技术等级、通行能力或改善技术指标而进行的公路建设工程，包括公路的改建、扩建等。

1. 路基拓宽改建方案

路基的拓宽改建应根据公路等级、技术标准，结合当地地形、地质、水文、填挖情况选择适宜的路基断面形式。

路基拓宽改建方案，见图4-1。

（1）单侧加宽方案

当原有公路的一侧受建筑物限制时，从另一侧对原有公路进行拓宽。其优点包括：能充分利用地形，拆迁量小；路基单侧的排水防护设施可继续保留使用；新旧路基差异沉降不显著；施工干扰较小，原路可继续维持交通。缺点主要是：平面线形需要重新拟合；需要拆除原有中央分隔带，原有的中央分隔带用作行车道，其内部原有的排水、通信管道、防撞护栏等设施需要拆除，新中央分隔带内的这些设施需要重建；新旧路幅横断面不能有效组合。

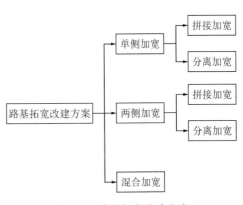

图4-1 路基拓宽改建方案

（2）两侧加宽方案

从两侧对原有公路进行拓宽，原有的中心线可留作加宽后公路的中心线。其优点包括：

可使路线按原有平面、纵面线形顺利通过；可大大减少征地和拆迁费用；中央分隔带及内部的排水、通信管道、防撞护栏等设施可充分利用；新旧路幅横断面能有效组合，路拱坡度，可继续使用，路面排水简单。缺点包括：路基两侧的防护、排水沟、防撞护栏等设施需要拆除重建；施工对公路上的交通影响较大（两侧干扰）。

（3）混合加宽方案

混合加宽方案是单侧加宽方案和两侧加宽方案的组合形式。这种加宽方案由于几何线形发生扭曲，平面线形需重新拟合。

2. 路基拓宽加宽方式

高速公路改扩建路基加宽方式见图4-2。

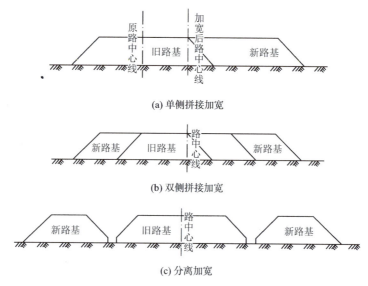

图4-2 高速公路改扩建路基加宽方式

（1）拼接加宽

在原高速公路的路基一侧或两侧直接拼接，新老路基之间不设分隔带。它分为单侧拼接加宽和双侧拼接加宽。

（2）分离加宽

在新旧路基之间设留分隔带或将新旧路基拉开一定的距离，使平面和纵面同时分离，以便跨越全部的互通和主要相交道路。其优点是可以彻底消除拼接和施工期间的交通组织问题；缺点是多了两条中央分隔带和硬路肩，路基较宽，占地较大，工程造价高。

4.2 路基拓宽施工

1. 路基拓宽的施工要点

路基拓宽施工应综合考虑地基处理、填料选择、边坡稳定、防护排水设施等，并与交通工程、路面排水系统相结合。

拓宽路基基底处理、路基填料的最小强度和压实度等应满足改建后相应等级公路的技术要求。

2. 路基拓宽施工工艺流程及注意事项

（1）路基拓宽施工工艺流程

路基拓宽的施工工艺流程，见图 4-3。

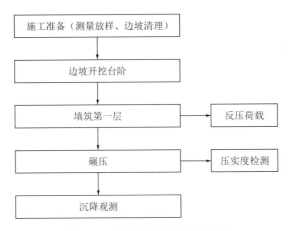

图 4-3 路基拓宽施工工艺流程

（2）路基拓宽施工注意事项

①应先拆除老路路缘石、旧路肩、边坡防护、边沟及原有构造物的翼墙或护墙等。

②施工前应截断流向拓宽作业区的水源，开挖临时排水沟，保证施工期间排水通畅。

③拓宽部分路堤的地基处理应按设计和规范有关规定处理。

④旧路堤挖除的坡面厚度不宜小于 30cm，从旧路堤坡脚向上按设计要求开挖成台阶，台阶宽度不小于 1m。旧路堤高度小于 2m 时，旧路堤坡面处理后，可直接填筑新路堤。严禁将坡面清理物作为新填料。

⑤拓宽部分的路堤采用非透水性填料时，应在地基表面按设计铺设垫层，垫层材料一般为砂砾或碎石，含泥量不大于 5%。

⑥拓宽路堤填料，宜选用与旧路堤相同填料，或者选用水稳性较好的砂砾、碎石等填料。

⑦边通车边拓宽时，应有交通管制和安全防护措施。

⑧拓宽施工不得污染环境、破坏或污染原有水系。

4.3 新旧路基衔接处治措施

新旧路基衔接处治措施主要包括以下几项。

（1）清除旧路肩边坡上的草皮、树根及腐殖土等杂物。

（2）将旧土路肩翻晒或掺灰重新碾压，以达到质量要求。

（3）当加宽拼接宽度小于 0.75m 时，可采取超宽填筑或翻挖旧路堤等工程措施。

（4）当路堤高度超过 3m 时，可在新老路基间横向铺设土工格栅，提高路基的整体性，减少不均匀沉降。

（5）旧路基与拓宽路基的路拱横坡度的工后增大值不应大于 0.5%。

工程案例

例 4-1 **1. 工程概况**

连霍高速（国道）郑州至洛阳段是主干线的重要组成部分，原有高速公路于 1991 年 6 月开工建设，1994 年 12 月分段交付使用，1995 年 12 月全线建成通车。近年来，随着交通量的迅速增长，同时加上大吨位、大流量连续荷载作用，造成老路出现了不同程度的病害，养护任务日渐繁重，尤其是路面已临近大修，原双向四车道已不能满足运营的需要，扩建为双向八车道非常必要。

路线全长 106.386km。根据地形条件选择 3 种加宽方式，两侧拓宽、单侧拓宽、分离拓宽。建设期间，连霍高速主干线交通不断行，不分流。共改造互通立交 10 座、大桥 10 座、中桥 5 座；加宽分离立交 27 座；新建加长通道 176 道、涵洞 107 道、特大桥 1 座，高架桥 29 座，拆除重建天桥 24 座；改建服务区 2 处。

2. 路基加宽改造的技术措施

1）边坡削坡和台阶开挖

路基填土往往位于老路基边坡上，因而必须对老路基边坡按一定坡度削坡，削坡的目的是清除老路边坡的表层杂土，保证边坡的土层具有较高的强度。削坡后一般要进行边坡台阶的开挖。开挖台阶的目的是增加新老路基之间的接触面积，以保证拼接部位的有效结合。中间分隔带必须做好临时排水设施，防止雨水渗入土基造成病害。

2）原有边沟采用片石回填处理

将旧边沟开挖至沟底并形成施工作业面，开挖宽度以满足压路机作业为宜，将原水沟底部用旋耕机松翻 20cm 后，人工配合推土整平，然后用 20t 压路机碾压，压实度满足要求后，在沟底手摆拆除的片石，再用不同粒径的碎石填充片石空隙（手摆片石层厚度不应超过 30cm），使用压路机碾压并进行沉降观测，最后 2 遍的沉降差不大于 3mm 后，用素土分层回填到原地面标高。

3）原地表及路基分层冲击碾压

首先应对原地面清表，厚约 30~50cm。在完成冲击碾压 5 遍后进行高程观测，以后每 2 遍分别进行沉降量和水平位移检测，直到满足规范要求。实际施工控制时，当沉降量变化在 3mm 以内时可以认为路基沉降已基本稳定，结束冲击碾压作业。用重型压路机压实，要求压实度≥90%；再用 25kJ 冲击夯实设备夯实，压实度达到≥91%，然后进行复合地基桩基施工。上、下路堤按土方填筑正常分层施工，每填筑 2m 在常规压实后，用 25kJ 冲击夯实设备夯实该高度层面至压实度达到 95%。

在进行冲击时，路基边缘在设计宽度的基础上应加宽 0.5m，保证路基边缘能够充分冲击压实。为保证冲击碾压的均匀性，遍与遍之间，横向错位 30~50cm，纵向错位 20~40cm。

4）碎石垫层与土工格栅

该项目碎石垫层设计厚度为 30cm，为防止松散性碎石在上覆荷载的作用下产生横向位移和竖向沉陷，垫层下设单层钢塑土工格栅，从而间接提高碎石垫层的抗剪能力，提高地基的整体稳定性；碎石顶面设反滤土工布，防止细粒土堵塞碎石排水孔隙，影响排水效果。如图 4-4 所示。

施工工艺：

（1）垫层材料应选用未风化的干净砾石或轧制碎石，应级配良好，不含植物残体、垃圾等杂质，最大粒径不宜大于 50mm。

（2）铺筑第一层碎石，推土机整平，碎石缝隙用石屑填充，以激振力 200kN 以上的振动压路机先稳压 1～2 遍，再振压 3～4 遍。

（3）铺筑钢塑格栅（经、纬向抗拉强度 ≥ 80kN/m），并应与其下面的碎石垫层贴合紧密、平整。

（4）铺筑第二层碎石，施工工艺同第一层碎石。

图 4-4　碎石垫层、土工格栅施工现场

5）预应力混凝土（PTC）管桩

预应力混凝土管桩具有单桩承载力高、地质条件适用性强、施工速度快等特点，被广泛使用，该项目设计使用规格为直径 40cm、壁厚 8cm 的预应力 PTC 管桩，管桩顶部设置 1.2m×1.2m×0.3m 的钢制桩帽，相比 C20 混凝土桩帽，加快了施工进度。采用锤击法施工时振动剧烈，噪声大，环境污染，对路基扰动影响严重；静压法施工成桩快，但打桩机体积庞大，对场地要求高，移动困难，受作业条件因素影响大；因此该项目基底采用静压法施工的 PTC 管桩。如图 4-5 所示。

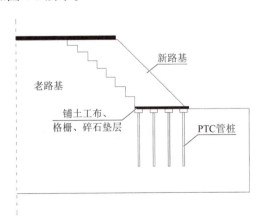

图 4-5　PTC 管桩复合地基

PTC 管桩静压法施工工艺：

原地面整平夯实→测量定位→布桩→桩机就位→经纬仪调整垂直度→吊装第一节管桩→静压管桩→电焊接桩（如果需要）并检查焊接质量→静压第二节管桩→重复前面的压桩工

艺至要求的位置→送桩到位后终止压桩→桩质量检验→开挖桩帽坑并检验→安装钢质桩帽。

3. 高速公路拓宽的安全保通

（1）深路堑挖方段原路基边坡防护拆除

交通标志是保障车辆安全、畅通行驶的交通安全设施，高边坡挖方施工前，高速公路前后各200m做好标志，摆放锥形标和前方施工减速慢行的标牌，前后各设安全保通人员。

挖除路基边坡防护时，为了防止路基边坡上的土块、混凝土块、预制块等物体滑落至连霍高速公路路面上，影响交通安全，在原连霍高速公路边沟外侧处和第一步台阶顶分别设置道围挡护栏。围挡防护高1.2m，用直径50mm钢管围挡，立杆间距为2m，设置2道横杆，第一道横杆距地面0.1m，第二道横杆设置在立杆顶，在钢管上安装护栏网片，围挡防护制作要规范、坚固。如图4-6所示。

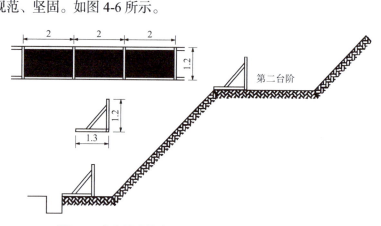

图4-6 高边坡防护施工防护措施（尺寸单位：m）

（2）锚杆挂网喷浆支护用于高填方半路半桥段

当原路基为高填方段时，为防止路基填筑过程中对老路基的扰动，设计采用半路半桥的方案。桥梁施工时由于场地狭窄，又要保证施工期间原高速公路安全运营，原边坡需要开挖，采用锚杆挂网喷浆支护方案，基桩内桩位于原高速公路高填方路基的边坡上。如图4-7所示。

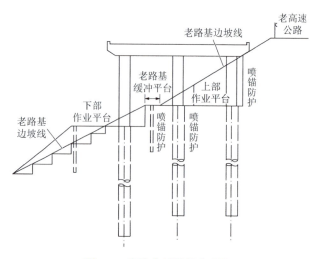

图4-7 半路半桥段锚喷防护

4. 新老桥梁植筋拼接方法

新老桥连接部位设计采用为胶植钢筋连接。设计构造通过老桥植入钢筋与新桥预埋钢筋焊接的连接来减少差异沉降，并通过新老桥拼接缝之间的 UEA 补偿收缩混凝土来减少混凝土的收缩徐变，从而减少结构整体的附加内力。

（1）空心板梁的连接

拆除老桥外侧护栏及边板悬臂，在老桥外侧边板上种植连接件，连接件由钢板、种植螺栓、连接钢筋组成，连接钢筋与新桥预埋钢筋进行焊接，然后连接老桥与新拼桥的桥面铺装钢筋。为保证行车状态下浇筑混凝土的质量，在浇筑纵向接缝混凝土前，临时用型钢固定纵向接缝两侧新、老空心板，随后浇筑纵向接缝及桥面铺装混凝土，待混凝土达到设计强度，拆除临时固定的型钢，从而实现新、老桥间的直接连接。

（2）T 梁或箱梁的连接

拆除老桥外侧护栏，凿除老桥外侧边梁的外翼板混凝土，保留翼板内钢筋，在对应的横隔梁位置种植外侧横隔梁钢筋，立模现浇外侧横隔梁，安装拼宽桥梁的 T 梁或箱梁，用钢板和高强螺栓连接拼接处两侧梁的横隔梁，完成拼宽桥梁间的横隔梁连接，再立模浇筑拼接处现浇桥面板。完成新老桥梁间的直接连接。

植筋完成后验收合格，进行新拼宽桥梁的内侧边板（梁）安装，在此之前必须先行做好新拼宽桥梁其他板、梁的安装工作，并把内侧边板（梁）用枕木两端垫底小心叠放在安装好的板（梁）上，方便下一步安装。对拼接处老桥外边板翼缘的植入钢筋和新桥内边板的翼缘处预留钢筋进行焊接施工。若出现钢筋错位现象，可进行适当矫正。新拼宽桥梁的钢筋混凝土桥面铺装施工，桥面铺装钢筋安装时必须注意新老桥拼接处的预留钢筋的长度和预留 UEA 膨胀混凝土湿接缝的尺寸，以满足设计要求。如图 4-8 所示。

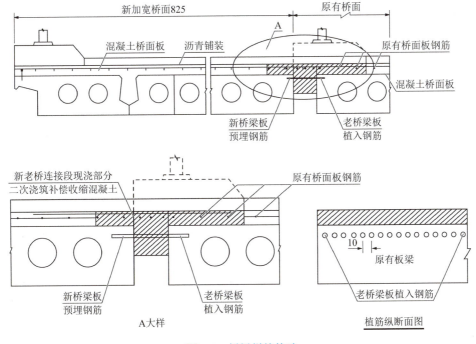

图 4-8 桥梁拼接构造

5. 使用效果

目前，连霍高速公路郑洛段改建工程顺利通车，拓宽路堤稳定性良好，沉降量在预期范围内，桥梁拼接的整体性效果较好，拼缝处无裂缝，路面拼宽部分总体质量较好，和老路的接缝处结合良好，无明显下沉、开裂。

复习思考题

1. 公路路基改扩建方案有哪些？常见路基拓宽加宽方式有哪几种？
2. 简述路基拓宽施工工艺流程及注意事项，路基拓宽的施工要点。
3. 新旧路基衔接处治措施主要有哪些？

第5章 路基排水设施施工

> **学习目的与要求**
>
> 熟悉公路地表排水设施的种类，边沟、截水沟、排水沟、跌水与急流槽、蒸发池的功能和特点；了解地下排水设施的种类，暗沟、渗沟和渗井的功能和特点；掌握各路基排水设施施工注意事项及质量检查标准。

公路竣工之后，路基范围内的地面积水，会降低土基的承载力；地下水软化路基，不但降低了土基的强度，还会引起边坡滑坍，进而造成整个路基的塌陷。因此，水能严重地影响着公路的使用安全与质量。危害路基的水可分为地表水和地下水。其中，地表水主要包括大气降水和高于路基侧、流经路基或流向路基的溪（河）水；地下水主要包括上层滞水、潜水、层间水等。为了保证路基能经常处于干燥、坚固和稳定的状态，必须设置必要的排水设施，与沿线的桥梁、涵洞形成一个完善的排水系统。

5.1 地表排水设施

1. 边沟

在挖方地段和填土高度小于边沟深度的填方地段均应设置边沟，边沟用以汇集和排除路基范围内或流向路基的少量地面水。

（1）边沟的断面形式与尺寸。边沟流水断面的大小及深度取决于汇水面积。土质边沟的断面形式一般为梯形或三角形，石质边沟的断面形式一般为梯形或矩形（图5-1、图5-2）。梯形边沟的内侧边坡坡度一般为1∶1～1∶1.5，外侧边坡坡度与路堑边坡相同。边沟的深度一般为0.4m；高速公路和一级公路的边沟断面尺寸应适当加大，深度和底宽通常为0.8～1.0m。

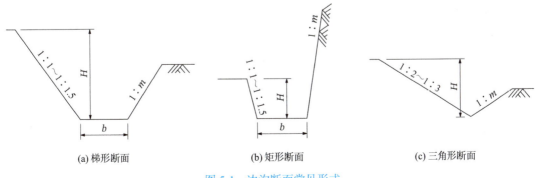

图 5-1　边沟断面常见形式

图 5-2 边沟现场施工图

（2）边沟的沟底纵坡与长度。边沟沟底纵坡通常与路线纵坡一致。当路线纵坡小于 0.2%时，为防止产生淤积，应对边沟沟底纵坡加以调整；当纵坡超过 3%时，为避免冲刷，应予以加固。

梯形边沟的长度通常要根据路线桥涵的设置而定，为了防止边沟里的水漫溢或冲刷，平原区和山岭重丘区的边沟应分段设置出水口。一般情况下，多雨地区梯形边沟每段的长度不宜超过 300m，三角形边沟不宜超过 200m。

（3）边沟施工要点包括：

①边沟沟底纵坡应衔接平顺，石质路堑边沟一般应采用浆砌。

②边沟水引出路基时，应注意路基边坡冲刷和冲毁农田，必要时挖顺水沟将边坡水引到桥涵或沟底。

③在边沟与填方的毗邻处应设置跌水或急流槽，将水流直接引到填方坡脚以外，以免冲刷边坡。

2. 截水沟

截水沟设于路堑坡顶以外或山坡路堤的上方，用以拦截上方流来的地面水，如图 5-3～图 5-5 所示。

（1）截水沟的断面形式一般为梯形，在地面横坡较陡时，也可以做成石砌矩形。截水沟的底宽一般不小于 0.5m，深度由流量而定。截水沟沟底的纵坡通常不得小于 0.5%，特殊困难地区不得小于 0.2%。

图 5-3 挖方路段的截水沟　　　　图 5-4 山坡路堤路段土方的截水沟

图 5-5 截水沟现场图

（2）截水沟的位置路堑坡顶外的截水沟，有弃土堆时，应设于弃土堆以外；无弃土堆时，距路堑顶边缘至少应为 5m。对于山坡路堤上方的截水沟，距离路堤坡脚至少应为 2m。

（3）截水沟施工要点具体如下：

①在地表排水设施中，截水沟要优先施工，应注意与其他排水设施有接平顺。

②截水沟应按设计要求进行防渗及加固处理。

③地质不良地段、土质松软地段、透水性大或岩石裂隙较多的地段，以及截水沟沟底、沟壁、出水口等位置处都应进行加固处理，防止水流渗漏和冲刷。

3. 排水沟

排水沟的作用是将边沟、截水沟、取土坑及路基附近的积水引到附近的桥涵或沟谷中去。

排水沟施工要点：

（1）排水沟的线形应平顺，转弯处宜设成弧线形。

（2）排水沟沿线路布设时，应尽可能离路基远些，距离路基坡脚不宜小于 4m。

（3）在排水沟的出水口，应设置跌水和急流槽，直接将水流排离路基或引入排水系统。

4. 跌水与急流槽

当截水沟、排水沟通过陡坡地段时，可利用跌水或急流槽等设施加以连接。其断面形式一般为矩形，常用浆砌片石或混凝土修筑。

跌水是阶梯形的建筑物，水流以瀑布形式通过，有单级和多级之分。其作用是降低流速、消减水的能量。如图 5-6、图 5-7 所示为跌水与急流槽。

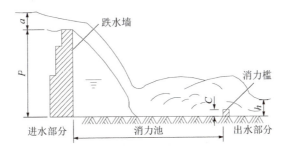

图 5-6 跌水构造示意图

图 5-7　跌水与急流槽现场图

急流槽是用于陡坡地段上的水槽，但是水流并不脱离槽底，在较短的距离内安全而迅速地排除落差很大的地表多用于涵洞的进、出水口，也常用于高路堤路段的边坡排水。

跌水和急流槽施工要点：

（1）跌水与急流槽必须采用浆砌圬工结构，跌水的台阶高度可根据地形、地质等条件确定，一般为 0.3~0.4m。

（2）急流槽的纵坡不宜陡于 1:1.5，并应与天然的地面坡度相配合。当急流槽较长时，槽底可设置几个纵坡，一般上坡段较陡、下坡段较缓；当急流槽很长时，应分段砌筑，每段的长度不宜超过 10m，在接头处用防水材料填塞密实。

（3）急流槽的砌筑应使自然水流与涵洞进、出口之间形成一个过渡段。

（4）急流槽的主体部分应每隔 2~5m 设置一个防滑平台，平台应嵌入地基内。

（5）在路线纵坡不大的高路堤路段上，急流槽进水口在路肩上可做成簸箕形、以引导水流进入急流槽；在路线纵坡较大的高路堤路段上，急流槽进水口在路肩上应增设拦水带，以拦截上游来水，使其汇入急流槽中。

5. 蒸发池

在年降雨量不大、晴天日数较多、空气相对湿度小、多风易蒸发的空旷荒野地段，若路线平坦、难以把地表水排除时，可以在距离路基适当的位置设置蒸发池，引水入池，任其蒸发或下渗。

蒸发池施工要点：

（1）蒸发池与路基之间的距离应满足路基稳定性要求。湿陷性黄土地区，蒸发池与路基排水沟外缘的距离应大于湿陷半径。

（2）不得因设置蒸发池而使附近地基泥沼化或对周围生态环境产生不利影响。

（3）蒸发池池底宜设成 0.5% 的横坡，入口处应与排水沟平顺衔接。蒸发池的四周要进行围护。

5.2　地下排水设施

地下水对路基的危害很大，应查清水源和水量，采取适当的排水措施。排除地下水时，一般以导流为主，不宜采用堵塞的方式。常采用的地下水排除结构物有暗沟、渗沟、渗井等。

1. 暗沟

暗沟又称盲沟，设于地面以下，用来隔断或截住流向路基的层间水或少量泉水，然后向外疏导，起到降低地下水位、防止路基边坡滑坍和毛细水上升的作用，如图5-8、图5-9所示。

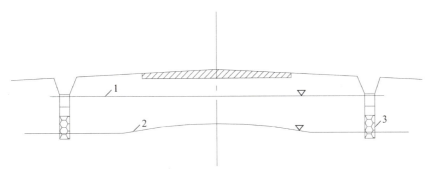

1—原地下水位；2—降低后地下水位；3—盲沟

图5-8　路基两侧边沟下设置的盲沟

图5-9　路基两侧盲沟施工现场

暗沟构造简单，一般采用透水性大的粗砾石筑成，填筑时石料应大、中、小自下而上排列，两侧采用石屑、粗砂等与土质沟壁隔离。因其排水量有限，暗沟不宜过长。暗沟的宽度一般为0.5～0.8m，高度应根据地下水的情况而定，一般为宽度的2.5倍。

暗沟施工要点：

（1）沟底必须埋入不透水层，沟壁最低一排渗水孔应高出沟底至少200mm。

（2）暗沟设在路基旁侧时，宜沿路线方向布置；设在低洼地带或天然沟谷处时，宜顺山坡的沟谷走向布置。沟底纵坡应大于0.5%，出水口处应加大纵坡，并高出地表排水沟常水位200mm以上。

（3）寒冷地区的暗沟应按照设计要求做好防冻保温处理，出水口段应进行防冻保温处理，纵坡宜大于5%。

（4）采用混凝土浇筑或浆砌片石砌筑的暗沟，在沟壁与含水层接触面以上高度，应设置一排或多排向沟中倾斜的渗水孔，沟壁外侧应填筑粗粒透水性材料或土工合成材料，形成反滤层。沿沟槽底每隔10～15mm或在软硬岩层分界处应设置沉降缝和伸缩缝。

（5）暗沟顶面必须设置混凝土盖板，板顶上填土厚度应大于500m。

2. 渗沟

路线所经地段遇有潜水、层间水、路堑顶部出现地下水，以及地下水位较高而影响路基或路堑边坡稳定时，可采用渗透的方式将地下水汇集于沟内，并通过沟底通道将水排放到指定地点，这种地下水排除设施称为渗沟。渗沟具有疏干表层土体、增加边坡稳定、截断及引排地下水、降低地下水位、防止土壤中的细颗粒被冲蚀等作用。

在路基工程中，浅埋的渗沟深度在 2~3m，深埋时可达 6m 以上。渗沟一般有填石渗沟、管式渗沟和洞式渗沟等形式，如图 5-10 所示。下面针对各种形式简要说明其施工要点。

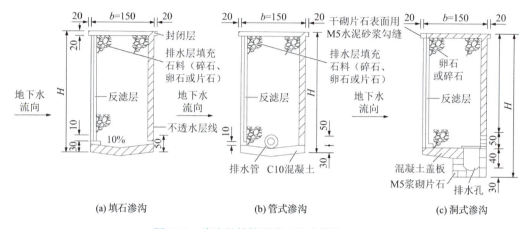

图 5-10 渗沟的结构形式（尺寸单位：cm）

（1）填石渗沟

填石渗沟只宜用于渗流不长的地段。填石渗沟的截面形式通常为矩形或梯形，在渗沟的底部和中间采用较大的碎石或卵石填筑，在碎石或卵石的两侧和上部，按一定比例分层（层厚约 15cm）填较细颗粒的粒料做成反滤层。施工时应注意：

①填石渗沟所使用的石料应洁净、坚硬、不易风化；砂宜采用中砂，含泥量应小于 2%，严禁用粉砂、细砂。

②渗水材料的顶面（指封闭层以下）不得低于原地下水位。当用于排除层间水时，渗沟底部应埋置于最下面的不透水层，用双层反铺草皮或其他材料（如土工合成的防渗材料）铺成，并在其上夯填厚度不小于 0.5m 的黏土防水层。在冰冻地区，渗沟埋置深度不得小于当地最小冻结深度。

③填石渗沟的纵坡不宜小于 1%，出水口底面标高应高出渗沟外最高水位 200mm。

（2）管式渗沟

管式渗沟多设于地下水引出路线较长、流量较大的地段。管式渗沟的泄水管可用陶瓷管、混凝土、石棉、水泥或塑料等材料制成，管壁应设泄水孔。沟底垫层一般采用干砌片石，当沟底深入到不透水层时，宜采用浆砌片石、混凝土或土工合成的防水材料。

施工时应注意：

①管式渗沟长度大于 100m 时，应在其末端设置疏通井，并设横向泄水管，分段排除地下水。

②泄水孔应在管壁上交错布置，间距不宜大于 200mm。渗沟顶标高应高于地下水位。管节宜用承插式柔性接头连接。

第 5 章 路基排水设施施工

(3) 洞式渗沟

洞式渗沟适用于地下水流量较大的地段。洞壁宜采用浆砌片石砌筑，洞顶应用盖板覆盖，盖板之间留有空隙，以便地下水流入洞内。

施工时应注意以下问题：

① 洞式渗沟填料的顶面标高宜高于地下水位。

② 在洞式渗沟的顶部必须设置封闭层，层厚应大于 500mm。

3. 渗井

当地下存在多层含水层，其中影响路基的上部含水层较薄，排水量不大，且渗沟难以布置时，可以设置渗井进行立式（竖向）排水，即将路基范围内的上层地下水汇集起来，穿过不透水层，引入更深的含水层中，以降低上层的地下水位或全部予以排除，如图 5-11 所示。

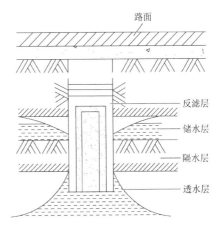

图 5-11 渗井结构示意图

施工时应注意：

(1) 渗井尺寸直径一般采用 0.5～0.6m。按层次在下层透水范围内填碎石或卵石，上层不透水层范围内填砂或砾石。井壁与填充料之间应设反滤层。

(2) 填充料的含泥量应小于 5%，按单一粒径分层填筑，不得将粗细材料混杂填塞。

(3) 在渗井顶部的四周要用黏土填筑围护，井顶加盖封闭。

(4) 在渗井开挖时，应根据土质选用合理的支撑形式，随挖随支撑，并注意及时回填。

工程案例

例 5-1 **1. 工程概况**

郑卢高速洛宁至卢氏段某合同段起点里程 K117+600，终点里程 K122+700，全长 5.082km。本标段位于河南省洛阳市洛宁县境内，地貌属山丘区，地形复杂，山峰起伏，沟谷较深，山坡陡峻，山体剥蚀侵蚀严重，地形起伏激烈，且呈典型"V"形谷地。工程所在地区属温带大陆性气候，热量适中，光照充足，降水偏少，变幅较大，具有明显垂直变化特点。本地区年平均气温 14.5℃，最冷的 1 月份为 −10.0～−8.0℃，最热的 7 月份为 24.2～27.5℃。黄河、洛阳、伊河等河谷地带及其附近的丘陵和缓坡土地，洛阳平均降雨量 550～900mm，西南部汝河、伊河、洛河谷底为 700～800mm，黄河谷地则为 500～600mm。降雨的时空分配不均匀，雨季 6～9 月份占 57.5%～61.1%。

本项目路基排水系统由边沟、排水沟、截水沟、平台截水沟、急流槽、消力池。路面排水系统由集水井、横向排水管、集水槽、盲沟组成。

2. 排水形式

1) 路基排水

(1) 排水沟

填方路基两侧均设置排水沟，主线路段采用 60cm×60cm 的矩形沟。沟壁材料采用

C20 混凝土预制块护砌，铺砌厚度为 8cm。互通匝道路段采用 60cm×80cm、100cm×130cm 的矩形沟，沟壁材料采用 C20 混凝土预制块护砌，铺砌厚度 8cm。互通陡坡设挡土墙路段采用 60cm×50cm 的矩形沟，沟壁、沟底材料 C20 混凝土预制块护砌，铺砌厚度为 8cm。

（2）边沟

挖方路段根据沿线地质情况及挖方路段的长度，全线采用Ⅰ、Ⅱ两种形式边沟。Ⅰ型边沟适用于一般挖方路段，采用 100cm×100cm 的矩形盖板边沟，沟壁及沟底采用 20cm 厚、C20 现浇混凝土，盖板采用 15cm 厚、C25 混凝土预制盖板；Ⅱ型边沟适用挖方段纵坡与路线纵坡相反路段，采用 $100×(35+H)$cm 的矩形盖板边沟，沟壁及沟底采用 20cm 厚、C20 现浇混凝土，盖板采用 15cm 厚、C25 混凝土预制盖板。

（3）平台截水沟

挖方边坡平台上设置平台截水沟，填方路段采用Ⅰ型平台截水沟，平台采用 15cm 厚、C20 现浇混凝土，尺寸为 40cm×40cm。一般挖方路段采用Ⅰ型平台截水沟，平台采用 15cm 厚、C20 现浇混凝土，尺寸为 40cm×40cm。深挖方宽平台路段采用Ⅱ型平台截水沟，平台采用 15cm 厚、C20 现浇混凝土，尺寸为 50cm×50cm。

（4）山坡截水沟

山坡截水沟一般设置于路堑坡顶以外 5.0m，截水沟设置视需要而定，当坡顶汇水量不大且地形较平缓时，采用Ⅰ型山坡截水沟，沟壁、沟底采用 C20 混凝土预制块护砌，铺砌厚度为 8cm；当坡顶汇水面积较大且地形较陡时，采用Ⅰ型山坡截水沟，尺寸为 60cm×60cm，沟壁及沟底采用 15cm 厚、C20 现浇混凝土。现场根据开挖后的实际情况，适当调整山坡截水沟设置位置，可以不设截水沟的路段，尽量不设。

（5）急流槽

急流槽主要用于边沟与排水沟、排水沟与排水沟、截水沟与边沟、超高路段横向排水管与排水沟的衔接。

（6）消力池

消力池主要用于填挖过渡段，与急流槽相顺接，池底采用粗糙面以消解水力。

2）路面排水

（1）集水井

集水井主要适用于超高路段，每 60m 设置一处，尺寸为 135cm×70cm，采用 C25 现浇混凝土，井盖为 C30 钢筋混凝土箅子。

（2）集水槽

集水槽主要适用于超高路段，尺寸为 65cm×60cm，采用 C30 现浇混凝土，井盖为 C30 钢筋混凝土箅子。

（3）横向排水管

横向排水管为ϕ50mmHDPE 硬塑料材质，作用是将盲沟中的水排到集水槽中。

（4）盲沟

盲沟为碎石边沟，外包 1 层透水土工布，主要用于陡坡路堤及填挖交界路段，设置于下路面边部以下。

3. 施工方法

在路基排水施工中，首先核查全线路基排水系统的设计是否完备和妥善，必要时应予以补充或修改，并提出变更申请，使全线的沟渠、管道、桥涵组成完整的排水系统。此外，还应根据现场实际情况和需要，设置施工现场的临时排水措施，以保证路基土石方及附属结构在正常条件下进行施工作业，消除路基基底和土体内部与水有关的隐患，保证路基工程质量，提高施工工作效率。

1）排水沟工程的施工

挖方地段边沟施工要待路槽成型后进行，填方路段边沟可与路基同步进行施工。边沟开挖后，应用轻质木板钉成的边沟样板进行检查，以保证边沟开挖的深、宽尺寸，并检查边沟的纵坡是否符合设计和规范要求，检查合格后才能进行边沟的砌筑和浇筑。

2）山坡截水沟的施工

山坡截水沟宜安排在挖方边坡开挖前进行，具体操作可根据现场实际情况安排施工，但应保证挖方边坡及填方坡脚不受水流冲刷损害。截水沟开挖后，同样应用木制轻质样板进行检查，以保证截水沟的断面尺寸符合设计要求，检查合格后方可进行浇筑或砌筑。

3）平台截水沟

平台截水沟的施工与边坡防护工程同步进行，施工方法同山坡截水沟。

4）急流槽（含消力池、消力槛）的施工

山坡截水沟两端和挖填分界处边沟连接（跌水较大处）设置急流槽。急流槽的施工与边沟、截水沟同步进行，施工方法与边沟基本相同，施工时注意消力池和消力槛的设置适当。

4. 施工要求

1）一般要求

（1）各种水沟边坡必须平整、稳定，严禁贴坡。纵坡应按图纸施工，沟底平整，排水畅通，无阻水现象，并应按图纸所示将水引入排水系统。

（2）各种水沟浆砌片石工程应咬扣紧密，嵌缝饱满、密实，勾缝平顺无脱落，缝宽大体一致。

（3）各种水沟的位置、断面、尺寸、坡度、标高均应符合图纸要求并经监理工程师验收合格。

（4）若路基范围内采用各种地下排水沟、渗沟来排除地下水，其施工方法应严格按《公路路基施工技术规范》JTG/T 3610—2019 第 5.3 条要求执行。

2）边沟施工要求

（1）挖方地段和填方地段均应按图纸规定设置边沟。路堤靠山一侧应设置不渗水的边沟。

（2）边沟应按图纸规定施工，边沟和涵洞接合处应与涵洞洞口建筑配合，以便水流通畅进入涵洞。

（3）平曲线处边沟施工时，沟底纵坡应与曲线前后沟底纵坡平顺衔接，不允许曲线内侧有积水或外溢现象发生。曲线外侧边沟应适当加深，其增加值等于超高值。但曲线在坡顶时可不加深边沟。

（4）边沟的加固：土质地段当沟底纵坡大于 3%时应采取加固措施；采用干砌片石对边沟进行铺砌时，应选用有平整面的片石，各砌缝要用小石子嵌紧；采用浆砌片石铺砌时，砌缝砂浆应饱满，沟身不漏水；若沟底采用抹面时，抹面应平整压光。

3）截水沟施工要求

（1）截水沟的位置：在无弃土的情况下，截水沟的边缘离开挖方路基坡顶的距离视土质而定，以不影响边坡稳定为原则。如系一般土质至少应离开 5m，对黄土地区不应小于 10m 并应进行防渗加固。截水沟挖出的土，可在路堑与截水沟之间修成土台进行夯实，台顶应筑成 2%倾向截水沟的横坡。

路基上方有弃土堆时，截水沟应离开弃土堆坡脚 1～5m，弃土堆坡脚离开路基挖方坡顶不应小于 10m，弃土堆顶部应设 2%倾向截水沟的横坡。

（2）山坡上路堤的截水沟应离开路堤坡脚至少 2m，并用挖截水沟的土填在路堤与截水沟之间，修筑向沟倾斜坡度为 2%的护坡道或土台，使路堤内侧地面水流入截水沟排出。

（3）截水沟长度超过 500m 时应选择适当地点设出水口，将水引至山坡侧的自然沟中或桥涵进水口，截水沟必须有牢靠的出水口，必要时须设置排水沟、跌水或急流槽。截水沟的出水口必须与其他排水设施平顺衔接。

（4）为防止水流下渗和冲刷，截水沟应进行严密的防渗和加固，地质不良地段和土质松软、透水性较大或裂隙较多的岩石路段，对沟底纵坡较大的土质截水沟及截水沟的出水口，均应采用加固措施防止渗漏和冲刷沟底及沟壁。

4）排水沟施工要求

（1）排水沟的线形要求平顺，尽可能采用直线形，转弯处宜做成弧形，其半径不宜小于 10m，排水沟长度根据实际需要而定，通常不宜超过 500m。

（2）排水沟沿路线布设时，应离路基尽可能远一些，距路基坡脚不宜小于 4m。

（3）当排水沟、截水沟、边沟因纵坡过大产生水流速度大于沟底、沟壁土的容许冲刷流速时，应采用边沟表面加固措施。

5）急流槽施工要求

（1）急流槽必须采用浆砌圬工结构，高度可根据地形、地质等条件决定，各级高度可以不同，其高度与长度之比应与原地面坡度相适应。

（2）急流槽的纵坡应按图纸所示进行施工，一般不宜超过 1∶1.5，同时应与天然地面坡度相配合。当急流槽较长时，槽底可用几个纵坡，一般是上段较陡，向下逐渐放缓。

（3）当急流槽较长时，应分段砌筑，每段不宜超过 10m，接头用防水材料填塞，密实无空隙。

（4）急流槽的砌筑应使自然水流与涵洞进、出口之间形成一个过渡段，基础应嵌入地面以下，其底部应按图纸要求砌筑抗滑平台并应设置端护墙。路堤边坡急流槽的修筑，应能为水流入排水沟提供一个顺畅通道，路缘石开口及流水进入路堤边坡急流槽的过渡段应连接圆顺。

6）路基盲沟施工要求

（1）盲沟通常为矩形或梯形，在盲沟的底部和中部用较大碎石或卵石（粒径 30～50mm）填筑，在碎石或卵石的两侧和上部，按一定比例分层（层厚约 150mm），并填较细颗粒的粒料（中砂、粗砂、砾石），做成反滤层，逐层的粒径比例，大致按 4∶1 递减。砂石料颗粒小于 0.15mm 的含量不应大于 5%。或用土工合成材料包裹有孔的硬塑管，管内填以大于硬塑管孔径的等粒径碎、砾石，组成盲沟。在盲沟顶部做封闭层，用双层反铺草皮或其他材料（如土工合成的防渗材料）铺成，并在其上夯填厚度不小于 0.5m 的黏土防水层。

（2）盲沟的埋置深度，应满足渗水材料的顶部（封闭层以下）不得低于原有地下水位的要求。当排除层间水时，盲沟底部应埋于最下面的不透水层上。在冰冻地区，盲沟埋深不得小于当地最小冻结深度。

（3）当采用土工织物作反滤层时，应先在底部及两侧沟壁铺好就位，并预留顶部覆盖所需的土工织物，拉直平顺紧贴下垫层，所有纵向或横向的搭接缝应交替错开，搭接长度均不得小于 300mm。

（4）盲沟只宜用于渗流不长的地段，且纵坡不应小于 1%，出水口底面标高应高出沟外最高水位 0.2m。

（5）除盲沟之外，其他形式的渗沟施工方法应严格按《公路路基施工技术规范》JTG/T 3610—2019 第 5.3 条要求执行。

5. 质量检验

1）各种排水沟

（1）基本要求

各种排水沟砌体的砂浆和构件混凝土配合比准确，砌缝砂浆均匀饱满，勾缝密实。基础设有缩缝时应与墙身缩缝对齐，填缝材料饱满。

（2）外观鉴定

砌体内侧及沟底应平顺、整齐，无裂缝、空鼓现象。

（3）检查项目，见表 5-1。

浆砌边沟、排水沟、截水沟检查项目 表 5-1

项次	检查项目	规定值或允许偏差	检查方法
1	砂浆强度/MPa	在合格标准内	按《公路工程质量检验评定标准 第一册 土建工程》JTG F80/1—2017 附录 F
2	轴线偏差/mm	50	全站仪：每 200m 测 5 点
3	沟底高程/mm	±15	水准仪：每 200m 测 5 点
4	墙面直顺度/mm 或坡度	30 或不大于图纸规定	20m 拉线，坡度尺：每 200m 查 2 点
5	断面尺寸/mm	±30	尺量：每 200m，测 2 个断面，且不少于 5 个断面
6	铺砌厚度/mm	不小于图纸规定	尺量：每 200m 查 4 点
7	基础垫层宽、厚度/mm	不小于图纸规定	尺量：每 200m 查 4 点

2）急流槽

（1）基本要求

①急流槽所用的混凝土及砌筑砂浆强度应满足图纸要求，配合比准确，砌缝砂浆饱满，槽内抹面平整、直顺。

②进口汇集水流设施、出口设置消力槛等应砌筑牢固，不得有裂缝、空鼓现象。

（2）外观鉴定

槽内抹面平顺无裂纹。设置坡度顺直，无折坡现象。

（3）检查项目，见表5-2。

急流槽检查项目　　　　　　　　　　　　　　表5-2

项次	检查项目		规定值或允许偏差	检查方法
1	混凝土及砂浆强度/MPa		在合格标准内	按《公路工程质量检验评定标准 第一册 土建工程》JTG F80/1—2017附录F
2	轴线偏位/mm	浆砌片石	50	经纬仪：每200m测5点
		混凝土	20	
3	槽底高程/mm	浆砌片石	±15	水准仪：每200m测5点
		混凝土	±15	
4	断面尺寸/mm	浆砌片石	±30	尺量：每200m，测2个断面，且不少于5个断面
		混凝土	±20	
5	直顺度或坡度/mm	浆砌片石	30 或不大于图纸规定	20m拉线，坡度尺：每200m查2点
		混凝土	20	
6	浇（砌）筑厚度/mm		不小于图纸规定	尺量：每200m查4点
7	基础垫层宽、厚度/mm		不小于图纸规定	尺量：每200m查4点

3）盲沟

（1）基本要求

①盲沟采用的材料规格、质量应符合图纸要求。

②土工布的铺设应拉直平顺，接缝搭接要求符合图纸及规范要求。

③设置反滤层应用筛选过的中砂、粗砂、砾石等渗水性材料，按图分层填筑。

（2）外观鉴定

①反滤层应层次分明。

②进出口应排水通畅。

（3）检查项目，见表5-3。

盲沟检查项目　　　　　　　　　　　　　　表5-3

项次	检查项目	规定值或允许偏差	检查方法
1	沟底纵坡/%	1	水准仪：每10~20m测1点
2	断面尺寸/mm	不小于图纸规定	尺量：每20m检查2处

复习思考题

1. 路基地表排水设施有哪些？边沟有什么功能？其断面形式有哪几种？
2. 跌水与急流槽在什么情况下设置？其施工质量控制要点是什么？

3. 常采用的路基地下水排除结构物有哪些？渗沟有哪几种形式？其施工注意事项有哪些？

4. 渗井在什么情况下设置？渗井施工注意事项有哪些？

第6章 路基防护与支挡工程施工

> **学习目的与要求**
>
> 熟悉路基坡面防护工程的种类、施工工艺及施工要点；熟悉路基冲刷防护措施的种类、施工工艺及施工要点；了解导流构造物、改河和防护林等间接冲刷防护工程的特点和适用范围；了解路基抗滑支挡结构的类型和特点，熟悉挡土墙、抗滑桩、抗滑片石垛、锚杆、锚索等支挡结构的适用范围及施工注意事项等。

由岩土填挖而成的路基，改变了地层原有的天然平衡。在各种自然因素、自重和行车荷载的综合作用下，路基可能产生各种变形和破坏。为保证路基的强度和稳定，除做好路基排水工作外，还必须根据当地的水文、地质及材料供应等情况，采取有效的措施对路基进行必要的防护与加固，以防止可能产生的路基破坏和过量变形，起到稳定路基和美化路容的作用。

路基防护的重点是路基边坡防护，特别是地质不良与水文地质不良地段的路堑、容易受水冲刷的边坡、不稳定的山坡更值得重视。路基防护工程一般可分为坡面防护和冲刷防护两大类。支挡工程则起着较深层次的边坡稳定与加固作用，主要形式有挡土墙、抗滑桩等。

6.1 坡面防护工程

易于冲蚀的土质路基边坡和易于风化的岩石路堑边坡，在风化应力和雨水冲刷的作用下，将会发生冲沟、溜坍、剥落和坍塌等坡面变形，故必须及早地采取相应的防护措施。坡面防护常用的有植物防护、砌石防护和坡面处治等类型。

6.1.1 植物防护

植物防护又称为"生命"防护，以土质边坡为主。植物防护的作用主要是覆盖表土，防止雨水冲刷；调节土的湿度，防止产生裂缝；固结土壤，避免坡面风化剥落；同时还能起到保护环境和美化路容的作用。目前，植物防护主要有种草、铺草皮、三维植被网防护、植树等形式，下面对各种植物防护形式分别简单介绍。

1.种草

这是一种简单、经济而且有效的坡面防护方法。它可用于适合草类生长的土质路堑或路堤边坡，要求边坡的坡度较缓，而且高度不大。对于不利于草类生长的土质，应在坡面上先铺一层10～15cm的种植土。图6-1为路基边坡防护种草防护效果图。

图 6-1 路基边坡种草防护

路基边坡种草防护施工要点如下：

（1）播种时间一般应在春季和秋季，不宜在干燥的风季和暴雨时节进行播种。

（2）草籽应撒布均匀，施工时可先将种子与砂、干土或锯末混合后撒播，草籽在土中的埋置深度应不小于5cm。

（3）在路堑边坡较陡或较高的路段，可将草籽与含肥料的有机质泥浆混合，采用喷播法将混合物喷射于坡面上。

（4）草籽播种后，应及时进行洒水、施肥和杂草清除。

2. 铺草皮

铺草皮适用于各种土质边坡，也可用于风化极其严重的岩石和风化严重的软质岩石边坡上。草皮铺设主要有平铺、竖铺和网格式铺筑等方法，如图6-2所示。

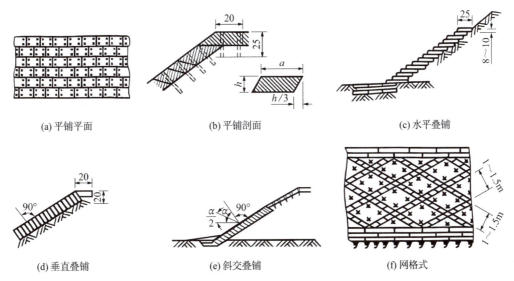

图 6-2 草皮防护示意图（除标注外，其余尺寸单位为cm）

草皮铺设施工要点如下：

（1）草皮铺设前应将边坡表层挖松、整平和洒水润湿。

（2）草皮一般从坡脚开始铺设，自下而上进行，草皮应与坡面密贴，四周用木桩或竹桩钉固。

（3）在草皮铺筑前，应将边坡的表面挖松整平。施工尽可能在春秋季或雨季进行，随挖随铺，使草皮与边坡紧贴。

（4）在路堑边坡上铺草皮时，应铺过路堑顶部 1m 或铺至截水沟边缘。为提高防护效果，在坡面上铺草的同时，尽可能植树造林，共同形成一个良好的覆盖层。

3. 三维植被网防护

这是土工织物复合植被防护坡面的一种典型形式。三维植被网以热塑树脂为原料，采用科学配方及工艺制成。其结构分为上、下两层：上层为一个经双面拉伸的高模量基础层，强度足以防止植被网变形；下层由具有一定弹性的、规则的、凹凸不平的网包组成。网包外观凸凹不平，材质疏松而柔韧，留有 90%以上的空间可填充土壤及草籽，将草籽及表层土壤牢牢地固定在立体网的中间，可以使风及水流在网垫的表层产生无数的小涡流，起到缓冲消能作用。这样做较好地阻断了坡面雨水，固定填充物（土、营养土、草籽），使其不被雨水冲走，为植被生长创造良好条件。另外，三维网固定在坡面上，直接对坡面起固筋作用。当植物生长茂盛后，根系与三维网盘错、连接、纠缠在一起，坡面与土相接，形成一个固定的绿色复合防护整体，起到复合护坡的作用。图 6-3 为三维植被网防护施工中和竣工后的效果图。

（1）工艺流程：边坡整理成型→细整平→挂网→固定→覆土→播种→再覆土→覆盖纤维布或稻草、秸秆→浇水养护→后期管理。

（2）施工要点：①三维植被网中的回填土应符合设计要求，宜采用客土或土、肥料及腐殖质土的混合物；②三维植被网适用于砂性土、土夹石及风化岩石，且边坡坡率要缓于 1∶0.75；③三维植被网的搭接宽度不宜小于 100mm。

图 6-3　三维植被网防护施工

4. 植树种植

植树种植适于各种土质边坡和风化极其严重的岩石边坡，但边坡坡度应不大于 1∶1.5。施工要点：

（1）植树防护宜选用在当地土壤和气候条件下能迅速生长，而且根系发达、枝叶茂密的树种。

（2）边坡如有不利于树木生长的砂石类土，则在栽种树木的坑穴内应置换适宜树木生长的土类。

（3）树木栽种后，坑内应及时地填土、拍实，并经常浇水，使坑内保持湿润。

（4）植种后，在树木未成长前，应防止流速大于 3m/s 的水流侵害，必要时应在树前方设置障碍物进行保护。

（5）植树防护最好与种草结合使用，以更好地起到边坡防护作用。

6.1.2 骨架植物防护

为了防止边坡受水冲蚀后在土质边坡上形成沟槽，同时也是美化环境的要求，高填土的路堤边坡应优先选择骨架排水及植草防护相结合的防护形式，即将骨架嵌入压实坡面一定深度，并与坡面排水设施综合布置，在骨架之间框格内种植草皮。骨架可采用浆砌片石或砖、混凝土预制块砌筑，以及锚杆混凝土浇筑而成的方格形、菱形、拱形、人字形及多边形。如图 6-4 所示为一拱形骨架植物防护。

图 6-4　拱形骨架植物防护

骨架植物防护施工要点如下：

（1）当采用浆砌片石（或混凝土）作为骨架时，在骨架内宜植草或采用其他辅助防护措施，草皮下附有 50～100mm 厚的种植土壤。草皮应与坡面和骨架密贴，对草皮的养护要及时。

（2）当采用水泥混凝土空心块为骨架时，预制块铺砌工作应在路堤沉降稳定后方可进行。预制块铺置前应将坡面整平，使预制块与坡面紧贴，并注意与相邻坡面之间保持平顺。

6.1.3 圬工防护

对于不适宜草木生长的较陡岩石边坡，可以采用圬工防护的方法。圬工防护又称为"无机"防护，以石质路堑边坡为主，结构形式主要包括勾缝与灌浆、喷护、锚杆挂网喷护、干砌片石、浆砌片（卵）石护坡和护面墙等。当圬工防护用于路堑边坡时，应注意与边坡渗沟或排水孔配合使用，防止边坡产生变形破坏。

1. 勾缝与灌浆

勾缝适用于较硬、不易风化、节理裂缝多而细的岩石路堑边坡；灌浆适用于坚硬、裂缝较大、较深的岩石路堑边坡。勾缝与灌浆的作用是借灰浆的粘结力把裂开的岩石粘结成一个整体，以免其坠落或坍塌；同时，防止雨水及有害杂质侵入裂缝而促使岩石风化和裂缝继续扩大，进而影响到边坡的稳定性。

勾缝与灌浆施工要点如下：

（1）勾缝和灌缝应使用符合要求的水泥砂浆、水泥石灰砂浆或混凝土。

（2）灌缝和勾缝前应先用水冲洗坡面，清除裂缝内的泥土与杂草。

（3）勾缝时要求将砂浆嵌入缝隙中，与岩体牢固结合；灌浆时要求插捣密实，灌满缝口并抹平。

2. 喷浆防护

喷浆防护是指采用专用机械，将配制好的砂浆喷射于坡面之上。喷浆防护常用于易风化、裂隙和节理发育且表面平整度较差的岩石边坡，坡面较干燥。这是为了防止岩石边坡进一步风化、剥落及零星掉块而采取的一种防护措施。

喷浆防护施工要点如下：

（1）喷护前应采取措施对泉水、渗水进行处治，并按设计要求设置泄水孔，以防形成积水。

（2）喷浆防护的坡脚应做1~2m高的浆砌片石护坡。

（3）喷浆施工的砂浆强度等级不应低于M10，厚度不宜小于50mm。

（4）喷射顺序应自下而上。

（5）砂浆初凝后，应立即开始养护，养生期一般为5~7d。

（6）应及时对喷浆层顶部进行封闭处理。

3. 喷射混凝土防护

喷射混凝土防护的使用条件和施工工艺与喷浆防护较为接近。喷射混凝土防护施工的要点：

（1）作业前应进行试喷，选择合适的水灰比和喷射压力，喷射混凝土施工宜自下而上进行。

（2）喷射混凝土防护的厚度不宜小于80mm，应根据厚度大小分成2~3层喷射，并在喷射混凝土防护层中合理设置泄水孔和伸缩缝。

（3）喷射混凝土初凝后应立即养生，养护期一般为7~10d。

4. 锚杆挂网喷射混凝土（砂浆）防护

当坡面上的岩石风化破碎严重时，为了加强防护的稳定性，可以采用锚杆挂网喷射混凝土（砂浆）的方式进行防护。施工要点如下：

（1）锚杆应嵌入稳固的基岩内，锚固深度取决于岩体的性质，锚杆孔深应大于锚固长度200mm。

（2）钢筋保护层的厚度不宜小于20mm。

（3）固定锚杆的砂浆应捣固密实，钢筋网与锚杆连接牢固。

（4）铺设钢筋网前宜在岩面喷射一层混凝土，将钢筋网与岩面的间隙控制在30mm左右，然后再喷射混凝土至设计厚度。

（5）混凝土的喷射厚度要均匀，钢筋网及锚杆不得外露，并设置好泄水孔和伸缩缝。

5. 干砌片石护坡

干砌片石护坡施工适于坡度小于1:1.25的土质路堑边坡或边坡易受地表水冲刷，以及有少量地下水渗出的地段（图6-5）。其施工要点如下：

（1）当防护边坡为粉质土、松散的砂或粉砂土等易被冲蚀的土时，碎石或砂砾垫层厚度不宜小于100mm。

（2）基础应选用较大的石块进行砌筑，如果基础与排水沟相连，应将基础设在沟底以下，并按设计要求砌筑浆砌片石。

（3）砌筑时相邻片石应彼此镶紧，将接缝错开，缝隙间用小石块填满塞紧。

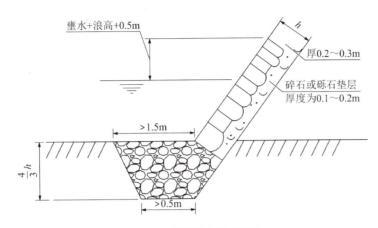

图 6-5　单层铺砌片石护坡

6. 浆砌片（卵）石护坡

浆砌片（卵）石护坡施工适用于坡度小于 1∶1 的易风化的岩石边坡，以及坡面防护不适宜采用干砌片石的边坡。而对于严重潮湿或严重冻害的土质边坡，在未采取排水措施的前提下，不宜采用浆砌片（卵）石护坡。施工要点有：

（1）路堤边坡浆砌片（卵）石护坡施工宜安排在路堤沉降稳定后进行。

（2）在冻胀变化较大的土质边坡上，护坡底面应铺设 100～150mm 厚的碎石或砂砾垫层。

（3）浆砌片（卵）石护坡应每隔 10～15m 设置一条伸缩缝，缝宽 20～30mm；在基底地质有变化处，应加设沉降缝，施工时可将伸缩缝与沉降缝合并设置。

（4）泄水孔的位置要得当，并应按设计要求认真制作反滤层。

（5）浆砌片石石料应选用未风化的硬质石料，砌筑应紧密、错缝，严禁出现通缝、叠砌、贴砌和浮塞，勾缝应均匀饱满、美观，坡面应平顺。

（6）砂浆初凝后，立即对砌体洒水、覆盖养生，直至砂浆终凝。

7. 水泥混凝土预制块护坡

水泥混凝土预制块护坡适用于缺乏石料的地区或城市近郊、互通式立体交叉等环境美化要求较高的路段。施工要点有：

（1）在寒冷地区，预制块混凝土的强度等级不宜低于 C20。

（2）路堤边坡护坡宜在路堤沉降稳定后施工。

（3）铺设混凝土预制块前应将坡面平整，碎石或砂砾垫层的厚度不宜小于 100mm。

（4）预制块应错缝砌筑，砌筑坡面应平顺，并与相邻坡面顺接。

（5）泄水孔的位置应符合设计要求，并保证泄水畅通。

8. 浆砌片石护面墙

浆砌片石护面墙是一种浆砌片石覆盖物，多用在易风化的泥岩、页岩等岩石及其他风化严重的软弱岩层和较破碎的岩石地段，以防止路堑岩壁继续风化（图 6-6）。需要说明的是，护面墙仅能承受自重，不能承受侧压力，因此要求被防护的边坡自身必须能够稳定。

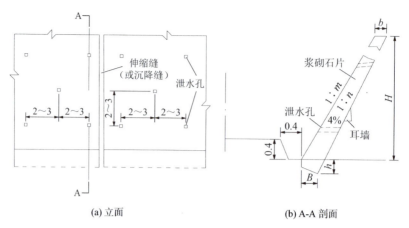

图 6-6　浆砌片石护面墙（尺寸单位：m）

护面墙施工要点如下：

（1）修筑护面墙前，应清除边坡上的风化层，对于风化迅速的岩层，清挖到新鲜岩面后应立即修筑护面墙。

（2）护面墙的基础应设置在稳定的地基上；如果地基承载能力不足，应采取加固措施。基础埋置深度应根据地质条件确定，冰冻地区要埋置在冰冻深度以下至少 250mm。

（3）护面墙背必须与路基坡面密切相贴，边坡局部凹陷处，应在挖成台阶后，用与墙身相同的圬工进行砌补，不得回填土石或干砌片石。在坡顶护面墙与坡面之间应按设计要求做好防渗处理。

（4）按设计要求设置伸缩缝，当护面墙基础修筑在不同岩层上时，应在变化处加设沉降缝。

（5）泄水孔的位置和反滤层的设置应符合规定与要求。

（6）护面墙中的石料应选用未风化的硬质片石，并按规定进行砌筑，达到良好的视觉使用效果。

9. 封面、捶面防护

封面适用于未形成严重风化的各种易风化岩石的路堑边坡，如页岩、泥岩、泥灰岩、千枚岩等；捶面适用于边坡坡度小于 1：0.5、易受冲刷的土质边坡或易风化剥落的岩石边坡。封面和捶面均不能承受荷载，不能承受土压力，要求边坡必须平整、干燥、稳定。

封面防护施工要点具体如下：

（1）封面防护施工不宜在寒冬和雨天进行。

（2）封面前，岩体表面要冲洗干净，岩体表面要平整、密实和湿润。

（3）封面厚度应符合设计要求。封面应分两层进行施工，底层为全厚的 2/3，面层为全厚的 1/3。封面施工要求厚度均匀、表面光滑，封面与坡面密贴稳固。

（4）大面积的封面宜每隔 5～10m 设一条伸缩缝，缝宽 10～20mm。

（5）按设计要求做好边坡封顶和排水设施。

（6）封面初凝后养生应及时。

捶面护坡施工要点具体如下：

（1）捶面前，要嵌补填平边坡坑凹、裂缝。

（2）捶面与坡面应密贴稳固，厚度均匀，表面光滑。
（3）伸缩缝设置、边坡封顶、排水、养生方法、气候要求等与封面防护施工要求相同。

6.2 冲刷防护工程

沿河路基及岸坡由于经常或周期性地受到水流的冲刷作用，为了保证路基稳固与安全，必须采取有效的冲刷防护措施。冲刷防护措施一般分为两类：一类是直接防护，主要包括护面墙、砌石或混凝土板、护坦、抛石、石笼、浸水挡墙等；另一类是改变水流性质的间接防护，主要包括导流构造物（如丁坝、顺坝及拦河坝）、改河和防护林等工程。各种防护措施均应结合具体工程，根据河流情况、水流性质及岸坡受冲刷现状，选用适当的工程防护措施，可以单独使用其中的某一种工程防护措施，也可以同时使用两种或两种以上的防护形式进行综合治理。

6.2.1 植物防护

植物防护是指在公路沿线的河岸及其岸坡上采用种草、铺草皮、植树等形式进行的防护，这种防护适用于河水流速不大、冲刷较轻的土质河岸地段。在施工时应注意：
（1）经常浸水或长期浸水的路堤边坡，不宜采用种草防护。
（2）沿河路堤边坡铺草皮防护，宜采用平铺、叠铺的方法。坡面及基础部分的铺置应符合规定，基础部分的铺置层表面应与地面齐平。
（3）植树防护宜采用带状或条形。一般情况下，河岸路基防护或防御风浪侵蚀时，宜采用横行带状；桥头引道路堤防护宜采用纵行带状。
（4）应选用喜水性的树种进行植树防护，林带应由多行树木组成，密植乔灌木，并要采取有效的保护措施。

6.2.2 砌石或混凝土防护

砌石或混凝土防护包括干砌片石、浆砌片（卵）石及混凝土板等形式。其中，干砌片石适用于易受水流侵蚀的土质边坡、严重剥落的软质岩石边坡、周期性浸水及受冲刷轻（河水流速为 2～4m/s）的河岸路基及边坡；浆砌片（卵）石适用于经常浸水受水流冲刷（河水流速为 3～6m/s）或受较强烈的波浪作用，以及可能有流水、漂浮物等冲击作用的河岸路基；混凝土板防护常用于路堤及河岸的边坡，以抵抗渗透水及波浪的破坏，其允许流速可在 8m/s 以上。

施工要点如下：
（1）石料应选用未风化的坚硬岩石。
（2）开挖基坑时，应认真核对地质情况，地基条件与设计要求不符时，要认真处理。基础完成后应及时采用符合设计要求的材料进行回填。
（3）砌石与边坡土之间应设置 1～2 层的砂、砾垫层，垫层厚度一般为 10～15cm。
（4）坡面密实、平整、稳定后方可进行铺砌。砌块应交错嵌紧，严禁浮塞。砂浆应饱满、密实，不得有悬浆。
（5）每 10～15m 设置一条伸缩缝，基底土质变化处应加设沉降缝。

（6）采用干、浆砌片石时，不准大面平铺，石块应彼此交错搭接，不得有松动。采用干、浆砌河卵石时，使长方向垂直坡面，成横行牢固栽砌；采用铺砌混凝土预制块时，按设计的规格和要求检验后方可铺筑；就地浇筑混凝土板时，宜采取措施提高早期强度，要求混凝土表面平整、光滑。

（7）沿河路基防护工程的基础应埋设在局部冲刷线以下不小于1m或嵌入基岩内。

6.2.3 抛石防护

抛石防护的应用广泛，对于经常浸水的深水地段的路基边坡防护及洪水季节防护抢险中的使用更加普遍。在缺少大块石料地区，也可以把混凝土预制块作为抛投材料，如图6-7所示。

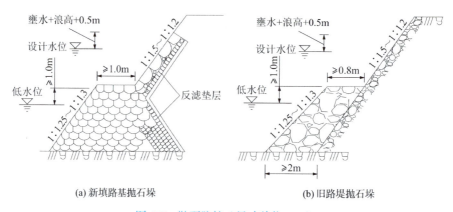

图 6-7 抛石防护（尺寸单位：m）

抛石防护施工要点如下：

（1）抛石体边坡坡度和石料粒径应根据水深、流速和波浪情况进行确定，一般的石料粒径应大于300mm。施工中宜用大小不同的石块掺杂抛投，坡度应不陡于抛石石料浸水后的天然休止角。

（2）抛石厚度宜为粒径的3~4倍，当采用大粒径的石料时，也不得小于2倍。

（3）抛石石料应选用质地坚硬、耐冻，且不易风化崩解的石块。

（4）抛石防护除特殊情况外，宜在枯水季节进行施工。

6.2.4 石笼防护

石笼是河床加固和路堤防止冲刷效果较好的柔性体防护。石笼的外形多为箱形和圆柱形。石笼网一般用镀锌铁丝和普通铁丝编制，在网内填充石料（图6-8）。铁丝石笼能经受高流速的水流冲刷，一般可抵抗4~5m/s的流速；当其体积较大时，可抵抗5~6m/s的流速、波浪高度为1.5~1.8m的水流。当水流中含有大量泥砂时，石笼中的空隙能很快淤满，从而形成一个整体防护层，因此石笼防护适用于水流中含有丰富泥砂的河流冲刷防护。但是使用中应注意铁丝网易锈蚀，而且当水流中带有较多的滚石时，铁丝容易被冲破。

在施工时应注意以下问题：

（1）根据设计要求或根据不同情况和用途，合理选用石笼形状。

（2）应选用浸水不崩解、不易风化的石料。
（3）基底应大致整平，必要时用碎石或砾石垫层找平。
（4）应保证石笼位置正确，搭叠衔接紧密，形成一个稳固的整体。

图 6-8　石笼示意图

6.2.5　浸水挡土墙

长期或季节性浸于水中的挡土墙，除了经受正常的土压力作用外，还受到水的浮力、墙身与墙背的静水压力差、动水压力，以及浸泡之后墙背填料的工程性质可能发生变化等的影响。为了保证浸水挡土墙的强度和稳定性，在施工时应注意以下问题：

（1）浸水挡土墙应选用坚硬未风化，且浸水不崩解的石块。
（2）应注意浸水挡土墙与岸坡的衔接。
（3）沿河路基防护工程基础应埋设在局部冲刷线以下不小于1m处，或嵌入基岩内。

6.2.6　丁坝与顺坝防护

丁坝和顺坝均为导流构造物，是以改变水流方向为主的水工建筑物（图6-9）。丁坝又称挑水坝，其作用是迫使水流改变方向，离开被防护的河岸。由于丁坝压缩水流断面，扰乱原来的水流性质，坝头附近出现强烈的局部冲刷，故不仅坝头的基础必须埋深，而且还需要做平面防护；顺坝根部是受水流冲击作用较重的部位，应特别重视坝根部分与相连地层或其他防护设施的嵌接，确保施工质量。

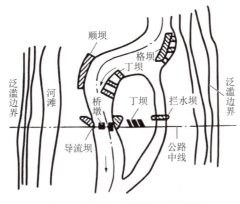

图 6-9　导流构造物综合布置图

1. 丁坝施工注意事项

（1）施工前应制定合理的施工方案，合理安排工期，避免因工期过长而引起农田、村庄以及上下游路基冲刷。

（2）丁坝坝头应做好平面防护，处理好坝根与相连接的地层或其他防护设施的衔接。

（3）当丁坝间的河岸或路基边坡所承受的容许流速小于水流靠岸回流流速时，应适当缩短坝距，或者对河岸及路基边坡进行防护。

2. 顺坝施工注意事项

（1）顺坝与上下游河岸的衔接，应使水流顺畅，起点应选择在水流匀顺的过渡段，坝根位置宜设在主流转向点的上方。

（2）坝根嵌入稳定河岸内的距离应符合规定，坝根附近的河岸应防护加固至上游不受水流冲击处。

6.2.7 改移河道工程

在沿河的公路工程中，为了保护路基而将直接冲刷路基的水流引向别处，或由于路基占用了河槽的有效宽度，需要拓宽河道或将河道截弯取直，以利于路线或桥涵的布置等原因，而改移了河道中心线的位置。

改移河道是一个系统工程，影响因素众多，施工时应注意以下事项：

（1）改移河道工程应通盘安排，将施工工期安排在枯水期。当一个旱季不能完成施工时，应采取必要的防洪措施。

（2）河道开挖应先挖好中段，然后再开挖两端，确认新河床工程已符合工程要求后，方可挖通其上游河段。

（3）利用开挖新河道的土石方填平旧河道时，在新河道未通流前，旧河道应保持适当的流水断面。

（4）通流时，改河上游进口河段的河床纵坡宜稍大于设计坡度。

（5）河床加固设施及导流构造物的施工应合理安排，及时配套完成。

6.3 路基抗滑支挡工程

路基抗滑支挡结构的形式主要有挡土墙、抗滑桩、抗滑片石垛、锚杆、锚索等。用抗滑支挡结构来稳定边坡时，都是将支挡构造物的基础置于滑动面以下满足要求的深度处，获得足够的抗拔锚固力，起到平衡下滑力的作用。在此以挡土墙和抗滑桩为代表，介绍抗滑支挡结构的施工注意事项。

6.3.1 挡土墙

挡土墙是为防止路基填土或山坡坍塌而修筑的承受土体侧压力的墙式构造物。在公路工程中,挡土墙作为主要的路基抗滑支挡构造物而广泛地应用于支撑路堤填土或路堑边坡，以及桥台、隧道洞口和河流堤岸等处。挡土墙的分类方式有很多，按其结构形式可分为重力式、垛式、悬臂式、锚杆式、锚碇板式、加筋土式挡土墙。不同形式的挡土墙的组成有所差异，也有着不同的自身特点和施工要求。

1. 重力式挡土墙

这类挡土墙主要依靠墙身自重支撑土压力维持其稳定，一般多用片（块）石砌筑，在缺乏石料的地区也可用混凝土修建。重力式挡土墙是公路工程中常用的一种挡土墙形式，基本组成包括墙身、基础、排水设施和伸缩缝等。这种挡土墙的圬工量较大，但其断面形式简单，施工难度小，可以就地取材，而且适应性较强。

重力式挡土墙根据其所处位置的不同，可以构成路肩挡土墙、路堤挡土墙、路堑挡土墙、山坡挡土墙，也可以作为河流、水库、池岸边的浸水挡土墙。重力式挡土墙的断面形式有很多，墙身可以做成仰斜、垂直、俯斜、凸形折线和衡重式等形式，如图6-10所示。

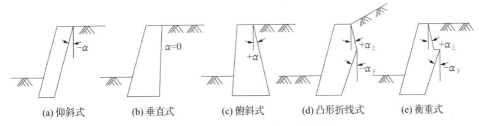

图 6-10 重力式挡土墙断面形式图

重力式挡土墙的施工要点如下：

（1）基础施工应将基底表面风化、松软的土石清除。在硬质岩石基坑中，基础宜满坑砌筑。若土质或易风化软质岩石基坑施工处于雨期，基坑挖好后应及时封闭坑底。当基底带有向内倾斜的横坡时，应采取临时排水措施，坐浆后再砌筑基础。采用台阶式基础时，台阶与墙体应连在一起同时砌筑，基底及墙趾台阶转折处不得砌成垂直通缝，砌体与台阶壁间的缝隙砂浆应饱满。基坑应随砌筑分层回填夯实，并在表面保留3%的向外倾斜的坡面。

（2）墙身要分层错缝砌筑，砌出地面后基坑应及时回填夯实，并在其顶面做好排水与防渗工程。伸缩缝与沉降缝内的两侧壁应竖直、平齐，缝中防水应按设计要求进行施工，并应在砌筑墙身过程中按要求设置泄水孔，保证墙背反滤、防渗设施的施工质量。在墙身的强度达到设计强度的75%后方可进行回填工作。距墙背0.5～1.0m范围内，不宜用重型振动压路机碾压。

2. 悬臂式和扶壁式挡土墙

悬臂式和扶壁式挡土墙都属于薄壁式挡土墙，其特点是结构的稳定性不是依靠墙体自身的重量，而是主要借助于踵板上的填土重量来保证的。这种挡土墙的断面尺寸小、自重轻。可适用于地基承载力较低的地段或石料比较缺乏的地区。其缺点是需要耗用较多的水泥和钢筋，而且施工工艺较为复杂。

悬臂式挡土墙由立壁、踵板和趾板三部分组成（图6-11）。当挡土墙较高时，可沿墙身每隔一定距离加设扶壁（肋板），连接墙面板和踵板，构成扶壁式挡土墙（图6-12）。

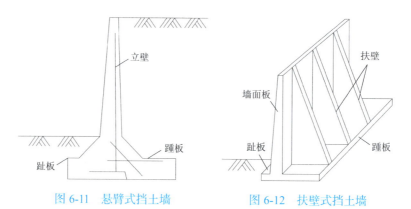

图 6-11 悬臂式挡土墙　　　图 6-12 扶壁式挡土墙

悬臂式和扶壁式挡土墙的施工要点如下：

（1）凸榫必须按照设计尺寸开挖，并与墙底板一同灌注混凝土。

（2）现场整体浇筑时，每段墙的底板、面板和肋的钢筋应一次绑扎，也宜一次性完成混凝土灌注。当用现场分段浇筑时，应按设计要求进行施工，预埋好连接钢筋，对连接处的混凝土面应严格认真地凿毛和清洗。

（3）混凝土灌注施工后，按要求及时进行养护，待墙体达到设计强度的75%以后，方可进行墙背填土，并应按规定分层填筑和压实，完成墙背排水设施施工。

（4）装配法施工应待基础混凝土强度达到设计强度的75%后方可开始安装，施工时注意将预制墙板与基础牢固连接。

3. 锚杆挡土墙

锚杆挡土墙是一种轻型挡土墙，主要由预制的钢筋混凝土立柱、挡土板构成墙面，与水平或倾斜的钢锚杆联合组成。锚杆的一端与立柱连接，另一端被锚固在山坡深处的稳定岩层或土层中。来自墙后的压力由挡土板传给立柱，由锚杆与岩体之间的锚固力（即锚杆的抗拔力）使挡土墙获得稳定（图6-13）。这种挡土墙适用于岩石路堑地段，或墙高较大，具有适当的锚固条件，而且石料缺乏或挖基困难的地区。

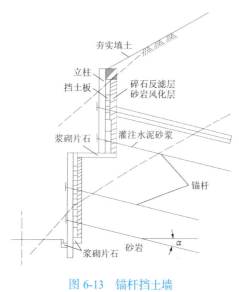

图 6-13 锚杆挡土墙

锚杆挡土墙施工要点有：

（1）按照设计要求，在施工前应通过锚杆抗拔力试验对设计方案进行验证。

（2）锚杆应按设计尺寸下料、调直、除污和加工。

（3）钻孔前，应清除岩面上松动的石块，整平墙背坡面。根据设计孔径及岩土工程性质合理选择钻孔机具。孔轴应保持直线，钻孔后应将孔内的粉尘、石渣清理干净。

（4）普通砂浆锚杆应安装在孔位的中心，对未插入岩层的锚杆部分，必须按设计要求做防锈处理。在有水地段安装锚杆时，应把孔内的水排出或采用早强速凝药包式锚杆。锚杆宜先插入，后灌浆。采用孔底注浆法进行灌浆，应将灌浆管插至距孔底 50~100mm，并随水泥砂浆的注入逐渐拔出；灌浆压强不宜小于 0.2MPa；砂浆应随拌随用。砂浆锚杆安装后，不得进行敲击和摇动。

（5）砂浆达到设计强度的 75%后方可安装肋柱和墙板。在安装墙板时，应边安装墙板，边进行墙背回填及墙背排水系统施工。

4. 锚碇板挡土墙

锚碇板挡土墙如图 6-14 所示。锚碇板挡土墙借助于埋在填土内的锚碇板的抗拔力抵抗土的侧压力，保持墙的稳定性。主要特点是构件断面尺寸小、工程量省，不受地基承载力的限制；构件可预制，有利于实现结构轻型化和施工机械化。锚碇板挡土墙适用于在缺乏石料的地区、修建墙高不大于 10m 的路肩墙、路堤墙及桥台端墙。

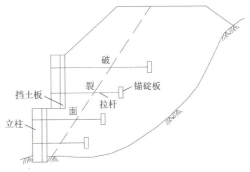

图 6-14 锚碇板挡土墙

锚碇板挡土墙施工要点如下：

（1）拉杆使用前应按规定取样试验，埋于土中的拉杆必须进行防锈处理。

（2）吊装时应保证肋柱不前倾。

（3）拉杆及锚碇板埋设时应注意：先填土后挖槽就位；挖槽时，锚碇板宜比设计位置高出 30~50mm。锚碇板前方超挖部分宜用 C10 水泥混凝土或灰土回填夯实。

（4）肋柱、锚碇板上的锚头及螺丝杆应进行防锈处理和防水封闭。

（5）分级平台上应按设计要求进行封闭处理，并设 2%的外倾排水坡面。

5. 加筋土挡土墙

加筋土挡土墙如图 6-15 所示。在垂直于墙面的方向上，按一定间隔和高度水平放置拉筋材料，然后填土压实，通过填土与拉筋之间的摩擦作用，把土的侧压力传给拉筋，从而使得填土与拉筋结合为一个稳定的整体。加筋土挡土墙具有造价低、施工简便、工期短等特点，适用于一般地区的公路工程填方地段。

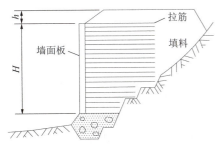

图 6-15 加筋土挡土墙

加筋土挡土墙施工工艺：基底处理→基础浇筑→预制墙板→安装墙板→调整墙板→铺设钢筋→填土碾压。

加筋土挡土墙施工要点如下：

（1）安装直立式墙面板时，应按不同填料和拉筋预设仰斜坡，仰斜坡度一般为 1:0.02~1:0.05，墙面不得前倾。

（2）拉筋应有粗糙面，并按设计要求呈水平铺设，当局部与填土不密贴时应铺砂垫平。对钢拉筋与钢材外露部分应做防锈处理。连续敷设的拉筋接头应置于其尾部，拉筋尾端宜用拉紧器拉紧，各拉筋的拉力大体均匀，避免拉动墙面板。

（3）墙背拉筋锚固段填料宜采用粗粒土或改性土等填料。墙背填土必须满足设计压实度的要求。

（4）填料的摊铺、碾压应从拉筋中部开始，平行于墙面碾压，先向拉筋尾部逐步进行，然后再向墙面靠近,严禁沿着平行于拉筋方向碾压。

(5)填土分层厚度及碾压遍数,应根据拉筋间距、碾压机具和密实度的要求通过试验确定,严禁使用羊足碾。靠近墙面板1m范围内,应使用小型机具夯实或人工夯实,不得使用重型压实机械。

(6)当采用聚丙烯土工带时,拉带应平顺,不得出现打折、扭曲等现象,不得与硬质、棱角填料直接接触。

(7)施工过程中随时观测加筋土挡土墙的异常变化,出现异常现象时,及时进行处理。

6.3.2 抗滑桩

抗滑桩是一种用于处理滑坡或防止边坡下滑的钢筋混凝土结构,抗滑能力强,是一种较为理想的抗滑设施;其缺点是造价高、投资大。抗滑桩的设置原理如图6-16所示。

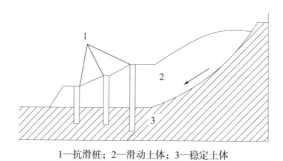

1—抗滑桩;2—滑动土体;3—稳定土体

图6-16 抗滑桩示意图

抗滑桩的施工要点如下:

(1)桩基开挖时,应对照设计图认真核对滑动面,当与实际情况设计不相符时,应及时进行处理。对滑坡的变形和移动进行全过程监测,仔细做好岩性资料编录。

(2)抗滑桩施工宜在旱季进行,将孔口地形整平,设好地表截、排水及防渗设施;雨期施工时,孔口应搭雨棚,做好锁口,在孔口地面上加筑适当高度的围埝,以防止雨水的灌入。

(3)桩基应分节开挖,每节的高度宜为0.6~2.0m,分节不宜过长;不得在土石层变化处和滑动面处分节;挖一节应立即支护一节。

(4)护壁混凝土应紧贴围岩灌注,灌注前要清除孔壁上松动的石块与浮土。如果围岩较松软、破碎或含水时,宜在护壁上设置泄水孔。

(5)下一节开挖应在上一节护壁混凝土终凝后进行。护壁混凝土模板的支撑应在混凝土强度达到能保持护壁结构不变形后方可拆除。

(6)在围岩松软、破碎和有滑动面的节段,应在护壁内顺滑动方向用临时横撑加强支护,并经常观察其受力情况,及时进行加固。

(7)开挖桩群应从两端沿滑坡主轴间隔开挖,在桩身强度不低于设计强度的75%的情况下方可开挖邻桩。

(8)灌注桩身混凝土前,应检查断面净空、清洗混凝土护壁。钢筋笼的搭接接头不得设在土石分界和滑动面处。桩身混凝土的灌注必须连续进行。

(9)桩间的支挡结构及与桩相邻的挡土、排水设施等,均应按设计要求与抗滑桩正确连接,配套施工。

第 6 章 路基防护与支挡工程施工

工程案例

例 6-1　**1. 项目概况**

西部地区某高速公路是交通运输部确定的绿色公路建设典型示范工程之一。项目按全封闭、全立交、控制出入的四车道高速公路标准建设,设计速度 100km/h,路基宽 26m,路线全长 113km。该项目于 2017 年 10 月开工建设,2020 年底建成通车。

项目所在区域地处黄土高原与内蒙古高原的过渡地带,毛乌素沙漠西南边缘。项目沿线途经缓坡丘陵区、冲洪积平原、黄土梁峁沟壑三类工程地质分区,属于国家级水土流失重点监督区。路线区域属典型大陆性气候特征,区域内干旱少雨,年平均降雨量 290.23mm,降雨强度大,多形成暴雨或雷阵雨;多年平均蒸发量达 1839.8mm,约等于多年平均降雨量的 6 倍;项目区生态环境十分脆弱,气候条件严苛,工程建设面临湿陷性黄土、风沙区等不良地质条件。

建设项目沿线黄土区风大干旱、生境脆弱、边坡土质贫瘠且遇水失稳,在施工及运营过程中存在着边坡失稳、塌陷等安全隐患,严重威胁行车安全。边坡防护的目标是在稳固边坡的基础上进行科学的植被恢复,有效预防边坡次生灾害的发生。本项目边坡防护存在如下需要解决的问题:

(1)植物生长条件较差。项目区干旱少雨,植物种类单一,给修复植物的选择提出了苛刻条件;很多边坡为阳坡,由于当地降水较少,蒸发量较大,因此,阳坡保水能力差,植物不易生长。

(2)边坡冲刷病害较为普遍。由于黄土本身的大孔隙和结构松散的特点,坡面抗冲刷能力较差;裸露的新边坡受冲刷后,常引起大量的水土流失,使坡面被冲刷成纹沟、细沟及洞穴等。

(3)边坡存在坍塌风险。项目沿线部分坡面松散不稳定,威胁路面行车安全。由于黄土竖向节理发育,新的高大路堑边坡开挖后,节理易张开,地表水易向下和临空面渗透,形成软弱带,导致局部土体失稳,易引起滑塌等地质灾害。

2. 生态防护技术方案

本项目采用的生态防护技术方案是一项基于绿色公路理念的新型边坡生态防护工程技术,该技术方案是通过生物群落与工程措施的有机结合,构建岩土体-基质-植被群落体系对坡面进行防护,具体生态防护思路如下:

(1)由锚杆加镀锌机编金属网组成的物理防护;

(2)专用生物粘结材料合理配比后构成的抗蚀防护;

(3)具备生态环境再造功能和生态循环条件的乔灌草根系与茎叶结合形成的植被生态修复防护。

其中,本项目生态防护技术最核心、最关键的植被生态防护是通过重建土壤生境系统、植被群落系统和营养物质循环系统,修复边坡坡面生态系统的结构与功能,使其自主演替、自我循环、自我维持。

3. 生态防护工艺流程

生态防护技术在本项目等干旱地区黄土边坡的应用需要有针对性地从物理防护、土壤改良、植物筛选组合、微生物菌剂施用4方面实施推进。

（1）结合土壤生境材料力学指标、植物群落深根系锚固和浅根系加筋的自身力学性质进行锚固参数计算，采用镀锌三维网、主锚杆和辅锚杆锚固优化物理防护设计，稳固黄土边坡。本项目材料的规格与用量见表6-1。

材料规格与用量　　　　　　　　　　　　　　　　　表6-1

材料名称	规格/mm	备注
镀锌三维网	ϕ1.8	孔径 50mm×50mm
主锚杆	ϕ14	长度 600mm，25 根/100m^2，可视坡面情况适当调整
辅锚杆	ϕ12	长度 400mm，100 根/100m^2，可视坡面情况适当调整

本项目镀锌三维网采用机编镀锌铁丝挂网。挂网施工时采用自上而下放卷，用边缘网眼左右挂入锚杆，相邻两卷铁丝网分别用铁丝连接固定，网与网之间采用平行搭接方法，两网交接处至少要求有10cm的重叠。

（2）植生层构建以当地自然土壤为基础，通过配方材料改良形成养分充足、抗雨蚀和固土保水性强的土壤生境层。综合考虑坡面质地、气候状况以及植物根系生长适合条件，制定出基质材料配比，将土壤有机质、肥料、黏合剂搅拌均匀，利用喷混机械将混合料加保水剂和水搅拌均匀喷射到坡面上。植生层包含基质层、微生物层和种子层，相应的土料混合分为基质层土料混合、微生物层喷播和种子层土料混合。本项目植生层材料按表6-2所示的各种材料按比例掺配组成。

植生层材料配比　　　　　　　　　　　　　　　　　表6-2

序号	项目	基质层		微生物层		种子层	
		材料用量	配比/%	材料用量	配比/%	材料用量	配比/%
1	土料	4m^3/100m^2	86.0	3m^3/100m^2	86.0	3m^3/100m^2	86.0
2	水	1m^3/100m^2		1m^3/100m^2		1m^3/100m^2	
3	种子					6.6kg/亩[①]	
4	稻壳	25kg/100m^2	4.5	10kg/100m^2	5.0	10kg/100m^2	4.0
5	其他锯末等	0.03m^3/100m^2	0.7	0.02m^3/100m^2	0.7		
6	菌类种			3~4 种/100m^2			
7	保水剂	2kg/100m^2	0.3	1.5kg/100m^2	0.5	1.5kg/100m^2	0.3
8	黏合剂	2kg/100m^2	0.3	1.5kg/100m^2	0.5	2.5kg/100m^2	0.5
9	土壤稳定剂	1.2kg/100m^2	0.2	1kg/100m^2	0.3	2kg/100m^2	0.3
10	复合肥					0.3m^3/100m^2	0.9
11	有机肥	0.37m^3/100m^2	8.0	0.28m^3/100m^2	7.0	0.2m^3/100m^2	8.0

①1 亩 = 666.67m^2

（3）根据气候、土质、坡面情况，依据生物生态学特性、立地类型以及经济型原则筛选适应性植物物种；植物群落设计采取适合本地区的耐旱、贫瘠乔灌草组合，植物物种为干草、沙柳、苦豆、柠条、蒿草等；植物物种配比的确定需要根据气候条件与坡面植被生态功能的研究，最终形成具备物种多样性的、稳定的植被群落。

（4）根据土壤微生物群落检测分析植被自维持系统的菌剂，通过土壤生境系统、植被群落系统和物质循环系统构建促进植被发芽生长繁殖，促其根系发达枝叶茂盛，形成根系、镀锌三维网、坡体为一体的三维立体防护体系。

4. 应用效果

生态防护技术的应用较好地解决了本项目黄土边坡冲蚀沟、边坡雨水软化坍塌等边坡病害问题，边坡植被覆盖率提高 15%～20%，有效抵抗雨水侵蚀，固定坡面，保障路基稳定，强化安全防护，实现边坡的生态修复和植物群落的自维持。生态防护技术应用 2 年后，边坡植被覆盖度达 90%以上，植被稳定且实现了植被自维持，并与当地环境完美融合，如图 6-17、图 6-18 所示。

图 6-17　生态防护效果

图 6-18　生态防护与一般框格防护效果对比

复习思考题

1. 公路路基边坡坡面防护常用的有哪些类型？植被防护有几种？其适用范围是什么？
2. 边坡圬工防护的结构形式有哪些？浆砌片石护坡适合哪类边坡？简述其施工要点。
3. 路基冲刷防护措施一般有哪些？石笼防护适用于什么情况？其施工时应注意哪些问题？
4. 路基抗滑支挡结构的形式主要有哪些？简述重力式挡土墙的施工要点。
5. 公路边坡生态防护的意义是什么？请查阅相关文献，举例路基边坡生态防护新技术。

第7章 路面工程施工概述

> **学习目的与要求**
>
> 主要了解路面的常见类型和路面结构的基本组成；了解路面施工的主要机械设备。

7.1 路面的分类和路面结构

路面是指在公路路基顶面用各种筑路材料铺筑而成的层状构造物，是道路工程的一个重要组成部分。它不仅加强和保护了路基，还改善了道路条件，使汽车能以一定的速度安全、舒适、经济、全天候地在道路上行驶。

7.1.1 路面分类

1. 按路面的力学性质分类

路面按力学性质分为柔性路面、刚性路面和复合式路面三类。

（1）柔性路面

柔性路面总体结构刚度较小，抗弯拉强度较低，主要靠抗压、抗剪强度来承受车辆荷载作用。其在荷载作用下产生的弯沉变形较大，车轮荷载通过各结构层向下传递到土基的压应力较大，因而对土基的强度和稳定性要求较高。主要包括各种基层（水泥混凝土除外）和各类沥青混合料面层、碎（砾）石面层构成的路面结构。

（2）刚性路面

刚性路面的刚度和强度很高，弹性模量很大，结构呈板体性，分布到土基上的荷载面较宽，传递到土基的应力较小。主要是指面层为水泥混凝土的路面结构。

（3）复合式路面

复合式路面是用水泥混凝土做基层，沥青混凝土做面层的路面结构。水泥混凝土具有强度高、稳定性好等优点，沥青混凝土具有行车舒适、噪声小等优点，这种复合式路面可以利用不同材料各自的优点，具有良好的使用性能和耐久性。

2. 按面层材料和施工方法分类

路面按面层材料和施工方法不同可分为五大类，即碎（砾）石类、无机结合料稳定类、沥青混合料类、块料类、水泥混凝土类，常见路面面层类型见表7-1。

常见路面面层类型　　　　　　　表7-1

路面类型	结构特点	常见形式	适用范围
碎（砾）石类	用碎（砾）石按嵌挤原理或最佳级配原理铺压而成	水结碎石	基层
		泥结碎石	基层、中级路面面层

续表

路面类型	结构特点	常见形式	适用范围
碎(砾)石类	用碎(砾)石按嵌挤原理或最佳级配原理铺压而成	泥灰结碎石	基层、中级路面面层
		级配碎(砾)石	基层、中级路面面层
无机结合料稳定类	掺加各种结合料,使各种土、碎(砾)石混合料或工业废渣的工程性质改善,成为具有较高强度和稳定性的材料,铺压而成	石灰稳定土	基层、功能层
		水泥稳定土	基层、功能层
		工业废渣稳定类	基层、功能层
沥青混合料类	在矿质集料中以各种方式掺入沥青材料修筑而成	沥青表面处治	次高级路面面层
		沥青贯入碎石	次高级路面面层、高级路面基层、联结层
		沥青碎石	高级、次高级路面面层,基层
		沥青混凝土	高级路面面层
块料类	用各种不同形状和尺寸的块状材料铺成	条石和整齐块石	高级、次高级路面面层,基层
		半整齐块石	次高级、中级路面面层,基层
水泥混凝土类	以水泥和水组成的水泥浆为结合料,碎(砾)石为集料,砂为填充料,经拌和、摊铺、振捣、养生而成	水泥混凝土	高级路面面层、基层

7.1.2 路面结构

考虑行车荷载和自然因素对路面的影响,按照使用要求、受力状况、土基支承条件和自然因素影响程度不同,将路面结构分为若干层次,即面层、基层和功能层(垫层)。但公路等级不同,使用需求也不同,路面结构也有差异(图7-1)。

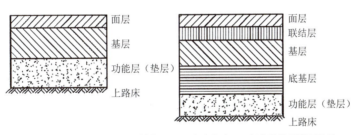

(a) 二级及以下公路常用路面结构　　(b) 高速公路、一级公路常用路面结构

图 7-1　不同等级的路面结构层次示意图

1. 面层

面层是直接同行车和大气接触的表面层,承受较大行车荷载的垂直力和水平剪切力的作用,同时还受到降水的侵蚀和气温变化影响。因此,同其他层次相比,面层应具备较高的结构强度以抵抗垂直应力作用,较高的抗变形能力以抵抗剪切作用,较好的水稳定性以抵抗水损害和很好的温度稳定性以抵抗车辙,表面还应有良好的抗滑性和平整度。

修筑面层所用的材料主要有沥青混合料、水泥混凝土、沥青碎(砾)石混合料、碎(砾)石以及块料等,其适用范围见表7-2。

路面面层类型及适用公路等级　　　　　　表7-2

面层类型	适用公路等级
沥青混合料路面	所有公路等级
水泥混凝土路面	所有公路等级
沥青贯入、沥青碎石、沥青表面处治	三级、四级公路
砂石路面	四级公路

2. 基层

基层主要承受由面层传来的车辆荷载的作用力（包括垂直力和拉应力），将垂直力扩散到下面的垫层和土基中去，承受拉应力作用并维持良好的耐久性。因此，基层是路面结构中的承重层，应具有一定的强度和刚度，并具有良好的抵抗疲劳破坏能力。基层遭受天气因素的影响虽然比面层小，但是仍然有可能经受地下水和通过面层渗入雨水的侵蚀，所以基层结构应具有足够的水稳定性。基层表面虽不直接接触行驶的车辆，但仍然要求有较好的平整度，这是保证面层平整性的基本条件。由于基层一般受到拉应力的作用，因此必须保证基层的疲劳寿命满足设计要求。基层或底基层主要承受拉应力或拉应变，因此基层或底基层材料主要考虑抗疲劳特性。如果基层或底基层采用粒料材料，则必须考虑垂直力作用产生的永久变形。修筑基层的材料主要有各种结合料（如石灰、水泥或沥青等）稳定土或稳定碎（砾）石、贫水泥混凝土、各种工业废渣（如煤渣、粉煤灰、矿渣、石灰渣等）和土、砂、石所组成的混合料以及天然砂砾、各种碎石或砾石、片石、块石或圆石等，以提高基层的整体抗冰冻、抗水侵害和承载能力。

3. 功能层（垫层）

为保证面层和基层不受路基水温状况变化所造成的不良影响，必要时应设功能层，它的主要功能是加强路面结构层之间的联结，改善路基的湿度和温度状况。修筑功能层的材料，强度要求不一定高，但水稳定性和隔温性能要好。常用的功能层材料有3类：一类是由松散粒料（如粗砂、砂砾、碎石等）组成的透水性材料层或防冻层；另一类是用水泥或石灰稳定土等修筑的稳定类材料层；还有由沥青或乳化沥青组成的封层、粘层、透层及应力吸收层。

7.2　路面施工主要机械设备

路面施工是影响路面使用与寿命的重要环节之一。现代公路施工的发展方向是机械化、自动化、标准化和工厂化，因此普遍采用自动化机械设备进行快速施工作业。路面施工包括基层施工、沥青混凝土面层施工、水泥混凝土面层施工及封层、粘层、透层施工，不同的施工内容需要的施工机械也不同。下面介绍路面施工主要设备。

7.2.1　拌和机械设备

1. 稳定土基层拌和设备

（1）路拌机械设备

稳定土路拌施工法是将土、无机结合料、细料、骨料等按施工配合比在路上直接拌和，使用的设备如图 7-2 所示。按照行走方式的差异，稳定土路拌机械设备分为履带式和轮胎式两种。履带式的特点是附着力大，整机稳定性好，但机动性差，不便于运输。使用了低压宽基轮胎的轮胎式拌和机则机动性更好，工程应用较为广泛。

按照轮胎位置的不同，稳定土路拌机械设备分为前置式、中置式和后置式。前置式会在作业面上产生轮迹，中置式不便于维修与保养，两者目前均较少使用。后置式的特点是不产生轮迹，维修保养方便，目前应用较为广泛。

按转子的旋转方向不同，稳定土路拌机械设备可分为正转和反转两种。正转式稳定土拌和机的转子由上向下切削（顺切），拌和阻力较小，在相同功率下，可实现更大宽度和深度的拌和，适于拌和松散的稳定材料。反转式稳定土拌和机的切削方向正好相反，混合料大多在转子的前方进行拌和，使混合料反复拌和破碎，拌和效果较好，但由于拌和阻力大，所需要的拌和机功率也较大。

图 7-2　稳定土拌和机（路拌）

（2）厂拌机械设备

稳定土厂拌机械设备是将土、石灰、粉煤灰、水泥、砂、碎（砾）石、炉渣、水等材料，按施工配合比，在固定地点拌和均匀的专用设备，其组成如图 7-3 所示。

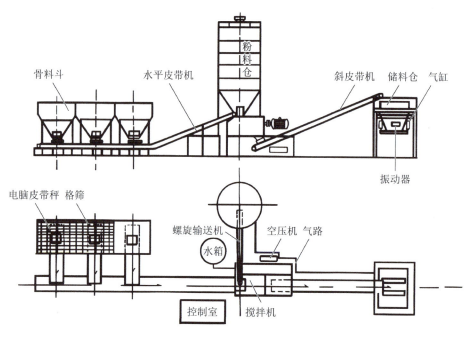

图 7-3 稳定土拌和机（厂拌）

拌和作业时，将所用的无机结合料通过皮带给料机、垂直提升机输送到大仓中，再经螺旋输送器将其送入小仓中。小仓中的无机结合料通过叶轮供料器被送到斜带式输送机上，同时，各料斗中的其他物料由料门卸出，并经带式输送机送至水平带式输送机上，水平带式输送机再将各种材料送至斜带式输送机上。然后由斜带式输送机将按设计配合比确定的各种材料送到拌和筒内，同时水箱内的水也被泵入拌和筒内。拌和筒中的螺旋搅拌器将各种材料搅拌均匀后，强制送到储料仓，拌好后的成品料由储料仓的溢流管送到堆料输送机上或直接卸至运输车上，利用运输车将成品送至施工现场。

2. 沥青混合料拌和设备

沥青混合料拌和设备可将碎石、砂、矿粉和沥青按一定配合比拌和成均匀的混合料。

沥青混合料拌和设备根据生产能力可分为小型（<40t/h）、中型（40～400t/h）、大型（>400t/h）。根据工艺流程可分为间歇强制式和连续滚筒式。由于间歇强制式沥青混合料拌和机的集料配合比较精确，而且燃料的消耗率较低，目前应用广泛。下面简单介绍间歇强制式和连续滚筒式沥青混合料的拌和设备。

（1）间歇强制式拌和设备

间歇式拌和机的工艺流程和设备如图 7-4 所示。

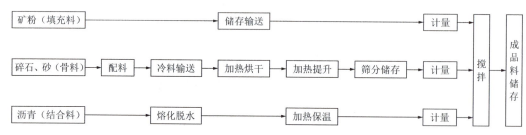

第 7 章 路面工程施工概述

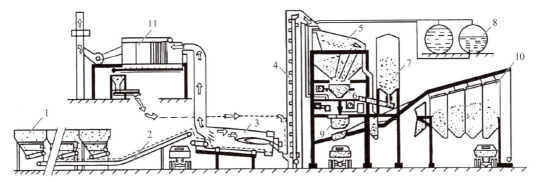

1—冷骨料储存及配料装置；2—冷骨料带式输送机；3—冷骨料烘干、加热桶；4—热骨料提升机；
5—热骨料筛分及储存装置；6—热骨料计量装置；7—矿粉供给及计量装置；8—沥青供给系统；
9—搅拌器；10—成品料储存仓；11—除尘装置

图 7-4 间歇强制式沥青混合料拌和工艺和设备示意图

（2）连续滚筒式拌和设备

连续滚筒式拌和工艺流程和设备如图 7-5 所示。

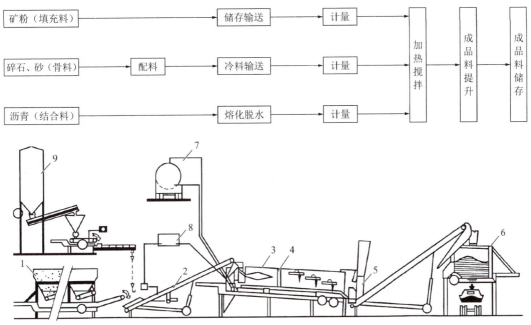

1—冷骨料储存及配料装置；2—冷骨料带式输送机；3—干燥滚筒；4—料帘；5—除尘装置；
6—混合料成品储存仓；7—沥青供给系统；8—自动控制中心；9—矿粉供给系统

图 7-5 连续滚筒式拌和工艺流程和设备示意图

3. 水泥混凝土的拌和设备

水泥混凝土的拌和设备可分为水泥混凝土搅拌机和水泥混凝土搅拌站（楼）两类。

目前，工程中使用的水泥混凝土搅拌机主要有自落式和强制式两种，如图 7-6、图 7-7 所示。强制式与自落式相比，搅拌作用强烈、搅拌时间短、生产效率高，适宜于搅拌坍落度在 3cm 以下的普通混凝土与轻集料混凝土，在大面积的路面施工中应用较为广泛。水泥混凝土搅拌站（楼）一般由扇形骨料堆场、集料称量系统、水和外加剂的供给计量系统、

103

水泥和粉煤灰的供给系统及水泥储仓、电-液或电-气操纵系统、手控及自控系统等组成。

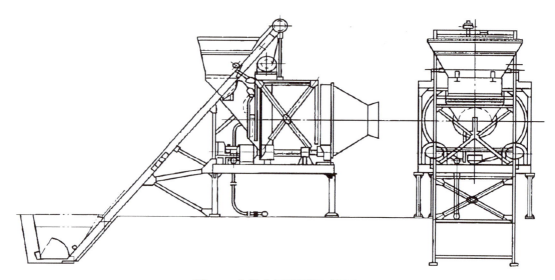

图 7-6　自落式水泥混凝土拌和机

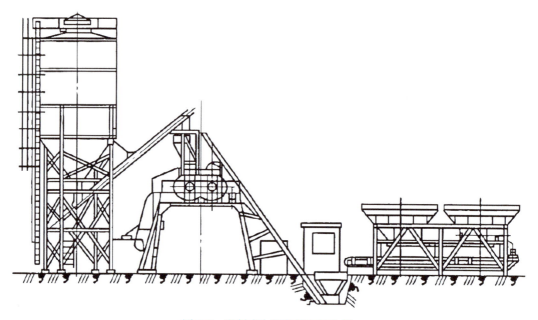

图 7-7　强制式水泥混凝土拌和机

7.2.2　摊铺机械设备

1. 沥青混合料摊铺机

沥青混合料摊铺机是摊铺沥青混合料的专用机械，它是将已搅拌好的沥青混合料按一定的技术要求摊铺在已整平好的路基或底基层上，并给予初步的捣实和整平。

沥青混合料摊铺机按其行走方式可分为轮胎式摊铺机和履带式摊铺机。按摊铺的宽度可分为小型（3.6m 左右）、中型（4~6m）、大型（6~10m）和超大型（10~12m）；按行走的动力传递方式可分为机械传动和液压传动两种。

沥青混合料摊铺机主要由发动机、传动系统、料斗、刮板、输送器、螺旋布料器、熨平装置以及自动找平机构等组成。履带式沥青混合料摊铺机如图7-8所示。

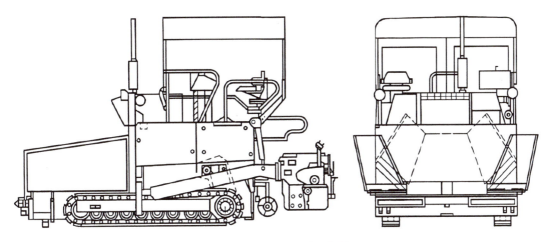

图7-8 履带式沥青混合料摊铺机

2. 水泥混凝土摊铺机

水泥混凝土摊铺设备按施工方法可分为轨道式和滑模式。

（1）轨道式摊铺机

轨道式摊铺机支撑在平底型轨道上，可以固定在3m长的宽基钢板架上，也可安放在预制的混凝土板上或补强处理后的路面基层上。摊铺机的水平调整受轨道平整度控制，而垂直调整则根据摊铺机类型，采用不同的调整控制方式。轨道式水泥混凝土摊铺机的结构如图7-9所示。

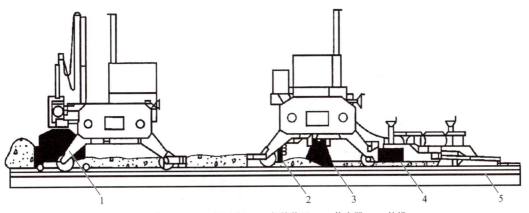

1—摊铺器；2—预平整刮板；3—振捣装置；4—修光器；5—轨模

图7-9 轨道式水泥混凝土摊铺机

（2）滑模式摊铺机

滑模式摊铺机安装在履带底盘上，行走装置在模板外侧移动，支撑侧边的滑动模板沿机器长度方向安装，作业时不需要另外加设轨道和模板就可以把路面板按照要求挤压成型。

滑模式摊铺设备的组成包括：摊铺机（刮板、螺旋布料器、振动器、振动梁、修光梁、侧压模板、自动调平控制系统）、横向缩缝和纵向缩缝处传力杆、拉杆放置机，路面纹理加工机，水泥混凝土养生剂喷洒机，切缝机等，如图 7-10 所示。

图 7-10　滑模式水泥混凝土摊铺机

7.2.3　压实机械设备

沥青路面、稳定土类及干硬性水泥混凝土类的压实作业，常用的压实机械有光轮压路机、轮胎压路机、振动压路机等。

水泥混凝土捣实机械的类型按其工作方法不同，可分为插入式振动器、附着式振动器及平板振动器和台式振动器。

插入式振动器又称内部振动器，由电动机、软轴和振动棒组成，如图 7-11 所示。振动棒是工作部分，工作时将它插入混凝土中，通过棒体将振动能量直接传给混凝土，因此振动密实，效率高。

图 7-11　插入式振动器

附着式振动器又称外部振动器。它在电动机两侧伸出的悬臂轴上安装有偏心块，故当电动机回转时，偏心块产生振动力并通过轴承基座传给模板，再通过模板将振动能量传递给混凝土，从而使混凝土密实。将附着式振动器固定在一块底板上，则成为平板振动器。

台式振动器也是外部振动器，主要由支撑架、消振弹簧、工作台、偏心装置及传动轴等组成，并由电动机驱动，可适应多种不同的振捣需要。它的优点是产生的振动与混凝土的重力方向一致，振波通过颗粒的直接接触由下向上传递，能量损失小。而插入式只能产生水平振波，振波只能通过颗粒间的摩擦传递。

复习思考题

1. 路面结构的类型有哪些？
2. 路面结构如何进行分层？
3. 路面材料的常用拌和设备有哪些？
4. 路面施工中常用的摊铺机械有哪些？
5. 水泥混凝土的捣实设备有哪些？

第8章 路面基层（底基层）施工技术

> 学习目的与要求

通过路面基层（底基层）施工技术的学习，了解碎、砾石基层（底基层）和无机结合料稳定材料基层的施工方法、施工工艺流程及质量控制要点。

8.1 碎、砾石基层（底基层）施工

碎、砾石基层是由各种粗细集料（碎石和石屑或砾石和砂）按一定级配压实修筑而成，有水结碎石、泥结碎石以及密级配碎（砾）石等类型。碎、砾石基层的强度是由摩阻力和黏结力构成，具有一定的水稳定性和力学强度。碎、砾石混合料随着粗细成分比例的差异，存在三种物理状态，如图 8-1 所示。

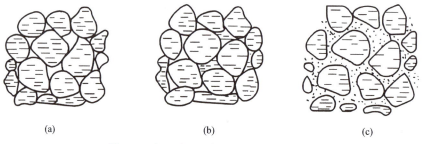

图 8-1 碎、砾石混合料的三种物理状态

第一种 [图 8-1（a）] 不含或含很少细料（指 0.075mm 以下的颗粒），主要依靠颗粒之间的摩阻力获得其强度和稳定性。该种状态的混合料，强度较低，但透水性好，不易冰冻。由于这种材料没有黏结性，施工时压实困难。

第二种 [图 8-1（b）] 含有足够细料填充颗粒间的空隙，但仍然能从颗粒接触中获得强度，抗剪强度、密实度有所提高，透水性低，施工时易压实。

第三种 [图 8-1（c）] 含有大量细料，粗颗粒与粗颗粒的接触较少，粗集料仅仅是"浮"在细料之中，这种材料施工时易压实，但密实度较低，易冰冻，透水性差，强度和稳定性受含水率影响很大。

8.1.1 级配碎、砾石基层（底基层）材料要求

1. 级配碎石

粗细碎石集料和石屑各占一定比例的混合料，当其颗粒组成符合密实级配要求时，称级配碎石。级配碎石可用未筛分碎石和石屑组成。缺乏石屑时，也可以添加细砂砾或粗砂，但其强度和稳定性不如添加石屑的级配碎石。也可以用颗粒组成合适的含细集料较多的砂

砾与未筛分碎石掺配成级配碎砾石，但其强度和稳定性不如级配碎石。

级配碎石用作基层时，在高速公路和一级公路上，公称最大粒径不应超过26.5mm（其他公路不应超过31.5mm）；用作底基层时，公称最大粒径不应超过37.5mm。级配碎石（或级配碎砾石）所用石料的集料压碎值不应大于22%～40%，级配碎石（或级配碎砾石）的颗粒组成和塑性指数应满足表8-1的规定，级配曲线应接近圆滑。用于高速公路和一级公路基层，级配宜符合表8-1中G4或G5的规定。用于高速公路和一级公路的底基层，宜符合表8-1中G3或G4规定。用于其他公路可符合G1或G2规定。

级配碎石基层的集料级配范围　　表8-1

序号		G1	G2	G3	G4	G5
通过下列筛孔(mm)的质量百分率/%	37.5	100	—	—	—	—
	31.5	90～100	100	100	—	—
	26.5	80～93	90～100	90～95	100	100
	19	64～81	70～86	72～84	79～88	95～100
	16	57～75	62～79	65～79	70～82	82～89
	13.2	50～69	54～72	57～72	61～76	70～79
	9.5	40～60	42～62	47～62	49～64	53～63
	4.75	25～45	25～45	30～40	30～40	30～40
	2.36	16～31	16～31	19～28	19～28	19～28
	1.18	11～22	11～22	12～20	12～20	12～20
	0.6	7～15	7～15	8～14	8～14	8～14
	0.3	—	—	5～10	5～10	5～10
	0.15	—	—	3～7	3～7	3～7
	0.075	2～5	2～5	2～5	2～5	2～5
液限/%		≤28	≤28	≤28	≤28	≤28
塑性指数		<6(9)	<6(9)	<6(9)	<6(9)	<6(9)

注：1. 潮湿多雨地区的基层塑性指数不大于6，其他地区的基层塑性指数不大于9；
　　2. 对于无塑性的混合料，小于0.075mm的颗粒含量应接近高限，使压实后的基层透水性小。

未筛分碎石是指控制最大粒径后由碎石机轧制的未经筛分的碎石料。它的理论颗粒组成为0～8cm（8cm为最大粒径），并具有较好的级配，可直接用作底基层。其轧制碎石的材料可以是各种类型的坚硬岩石、圆石或矿渣，但圆石粒径应是碎石最大粒径的3倍以上，矿渣应是已崩解稳定的，其干松密度和质量应比较均匀，干松密度不小于960g/m³。碎石中的扁平、长条颗粒的总量不应超过20%，且碎石中不应有黏土块及植物等有害物质。未筛分碎石用作底基层时，其颗粒组成和塑性指数应符合表8-2的规定。

未筛分碎石底基层的集料级配范围　　表8-2

序号	通过下列筛孔（mm）的质量百分率/%									液限/%	塑性指数
	53	37.5	31.5	19.0	9.5	4.75	2.36	0.6	0.075		
1	100	85～100	69～88	40～65	19～43	10～30	8～25	6～18	0～10	≤28	<6(9)

续表

序号	通过下列筛孔（mm）的质量百分率/%								液限/%	塑性指数
	53	37.5	31.5	19.0	9.5	4.75	2.36	0.6	0.075		
2	—	100	83～100	54～84	29～59	17～45	11～35	6～21	0～10	≤28	<6（9）

注：潮湿多雨地区的基层塑性指数不大于6，其他地区的基层塑性指数不大于9。

石屑或其他细集料是指碎石场的细筛余料，也可以利用轧制沥青表面处治和贯入式用石料的细筛余料，或专门轧制而成。其颗粒组成常为0～10mm，并具有良好的级配。天然砂砾的颗粒尺寸一般合适，必要时应筛除其中的超尺寸颗粒。天然砂砾或粗砂应有好的级配。

2. 级配砾石

级配砾石是指粗细砾石集料和砂各占一定比例且颗粒组成符合密实级配要求的混合料。天然砂砾是其中常用的一种。当天然砂砾符合规定的级配要求，且塑性指数在6（9）以下时，可以直接用作基层。级配不符合要求的天然砂砾，须筛除超尺寸颗粒或掺加另一种砂砾或砂，使其符合级配要求后方可使用。

级配砾石用作基层或底基层时，公称最大粒径要求同级配碎石，且要求砾石颗粒中细长及扁平颗粒含量不应超过20%。形状不合格的颗粒含量过多时，应掺入部分符合规格的石料，使其颗粒组成和塑性指数满足表8-1的规定，且级配曲线接近圆滑。

用作底基层的砂砾、砂砾土或其他粒状材料也应有好的级配，并符合表8-3的要求。

砂砾底基层的集料级配范围　　表 8-3

通过下列筛孔（mm）的质量百分率/%							液限/%	塑性指数
53	37.5	9.5	4.75	0.6	0.075			
100	80～100	40～100	25～85	8～45	0～15	≤28	<6（9）	

当底基层集料在最佳含水率下制作试件，且集料的干压实密度与工地规定达到的干压实密度相同时，浸水4d的承载比（CBR）值应满足表8-4的要求。

底基层材料的 CBR 强度标准　　表 8-4

公路等级	极重、特重交通	重交通	中、轻交通
高速公路和一级公路	≥120	≥100	≥80
二级及二级以下公路	≥100	≥80	≥60

8.1.2 级配碎、砾石基层（底基层）施工

1. 路拌法施工

1）准备下承层

（1）准备工作

①基层的下承层是底基层及其以下部分，下承层表面应平整、坚实，具有规定路拱，没有任何松散的材料和软弱地点。

②下承层的平整度和压实度应符合规范规定。

③土基不论路堤或路堑，必须用12～15t 三轮压路机或等效碾压机械进行碾压检验（压

3~4遍)。在碾压过程中,如发现土过干、表层松散,应适当洒水;如过湿发生"弹簧"现象,应采取挖起晾晒、换土、掺石灰或粒料等措施进行处理。

④对于底基层,根据压实度检查(或碾压检验)和弯沉测定结果,凡不符合设计要求的路段,必须根据具体情况分别采用补充碾压、加厚底基层、换填、挖开晾晒等措施,使之满足要求。

⑤底基层上的低洼和坑洞应仔细填补及压实,达到标准后,方能在其上铺筑基层或底基层。

⑥检查下承层高程是否符合设计要求。

⑦新完成的底基层或土基,必须按规范规定进行验收。凡验收不合格路段,必须采取措施补救。

(2)测量过程

①在下承层上恢复中线。直线段每15~20m设一桩,平曲线段每10~15m设一桩;两侧路面边缘外0.3~0.5m设指示桩。

②进行水平测量。在两侧指示桩上用红漆标出基层或底基层边缘的设计高程。

(3)材料用量

①计算材料用量。根据各路段基层或底基层的宽度、厚度及预定干压实密度,计算各段需要的干集料数量。对于级配碎石,分别计算未筛分碎石和石屑(细砂砾或粗砂)的数量,根据料场未筛分碎石和石屑的含水率以及车辆运量,计算每车料的堆放距离。

②在料场洒水加湿未筛分碎石,使其含水率较最佳含水率高1%左右,以减少运输过程中的集料离析现象(未筛分碎石的最佳含水率约为4%)。

③未筛分碎石和石屑可按预定比例在料场混合,同时洒水加湿,使混合料的含水率超过最佳含水率约1%,以减轻施工现场的拌和工作量及运输过程中的离析(级配碎石的最佳含水率约为5%)。

(4)机具

①汽车或其他运输车辆及平地机等摊铺、拌和机械。

②洒水车。洒水车利用就近水源洒水。

③压实机械。如轮胎式压路机、钢筒轮式压路机及振动压路机等。

④其他夯实机具,用于处理小范围的压实。

2)运输和摊铺集料

(1)运输

①集料装车时,应控制每车料的数量基本相等。

②在同一料场供料的路段,应由远到近将料按要求的间距卸置于下承层上。严格控制卸料间距,避免料不够或过多,料堆每隔一定距离留一缺口,以便施工。当采用两种集料时,应先将主要集料运到路上,待主要集料摊铺后,再将另一种集料运到路上。如粗细两种集料的最大粒径相差较多,应在粗集料处于潮湿状态时及时摊铺细集料。

③集料在下承层上的堆置时间不宜过长,运送集料较摊铺集料工序只宜提前1~2d。

(2)摊铺

①摊铺前要事先通过试铺确定集料松铺系数(或压实系数,它是混合料的干松密度与干压实密度的比值)。人工摊铺混合料时,松铺系数约为1.40~1.50;平地机摊铺混合料时,松铺系数约为1.25~1.35。

②用平地机或其他合适的机具将集料均匀地摊铺在预定宽度上。当摊铺宽度大于22m,

适合分条进行摊铺，要求表面平整，并具有规定路拱。路肩用料同时摊铺。

③检验松铺材料的厚度，看其是否符合预计要求。必要时应进行减料或补料工作。

④级配碎、砾石基层设计厚度一般为 80~160mm；当厚度大于 160mm 时，应分层铺筑，上层与下层摊铺厚度比为 4:6。

3）拌和及整形

应采用稳定土路拌机械拌和级配碎、砾石。在缺乏稳定土拌和机的情况下，也可采用平地机进行拌和。

用稳定土路拌机械拌和时，应拌和两遍以上，拌和深度应直到级配碎石、砾石层底。

用平地机拌和时，应将铺好的集料翻拌均匀。作业长度一般为 300~500m，拌和遍数一般为 5~6 遍，在拌和过程中应洒足所需的水分，拌和结束时混合料的含水率应均匀，较最佳含水率高 1% 左右，避免粗细颗粒离析。

拌和均匀后的混合料要用平地机按规定的路拱，进行整平和整形，然后用平地机或压路机在已初平的路段上快速碾压一遍，以消除潜在的不平整；再用平地机进行最终的整平和整形。整形过程中，禁止任何车辆通行。

4）碾压

基层整形后，当混合料的含水率等于或略大于最佳含水率时，立即用压路机进行碾压。直线段由两侧路肩开始向路中线碾压；在有超高的路段上，由内侧路肩开始向外侧路肩进行碾压。碾压时，后轮必须超过两段的接缝处。碾压一直进行到要求的密实度为止。一般需碾压 6~8 遍。压路机的碾压速度，起初两遍以 1.5~1.7km/h 为宜，之后可用 2.0~2.5km/h。

级配碎石、砾石基层在碾压中还应注意下列事项：

①路面的两侧，应多压 2~3 遍。

②凡含天然级配碎、砾石基层，都应进行滚浆碾压，直到碎石、砾石层中无多余细土泛到表面为止。滚到表面的浆（或事后变干的薄层土）应予清除干净。

③碾压全过程均应随碾压、随洒水，使其保持最佳含水率。洒水量可参考表 8-5 并结合季节洒水，待表面晾干后碾压，但小于 100mm 时不宜摊铺后洒水，可在料堆上泼水，摊铺后立即碾压。碾压直到要求的密实度为止。

碎、砾石基层不同厚度、不同季节洒水量　　表 8-5

厚度/cm	季节		说明
	春秋季/(kg/m²)	夏季/(kg/m²)	
100	6~8	8~12	1. 天然级配砂、砾石含水率未计入，施工时应扣除天然含水率； 2. 一般天然级配砂、砾石含水率约 7%； 3. 天然级配砂、砾石最佳含水率 5%~9%
150	9~12	12~16	
200	12~16	16~20	
250	15~20	20~28	

④开始应先用轻型压路机初压两遍，然后及时检测、找补，如发现砂窝或梅花现象应将多余砂或砾石挖出，分别掺入适量的碎、砾石或砂，彻底翻拌均匀，并补充碾压，不能采用粗砂或砾石覆盖处理。

⑤碾压中局部有"软弹""翻浆"现象，应立即停止碾压，待翻松晒干，或换填含水率

合适的材料后再行碾压。

⑥两作业段的衔接处应搭接拌和。第一段拌和后,留 5~8m 不进行碾压,第二段施工时,将前段留下未压部分,重新拌和,并与第二段一起碾压。

⑦对于不能中断交通的路段,可采用半幅施工的方法。接缝处应对接,必须保持平整密合。

2. 中心站集中拌和(厂拌)法施工

级配碎石混合料除上面介绍的路拌法外,还可以在中心站用稳定土厂拌设备进行集中拌和。

1)材料

宜采用不同粒级的单一尺寸碎石和石屑,按预定配合比在拌和机内拌制级配碎石混合料。

2)拌制

在正式拌制级配碎石混合料前,必须先调试所用的厂拌设备,使混合料的颗粒组成和含水率都达到规定的要求。

3)摊铺

(1)摊铺机摊铺。可用沥青混凝土摊铺机、水泥混凝土摊铺机或稳定土摊铺机摊铺碎石混合料,摊铺时应在摊铺机后面设专人消除粗细集料离析现象。

(2)自动平地机摊铺。若没有摊铺机,可采用自动平地机摊铺碎石混合料。

4)碾压

用振动压路机、三轮压路机进行碾压,碾压方法与要求和路拌法相同。

5)接缝处理

(1)横向接缝

用摊铺机摊铺混合料时,对于摊铺机当天未压实的混合料,可与第二天摊铺的混合料一起碾压,但应注意此部分混合料的含水率。必要时,应人工补洒水,使其含水率达到规定要求。用平地机摊铺混合料时,每天工作缝的处理与路拌法相同。

(2)纵向接缝

应避免产生纵向接缝。如摊铺机的摊铺宽度不够必须分两幅摊铺时,宜采用两台摊铺机一前一后,相隔约 5~8m 同步向前摊铺。在仅有一台摊铺机的情况下,可先在一条摊铺带上摊铺一定长度后,再开到另一条摊铺带上摊铺,然后一起进行碾压。

8.2 半刚性基层(底基层)施工

半刚性基层(底基层)是无机结合料稳定类基层(底基层)的别称,它包括水泥稳定类、石灰稳定类和综合稳定类。半刚性材料整体性强、承载力高、刚度大、水稳性好、经济性好,但其耐磨性差,因此半刚性材料主要用于修建高等级公路路面基层或底基层。

8.2.1 石灰稳定土基层

在粉碎的土或原状松散的土(包括各种粗、中、细粒土)中,掺入足量的石灰和水,经拌和压实及养生后得到的混合料,当其抗压强度符合规定的要求时,称为石灰稳定土。用石灰稳定土铺筑的路面基层和底基层,分别称为石灰稳定土基层和石灰稳定土底基层,或分别简称为石灰稳定基层和石灰稳定底基层,也可在基层或底基层前标以具体简名,如石灰碎石基层、石灰土底基层等。

石灰稳定土具有良好的力学性能,并有较好的水稳定性和一定的抗冻性,它的初期强度和水稳定性较低,后期强度较高;但由于干缩、温缩易产生裂缝。石灰稳定土可适用于各类路面的基层和底基层,但不宜用作二级及二级以上公路路面的基层,而只用作底基层。

在石灰稳定土基层施工中,为避免该层产生弯拉断裂或施工碾压时起皮,其层厚不宜小于100mm。为便于拌和均匀和碾压密实,用12~15t压路机碾压时,压实厚度不宜大于150mm;用15~20t压路机碾压时,压实厚度不应大于200mm,且应先轻后重进行碾压(分层铺筑时,下层宜稍厚)。碾压后的压实度要求如表8-6所示。石灰稳定土基层施工在最低气温0℃之前完成,并尽量避免在雨期施工。

石灰稳定土基层(底基层)压实度要求(单位:%)　　　　表8-6

层次		高速公路和一级公路	其他公路
基层	石灰稳定中、粗粒土	—	≥97
	石灰稳定细粒土	—	≥95
底基层	石灰稳定中、粗粒土	≥96	≥95
	石灰稳定细粒土	≥95	≥93

1. 路拌法施工

1)准备工作

(1)准备下承层。按规范规定对拟施工路段进行验收,凡验收不合格的路段,必须采取措施,使其达到标准后,方能在其上铺筑石灰稳定土层。

(2)测量。在底基层或土基上恢复中桩,直线段每15~20m设一桩;平曲线段每10~15m设一桩,并在对应断面的路肩外侧设指示桩。在两侧指示桩上用红漆标出石灰稳定土层边缘的设计高程。

(3)备料

①集料。采备集料前,应先将树木、草皮和杂土清除干净,并在预定采料深度范围内自上而下采集集料,不宜分层采集,不应将不合格材料采集在一起。如分层采集集料,则应将集料分层堆放在同一场地上,然后从前到后(上下层一起装入汽车),将料运到施工现场。料中的超尺寸颗粒应予筛除。

②石灰。石灰堆放在拌和场时,宜搭设防雨棚。石灰应在使用前7~10d充分消解。每吨石灰消解需用水量一般为500~800kg。消解后的石灰应保持一定的湿度,以免过于飞扬,但也不能过湿成团,应尽快使用。

③材料用量。根据各段石灰稳定土层的宽度、厚度及预定压实度(换算为压实密度),计算各路段需要的干集料量。根据料场集料的含水率和运料车辆的吨位,计算每车料的堆放距离。根据石灰稳定土层的厚度和预定的干重度及石灰剂量,计算每平方米石灰稳定土需用的石灰数量,并计算每车石灰的摊铺面积,如使用袋装生石灰粉,则计算每袋石灰的摊铺面积。

2)运输及摊铺

(1)运料。预定堆料的下层在堆料前应先洒水,使其湿润,但不应过分潮湿而造成泥泞。集料装车时，应控制每车料的数量基本相等。在同一料场供料的路段，由远到近将料按计算的间距卸置于下承层中间或一侧。卸料距离应严格掌握，避免料不够或过多；料堆每隔一定距离应留一缺口；集料在下承层上的堆置时间不应过长。运送集料较摊铺集料工序宜提前1～2d。

（2）摊铺集料。通过试验确定集料的松铺系数（也可参考表8-7）。在摊铺集料前，应先在下承层上洒水使其湿润，但不应过分潮湿而造成泥泞。摊铺集料应在摊铺石灰的前一天进行。摊料长度应与施工日进度相同，以够次日摊铺石灰、拌和、碾压成型为准。用平地机将集料均匀摊铺在预定宽度上，表面力求平整，并有规定的路拱。摊铺过程中，应注意将土块、超尺寸颗粒及其他杂物去除。

混合料松铺系数参考值　　表8-7

材料名称	松铺系数	说明
石灰土1	1.53～1.58	现场人工摊铺土和石灰，机械拌和，人工整平
石灰土2	1.68～1.70	路外集中拌和，运到现场人工摊铺
石灰土、砂砾	1.52～1.56	路外集中拌和，运到现场人工摊铺

（3）摊铺石灰。摊铺石灰时，如黏性土过干，应事先洒水闷料，使土的含水率略小于最佳值。细粒土宜闷料一夜；中粒土和粗粒土，视细土含量的多少，可闷1～2h。在人工摊铺的集料层上，用6～8t两轮压路机碾压1～2遍，使其表面平整，并有一定密实度。然后按计算的每车石灰的纵横间距，将卸置的石灰均匀摊开。石灰摊铺完后，表面应没有空白位置。测量石灰的松铺厚度，根据石灰的含水率和松密度，校核石灰用量是否合适。

3）拌和与洒水

（1）集料应采用稳定土路拌机械拌和，拌和深度应达到稳定层底。应设专人跟随拌和机，随时检查拌和深度，并配合拌和机操作员调整拌和深度。拌和应适当破坏（约10mm，不应过多）下承层的表面，以利于上下层粘结，通常应拌和两遍以上。

（2）在拌和过程中，及时检查含水率。用喷管式洒水车补充洒水，使混合料的含水率等于或大于最佳值+1%左右，洒水段应长些。拌和机械应紧跟在洒水车后面进行拌和，尤其在纵坡大的路段上更应配合紧密，以减少水分流失。拌和完成的标志是混合料色泽一致，水分均匀。

（3）拌和石灰加黏土的稳定碎石或砂砾时，应先将石灰土拌和均匀，然后均匀地摊铺在碎石或砂砾层上，再一起进行拌和。用石灰稳定塑性指数大的黏土时，由于黏土难以粉碎，宜采用两次拌和法。即第一次加70%～100%预定剂量的石灰进行拌和，闷放一夜，然后补足石灰用量，再进行第二次拌和。

4）整形与碾压

（1）整形。混合料拌和均匀后，先用平地机初步整平和整形。在直线段，平地机由两侧向路中进行刮平；在平曲线段，平地机由内侧向外侧进行刮平。需要时，再返回刮一遍。用平地机或轮胎压路机快速碾压1～2遍，然后根据测量结果平整，最后用平地机进行精平。每次整形都要按照规定的坡度和路拱进行，特别要注意接缝处的整平，接缝必须顺直平整。

（2）碾压。整形后，当混合料含水率处于最佳含水率+1%左右范围时（如表面水分不足，应适当洒水），立即用12t以上压路机、重型轮胎压路机或振动压路机在路基全宽范围内进行碾压。直线段，由两侧路肩向路中心碾压；平曲线段，由内侧路肩向外侧路肩进行碾压。碾压一直进行到要求的密实度为止。在碾压过程中，石灰稳定土的表面应始终保持湿润。如表面水分蒸发得快，应及时补洒少量的水。如有"弹簧"、松散、起皮等现象，应及时翻开重新拌和，或用其他方法处理，使其达到要求。

5）养生

（1）石灰稳定土在养生期间应保持一定的湿度，不应过湿。养生期一般不少于7d。如图8-2所示。在养生期间石灰土表层不应忽干忽湿，每次洒水后，应用两轮压路机将表层压实。

图8-2　石灰稳定土的养生

（2）如石灰稳定土分层施工时，下层石灰稳定土碾压完后，可以立即在其上铺筑另一层石灰稳定土，不需专门的养生期。

（3）养生期结束后，应立即喷洒透层沥青，并在5～10d内铺筑沥青面层。

6）施工中应注意的问题

（1）接缝和"掉头"处的处理。两工作段的搭接部分，应采用对接形式。前一段拌和后，留5～8m不进行碾压，后一段施工时，将前段留下未压部分，一起进行拌和，拌和机械及其他机械不宜在已压成的石灰稳定土层上掉头。

（2）纵缝的处理。石灰稳定土层的施工应尽可能避免纵向接缝。必须分两幅施工时，纵缝必须垂直相接；不应斜接。一般情况下，纵缝可按下述方法处理。在前一幅施工时，在靠中央一侧用方木或钢模板做支撑，方木或钢模板的高度与稳定土层的压实厚度相同。混合料拌和结束后，靠近支撑木（板）的一条带，应人工进行补充拌和，然后进行整形和碾压。在铺筑另一幅时，或在养生结束时，拆除支撑木（板）。第二幅混合料拌和结束后，靠近第一幅的一条带，应人工进行补充拌和，然后进行整形和碾压。

2. 中心站集中拌和（厂拌）法施工

采用中心站集中拌和（厂拌）法施工的石灰稳定土更有利于保证配料的准确性和拌和的均匀性。

（1）备料。集料的最大粒径和级配都应符合要求，必要时应先筛除集料中不符合要求的颗粒。配料应准确，在潮湿多雨地区施工时，还应采取措施保护集料，特别是细集料（含土）和石灰免遭雨淋。

（2）拌制。在正式拌制稳定土混合料之前，必须先调试厂拌设备，使混合料的颗粒组成和含水率都能达到规定的要求。集料的颗粒组成发生变化时,应重新调试设备。应根据集料和混合料的含水率,及时调整向拌和室中添加的水量,拌和要均匀。

(3) 运输。已拌成的混合料应尽快运送到铺筑现场。如运距远、气温高,则车上的混合料应加以覆盖,以防水分过多蒸发。

(4) 摊铺及碾压。下承层为石灰稳定土时,应先将下承层顶面拉毛,再摊铺混合料。摊铺应采用稳定土摊铺机、水泥混凝土摊铺机摊铺混合料。在没有以上摊铺机的情况下,可以用平地机摊铺混合料。用摊铺机摊铺时,拌和机与摊铺机的生产能力要相协调。摊铺后应用压路机及时进行碾压。

(5) 横向接缝处理

①用摊铺机摊铺混合料时,每天的工作缝应做成横向接缝。摊铺机应驶离混合料末端。

②人工将末端混合料处理整齐,紧靠混合料放两根方木,方木的高度与混合料的压实厚度相同,整平紧靠方木的混合料。

③方木的另一侧用砂砾或碎石回填约 3m 长,其高度应高出方木几厘米。

④将混合料碾压密实。

⑤在重新开始摊铺混合料之前,将砂砾(碎石)和方木除去,并将下承层顶面清扫干净和拉毛。

⑥摊铺机返回到已压实层的末端,重新开始摊铺混合料。

⑦如压实层末端未用方木做支撑处理,在碾压后,末端成一斜坡,则在第二天开始摊铺新混合料之前,应将末端斜坡挖除,并挖成一横向(与路中心线垂直)垂直向下的断面。挖出的混合料洒水到最佳含水率拌匀后仍可使用。

(6) 纵向接缝。应避免纵向接缝,如果摊铺机的摊铺宽度不够,必须分两幅摊铺时,宜采用两台摊铺机一前一后,相隔 8~10m 同步向前摊铺混合料,一起进行碾压。在仅有一台摊铺机的情况下,可先在一条摊铺带上摊铺一定长度后,再开到另一条摊铺带上摊铺,然后一起进行碾压,在不能避免纵向接缝的情况下,纵缝必须垂直相接,严禁斜接。

8.2.2 水泥稳定土基层

在粉碎的或原状松散的土(包括各种粗、中、细粒土)中,掺入足量水泥和水,经拌和得到的混合料,在压实及养生后,其抗压强度符合规定要求时,称为水泥稳定土。用水泥稳定土铺筑的路面基层和底基层,分别称为水泥稳定(土)基层和水泥稳定(土)底基层。也可以在基层或底基层前标以具体名称,如水泥碎石基层、水泥土底基层等。

水泥稳定土有良好的力学性能和板体性,它的水稳定性和抗冻性都优于石灰稳定土。水泥稳定土的初期强度高并且强度随龄期增长而提高,力学强度还可视需要进行调整。一般可适用于各种交通等级道路的基层和底基层。

水泥稳定土施工时,必须采用流水作业法,使各工序紧密衔接。特别是要尽量缩短从拌和到完成碾压之间的延迟时间。所以在施工前应做延迟时间对强度的影响试验以确定合适的延迟时间。

水泥稳定土基层的施工方法主要有路拌法和中心站集中拌和(厂拌)法两种。

1. 路拌法施工

水泥稳定土路拌法施工与石灰稳定土的施工相似。

1）准备工作

（1）准备下承层。当水泥稳定土用作基层时，要准备底基层；当水泥稳定土用作底基层时，要准备土基。无论底基层还是土基，都必须按规范进行验收，达到标准后，方可铺筑水泥稳定土层。

（2）测量。首先是在底基层或土基上恢复中线。直线段每隔20m设一桩；平曲线段每隔10～15m设一桩，并在对应断面路肩外侧设指示桩。其次进行水平测量。在两侧指示桩上用红漆标出水泥稳定土层边缘的设计高程。

（3）确定合理的作业长度。确定路拌法施工每一作业段的合理长度时，应考虑如下因素：水泥的终凝时间、延迟时间对混合料密实度和抗压强度的影响；施工机械和运输车辆的效率和数量；操作的熟练程度；尽量减少接缝；施工季节和气候条件等。一般宽7～8m的稳定层，每一流水作业段以20m为宜。如稳定层较宽，则作业段应缩短。

（4）备料。在采备集料前，应先将料场的树木、草皮和杂土清除干净。采备集料时，应在预定采料深度范围内自上而下进行，不应分层采集，不应将不合格的集料采集在一起。在集料中超尺寸颗粒应予筛除。

（5）计算材料用量。方法同石灰稳定土。

2）集料运输与摊铺

方法与石灰稳定土施工基本相同。

3）拌和

（1）摊铺水泥。在人工摊铺的集料上，用6～8t两轮压路机碾压一遍，使其表面平整。然后计算每袋水泥可以摊铺的纵横间距。水泥应当日用汽车直接送到摊铺路段，每袋水泥从汽车上直接卸在做标记的地点，检查有无遗漏和多余后，打开水泥袋，将水泥倒在集料层上。应注意使每袋水泥的摊铺面积相等，水泥摊铺完后，表面应没有空白，但也不过分集中；运水泥的车应有防雨设备。

（2）干拌

①用稳定土路拌机械拌和。拌和深度应达稳定层底。应设专人跟随拌和机，随时检查拌和深度，并配合拌和机操作员调整拌和深度。

②在没有专用拌和机械的情况下，也可用平地机进行拌和。先用平地机将铺好水泥的集料翻拌两遍，使水泥分布到集料中，但不翻拌到底，以防止水泥落到底部。第一遍由路中心开始，将混合料向路两侧翻拌，同时机械应慢速前进。第二遍相反，由两侧开始，将混合料向路中心翻拌，接着用平地机将底部料翻起。随时检查调整翻拌深度，使稳定土层全部翻透。

（3）洒水湿拌。干拌过程结束时，如果混合料含水率不足，常用洒水车洒水补充水分。在洒水工作中，洒水车不应使洒水中断，洒水距离应长些，水车起洒处和另一端掉头处都应超出拌和段2m以上。洒水车不应在正进行拌和的或当天计划拌和的路段上掉头和停留，以防局部水量过大。洒水后，应再次进行拌和，使水分在混合料中分布均匀。拌和机械应紧跟在洒水车后面进行拌和，尤其在纵坡大的路段上应配合紧密，以减少水分流出。洒水及拌过程中，应及时检查混合料的含水率，混合料的最佳含水率也可以在现场人工控制。最佳含水率时的混合料，在手中能紧捏成团，落在地上能散开，并应参考室内击实试验最佳含水率的混合料的状态。水分宜略大于最佳值，应比最佳含水率大0.5%～2.0%，不应小于最佳值，以补偿施工过程中水分的蒸发，并有利于减轻延迟时间的影响。

4）整形与碾压

方法同石灰稳定土。

5）接缝和"掉头"处的处理

（1）当天两工作段的衔接处，应搭接拌和。第一段拌和后，留5~8m不进行碾压；第二段施工时，前段留下未压部分，要再加部分水泥重新拌和，并与第二段一起碾压。当天其余各段的接缝都可以这样处理。

（2）应特别注意每天最后一段末端缝（工作缝）的处理。在已碾压完成的水泥稳定土层末端沿稳定土挖一条宽约300mm的槽，直挖到下承层顶面。此槽与路的中心线垂直，靠稳定土一面应切成直线，而且应垂直向下。将两根方木（长度为水泥稳定土层宽的一半，厚度与其压实厚度相同）放在槽内，并紧靠着已完成的稳定土，以保护其边缘，不致遭第二天工作时的机械破坏。

（3）工作缝也可按下述方法处理：在水泥稳定土混合料拌和结束后，在预定长度的末端，按前述方法挖一条横贯全路宽的槽，槽内放两根与压实厚度等厚的方木，方木的另一侧用素土回填至30~50mm长，然后进行整形和碾压。第二天，邻接的作业段拌和结束后，除去顶木，用混合料回填，靠近顶木未能拌和的一小段，应人工进行补充拌和。

（4）纵缝的处理。水泥稳定土层的施工应该避免纵向接缝，在必须分两幅施工时，纵缝必须垂直相接，不应斜接。

2. 中心站集中拌和（厂拌）法施工

水泥稳定土可以在中心站用厂拌设备进行集中拌和，其施工方法与石灰稳定土厂拌法施工基本相同，不再赘述。但应该注意的是：在摊铺过程中，如中断时间已超过2~3h，又未按横向接缝方法处理，则应将摊铺机附近及其下面未经压实的混合料铲除，并将已碾压密实且高程和平整度符合要求的末端，挖成一横向（与路线垂直）垂直向下的断面，然后再摊铺新的混合料。

3. 养生及路线处理

1）养生

水泥稳定土基层每一段碾压完成并经压实度检查合格后，应立即开始养生，不应延误。但如水泥稳定土分层施工时，下层水泥稳定土碾压完后，过一天就可以铺筑上层水泥稳定土，不需经过 7d 养生期。但在铺筑上层稳定土之前，应始终保持下层表面湿润。为增加上、下层之间的黏结性，在铺筑上层稳定土时，宜在下层表面撒少量水泥或喷洒水泥浆。此外，如水泥稳定土用作水泥混凝土路面板的基层，且面板是用小型机械施工的，则基层完成后不需养生就可铺筑混凝土面层。

2）水泥稳定土基层养生方法

（1）用不透水薄膜或湿砂进行养生。用砂覆盖时，砂层厚70~100mm，砂铺匀后应立即洒水，并保持在整个养生期间砂的潮湿状态。也可以用潮湿的帆布、粗麻布、草帘或其他合适的材料覆盖，但不得用湿黏土覆盖。养生结束后，必须将覆盖物清除干净。

（2）采用沥青乳液进行养生。乳液应采用沥青含量约35%的慢裂型沥青乳液，使其能透入基层几毫米深。沥青乳液的用量1.2~1.4kg/m²，宜分两次喷洒。乳液分裂后，直接撒布3~8mm或5~10mm的小碎（砾）石，小碎石约撒布60%的面积（不完全覆盖，但均匀覆盖60%的面积，露黑）。养生结束后，沥青乳液相当于透层沥青。也可以在完成基层上立即做下封层，利用下封层进行养生。

（3）无上述条件时，可用洒水车经常洒水进行养生，每天洒水的次数应视气候而定。整个养生期间应始终保持稳定土层表面潮湿，不应时干时湿。洒水后应注意表层情况，必要时用两轮压路机压实。

除采用沥青养生外，养生期不宜少于7d，如养生期少于7d就已做上承层，则应注意勿使重型车辆通行。若养生期间未采用覆盖等措施，除洒水车外，应封闭交通。

养生期结束后，应立即喷洒透层沥青或做下封层，并在5～10d内铺筑沥青面层。在喷洒透层沥青后，应撒3～8mm或5～10mm的碎（砾）石。如喷洒的透层沥青能透入基层，且运料车辆和面层混合料摊铺机在上行驶时不会破坏沥青膜时，可以不撒粒径小的碎（砾）石。如面层为水泥混凝土时，也不宜让基层长期暴晒开裂。

8.2.3 石灰工业废渣基层

常用的工业废渣有粉煤灰、煤渣、高炉矿渣、钢渣（已经过崩解达到稳定）、其他冶金矿渣及煤渣。

路用工业废渣一般用石灰进行稳定，故通常称石灰稳定工业废渣（简称石灰工业废渣）。它包括两大类：一是石灰粉煤灰类，又可分为石灰粉煤灰、石灰粉煤灰土、石灰粉煤灰砂、石灰粉煤灰砂砾、石灰粉煤灰碎石、石灰粉煤灰矿渣及石灰粉煤灰煤矸石等。这些材料分别简称二灰、二灰土、二灰砂、二灰砂砾、二灰碎石、二灰矿渣及二灰煤矸石等。二是石灰其他废渣类，可分为石灰煤渣、石灰煤渣土、石灰煤渣碎石、石灰煤渣砂砾、石灰煤渣矿渣及石灰煤渣碎石土等。用石灰工业废渣铺筑的路面基层和底基层，分别称石灰工业废渣基层和石灰工业废渣底基层。也可以在基层或底基层前标以具体简名，如二灰砂砾基层、二灰土底基层等。石灰工业废渣，特别是二灰材料，具有良好的力学性能、板体性、水稳定性和一定的抗冻性，其抗冻性较石灰土高得多，但由于干缩、温缩易产生裂缝。石灰工业废渣的初期强度低，但随龄期的增长幅度大。二灰土中粉煤灰用量越多，初期强度越低。在二灰中加入粒料、少量水泥或其他外加剂可提高其早期强度。石灰工业废渣可适用于各种交通等级道路的基层和底基层。

1. 路拌法施工工艺

1）施工准备

（1）准备下承层

当石灰工业废渣用作基层时，要准备底基层；当石灰工业废渣用作底基层时要准备土基。对下承层的要求是平整、坚实，具有规定路拱，没有任何松散的材料和软弱地点。因此，对底基层或土基，必须按规范规定进行验收，达到标准后方能在其上铺筑石灰工业废渣层。

（2）测量

测量的主要内容是在底基层或土基上恢复中线。直线段每15～20m设一桩；平曲线段10～15m设一桩，并在两侧边缘外0.3～0.5m设指示桩，然后进行水平测量；在两侧指示桩上用红漆标出石灰工业废渣边缘的设计高程。

（3）备料

①粉煤灰运到路上、路旁或厂内场地后，通常露天堆放。此时必须使粉煤灰含有足够

水分（含水率为 15%～20%），以防飞扬。特别在干燥和多风季节，必须使料堆表面保持潮湿，或者覆盖。如在堆放过程中，部分粉煤灰凝结成块，使用时应打碎。

②土或粒料的准备。采备集料前，应先将树木、草皮和杂土清除干净。集料中的超尺寸颗粒应予筛除。应在预定材料深度范围内自上而下采备集料，不应分层采备，不应将不合格的集料采备在一起。对于黏性土，可视土质和机械性能确定土是否需要过筛。

③石灰的准备。石灰宜选在公路两侧宽敞且邻近水源且地势较高的场地集中堆放。预计堆放时间较长时，应用土或其他材料覆盖封存。石灰应在使用前 7～10d 充分消解。消解后的石灰应保持一定的湿度，以免过于飞扬，但也不能过湿成团。

（4）其他

①如路肩用料与石灰工业废渣层用料不同，应采取培肩措施，先将两侧路肩培好。路肩料层的压实厚度应与稳定土层的压实厚度相同。

②计算材料用量。根据各路段石灰工业废渣层的宽度、厚度及预定的干压实密度，计算各路段需要的混合料数量。根据混合料的配合比、材料的含水率以及所用运料车辆的吨位，计算各种材料每车料的堆放距离。

2）运输和摊铺集料

集料运输和摊铺的方法和步骤如下：

（1）预定堆料的下承层在堆料前应先洒水，使其表面湿润。

（2）材料装车时，应控制每车料的数量基本相等。

（3）采用二次混合料时，先将粉煤灰运到路上；采用二灰土时，先将土运到路上；采用二灰粒料时，先将粒料运到路上。在同一料场供料的路段内，由远到近按计算的距离卸置于下承层中间或一侧。卸料距离应严格掌握，避免料不够或过多。

（4）料堆每隔一定距离应留一缺口，材料在下承层上的堆置时间不应过长。

（5）应事先通过试验确定各种材料及混合料的松铺系数。

（6）采用机械路拌时，应采用层铺法。即将先运到路上的材料摊铺均匀后，再往路上运送第二种材料，将第二种材料摊铺均匀后，再往路上运送第三种材料。在摊铺集料前，应先在未堆料的下承层上洒水，使其表面湿润。然后再用平地机或其他合适机具将料均匀地摊铺在预定宽度上。表面力求平整，并具有规定路拱。粒料应较湿润，必要时先洒少量水。第一种材料摊铺均匀后，宜先用两轮压路机碾压 1～2 遍，然后再运送并摊铺第二种材料。在第二种材料层上，也应先用两轮压路机碾压 1～2 遍，然后再运送并摊铺第三种材料。

3）拌和及洒水

（1）应采用稳定土路拌机械拌和。具体拌和方法是用稳定土路拌机拌和两遍以上。拌和深度应深至稳定层底。应设专人跟随拌和机，随时检查拌和深度。

（2）用洒水车将水均匀地喷洒在干拌后的混合料上，洒水距离应长些。洒水车不应在正进行拌和或当天计划拌和的路段上调头和停留，防止局部水量过大。

（3）拌和机械应紧跟在洒水车后面进行拌和。洒水及拌和过程中，应及时检查混合料的含水率。水分宜略大于最佳含水率 1%～2%。尤其在纵坡大的路段上应配合紧密。拌和过程中，要及时检查拌和深度，要使石灰工业废渣层全都拌和均匀。拌和完成的标志是混合料色泽一致，水分合适和均匀。对于二灰粒料，应先将石灰和粉煤灰拌和均匀，然后均匀地摊铺在粒料层上，再一起进行拌和。

4）整形与碾压

（1）整形过程

①混合料拌和均匀后，先用平地机初步整平和整形。在直线段，平地机由两侧向路中心进行刮平；在平曲线段，平地机由内侧向外侧进行刮平。需要时，再返回刮一遍。

②平地机或轮胎压路机快速碾压1~2遍，以暴露潜在的不平整处。

③再用平地机如前述那样进行整形，并用上述机械再碾压一遍。

④用新拌的二次混合料进行找补整平，再用平地机整形一次。

⑤每次整形都要按照规定的坡度和路拱进行，特别要注意接缝处的整平。

在整形过程中，必须禁止任何车辆通行。初步整形后，检查混合料的松铺厚度。必要时应进行补料或减料。机械拌和及机械整形时，松铺系数为1.2~1.5。

（2）碾压过程

整形后，当混合料的含水率等于或略大于最佳含水率时，立即进行碾压。其压实方法、压实厚度和压实度要求与水泥稳定土相同。

5）其他

（1）接缝处理

接缝处理与水泥稳定土相同。

（2）养生及交通管制

①石灰工业废渣层碾压完成后的第二天或第三天开始养生。通常采用洒水养生法。每天洒水的次数视气候条件而定，应始终保持表面潮湿或湿润。养生期一般为7d。也可借用透层沥青或下封层进行养生。

②在养生期间，除洒水车外，应封闭交通。

③养生期结束，应立即铺筑面层或做下封层。其要求与石灰稳定土相同。

④石灰工业废渣分层施工时，下层碾压完毕后，可以立即在其上铺筑另一层，不需专门的养生期。

2. 中心站集中拌和（厂拌）法施工

石灰工业废渣混合料可以在中心拌和站用厂拌法进行集中拌和。集中拌和时，必须注意以下几点：土块、粉煤灰块要粉碎；配料要准确；含水率要略大于最佳值，使混合料运到现场、摊铺后碾压时的含水率能接近最佳值；拌和要均匀等。混合料的拌和、摊铺、碾压、养生及其他问题的处理与石灰稳定土相同。

工程案例

例 8-1 二灰碎石基层施工

1. 施工方案

某道路拟在二灰土底基层上铺筑厚300mm的二灰碎石基层，分两层全幅施工，每层厚150mm。铺筑道路为二级以下标准，且数量较小，拟采用路拌法施工。

第8章 路面基层（底基层）施工技术

2. 材料要求

（1）石灰。石灰要满足Ⅲ级以上的标准，石灰于使用前7～10d，充分消解。

（2）粉煤灰。$SiO_2 + Al_2O_3 + Fe_2O_3$ 总含量大于70%，烧失量小于20%，比表面积大于25000mm/g。含水率不超过35%，使用时，将凝固的粉煤灰块打碎或过筛，清除有害杂质。

（3）碎石。最大粒径不超过31.5mm，压碎值不大于26%，针片状颗粒含量不超过20%，级配满足规范要求。

（4）水。使用饮用水。

3. 施工工艺

（1）准备下承层。底基层养护结束后，用平板压路机稳压两遍，人工整理二灰土表面。

（2）施工放样。在底基层上恢复中线，路基两侧用钢筋桩每10m标出二灰碎石边缘的高程。

（3）摊铺粉煤灰。用石灰线在底基层上画10m×10m的格子，根据室内试验配合比、粉煤灰含水率和松铺系数，计算每格粉煤灰量，用自卸汽车运至现场，专人指挥卸料，间距大致均匀，用人工挂线指挥平地机摊铺均匀，用压路机稳压一遍，测定其松铺厚度，基本均匀。

（4）摊铺石灰。同样采用打格子方法根据室内试验配合比、石灰含水率和松铺系数，计算每格石灰量，人工配合将石灰撒布均匀。然后用路拌机翻拌一遍，用平板压路机稳压一遍，人工挂线指挥平地机整平。

（5）摊铺碎石。同样采用打格子方法根据室内试验配合比、石灰含水率和松铺系数，计算每格碎石用量，用自卸汽车运至现场，专人指挥卸料，间距大致均匀。推土机摊铺大致平整，用推土机稳压一遍，人工挂线指挥平地机整平，测定松铺厚度，基本均匀。

（6）拌和。用路拌机拌和，破坏底基层顶面约10mm，专人跟踪检查拌和深度，拌和好的混合料含水率控制在最佳含水率+(1～2)%。路拌机作业时，设专人跟随拌和机，每20m一个断面，分左中右挖坑检查三处，随时检查拌和深度，并配合拌和机操作员调整拌和深度。对于拌和机的转弯掉头部位、新旧接槎部位等容易发生漏拌隐患处，多拌和几遍。拌和完成后，混合料色泽一致，无灰条、灰团和花面现象。拌和过程中检测含水率、石灰剂量，并取样做无侧限抗压强度试验。

（7）整型。混合料拌匀后整型，用平板压路机静压一遍，然后根据试铺段测定混合料的压实系数，人工挂线指挥平地机整型。低洼处把原有混合料挖松，再补充上配合比相同、含水率相当的混合料，一次找够，宁多勿少，宁高勿低。

（8）碾压。当含水率较最佳含水率高1%～2%时开始碾压。平板碾压路机静压1遍，振动碾压2遍，用18～21t静压3遍。碾压过程中，压路机走向顺直，中途不停车，不倒退。每次轮迹重叠一半。碾压结束后，用20t胶轮压路机光面，如表面干燥，光面前应适当洒水。碾压时直线段先两边后中间，曲线段先内侧后外侧，先静压后振动，先轻后重。

（9）接头处处理。同日施工的两段衔接处，采用搭接，前一段整形后，留5～8m不碾压，后一段施工时前段留下来的未压部分，与后一段一起重新拌和碾压。两相邻路段在不同时间填筑，将先施工段接头处的松散部分全部挖掉，接头断面厚度达到设计要求，并与线路中心线垂直。

（10）检测。按照现行《公路工程质量检验评定标准 第一册 土建工程》JTG F80/1 要求检测二灰碎石的各项技术指标，自检合格后，向监理工程师报验。

（11）第一层施工完成后，养生7d后进行第二层的施工。

（12）养护。第一层施工完毕后，根据天气情况，保持表面在养生期内经常处于湿润状态，随时风干随时洒水，确保强度形成。为减少洒水工作量，表面洒水后用彩条布覆盖。养生时间不少于7d，同时坚持封闭交通。第二层施工完毕后，采用沥青乳液进行养生（0.8~1.0kg/m^2），分两次喷洒，第一次喷洒沥青含量约35%的慢裂型沥青乳液，使其能稍透入基层表层，第二次喷洒浓度较大的沥青乳液。

注意事项：

（1）加强与当地气象部门的联系，及时掌握天气变化情况，以利组织施工。

（2）每个施工作业段，在晴天抓紧完成各道工序，力争当天成型，在雨前采用彩条布全断面覆盖。对施工时遇雨可采取临时稳压，减少雨水渗入。

（3）石灰要求有一定的含水率，不过湿成团也不扬尘，人工布灰禁止在大风天气进行，有风时不能迎风布撒，工人要戴口罩和手套。

（4）由于现场掺石灰用体积控制，要随时注意装载机装灰基本均匀。

（5）石灰要求堆放于高处，邻近水源且利于排水的地方，使用前7~10d充分消解，雨天时石灰用彩条布进行覆盖。

（6）严禁压路机在已完成的或正在碾压的路段上掉头或紧急制动，并将路面两侧多压两遍。

（7）粉煤灰运到工地后，先堆高沥水，必要时用挖机翻开晾晒，将粉煤灰的含水率降至35%以下。

复习思考题

1. 级配碎石施工对材料的要求有哪些？
2. 简述级配碎、砾石施工路拌法的施工工艺过程。
3. 简述级配碎、砾石施工集中拌和法的施工工艺过程。
4. 石灰稳定土施工准备阶段要做哪些工作？
5. 简述石灰稳定土路拌法施工工艺过程。
6. 简述水泥稳定土基层集中拌和法的施工工艺过程。
7. 为什么施工时要严格控制延迟时间？
8. 简述二灰土路拌法施工工艺过程。
9. 简述二灰稳定粒料集中拌和法施工工艺过程。

第 9 章　沥青路面施工技术

> 学习目的与要求

通过本章学习，了解沥青路面的不同分类方法及类别；了解沥青路面的常用材料及其基本要求；了解沥青路面的配合比设计流程及压实度控制方法；了解沥青表面处治路面、沥青贯入式路面、热拌沥青混合料路面、乳化沥青碎石等沥青类路面的施工方法、施工注意事项；了解透层、粘层及封层的设置条件及注意事项。

9.1　沥青路面分类

沥青路面具有行车舒适、噪声低、施工期短、养护维修简便等优点，因而得到了广泛应用。沥青路面应具有坚实、平整、抗滑、耐久的品质；同时，还应具有高温抗车辙、低温抗开裂以及抗水损害的功能。

9.1.1　按强度构成原理分类

按强度构成原理差异，沥青路面可分为密实型和嵌挤型两大类。

密实型沥青路面要求矿料的级配按最大密实原则设计，其强度和稳定性主要取决于混合料的黏聚力和内摩阻力，按空隙率大小分为闭式（空隙率小于6%）和开式（空隙率大于6%）两种。

嵌挤型沥青路面要求采用颗粒尺寸较为均匀的矿料，路面的强度和稳定性主要依靠集料颗粒之间相互嵌挤所产生的内摩阻力，而黏聚力的作用是次要的。按嵌挤原则修筑的沥青路面，其热稳定性好，但因空隙率较大、易渗水，因而耐久性较差。

9.1.2　按施工工艺分类

按施工工艺不同，沥青路面可分为层铺法、路拌法和厂拌法三种。

层铺法沥青路面是用分层洒布沥青，分层铺撒矿料和碾压的方法修筑的沥青路面。主要优点是工艺和设备简单、施工效率高、施工进度快、造价较低；缺点是路面成型期较长，需要经过炎热季节行车碾压之后路面方能成型。用这种方法修筑的沥青路面有沥青表面处治和沥青贯入式两种。

路拌法沥青路面是在路上用机械将矿料和沥青就地拌和、摊铺和碾压密实而成的沥青面层。路拌沥青面层，通过就地拌和，沥青在矿料中分布比层铺法均匀，可以缩短路面成型期。但因所用的矿料为冷料，需使用黏稠度较低的沥青，故混合料的强度较低。

厂拌法沥青路面是将规定级配的矿料和沥青在工厂用专用设备加热拌和，然后送到施工现场摊铺碾压而成的沥青路面。厂拌法按混合料铺筑温度的不同，又可分为热拌摊铺和温拌摊铺两种。热拌摊铺是混合料在专用设备加热拌和后立即趁热运到路上摊铺压实，如果沥青混合料加热拌和时加入温拌剂（拌和温度可降低30～50℃）运到路上摊铺压实，即为温拌摊铺。

9.1.3　按沥青路面技术特性分类

根据沥青路面的技术特性，沥青面层可分为密级配沥青混合料、沥青稳定碎石混合料、沥青玛瑞脂碎石混合料、乳化沥青碎石、沥青贯入式、沥青表面处治等。

密级配沥青混合料主要有密实式沥青混凝土混合料（AC）和密实式沥青稳定碎石混合料（ATB）两种。密级配沥青混合料按关键性筛孔通过率的不同又可分为细粒式、中粒式、粗粒式密级配沥青混合料等。

沥青稳定碎石混合料简称沥青碎石，按空隙率、集料最大粒径、添加矿粉数量的多少，分为密级配沥青碎石（ATB）、开级配沥青碎石（OGFC表面层及ATPB基层）、半开级配沥青碎石（AM）。

沥青玛瑞脂碎石混合料，是由沥青结合料与少量的纤维稳定剂、细集料以及较多量的填料（矿粉）组成的沥青玛瑞脂，填充于间断级配的粗集料骨架的间隙，形成一体的沥青混合料，简称SMA。

乳化沥青碎石适用于三级、四级公路的沥青面层，二级公路养护罩面以及各级公路的调平层。

9.2　常用材料与基本要求

9.2.1　沥青

（1）沥青的品种

沥青路面使用的沥青材料有道路石油沥青、改性沥青、乳化沥青、煤沥青、液体石油沥青等。

石油沥青是由石油经蒸馏、吹氧、调和等工艺加工得到的，主要为可溶于二硫化碳的碳氢化合物的固体黏稠状物质。

改性沥青是指掺加橡胶、树脂、高分子聚合物、磨细的橡胶粉或其他填料等外掺剂（改性剂），或采取对沥青轻度氧化加工等措施，使沥青或沥青混合料的性能得以改善而制成的沥青结合料。

改性剂是指在沥青或沥青混合料中加入天然的或人工的有机或无机材料，可熔融、分散在沥青中，改善或提高沥青路面性能（与沥青发生反应或裹覆在集料表面上）的材料。

目前常用的改性沥青主要是用高分子聚合物改性剂进行改性的沥青。常用的改性剂有三类：第一类是热塑性橡胶类（热塑性弹性体），代表性品种有苯乙烯-丁二烯-苯乙烯嵌段共聚物（SBS），具有良好的弹性（变形的自恢复性及裂缝的自愈性），同时兼有良好的高温稳定性和低温抗裂性；第二类是橡胶类，代表品种有丁苯橡胶（SBR）及其乳液，具有低温敏感性小、低温抗裂性能好的优点，主要用于改善低温性能；第三类是热塑性树脂类，代表性品种有乙烯-醋酸乙烯共聚物（EVA）、低密度聚乙烯（LDPE）、聚烯烃等，主要是增加动稳定度和劲度模量，提高抵抗永久变形的能力。

改性沥青可采用现场加工或采购成品。现场制备改性沥青可以采用一次性掺配法，运用高速剪切设备或胶体磨进行加工。对于成品改性沥青，应有产品名称、代号、标号、运输与存放条件、使用方法、生产工艺、安全须知等说明。在使用前，应取样熔化检验其是否有离析现象和其他各项技术指标。

乳化沥青是石油沥青（或煤沥青）与水在乳化剂、稳定剂作用下经乳化加工制得的沥青产品，也称沥青乳液。乳化沥青可利用胶体磨或匀油机等乳化机械在沥青拌和厂现场制备，乳化剂用量（按有效含量计）宜为沥青质量的0.3%~0.8%。现场制备乳化沥青的温度应通过试验确定，乳化剂水溶液的温度宜为40~70℃，石油沥青宜加热至120~160℃。乳化沥青制成后应及时使用，存放期以不离析、不冻结、不破乳为限度。

用阳离子乳化剂制得带正电荷的称阳离子乳化沥青；用阴离子乳化剂制得带负电荷的称阴离子乳化沥青。

煤沥青是由煤干馏得到的煤焦油再经蒸馏加工制成的。

液体石油沥青系用汽油、煤油、柴油等溶剂将石油沥青稀释而成的沥青产品，也称轻制沥青或稀释沥青。液体石油沥青使用前应由试验确定掺配比例。

（2）沥青的选择

根据当前的沥青使用和生产水平，道路石油沥青按技术性能分为A、B、C三个等级。各个沥青等级的适用范围应符合表9-1的规定。道路石油沥青的质量应符合现行《公路沥青路面施工技术规范》JTG F40的有关要求。

道路石油沥青的适用范围　　　　　　　　　　表9-1

沥青等级	适用范围
A	各个等级的公路，适用于任何场合和层次
B	①高速公路、一级公路沥青下面层以及以下层次，二级及二级以下公路的各个层次； ②用作改性沥青、乳化沥青、改性乳化沥青、稀释沥青的基质沥青
C	三级及三级以下公路的各个层次

沥青路面选择沥青标号时，宜按照公路等级、气候条件、交通条件、路面类型和在结构层中的层位及受力特点、施工方法等，结合当地的使用经验，经技术论证后确定。高速公路、一级公路，夏季温度高、高温持续时间长、重载交通、山区及丘陵区上坡路段，服务区、停车场等行车速度慢的路段，尤其是汽车荷载剪应力大的层次，宜选用稠度大、60℃黏度大的沥青，也可提高高温气候分区的温度水平选用沥青等级；冬季寒冷地区或交通量小的公路、旅游公路，宜选用稠度小、低温延度大的沥青；日温差和年温差大的地区，宜注意选用针入度指数大的沥青。当缺乏所需标号的沥青时，可采用不同标号掺配的调和沥青，其掺配比例由试验决定。掺配后的沥青质量应符合现行《公路沥青路面施工技术规范》JTG F40的要求。

乳化沥青适用于沥青表面处治路面、沥青贯入式路面、冷拌沥青混合料路面及修补裂缝，喷洒透层、粘层与封层等。乳化沥青类型根据集料品种及使用条件选择。阳离子乳化沥青可适用于各种集料品种，阴离子乳化沥青适用于碱性石料。乳化沥青的破乳速度、黏度宜根据用途与施工方法选择。

液体石油沥青适用于透层、粘层及冷拌沥青混合料。根据使用目的与场合，可选用快凝、中凝、慢凝的液体石油沥青。

9.2.2 粗集料

用于沥青面层的粗集料包括碎石、破碎砾石、筛选砾石、矿渣等。粗集料的粒径规格应符合技术规范规定。

粗集料不仅应洁净、干燥、无风化、无杂质，而且应具有足够的强度、耐磨性以及良好的颗粒形状。用于沥青面层的碎石不宜用颚式破碎机加工。沥青面层用粗集料的质量技术要求应符合表9-2的规定。

沥青混合料用粗集料质量技术要求　　表 9-2

技术指标		高速公路及一级公路		其他等级公路	
		表面层	其他层次	表面层	其他层次
石料压碎值/%	≤	26	28	30	
洛杉矶磨耗损失/%	≤	28	30	35	
表观相对密度	≥	2.60	2.50	2.45	
吸水率/%	≤	2.0	3.0	3.0	
坚固性/%	≤	12	12	—	
针片状颗粒含量（混合料）/%	≤	15	18	20	
其中粒径大于9.5mm/%	≤	12	15	—	
其中粒径小于9.5mm/%	≤	18	20	—	
水洗法＜0.075mm颗粒含量/%	≤	1	1	1	
软石含量/%	≤	3	5	5	
破碎砾石的破碎面/%	≥ 1个破碎面	100	90	80	70
	2个破碎面	90	80	60	50

注：1. 坚固性试验应根据需要进行。
　　2. 用于高速公路、一级公路时，多孔玄武岩的视密度可放宽至2.45t/m³。

路面抗滑表层粗集料应选用坚硬、耐磨、抗冲击性好的碎石或破碎砾石，不得使用筛选砾石、矿渣及软质集料。用于高速公路、一级公路沥青路面表面层及各级公路抗滑表层的粗集料，应符合规范中关于石料磨光值的要求，但允许掺加粗集料比例总量不超过40%的普通集料作为中等或较小粒径的粗集料。

筛选砾石仅适用于三级及三级以下公路的沥青表面处治或拌和法施工的沥青面层下面层，不得用于沥青贯入式路面及拌和法施工的沥青面层的中、上面层。三级及三级以下公路可采用钢渣作为粗集料。钢渣沥青混合料的沥青用量，必须经配合比设计确定。

酸性岩石的粗集料（花岗岩、石英岩）用于高速公路、一级公路时，宜使用针入度较小的沥青。为保证与沥青的黏附性，应采用下列抗剥离措施：

①用干燥的磨细消石灰或生石灰粉、水泥作为填料的一部分，其用量宜为矿料总量的

1%~2%。

②在沥青中掺加抗剥离剂。

③将粗集料用石灰浆处理后使用。

9.2.3 细集料

沥青面层的细集料可采用天然砂、机制砂及石屑，其规格应符合规范要求。细集料应洁净、干燥、无风化、无杂质，并由适当的颗粒组成。其质量技术要求应符合表9-3的规定。

沥青混合料用细集料质量技术要求　　　　　　　　　　　　表9-3

项目		高速公路、一级公路	其他等级公路
表观相对密度	≥	2.50	2.45
坚固性（大于0.3mm部分）/%	≤	12	—
含泥量（小于0.075mm部分）/%	≤	3	5
砂当量/%	≥	60	50
亚甲蓝值/(g/kg)	≤	25	—
棱角性（流动时间）/s	≥	30	—

注：1. 坚固性试验应根据需要进行。
　　2. 当进行砂当量试验有困难时，也可用水洗法测定小于0.075mm部分含量（仅适用于天然砂），对高速公路、一级公路要求不大于3%，其他等级公路要求不大于5%。

热拌沥青混合料的细集料宜采用优质的天然砂或机制砂。在缺砂地区，也可使用石屑，但用于高速公路、一级公路沥青混凝土面层及抗滑表层的石屑用量不宜超过天然砂及机制砂的用量。细集料应与沥青有良好的粘结能力。粘结能力差的天然砂及用花岗岩、石英岩等酸性石料破碎的机制砂或石屑，不宜用于高速公路及一般公路的面层。必须使用时，应采取与粗集料相同的抗剥离措施。

9.2.4 填料

沥青混合料的填料宜采用石灰岩或岩浆岩中的强基性岩石等憎水性石料经磨细得到的矿粉。矿粉要求洁净、干燥，其质量技术要求应符合表9-4的规定。

沥青混合料用细集料质量技术要求　　　　　　　　　　　　表9-4

指标		高速公路、一级公路	其他等级公路
表观密度/(t/m³)	≥	2.50	2.45
含水率/%	≤	1	1
粒度范围/%	<0.6mm	100	100
	<0.15mm	90~100	90~100
	<0.075mm	75~100	70~100
外观		无团粒结块	

续表

指标	高速公路、一级公路	其他等级公路
亲水系数	<1	
塑性指数	<4	
加热安定性	实测记录	

当采用水泥、石灰、粉煤灰作填料时，其用量不宜超过矿料总量的2%。作为填料使用的粉煤灰，烧失量应小于12%，塑性指数应小于4%。粉煤灰的用量不宜超过填料总量的50%，并经试验确认与沥青有良好粘结力，沥青混合料的水稳定性得到满足。高速公路、一级公路的沥青混凝土面层不宜采用粉煤灰作为填料。

拌和机采用干法除尘的粉尘可作为矿粉的一部分回收使用。湿法除尘回收使用的粉尘应经干燥及粉碎处理，且不得含有杂质。回收粉尘的用量不得超过填料总量的50%，掺有粉尘的填料塑性指数不得大于4%。

9.3 沥青混合料配合比设计与压实度控制

9.3.1 沥青混合料配合比设计程序

沥青混合料组成设计的主要任务是选择合格的材料、确定各种粒径矿料和沥青的配合比。沥青混合料配合比设计根据《公路沥青路面施工技术规范》JTG F40—2004采用马歇尔试验法。当采用其他方法设计沥青混合料配比时，应进行马歇尔试验及各项配合比设计指标检验，并报告不同设计方法的试验结果。常用的密级配沥青混凝土及沥青稳定碎石混合料的目标配合比设计流程如图9-1所示。

公路沥青混凝土混合料配合比设计以马歇尔试验为主，并通过车辙试验对抗车辙能力进行辅助性检验，沥青混合料60℃、轮压0.7MPa时车辙试验的动稳定度，高速公路应不小于800次/mm，一级公路应不小于600次/mm。沥青碎石混合料的配合比设计应根据实践经验和马歇尔试验结果，经试拌试铺论证确定。

高速公路和一级公路热拌沥青混合料的配合比设计应遵照下列步骤进行：

（1）目标配合比设计阶段用工程实际使用的材料进行矿料配合比设计，通过马歇尔试验，确定最佳沥青用量，此目标配合比供拌和机确定各冷料仓的供料比例、进料速度及试拌使用。

（2）生产配合比设计阶段对间歇式拌和机，必须从二次筛分后进入各热料仓的材料取样进行筛分，以确定各热料仓的材料比例，并取目标配合比设计的最佳沥青用量、最佳沥青用量±0.3%等沥青用量进行马歇尔试验，确定生产配合比的最佳沥青用量。

（3）生产配合比验证阶段采用生产配合比进行试拌并铺筑试验段，并用拌和的沥青混合料和路上钻取的芯样进行马歇尔试验检验，确定标准配合比。

经设计确定的标准配合比，在施工过程中不得随意变更。但生产过程中如进场材料发生变化、矿料级配及马歇尔技术指标不符合规定时，应及时调整配合比，确保沥青混合料质量，必要时需要重新进行配合比设计。

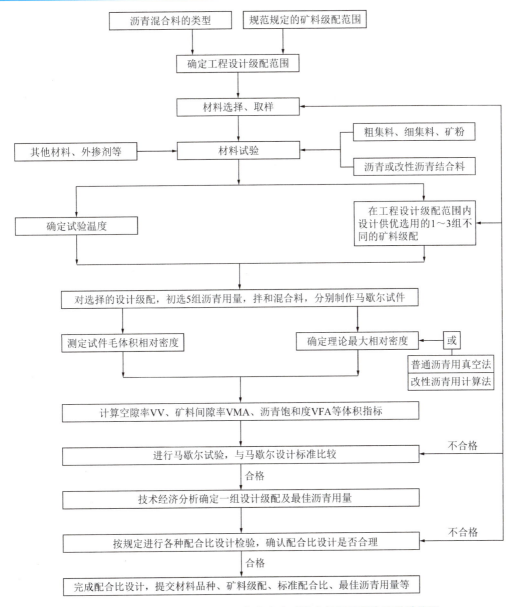

图 9-1　密级配沥青混凝土及沥青稳定碎石混合料目标配合比设计流程

9.3.2　沥青混合料压实度控制

沥青路面的压实度采取重点进行碾压工艺的过程控制，适度钻孔抽检压实度校核的方法。钻孔取样应在路面完全冷却后进行，对普通沥青路面通常在第二天取样，对改性沥青及 SMA 路面宜在第三天以后取样。沥青面层的压实度按式(9-1)计算：

$$K = \frac{D}{D_0} \times 100 \tag{9-1}$$

式中：K——沥青层某一测定部位的压实度（%）；

　　　D——由试验测定的压实沥青混合料试件的实际密度（g/cm³）；

　　　D_0——沥青混合料的标准密度（g/cm³）。

施工及验收过程中的压实度检验不得采用配合比设计时的标准密度，应按如下方法逐日检测确定：

（1）以实验室密度作为标准密度，即沥青拌和厂每天取样 1~2 次实测的马歇尔试件密度，取其平均值作为该批混合料铺筑路段压实度的标准密度。

（2）以每天实测的最大理论密度作为标准密度。对普通沥青混合料，沥青拌和厂在取样进行马歇尔试验的同时以真空法实测最大理论密度，平行试验的试样数不少于 2 个，以平均值作为该批混合料铺筑路段压实度的标准密度。

（3）以试验路密度作为标准密度。用核子密度仪定点检查密度不再变化为止，然后取不少于 15 个的钻孔试件的平均密度为计算压实度的标准密度。

（4）可根据需要选用实验室标准密度、最大理论密度、试验路密度中的 1~2 个作为钻孔法检验评定的标准密度。

热拌沥青混合料路面压实度控制标准如表 9-5 所示。

热拌沥青混合料路面压实度控制标准　　　　　　　　　表 9-5

检查项目	规定值或允许偏差		检查方法和频率
	高速公路、一级公路	其他等级公路	
压实度	≥ 实验室标准密度的 97%（98%） ≥ 最大理论密度的 93%（94%） ≥ 试验路密度的 99%（99%）		每 2000m² 检查一组，逐个试件评定并计算平均值

9.4 沥青路面施工工艺流程

9.4.1 沥青表面处治路面施工

沥青表面处治是用沥青裹覆矿料、铺筑厚度小于 3cm 的一种薄层路面面层。其主要作用是保护下层路面结构层，使它不直接遭受行车荷载和自然因素的破坏作用，延长路面使用寿命，并改善行车条件。计算路面厚度时，不作为单独受力结构层。

1. 特点及分类

沥青表面处治路面是按嵌挤原则修筑而成的，为了保证矿料间有良好的嵌挤作用，同一层的矿料颗粒尺寸应力求均匀。

沥青表面处治路面可采用拌和法或层铺法施工。比较普遍采用的是层铺法，即将沥青材料与矿质材料分层洒布与撒铺，分层碾压成型。拌和法可热拌热铺或冷拌冷铺，热拌热铺的施工工艺按热拌沥青混合料路面的规定执行，冷拌冷铺的施工工艺按乳化沥青碎石混合料路面的有关规定执行。

层铺法施工沥青表面处治路面，按浇洒沥青及撒铺矿料的层次多少，可分为单层式、双层式和三层式，厚度宜为 1.0~3.0cm。单层表面处治的厚度为 1.0~1.5cm；双层表面处治的厚度为 1.5~2.5cm；三层表面处治的厚度为 2.5~3.0cm。

拌和法沥青表面处治路面厚度宜为 3.0~4.0cm。采用拌和法施工时，基层顶面应洒透层沥青或粘层沥青或做下封层。

2. 材料要求

沥青表面处治采用的集料最大粒径应与处治层的厚度相等，其规格和用量可按规范的规定选用。当采用乳化沥青时，为减少乳液流失，可在主层集料中掺加20%以上的较小粒径集料。沥青表面处治施工后，应另准备粒径5～10mm的碎石或粒径3～5mm的石屑、粗砂或小砾石2～3m³/1000m²作为初期养护用料。

采用道路石油沥青时，沥青用量应按规范中规定的材料用量选定；采用煤沥青时，可按规范规定的石油沥青用量增加15%～20%；采用乳化沥青时，乳液用量按其中的沥青含量折算，规范中所列乳液用量适用于沥青含量为60%的乳化沥青。在高寒地区及干旱、风沙大的地区，沥青用量可超出规范规定的高限5%～10%。

在旧沥青路面、清扫干净的碎（砾）石路面、水泥混凝土路面、块石路面上铺筑沥青表面处治层时，可在第一层沥青用量中增加10%～20%，不再另外洒布透层沥青。

3. 施工机械

沥青表面处治施工应采用沥青洒布车喷洒沥青。小规模施工沥青表面处治可采用机动或手摇的手工沥青洒布机洒布沥青，乳化沥青也可用齿轮泵或气压式洒布机洒布。手工喷洒必须由熟练工人操作，力求洒布均匀。

沥青表面处治压实机械的吨位以能使集料嵌挤紧密又不致使石料有较多的压碎为度，宜采用6～8t、8～10t压路机进行碾压。乳化沥青表面处治宜采用较轻的压实机械进行碾压。

4. 层铺法施工

层铺法表面处治施工分为先油后料和先料后油两种方法。一般多采用先油后料法施工，只有当堆放集料地点受限制或临近低温施工为使路面加速成型，才采用先料后油法施工。如图9-2所示。

图9-2 层铺法沥青表面处治施工

三层式沥青表面处治的施工工艺按下述步骤进行：

（1）透层沥青充分渗透后，或在已做透层或封层并且开放交通的基层清扫后，即可浇洒第一层沥青。沥青的浇洒温度根据施工气温及沥青标号选择：石油沥青130～170℃，煤沥青80～120℃。乳化沥青在常温下洒布，当气温偏低，破乳成型过慢时，可将乳液加温后洒布，乳液加温不超过60℃。当浇洒出现空白、缺边时，应立即进行人工补洒，有积聚时应予刮除。沥青浇洒的长度应与集料撒布机能力相配合，应避免沥青浇洒后等待时间过长。除阳离子乳化沥青外，不得在潮湿的基层（或旧路）或集料上浇洒沥青。

（2）浇洒沥青后（不必等全段洒完）应立即撒布第一层集料。当使用乳化沥青时，集料撒布必须在乳液破乳之前完成。撒布集料后应及时扫匀，达到全面覆盖一层、厚度一致、集料不重叠、沥青不外露的要求。局部缺料处应及时找补，局部积料过多处应扫除多余料。

（3）撒布一段集料后（不必等全段铺完）应立即开始用 6~8t 钢筒双轮压路机碾压，碾压时每次轮迹重叠约 30cm，从路边逐渐移至路中心，然后再从另一边开始移向路中心，以此作为一遍，宜碾压 3~4 遍。碾压速度开始不宜超过 2km/h，以后可适当增加。

（4）第二、三层施工方法和要求与第一层相同，但可采用 8~10t 压路机。当使用乳化沥青时，第二层除撒布 5~10mm 碎石作嵌料后尚应增加一层封层料，其规格为 3~5mm，用量为 3.5~5.5m³/1000m²。

双层或单层式沥青表面处治浇洒沥青及撒布集料的次数分别为二次或一次，施工程序及要求与三层式相同。

除乳化沥青表面处治应待破乳后水分蒸发并基本成型后方可通车外，沥青表面处治路面在碾压结束后即可开放交通，通车初期应设专人指挥交通，使路面全部宽度内都能够比较均匀地受到车轮碾压。

沥青表面处治应进行初期养护。发现泛油时，应在泛油处补撒与最后一层石料规格相同的嵌缝料并扫匀。出现其他破坏现象时，也应及时补修。

9.4.2　沥青贯入式路面施工

沥青贯入式路面是在初步压实的碎石层（图 9-3）上浇灌沥青，再分层撒铺嵌缝料和浇洒沥青，并通过分层压实而形成的一种较厚的路面结构层，其厚度通常为 4~8cm，但乳化沥青贯入式路面的厚度不宜超过 5cm。贯入式路面的强度和稳定性主要是由矿料的相互嵌挤和锁结作用而形成的，属于嵌挤式路面。

图 9-3　沥青贯入式路面初步压实的碎石层

1. 特点及分类

沥青贯入式路面具有强度较高、稳定性好、施工简便和不易产生裂缝等优点。由于沥青贯入式路面主要取决于矿料间的嵌挤作用，受温度变化影响小，故温度稳定性较好。其缺点是沥青不易均匀洒布在矿料中，在矿料密实处沥青不易贯入，而在矿料空隙较大处，沥青又容易结成块，因而强度不够均匀。

当需要在贯入式路面结构的上部加铺拌和的沥青混合料面层时，总厚度宜为6～10cm，其中拌和层厚度宜为2～4cm。此种结构一般称为沥青上拌下贯式路面。

沥青贯入式路面是一种多孔隙结构，为了防止表面水的透入，增强路面的水稳定性，使路面面层坚固密实，沥青贯入式面层之下应做下封层。

2. 材料要求

集料应选择有棱角、嵌挤性好的坚硬石料，当使用破碎砾石时，其破碎面应符合规范规定。贯入层主层集料中大于粒径范围中值的数量不得少于50%。细粒料含量偏多时，嵌缝料用量宜采用低限。贯入层的主层集料最大粒径宜与贯入层厚度相同，当采用乳化沥青时，主层集料最大粒径可为厚度的0.80～0.85倍，数量按压实系数1.25～1.30计算。表面不加铺拌和层的贯入式路面，在施工结束后，应另备2～3m³/1000m²与最后一层嵌缝料规格相同的石屑或粗砂等，以供初期养护使用。

采用道路石油沥青及乳化沥青的材料用量应按规范规定选用。当采用煤沥青时，可较表列石油沥青用量增加15%～20%。采用乳化沥青时，乳液用量按其中的沥青含量折算，规范中所列乳液用量适用于沥青含量为60%的乳化沥青。在高寒地区及干旱、风沙大的地区，沥青用量可超出规范规定的高限5%～10%。

表面加铺拌和层的路面结构，其拌和层部分的材料规格及沥青用量按热拌沥青混合料的有关规定执行。

3. 施工机械

沥青贯入式路面的主层集料可采用碎石摊铺机或人工摊铺。嵌缝料宜采用集料撒布机撒布，采用沥青洒布车喷洒沥青。

沥青贯入式路面压实机械的吨位以能使集料嵌挤紧密又不致使石料被压碎较多为度，宜采用6～8t、8～10t压路机进行碾压，其主层集料宜用钢筒式压路机碾压。

4. 施工

（1）沥青贯入式路面施工前，基层必须清扫干净。当贯入式路面使用乳化沥青时，必须洒透层或粘层沥青；当贯入式路面厚度≤5cm时，也应洒透层或粘层沥青。

（2）撒料。撒主层集料时，应注意撒铺均匀，避免颗粒大小不均，且不断检查松铺厚度和校验路拱。撒布集料后，严禁车辆通行。

（3）碾压。主层集料撒布后，先用6～8t的钢筒式压路机以2km/h的初压速度碾压，使集料基本稳定，至集料无显著推移为止。碾压时每次轮迹重叠约30cm，应自路边缘逐渐移至路中心，再从另一边开始移向路中心，然后再用10～12t压路机进行碾压，每次轮迹重叠1/2左右，宜碾压4～6遍，直到主层集料嵌挤稳定，无明显轮迹为止。

（4）浇洒第一层沥青。主层集料碾压完毕后，应立即浇洒第一层沥青。当采用乳化沥青时，为避免乳液下漏过多，可在主层集料碾压稳定后，先撒布一部分上一层嵌缝料，再浇洒主层沥青。

（5）撒布第一层嵌缝料。主层沥青浇洒后应立即均匀撒布第一层嵌缝料。当使用乳化沥青时，嵌缝料的撒布必须在乳液破乳前完成。

（6）再碾压。嵌缝料扫匀后立即用8～12t钢筒式压路机碾压4～6遍，轮迹重叠1/2左右，直至稳定为止。碾压时随压随扫，使嵌缝料均匀嵌入。

（7）浇洒第二层沥青，撒布第二层嵌缝料，碾压，浇洒第三层沥青，撒布封层料，最后碾压（宜采用 6~8t 压路机碾压 2~4 遍）。

沥青贯入式路面若为加铺沥青混合料拌和层时，应紧跟贯入层施工，使其上下成为整体。贯入部分若采用乳化沥青时，应待其破乳、水分蒸发且成型稳定后方可铺筑拌和层，当拌和层与贯入层不能同步连续施工，且需开放交通时，贯入层的第二层嵌缝料应增加用量 2~3m³/1000m²，在摊铺拌和层沥青混合料前，应清除贯入层表面的杂物、尘土以及浮动石料，再补充碾压一遍，并应浇洒粘层沥青。拌和层的施工方法与热拌沥青混合料路面相同。

9.4.3 热拌沥青混合料路面施工

沥青混凝土的强度是按密实原则构成的，掺加一定数量矿粉是其显著特点。矿粉的掺入，使沥青混凝土中的黏稠沥青能以薄膜形式分布，从而产生很大的粘结力，其粘结力比单纯沥青要大数十倍。因此，粘结力是沥青混凝土强度构成的重要因素，而骨架的摩阻力和嵌挤作用是次要的。

1. 混合料类型选择

沥青面层可由单层、双层或三层沥青混合料组成，各层混合料的组成设计应根据其层厚和层位、气温和降雨量等气候条件、交通量和交通组成等因素，选用适当的最大粒径及级配类型，并遵循以下原则：

（1）应综合考虑满足耐久性、抗车辙、抗裂、抗水损害能力、抗滑性等多方面的要求，根据施工机械、工程造价等实际情况按规范规定选用合适的类型。

（2）沥青面层的集料最大粒径宜从上至下逐渐增大，中粒式及细粒式用于上层，粗粒式只能用于中下层。砂粒式仅适用于通行非机动车及行人的路面工程。

（3）表面层沥青混合料的集料最大粒径不宜超过层厚的 1/2，中下面层的集料最大粒径不宜超过层厚的 2/3。热拌热铺沥青混合料路面应采用机械化连续施工，以确保路面铺筑质量。

2. 配合比设计

本章第 9.3 节已阐述，此处不再赘述。

3. 混合料拌制

沥青混合料必须在拌和厂采用拌和机械拌制，拌和机械设备的选型应根据工程量和工期综合考虑，而且拌和设备的生产能力应与摊铺能力相匹配，最好高于摊铺能力 5%左右。

拌制作业要点：

（1）沥青混合料可采用间歇式拌和机或连续式拌和机拌制。高速公路和一级公路宜采用间歇式拌和机拌和，间歇式拌和机的总拌和能力应满足施工进度要求，而且要求拌和机的除尘设备完好，冷料仓的数量应满足配合比的需要。

（2）集料进场宜在料堆顶部平台卸料，经推土机推平后，铲运机从底部按顺序竖直装料，减少集料离析。

（3）高速公路和一级公路施工用的间歇式拌和机必须配备计算机设备，拌和过程中逐盘采集，并打印各个传感器测定的材料用量和沥青混合料拌和量、拌和温度等参数，每个台班结束时打印出一个台班的统计量，按规定的方法进行沥青混合料生产质量及铺筑厚度的总量检验。

（4）沥青混合料的生产温度应符合相应的要求。烘干集料的残余含水率不得大于1%。每天开始时的几盘集料应提高加热温度，并干拌几锅集料废弃，然后才正式加沥青拌和混合料。

（5）拌和机的矿粉仓应配备振动装置，以防止矿粉起拱。添加消石灰、水泥等外掺剂时，宜增加粉料仓，也可由专用管线和螺旋升送器直接加入拌和锅；若与矿粉混合使用时，应注意防止两者因密度不同发生离析。

（6）拌和机必须有二级除尘装置，经一级除尘部分可直接回收使用，二级除尘部分可进入回收粉仓或废弃。

（7）沥青混合料的拌和时间应根据具体情况经试拌确定，以沥青均匀裹覆集料为度。间歇式拌和机每盘的生产周期不宜少于45s（其中干拌时间不少于10s）。改性沥青和SMA混合料的拌和时间应适当延长。

（8）间歇式拌和机的振动筛规格应与矿料规格相匹配，最大筛孔宜略大于混合料的最大粒径，其余筛的设置应考虑使混合料的级配稳定，并尽量使热料仓大体均衡，不同级配混合料必须配置不同的筛孔组合。

（9）间歇式拌和机宜备有保温性能好的成品储料仓，储存过程中混合料温降不得大于10℃，且不能有沥青滴漏。普通沥青混合料的储存时间不得超过72h；改性沥青混合料的储存时间不宜超过24h；SMA混合料只限当天使用；OGFC混合料宜随拌随用。

（10）生产添加纤维的沥青混合料时，纤维必须在混合料中充分分散，拌和均匀。拌和机应配备同步添加投料装置，松散的絮状纤维可在喷入沥青的同时或稍后采用风送设备喷入拌和锅，拌和时间宜延长5s以上。颗粒纤维可在粗集料投入的同时自动加入，经5~10s的干拌后，再投入矿粉。

4. 混合料运输

拌制好的沥青混合料宜采用较大吨位的运料车运输，在运输中应注意以下事项：

（1）运料车不得超载运输，不得急刹车、急弯掉头，使透层、封层造成损伤。运料车的运力应稍有富余，施工过程中摊铺机前方应有运料车等候。对高速公路、一级公路，宜待等候的运料车多于5辆后开始摊铺。

（2）运料车每次使用前后必须清扫干净，在车厢板上涂一薄层防止沥青粘结的隔离剂或防粘剂，但不得有余液积聚在车厢底部。从拌和机向运料车上装料时，应多次挪动汽车位置，平衡装料，以减少混合料离析。运料车运输混合料宜用毡布覆盖保温、防雨、防污染。

（3）运料车进入摊铺现场时，轮胎上不得粘有泥土等可能污染路面的脏物。到达摊铺地点的沥青混合料的料温若不符合施工温度的要求，以及已经结成团块或遭雨淋，均不得铺筑。

（4）摊铺过程中运料车应在摊铺机前100~300mm处停住，空挡等候，由摊铺机推动前进开始缓缓卸料，避免撞击摊铺机。有条件时，运料车可将混合料卸入转运车经二次拌和后向摊铺机连续均匀地供料。运料车每次卸料必须倒净，尤其是对改性沥青混合料或SMA混合料，如有剩余，应及时清除，防止硬结。

5. 混合料摊铺

铺筑沥青混合料前，应检查确认下承层的质量。当下承层质量不符合要求或未按规定洒布透层、粘层及铺筑下封层时，不得铺筑沥青混合料。摊铺施工的要点如下：

（1）热拌沥青混合料应采用沥青摊铺机摊铺，在喷洒有粘层油的路面上铺筑改性沥青混合料或SMA时，宜使用履带式摊铺机。摊铺机的受料斗应涂刷薄层隔离剂或防粘剂。

（2）铺筑高速公路、一级公路沥青路面时，一台摊铺机的铺筑宽度不宜超过6m，通常宜采用两台或更多台数的摊铺机前后错开10～20m成梯队方式同步摊铺，两幅之间应有30～60mm宽度的搭接，并避开车道轮迹带，上下层的搭接位置宜错开200mm以上。

（3）摊铺机开工前应提前0.5～1h预热熨平板不低于100℃。铺筑过程中选择的熨平板的振捣或夯锤压实装置应具有适宜的振动频率和振幅，以提高路面的初始压实度。熨平板加宽连接应仔细调节至摊铺的混合料没有明显的离析痕迹。

（4）摊铺机必须缓慢、均匀、连续不间断地摊铺，不得随意变换速度或中途停顿，以提高平整度，减少混合料的离析。摊铺速度宜控制在2～6m/min的范围内；对改性沥青混合料及SMA混合料宜放慢至1～3m/min。摊铺的混合料不得出现明显的离析、波浪、裂缝、拖痕。

（5）摊铺机应采用自动找平方式，下面层或基层宜采用钢丝绳引导的高程控制方式，上面层宜采用平衡梁或雪橇式（图9-4）摊铺厚度控制方式，中面层根据情况选用找平方式。直接接触式平衡梁的轮子不得粘附沥青。铺筑改性沥青或SMA路面时宜采用非接触式平衡梁。

图9-4 沥青混合料摊铺

（6）沥青路面不得在低于气温10℃（高速公路和一级公路）或5℃（其他等级公路），以及雨天、路面潮湿的情况下施工。寒冷季节遇大风降温，不能保证迅速压实时，不得铺筑沥青混合料。热拌沥青混合料的最低摊铺温度应根据铺筑层厚度、气温、风速及下承层表面温度确定，且符合规范的要求。每天施工开始阶段宜采用较高温度的混合料。

（7）沥青混合料的松铺系数应根据混合料类型由试铺试压确定。摊铺过程中应随时检查摊铺层厚度及路拱横坡，并根据使用的混合料总量与面积进行平均厚度校验。一般参照表9-6及成型后的平均厚度校验，根据铺筑情况进行调整。

沥青混合料松铺系数　　　　　表9-6

类型	机械摊铺	人工摊铺
沥青混凝土	1.15～1.35	1.25～1.50
沥青碎石	1.15～1.30	1.20～1.45

摊铺压实成型后的平均厚度 T 的计算公式为：
$$T = 100M/(D \cdot L \cdot W) \qquad (9-2)$$
式中：T——平均厚度（cm）；
$\quad\quad D$——压实成型后沥青混合料的密度（t/m^3）；
$\quad\quad L$——摊铺长度（m）；
$\quad\quad M$——摊铺的沥青混合料总质量（t）；
$\quad\quad W$——摊铺宽度（m）。

（8）摊铺机的螺旋布料器应对应于摊铺速度调整并保持到一个稳定的速度，均衡地转动，两侧应保持有不少于送料器 2/3 高度的混合料，以减少在摊铺过程中混合料的离析。

（9）用机械摊铺的混合料，不宜用人工反复修整，对于特别严重的缺陷应整层铲除。

（10）摊铺作业不得中途停顿，并应加快碾压速度。如因故不能及时碾压时，应立即停止摊铺，并对已卸下的沥青混合料覆盖毡布保温。

（11）在雨期铺筑沥青路面时，应加强与气象台（站）的联系；已摊铺的沥青层因遇雨未进行压实的应予铲除。

6. 沥青路面的压实

压实是最后一道工序，良好的路面质量最终要通过碾压来实现。碾压中出现质量缺陷，会导致前功尽弃，因此必须十分重视压实工作。作业中应注意以下要点：

（1）沥青混凝土压实层的最大厚度不宜大于 100mm，沥青稳定碎石混合料的压实层厚度不宜大于 120mm，但采用大功率压路机且经试验证明能达到压实度时允许增大到 150mm。

（2）沥青路面施工应配备足够数量的压路机，选择合理的压路机组合方式及初压、复压、终压（包括成型）的碾压步骤，以达到最佳碾压效果。高速公路铺筑双车道沥青路面的压路机数量不宜少于 5 台。气温低、风大、碾压层薄时，压路机数量应适当增加。

（3）压路机应以慢而均匀的速度碾压，压路机的碾压速度应符合表 9-7 的规定。压路机的碾压路线及碾压方向不应突然改变，否则会导致混合料推移。碾压区的长度应大体稳定，两端的折返位置应随摊铺机前进而推进，横向不得在相同的断面上。

（4）压路机的碾压温度应符合相应的要求，并根据混合料种类、压路机、气温、层厚等情况经试压确定。在不产生严重推移和裂缝的前提下，初压、复压、终压都应在尽可能高的温度下进行。同时，不得在低温状况下反复碾压，使石料棱角磨损、压碎，破坏集料的嵌挤。

压路机碾压速度（单位：km/h）　　　　　　　　　　表 9-7

压路机类型	初压		复压		终压	
	适宜	最大	适宜	最大	适宜	最大
钢筒式压路机	2～3	4	3～5	6	3～6	6
轮胎式压路机	2～3	4	3～5	6	4～6	8
振动式压路机	2～3（静压或振动）	3（静压或振动）	3～4.5（振动）	5（振动）	3～6（静压）	6（静压）

注：静压是指关闭振动装置的无振动碾压。

初压应紧跟在摊铺机后进行，并保持较短的初压区长度，以尽快使表面压实，减少热量散失。通常宜采用钢轮压路机静压 1~2 遍。碾压时应将压路机的驱动轮面向摊铺机，从外侧向中心碾压，在超高路段则由低向高碾压，在坡道上应让驱动轮从低处向高处碾压。

复压应紧跟在初压后进行，且不得随意停顿。压路机碾压段的总长度应尽量缩短，通常不超过 60~80m。采用不同型号的压路机组合碾压时宜安排每一台压路机作全幅碾压，以防止不同部位的压实度不均匀。

密级配沥青混凝土的复压宜优先采用重型轮胎压路机进行搓揉碾压，以增加泌水性，其总质量不宜小于 25t，吨位不足时宜附加重物，且各个轮胎的气压大体相同，相邻碾压带应重叠 1/3~1/2 的碾压轮宽度，碾压至要求的压实度为止；对以粗集料为主的较大粒径的混合料，尤其是大粒径沥青稳定碎石基层，宜优先采用振动压路机复压；厚度小于 30mm 的薄沥青层不宜采用振动压路机碾压。

终压应紧跟在复压后进行，如经复压后已无明显轮迹时可免去终压。终压可选用双轮钢筒式压路机或关闭振动的振动压路机，碾压不宜少于 2 遍，至无明显轮迹为止。

除沥青用量较低，经试验证明采用轮胎压路机碾压有良好效果外，SMA 路面的压实不宜采用轮胎压路机碾压，以防将沥青结合料搓揉挤压上浮。SMA 路面宜采用振动压路机或钢筒式压路机碾压。振动压路机应遵循"紧跟、慢压、高频、低幅"的原则，即紧跟在摊铺机后面，采取高频率、低振幅的方式慢速碾压。如发现 SMA 混合料高温碾压有推移现象，应复查其级配是否合适。

（5）碾压轮在碾压过程中应保持清洁，有混合料粘轮应立即清除。对钢轮可涂刷隔离剂或防粘剂，但严禁刷柴油。当采用向碾压轮喷水（可添加少量表面活性剂）的方式时，必须严格控制喷水量，且应呈雾状，不得漫流，以防混合料降温过快。轮胎压路机开始碾压阶段，可适当烘烤、涂刷少量隔离剂或防粘剂，也可少量喷水，并先到高温区碾压，使轮胎尽快升温，之后停止洒水。轮胎压路机的轮胎外围宜加设围裙保温。

（6）压路机不得在未碾压成型路段上转向、调头、加水或停留。在当天成型的路面上，不得停放各种机械设备或车辆，不得散落矿料、油料等杂物。

7. 开放交通

热拌沥青混合料路面应待摊铺层完全自然冷却，混合料表面温度低于50℃后，方可开放交通。需要提早开放交通时，可洒水冷却降低混合料温度。铺筑好的沥青层应严格控制交通，做好保护，保持整洁，不得造成污染。严禁在沥青层上堆放施工产生的土或杂物。严禁在已铺好的沥青层上制作水泥砂浆。

9.4.4 乳化沥青碎石混合料路面施工

乳化沥青碎石混合料路面的面层宜采用双层式，下层采用粗粒式沥青碎石混合料，上层采用中粒式或细粒式沥青碎石混合料。单层式只宜在少雨干燥区或半刚性基层上使用。在多雨潮湿地区必须做上封层或下封层。

1. 乳化沥青碎石混合料的配合比

乳化沥青碎石混合料的配合比，目前还难以采用配合比设计的方法确定。实际施工时，应根据已建道路的成功经验确定。其矿料级配可采用热拌沥青碎石的级配，其乳液用量应根据交通量、气候、石料情况，参照当地经验确定，也可按热拌沥青碎石混合料的沥青用量折算。实际的沥青用量宜较同规格热拌沥青混合料的沥青用量减少15%～20%。

2. 施工要求

乳化沥青碎石混合料宜采用拌和厂机械拌和。在条件限制时也可以现场用人工拌制。其施工顺序类同于热拌沥青混合料，但因乳化沥青中含有较多水分，黏度较低，破乳过程要经历一定时间，因而又有某些不同之处，主要有：

（1）对拌和法施工，应选择慢裂或中裂乳化沥青，并应使用表面干净的石料。当采用阳离子乳液时，还应在干燥石料中加入2%左右的水，使石料表面湿润后再加乳液进行拌和，要求拌和迅速，在1～2min内即将混合料拌匀。

（2）使用乳化沥青施工时，要求暂时中断交通。当不能中断交通时，应在路面混合料摊铺碾压后做一薄层罩面，以保护主层乳液混合料。对于阳离子乳液施工的路面，控制车速不超过15km/h的时间至少2～5h；对于阴离子乳液施工，则需1～2d。在气温高、湿度小的天气，控制车速的时间可短些，反之，则要长一些。

（3）乳化沥青黏度低、渗透快，用于洒铺路面时，浇洒不宜过于集中，以免因一次用量太大，形成流失浪费。

3. 碾压

乳化沥青碎石混合料的碾压与热拌沥青混合料相同，但应注意以下问题：

（1）混合料摊铺后，初压应采用6t左右的轻型压路机压1～2遍，使混合料初步稳定，再用轮胎式压路机或轻型钢筒式压路机压1～2遍。初压应匀速进退，不得在碾压路段紧急制动或快速启动。

（2）当乳化沥青开始破乳，混合料由褐色变成黑色时，用12～15t轮胎式压路机或10～12t钢筒式压路机复压，复压2～3遍后立即停止，待晾晒一段时间水分蒸发后，再补充复压至密实。

（3）碾压时，发现局部混合料有松散或开裂时，应立即挖除，补换新料，整平后继续碾压密实。

（4）上封层应在压实成型、路面水分蒸发后加铺。

9.5 透层、粘层、封层施工

9.5.1 透层

沥青路面的级配砂砾、级配碎石基层及水泥、石灰、粉煤灰等无机结合料稳定土或粒料的半刚性基层上，必须浇洒透层沥青。

（1）可根据基层的类型选择渗透性好的液体沥青、乳化沥青、煤沥青等作透层沥青。透层沥青渗透入基层的深度不宜小于5mm（无机结合料稳定集料基层）或10mm（无结合料基层），并能与基层连成一体。

（2）用于半刚性基层的透层沥青，宜紧跟在基层碾压成型后，在表面稍干但尚未硬化的情况下喷洒；当基层完工后时间较长，表面过分干燥时，在基层表面少量洒水。在无结合料的粒料基层上洒布透层油时，宜在铺筑沥青层前1～2d洒布。

（3）高速公路、一级公路应采用沥青洒布车喷洒透层沥青，如图9-5所示。二级及二级以下公路也可采用手摇沥青洒布机喷洒透层沥青。喷嘴应配置适当，以保证沥青喷洒均匀。

（4）喷洒透层沥青前应清扫路面；对路缘石及人工构造物应进行遮挡防护，以防污染。透层沥青洒布后应不致流淌，不得在表面形成油膜；铺筑面层前，应清多余的透层沥青堆积层。

（5）在无机结合料稳定半刚性基层上浇洒透层沥青后，宜立即撒布用量为（2～3）m³/1000m²的石屑或粗砂。

（6）透层沥青洒布后应尽早铺筑面层。当采用乳化沥青做透层时，洒布后待其充分渗透、水分蒸发后方可铺筑沥青面层，时间不宜少于24h。透层沥青的规格与用量见表9-8。

图9-5　沥青洒布车喷洒透层沥青

9.5.2　粘层

粘层的作用在于使上下沥青层或沥青层与构造物完全粘结成一整体。因此，符合下列情况时应浇洒粘层沥青：

（1）双层或三层式热拌热铺沥青混合料路面，在浇筑上层前，其下面的沥青层已被污染。

（2）水泥混凝土路面、沥青稳定碎石基层或旧沥青路面层上加铺沥青层。

（3）路缘石、雨水口、检查井等构造物与新铺沥青混合料接触的侧面。

粘层沥青宜采用快裂或中裂型乳化沥青、改性乳化沥青，也可采用快、中凝液体石油沥青。粘层沥青所使用的基质沥青标号宜与主层沥青混合料相同。

粘层沥青宜用沥青洒布车喷洒，喷嘴应配置适当，以保证沥青喷洒均匀。在路缘石、雨水进水口、检查井等局部，应用刷子人工涂刷。粘层沥青应均匀洒布或涂刷，浇洒过量时应予刮除。浇洒表面有脏物、尘土时应清除干净，当粘有土块时，应用水刷净，待刷净面干燥后再浇洒粘层沥青。气温低于10℃或路面潮湿时，不应浇洒粘层沥青。严禁行人及其他车辆在浇洒粘层后通行。

粘层沥青浇洒后应紧接着铺筑其上层。但乳化沥青应待破乳、水分蒸发完后再铺筑其上层。粘层沥青的规格与用量见表9-8。

沥青路面粘层材料的规格与用量 表 9-8

下卧层类型	液体沥青		乳化沥青	
	规格	用量/（L/m²）	规格	用量/（L/m²）
新建沥青层或旧沥青面层	AL（R）-3～AL（R）-6	0.3～0.5	PC-3 PA-3	0.3～0.6
	AL（M）-3～AL（M）-6			
水泥混凝土	AL（R）-3～AL（R）-6	0.2～0.4	PC-3 PA-3	0.3～0.5
	AL（S）-3～AL（S）-6			

9.5.3 封层

符合下列情况之一时，应在沥青面层上铺筑上封层：
（1）沥青面层的空隙较大，透水严重。
（2）有裂缝或已修的旧沥青路面。
（3）需加铺磨耗层改善抗滑性能的旧沥青路面。
（4）需铺筑磨耗层或保护层的新建沥青路面。

符合下列情况之一时，应在沥青面层下铺筑下封层：
（1）位于多雨地区且沥青面正层空隙率较大，渗水严重。
（2）在铺筑基层后，不能及时铺筑沥青面层，且须开放交通。

上封层及下封层可采用路拌法或层铺法施工的单层式沥青表面处治，也可采用乳化沥青稀浆封层。稀浆封层的厚度宜为 3～6mm。乳化沥青稀浆封层的矿料级配及沥青用量应符合规范规定。如图 9-6 所示为上封层施工。

图 9-6 上封层施工

工程案例

例 9-1 某高速公路密级配沥青混凝土路面试验段（AC-25 下面层）施工。

1. 工程概况

某高速公路路面部分，现做了 AC-25 下面层试验段，共 200m。试验段在监理工程师的监督指导下，严格按照《公路沥青路面施工技术规范》JTG F40—2004 和拟定的施工方案进行。

2. 施工准备

（1）组织准备

施工组织准备主要成立项目经理部和组建施工队伍。项目经理部构成如图 9-7 所示，现场施工人员有 40 人。

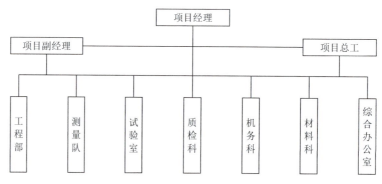

图 9-7　项目经理部构成

（2）施工机械准备

本段下面层施工的机械设备见表 9-9。

（3）原材料准备

开工前所有进厂原材料均经监理工程师检测认可，检验合格，试验充分，且确保有充足合格的材料供给。其中，沥青为普通基质沥青。

下面层施工的机械设备　　　　　　　　　表 9-9

机械名称	参数	数量
推土机	90 马力	1
自卸汽车	20t	25
沥青拌和站	320t/h	1
摊铺机	146kW	2
单钢轮振动压路机	132kW	2
洒水车	8t	2
胶轮压路机	115kW	1
双钢轮振动压路机	132kW	1
装载机	3m³	4
鼓风机	—	2
碎石机	130t/h	1
水洗设备	—	2

（4）配合比设计

经试验确定 AC-25 目标配合比为：（10～25mm 碎石）：（5～10mm 碎石）：（3～5mm 碎石）：（0～3mm 碎石）：矿粉＝45：23：3：25：4，最佳沥青用量为 4.1%，在此基础上进行了生产配合比调试，结果为：（12～35mm 碎石）：（6～12mm 碎石）：（3～6mm 碎石）：（0～3mm 碎石）：矿粉＝41：25：11：19：4，油石比为 4.1%，路用性能检测均满足要求。

（5）技术准备

召集所有工程技术人员进行图纸会审，确定有关施工技术问题；重新检验施工原材料，校正施工配合比；检修保养施工机械设备。

3. 施工过程

（1）准备下承层

下承层铺筑后，及时进行了透层的施工，已具有足够的强度和稳定性，各项技术指标已经通过验收，符合施工要求。

（2）测量放样、挂线

对拟施工路段，预先用全站仪恢复中线，根据设计宽度进行边桩放样，测定出中桩及边桩每个点位的高程，确定出每个点位与设计高程之差。

挂线组根据高程测量成果与设计摊铺厚度之和乘以松铺系数再加上摊铺机预留高度，挂出路面两侧基准线，本试验段试铺后确定松铺系数为 1.20。

（3）沥青混合料拌和

沥青混合料生产采用间歇式拌和机生产，计量准确，拌和均匀（每锅拌和时间为 30～50s，干拌时间小于 5s），自动控制，产量为 320t/h，满足施工要求。沥青加热温度控制在 150～160℃，矿料加热温度控制在 160～180℃，混合料出厂温度控制在 150～160℃（不得高于 170℃和低于 145℃，否则予以废弃）。

（4）沥青混合料运输

运输车装料前应清洗干净，车厢底板及周壁涂一层油水混合液，但不得在底板留存余液。运输车装料时应前后移动，尽量减少沥青混合料的离析。

混合料运输采用 20t 以上自卸汽车，运输车的数量根据拌和站生产能力、车速、运距等情况综合考虑，配置了 25 台，其中在施工现场等候卸料的不少于 5 台。

连续摊铺时，运料车在摊铺机前 100～300mm 处停住，卸料时运料车挂空挡，靠摊铺机推动力前进。

（5）沥青混合料摊铺

采用两台摊铺机联合摊铺，两台摊铺机间距 5～10m 成梯队联合作业，两幅之间应有 30～60mm 左右宽度的搭接，并躲开车道轮迹带，与下层的位置错开 200mm 以上。采用钢丝引导高程控制方式，摊铺前采用液化气燃烧加热熨平板。

摊铺速度控制在 1.5～2.5m/min 匀速前进，摊铺时开 6～7 级强振，中途不得随意变速或停顿。摊铺过程中，安排专人检测沥青混合料的到场温度，初压、复压及终压结束温度，并按 10m 一个断面测量沥青混合料的摊铺厚度。

（6）沥青混合料碾压

摊铺后的混合料采用两台振动压路机、一台双钢轮振动压路机和一台胶轮压路机进行碾压，压路机配有雾状自动喷水装置，喷水不宜过多，以不粘轮为准；严禁向压路机喷洒柴油。通过现场试验确定的碾压方式组合为：

初压：采用单钢轮振动压路机前进静压回退振动方式先碾压一遍，然后再振动碾压 4 遍，速度控制在 1.5～2km/h，温度控制在 135～145℃。

复压：用胶轮压路机碾压 3 遍，速度控制在 3.5～4.5km/h，温度控制在 125～135℃。

终压：用双钢轮振动压路机静压 2 遍，速度控制在 2～3km/h，温度控制在 85～120℃，直到消除轮迹为止。

（7）检测

压实完毕，由质检组对路面厚度、宽度、平整度、横坡、纵断面高程等进行检测并逐一记录。

（8）养生

施工结束后，按要求封闭交通养生。

复习思考题

1. 沥青路面按强度构成原理和施工工艺分别可以分成哪些类别？
2. 沥青路面常用的材料有哪些？基本要求是什么？
3. 沥青混合料的配合比设计程序是怎样的？
4. 沥青路面施工时，压实度如何控制？
5. 沥青表面处治路面的施工工艺流程是怎样的？
6. 沥青贯入式路面的施工工艺流程是怎样的？
7. 热拌沥青混凝土路面的施工工艺流程是怎样的？
8. 乳化沥青碎石路面的施工工艺流程是怎样的？
9. 透层施工的注意事项有哪些？
10. 哪些情况需要浇洒粘层沥青？施工注意事项有哪些？
11. 什么情况需要铺设上封层？什么情况需要铺设下封层？

第 10 章　水泥混凝土路面施工技术

学习目的与要求

通过本章学习，了解水泥混凝土路面的基本构造；熟悉水泥混凝土路面的主要材料及其基本要求；掌握水泥混凝土的配合比设计程序及质量控制；熟悉水泥混凝土路面的施工准备工作及施工工艺过程。

10.1　水泥混凝土路面构造

水泥混凝土路面刚度大、强度高、经久耐用，近年来在我国有了长足的发展。水泥混凝土路面可分为普通混凝土面面、钢筋混凝土路面、碾压混凝土路面、钢纤维混凝土路面及连续配筋混凝土路面等。

10.1.1　对路基的要求

水泥混凝土路面构造由下而上依次包括功能层、基层和水泥混凝土面板等，如图 10-1 所示。

尽管通过水泥混凝土路面的面层和基层传到土基的压力很小（一般不超过 0.05MPa）。但是，如果土基不够密实、稳定，在行车荷载作用及水位变化的影响下，容易出现不均匀沉陷，难以形成均匀支承。因此，要求水泥混凝土路面下的路基必须密实、稳定和均质；同时，对影响路基强度和稳定的地面水和地下水，必须采取相应的拦截和疏导措施，使路基处于干燥或中湿状态。

10.1.2　基层与功能层

为保证水泥混凝土路面的整体强度及耐久性，防止唧泥和错台，基层应具有足够的强度和稳定性。特重和重交通等级的公路，基层宜采用水泥稳定碎石、水硬性工业废渣稳定类材料或沥青混合料类材料等；中等和轻交通量的公路，也可采用石灰土、泥灰结碎石等。

基层宽度应比混凝土面板每侧宽 30cm（采用小型机具）或 50cm（采用轨道式摊铺机施工）或 65cm（采用滑模式摊铺机施工）。新建公路的水泥混凝土路面基层的最小厚度一般为 15cm。岩石路基上铺筑水泥混凝土面板时，应根据需要设置整平层，其厚度一般为 6~10cm。填石路基上铺筑水泥混凝土面板时，填石路基必须稳定、密实、表面平整，并满足水泥混凝土面板对基层强度的要求。

图 10-1　水泥混凝土路面结构

原有公路上铺筑水泥混凝土面板时，原有路面应平整密实，符合路拱要求，其顶面当量回弹模量与新建公路基层顶面的要求相同。若原有路面当量回弹模量达不到要求时，应设置补强层。补强层的厚度应经过计算确定，但不得小于结构层最小厚度的规定。

10.1.3 水泥混凝土面板

1. 板的平面尺寸

普通混凝土面板一般采用矩形，纵向和横向接缝应垂直相交，其纵缝两侧的横缝不得互相错位。纵向缩缝间距（即板宽）可按路面宽度和每个车道宽度而定，其最大间距不得大于4.5m。横向缩缝间距（即板长）应根据当地气候条件、板厚和实践经验确定，一般为4～6m，最大不得超过6m，且板宽与板长之比不宜超过1∶1.3，板的面积不宜大于25m²。

2. 板厚

板的横断面一般采用等厚，其厚度采用设计文件的规定值。

10.1.4 面板接缝

1. 纵缝

混凝土面板的纵缝必须与道路中线平行，纵缝一般分为纵向缩缝和纵向施工缝。一次铺筑宽度大于4.5m时，应增设纵向缩缝。纵向缩缝采用假缝，并应设置拉杆，其构造如图10-2所示。一次铺筑宽度小于路面宽度时，应设置纵向施工缝。纵向施工缝采用平缝，并应设置拉杆，其构造如图10-3所示。

2. 横缝

横缝一般分为横向缩缝、胀缝和横向施工缝。横向缩缝采用假缝，其构造如图10-4（a）所示。在特重交通公路上，横向缩缝宜加设传力杆；其他各级交通公路上，在邻近胀缝或路面自由端部的3条缩缝内，均宜加设传力杆，其构造如图10-4（b）所示。

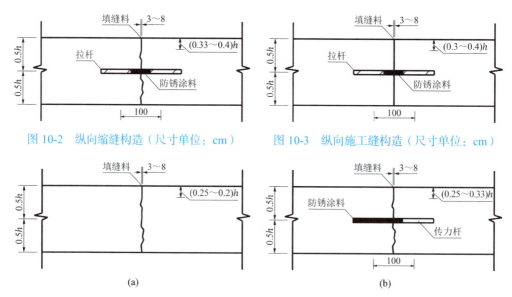

图10-2 纵向缩缝构造（尺寸单位：cm）　　图10-3 纵向施工缝构造（尺寸单位：cm）

图10-4 横向缩缝构造（尺寸单位：cm）

在邻近桥梁或其他固定构筑物处、与柔性路面相接处、板厚改变处、隧道口、小半径平曲线和凹形竖曲线纵坡变化处，均应设置胀缝。在邻近构造物处的胀缝，应根据施工温度至少设置两条。除此之外的胀缝宜尽量不设或少设。其间距可根据施工温度、混凝土集料的膨胀性并结合当地经验确定。

胀缝应采用滑动传力杆，并设置支架或采用其他方法予以固定，其构造如图10-5（a）所示。与构筑物衔接处或其他公路交叉的胀缝无法设传力杆时，可采用边缘钢筋型或厚边型，其构造如图10-5（b）、（c）所示。

每日施工结束时，或因故中断混凝土浇筑时，必须设置横向施工缝，其位置宜设在胀缝或缩缝处。设在胀缝处的施工缝，其构造与图10-5（a）相同；设在缩缝处的施工缝应采用平缝加传力杆，其构造如图10-6所示。

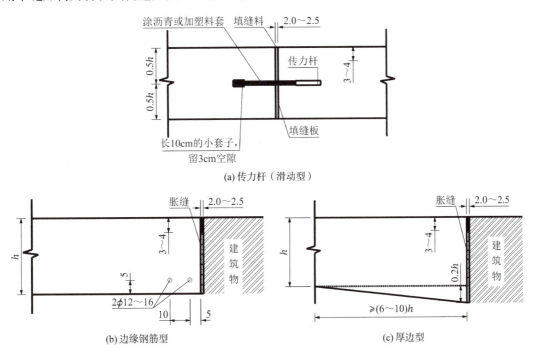

图 10-5 胀缝构造（尺寸单位：cm）

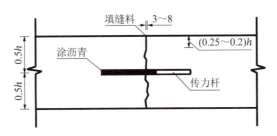

图 10-6 横向施工缝构造（尺寸单位：cm）

3. 拉杆与传力杆

拉杆应采用螺纹钢筋，设在板厚中央，并应对拉杆中部 10cm 范围内进行防锈处理。拉杆直径、长度和间距可按表10-1选用，其最外边的拉杆距接缝或自由边的距离一般为 25～35cm。

拉杆的直径、长度和间距（单位：mm）　　　　　表 10-1

面层厚度/mm	到自由边或未设拉杆纵缝的距离/m					
	3.00	3.50	3.75	4.50	6.00	7.50
200~250	14×700×900	14×700×800	14×700×700	14×700×600	14×700×500	14×700×400
≥260	16×800×800	16×800×700	16×800×600	16×800×500	16×800×400	16×800×300

　　传力杆应采用光圆钢筋，其长度的一半再加 5cm 应涂以沥青或加塑料套。胀缝处的传力杆，尚应在涂沥青一端加一套子，内留 3cm 的空隙，填以纱头或泡沫塑料。套筒端宜在相邻板中交错布置。传力杆尺寸及间距可按表10-2选用，其最外边的传力杆距接缝或自由边的距离一般为 15~25cm。

传力杆尺寸及间距　　　　　表 10-2

面层厚度/cm	传力杆直径/mm	传力杆最小长度/cm	传力杆最大间距/cm
22	28	40	30
24	30	40	30
26	32	45	30
28	32~34	45	30
≥30	34~36	50	30

4. 补强钢筋

　　混凝土面板纵、横向自由边边缘下的基础，当有可能产生较大的塑性变形时，宜在板边缘加设补强钢筋，角隅处加设发针形钢筋或钢筋网。

　　混凝土面板边缘部分的补强，一般选用 2 根直径为 12~16mm 的带肋钢筋，布置在板的下部，距底板一般为板厚的四分之一，且应不小于 5cm，间距一般为 10cm，钢筋两端应向上弯起。钢筋保护层最小厚度应不小于 5cm。

　　混凝土板的角隅补强，可选用 2 根直径为 12~16mm 的带肋钢筋，布置在板的上部，距板顶应不小于 5cm，距板边一般为 10cm。板角小于 90°时，亦可采用双层钢筋网补强，布置在板的上、下部，以距板顶和板底 5~10cm 为宜。钢筋保护层最小厚度应不小于 5cm。

10.2　水泥混凝土路面材料要求

10.2.1　混凝土混合料

　　混凝土混合料由水泥、粗集料、细集料、水与外加剂组成。

　　水泥可采用硅酸盐水泥、普通硅酸盐水泥和道路硅酸盐水泥。中等及轻交通等级的路面，也可采用矿渣硅酸盐水泥。各级交通适用的水泥强度等级不宜低于表10-3 的规定。水泥的物理性能及化学成分应符合现行国家标准《通用硅酸盐水泥》GB 175 和《道路硅酸盐水泥》GB/T 13693 的规定。

各级交通路面适用的水泥强度等级　　　　表 10-3

交通等级	水泥强度等级
特重	52.5
重、中等、轻	42.5

粗集料（碎石或砾石）应质地坚硬、耐久、洁净，符合各级交通路面适用的混凝土强度等级规定级配，公称最大粒径不应超过 31.5mm。细集料（天然砂或石屑）应质地坚硬、耐久、洁净，符合规定级配。面层水泥混凝土使用的天然砂细度模数宜在 2.0～3.7 之间。

清洗集料、拌和混凝土及养护所用的水，不应含有影响混凝土质量的油、酸、碱、盐类、有机物等。饮用水一般均可使用。

为了改善混凝土的技术性质，有时在混凝土制备过程中加入一定量的外加剂。常用的外加剂有流变剂、调凝剂和引气剂三类。外加剂的质量应符合《混凝土外加剂》GB 8076—2008 的技术规定，其用量应通过试验确定。

10.2.2　接缝材料

接缝材料按使用性能分为接缝板和填缝料两类。接缝板应选用能适应混凝土面板膨胀收缩、施工时不变形、耐久性良好的材料。填缝料应选用与混凝土面板缝壁粘结力强、回弹性好，能适应混凝土面板收缩、不溶于水和不渗水，以及高温时不溢出、低温时不脆裂和耐久性好的材料。

接缝板可采用杉木板、纤维板、泡沫橡胶板、泡沫树脂板等。接缝板的技术要求应符合规范的相关规定。

填缝料按施工温度分为加热施工式和常温施工式两种。加热施工式填缝料主要有沥青橡胶类、聚氯乙烯胶泥类和沥青玛琋脂类等；常温施工式填缝料有聚氨酯焦油类、氯丁橡胶类、乳化沥青橡胶类等。填缝料的技术要求应符合规范的规定。

10.3　水泥混凝土配合比设计与质量控制

10.3.1　水泥混凝土配合比设计程序

混凝土的配合比应根据设计弯拉强度、耐久性、耐磨性、和易性等要求和经济合理的原则确定。选用原材料，通过计算、试验和必要的调整确定混凝土单位体积中各种组成材料的用量。混凝土的设计强度 f_c，应按下式确定：

$$f_c = k_i f_{cm} \tag{10-1}$$

式中：f_{cm}——混凝土设计弯拉强度（MPa）；

　　　k_i——提高系数，其值为 1.10～1.15，可根据施工的技术水平和工程的重要程度确定。

10.3.2　质量控制

1. 基本要求

（1）水泥的物理性能和化学成分符合国家有关标准规定。

（2）粗细集料、水及接缝材料符合规范要求。

（3）施工配合比应根据现场测定水泥的实际强度等级进行计算，进试验室试验选用最佳配合比。

（4）混凝土的摊铺、捣实、整平与面板混凝土养生符合规范要求。

（5）接缝的位置、规格、尺寸和传力杆、拉杆的设置以及面板补强钢筋的布设等符合要求。

（6）路面平整度和构造深度符合规范要求。

2. 检查项目

公路水泥混凝土路面铺筑质量要求见表10-4。水泥混凝土路面的检查项目、方法和频率见表10-5。

公路水泥混凝土路面铺筑质量要求　　　　　　　　　　表10-4

项次	检查项目		允许值	
			高速公路、一级公路	其他公路
1	弯拉强度		100%符合规定	
2	板厚度/mm		代表值≥-5；极值≥-10，c_v符合设计规定	
3	平整度	σ/mm	≤1.2	≤2.0
		IRI/(m/km)	≤2.0	≤3.2
		3m 直尺最大间隙Δh/mm	≤3（合格率应≥90%）	≤5（合格率应≥90%）
4	抗滑构造深度/mm	一般路段	0.70～1.10	0.50～1.00
		特殊路段	0.80～1.20	0.60～1.1
5	相邻板高差/mm		≤2	≤3
6	纵、横缝顺直度/mm		≤10	
7	中线平面偏位/mm		≤20	
8	路面宽度/mm		≤±20	
9	纵断高程/mm		±10	±15
10	横坡/%		±0.15	±0.25

注：1. 路面钻芯劈裂强度应换算为实际面板弯拉强度进行质量评定。
　　2. 特殊路段指高速公路、一级公路的立交、平交、变速车道等处；其他公路指急弯、陡坡、交叉口或集镇附近。

水泥混凝土路面检查项目、方法和频率　　　　　　　　　　表10-5

项次	检查项目	检查方法和频率	
		高速公路、一级公路	其他公路
1	弯拉强度	每班留 2～4 组试件，日进度＜500m 取 2 组；≥500m 取 3 组；≥1000m 取 4 组，测f_{cs}，f_{min}和c_v	每班留 1～3 组试件，日进度＜500m 取 1 组；≥500m 取 2 组；≥1000m 取 3 组，测f_{cs}，f_{min}和c_v
	钻芯劈裂强度	每车道每 3km 钻取 1 个芯样，硬路肩为 1 个车道，测f_{cs}、f_{min}、c_v、板厚度	每车道每 3km 钻取 1 个芯样，硬路肩为 1 个车道，测f_{cs}、f_{min}、c_v、板厚度
2	板厚度	路面摊铺宽度内每 100m 左右各 2 处，连接摊铺每 100m 单边 1 处，参考芯样	路面摊铺宽度内每 100m 左右各 1 处，连接摊铺每 100m 单边 1 处，参考芯样
3	3m 直尺平整度	每半幅车道每 200m 测 2 处 10 尺	每半幅车道每 200m 测 2 处 10 尺
	动态平整度	所有车道连续检测	所有车道连续检测
4	抗滑构造深度	铺砂法：每幅 200m 2 处	铺砂法：每幅 200m 1 处

第 10 章 水泥混凝土路面施工技术

续表

项次	检查项目	检查方法和频率	
		高速公路、一级公路	其他公路
5	相邻板高差	尺测：每 200m 纵横缝 2 条，每条 3 处	尺测：每 200m 纵横缝 2 条，每条 2 处
6	纵、横缝顺直度	20m 拉线测：每 200m 6 条	20m 拉线测：每 200m 4 条
7	中线平面偏位	经纬仪：每 200m 6 处	经纬仪：每 200m 4 处
8	路面宽度	尺测：每 200m 6 点	尺测：每 200m 4 点
9	纵断高程	水准仪：每 200m 6 点	水准仪：每 200m 4 点
10	横坡度	水准仪：每 200m 6 断面	水准仪：每 200m 4 断面
11	断板率	断板面板块数占总块数比例	断板面板块数占总块数比例
12	脱皮、裂纹、露石、缺边、掉角	量实际面积，并计算与总面积之比	量实际面积，并计算与总面积之比
13	路缘石顺直度和高度	20m 拉线测：每 200m 4 处	20m 拉线测：每 200m 2 处
14	灌缝饱满度	尺测：每 200m 接缝测 6 处	尺测：每 200m 接缝测 4 处
15	切缝深度	尺测：每 200m 6 处	尺测：每 200m 4 处
16	胀缝表面缺陷	每条观察填缝及啃边断角	每条观察填缝及啃边断角
17	胀缝板连浆	每条胀缝板安装时测量	每条胀缝板安装时测量
	胀缝板倾斜	尺测：每块胀缝板每条两侧	尺测：每块胀缝板每条两侧
	胀缝板弯曲和位移	尺测：每块胀缝板每条 3 处	尺测：每块胀缝板每条 3 处
18	传力杆偏斜	钢筋保护层仪：每车道 4 根	钢筋保护层仪：每车道 3 根

注：路面钻芯劈裂强度应换算为实际面板弯拉强度进行质量评定。

3. 外观鉴定

（1）混凝土面板无脱皮、印痕、裂纹、露石、蜂窝、麻面、缺边、掉角等现象。
（2）路面边线直顺、曲线圆顺。
（3）接缝填缝料饱满密实、粘结牢固，缝缘清洁、整齐。

10.4 施工工艺流程

10.4.1 水泥混凝土路面施工准备

1. 材料准备及其性能检验

根据施工进度计划，在施工前分批备好所需要的水泥、砂石料及必要的外加剂，并在实际使用时核对调整。砂石料应抽样检测含泥量、级配、有害物质含量、坚固性；对碎石还应抽检其强度、软弱度及针片状颗粒含量和磨耗率等。如含泥量超过允许值，应提前 2d 冲洗或过筛至符合规定为止；其他技术指标不符合规定时，应另选材料或采取有效的补救措施。

水泥除查验其出厂质量报告单外，还应逐批抽验其细度，凝结时间，安定性，3d、7d、28d 的抗压强度等是否符合要求。受潮结块的水泥禁止使用；新出厂水泥至少要存放 1 周后方可使用。

外加剂应按其性能指标检验，并须通过试验判定其是否适用。

2. 混凝土配合比的检验与调整

施工前必须检验混凝土配合比设计是否合适。

（1）工作性的检验与调整

按设计配合比取样试拌，测定其工作性，必要时还应通过试铺检验。

（2）强度检验

按工作性符合要求的配合比，成型混凝土抗弯拉及抗压试件养生 28d 后测定其强度。强度较低时，可采用提高水泥强度等级、降低水灰比或改善集料级配等措施。

（3）其他检验

除上述检验外，还可以选择不同用水量、不同水灰比、不同砂率或不同集料级配等配制混凝土，通过比较，从中选出经济合理的方案。施工现场砂石料的含水率会经常发生变化，必须及时进行测定，并调整砂石料的实际用量。

3. 基层检验与整修

（1）基层质量检验

基层强度应以基层顶面的当量回弹模量值或以标准汽车测定的计算回弹弯沉值作为检验指标，检查结果不得小于设计要求。

基层完工后，应加强养护，控制行车，不得使其出现辙槽。如有损坏，应在浇筑混凝土板前采用相同材料修补压实，严禁用松散粒料填补。对原有公路加宽的部分，新旧部分的强度应一致。

（2）测量放样

测量放样是水泥混凝土路面施工前的一项重要工作。应先放出路中心线及路边缘线，将设胀缩缝、曲线起终点、纵坡变化点等的中心点及一对边桩在实地标明。放样时，基层宽度应比混凝土板每侧宽出 25~35cm。主要中心桩应分别固定在路边稳固位置。临时水准点每隔 100m 左右设置一个，以便施工时就近复核路面高程。

根据放好的中心线及边缘线，在现场核对施工图的混凝土分块线，要求分块线距离窨井盖及其他公用事业检查井井盖的边线至少 1m；否则，应适当调整、移动分块线位置。

4. 安装模板及布设钢筋

摊铺混凝土之前，应先将路面边部模板安装完毕。采用半幅路面施工时，还应安装纵缝处模板。边模高度应与路面厚度相同。模板底面与基层若有空隙，应用石子或木片垫衬，以免振捣时模板下沉。垫衬后的剩余空隙，可用砂填满补实，以免漏浆而使混凝土侧面形成蜂窝。模板安装后应检查其高程是否正确，然后在内侧涂刷肥皂水、废机油等润滑剂，以利拆模。

浇筑混凝土前，应按设计要求布设钢筋。钢筋应绑扎好，边缘钢筋可在底部垫放预制的混凝土垫块，或用钢钎插入基层固定，混凝土浇筑捣固后钢钎不再取出；角隅钢筋或全面网状钢筋，可先在下面浇一层混凝土后再予安放，然后再浇筑上面的混凝土。

10.4.2 水泥混凝土路面施工

1. 混凝土拌制及运送

拌制混凝土时，要准确掌握配合比，特别要严格掌握用水量。每天开始拌和前，应根据天气变化情况测定砂石含水量，据以调整实际用水量。每盘拌料均应过磅，保证用料精确度控制在规范规定的范围内。

每一工班应检查材料配合比至少两次,每半天检查坍落度两次。拌和机每盘拌和时间为 40~120s,具体应根据拌和物的黏聚性、匀质性及搅拌机类型确定。

采用移动式拌和机时,通常用推车或小翻斗车运送混凝土。因振动易使混合料产生离析现象,故运距不宜太长,一般以不超过 100m 为宜。采用拌和站集中拌和时,通常用自卸汽车或专用的混凝土罐车运送混凝土。自卸汽车车厢应密封,以免漏浆,装载不可过满,天热时需预防水分蒸发,通常不宜覆盖。运距则根据运载容许时间确定,通常夏季不宜超过 30~40min,冬季不宜超过 60~90min。

2. 混凝土摊铺及捣实

水泥混凝土路面施工常分为小型机具、轨道式摊铺机和滑模式摊铺机三种方法。

摊铺混凝土混合料之前,应再检查模板、传力杆、接缝板、各种钢筋的安装位置是否正确,尺寸是否符合规定,绑扎是否牢固。

(1)小型机具施工

混凝土混合料到达工地后应卸在钢板上,以免扰动下承层(尤其在砂质整平层更应注意)。混合料有离析现象时应用铁铲翻拌均匀。摊铺时不宜撒扬抛掷,以免混凝土发生离析。在模板附近,必须用方铲以扣铲法撒铺,并进行振捣,使浆水捣出,以免发生孔洞、蜂窝。摊铺后的松散混凝土表面应略高于模板顶面,使捣实后的路面高程及厚度符合设计要求。

混凝土摊铺到一半厚度时应予刮平,用 2.2kW 平板振动器振捣一遍后再加铺至路面顶面,整平后换用 1.2~1.5kW 平板振动器再振捣一遍。

平板振动器振捣后,对低洼处应予找补,然后用振捣梁振实。振捣梁的长度较一块路面板宽度略短,梁上装两个 1.1~1.7kW 振动器。振捣梁(夯实)两边各由一人扶着来回振捣,一般来回振捣一次,多余混凝土随振捣梁走动而刮去,低陷处应补足混凝土混合料后振捣密实,如图 10-7 所示。为提高混凝土强度,可采用重复振动来捣实路面混凝土。即在混凝土初凝前先振捣一遍使其密实,3~5h 后再振捣一遍,然后整平收浆。两次振捣均用 2.2kW 平板振动器。此法可提高混凝土强度 20%~25%。

图 10-7　小型机具水泥混凝土路面施工

(2)轨道式摊铺机施工

轨道式摊铺机施工(图 10-8)的整套机械系在轨道上推进,也以轨道为基准控制路面高程。轨道和模板同步安装,统一调整定位,将轨道固定在模板上,既是路面的侧模,也是每节轨道的固定基座。轨道固定在路基上,其高程是否准确、轨道是否平直、接头是否平顺,将直接影响路面摊铺质量。模板要能承受从轨道传下来的机组质量,横向要保证模板的刚度。设置纵缝时,应按要求的间距,在模板上设置拉杆插入孔。

图 10-8　水泥混凝土路面的轨道式摊铺机施工

将倾卸在基层上或摊铺机箱内的混凝土按摊铺厚度均匀地充满在模板范围之内。刮板式摊铺机本身能在模板上自由地前后移动，在前面的导管上左右移动。并且由于刮板本身也可以旋转，所以可将卸在基层上的混凝土混合料向任意方向摊铺。这类摊铺机质量轻、容易操作、易于掌握，使用较为普遍，但其摊铺能力较小。

箱式摊铺机通过卸料机（纵向或横向）将混凝土混合料卸在钢制箱内，箱体在机械前进行驶时横向移动，同时箱子的下端按松铺厚度刮平混凝土。对于此类摊铺机，混凝土混合料一次性全部卸在箱内，质量较大，但摊铺均匀而准确，摊铺能力大，故障较少。

螺旋式摊铺机由可以正反方向旋转的螺旋杆（直径均为 50cm）将混凝土混合料摊开。螺旋杆后面有刮板，可准确调整高度。这种摊铺机的摊铺能力大，其松铺系数一般在 1.15～1.30 之间。它与混凝土的配合比、集料粒径和坍落度有关，施工阶段主要取决于坍落度。

混凝土振捣机是跟在摊铺机后面对混凝土进行一次整平和捣实的机械。振捣梁前方设置的与铺筑宽度同宽的复平梁，一方面是补充摊铺机初平的缺陷，更重要的是使松铺混凝土混合料在全宽范围内达到正确高度，它与振捣密度和路面平整度直接相关。复平梁后是一道全宽的弧面振捣梁，以表面平板式振动把振动力传至全厚度。弹性振捣梁通过后，混凝土已全部振实，其后部混凝土应控制有 2～5mm 的回弹高度，并提浆整平。

（3）滑模式摊铺机施工

滑模式摊铺机的施工工艺过程与轨道式摊铺机基本相同，如图 10-9 所示。滑模式摊铺机是将各作业装置装在同一机架上，通过位于模板外侧的行走装置随机移动滑动模板，就能按照要求使路面挤压成型，并可实现多种功能的摊铺。滑模式摊铺机的特点是不需轨模，整个摊铺机的机架支承在液压缸上，可以通过控制系统上下移动以调整上下厚度，一次性完成摊铺、振捣、整平等多道工序。

图 10-9　水泥混凝土路面的滑模摊铺机施工

3. 表面修整与拆模

混凝土振实后还应进行整平、精光、纹理制作等工序的施工。

（1）人工施工（图 10-10）

人工整平可用长 45cm、宽 20cm 的木抹板反复抹平，如图 10-10 所示。然后用相同尺寸的铁抹板至少拖抹 3 次，再用拖光带沿左右方向轻轻拖拉几次。最后，将表面拉毛，并除去波纹和水迹。为使混凝土路面具有粗糙抗滑的表面，可在整面后用棕刷顺横坡方向轻轻刷毛，也可用金属梳或尼龙梳梳成深 1～2mm 的横槽，如图 10-11 所示。

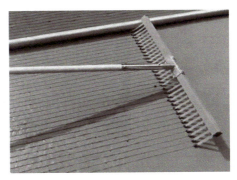

图 10-10　水泥混凝土路面的人工抹平　　　图 10-11　金属梳制作纹理

（2）机械施工

表面整修机有斜向移动和纵向移动两种。斜向表面修整机通过一对与机械行走轴线成 10°～13° 的整平梁做相对运动来完成修整工作，其中一根整平梁为振动整平梁。纵向表面修整机为整平梁在混凝土表面沿纵向往返移动，由于机体前进而将混凝土表面整平。整平中，要随时注意清除因修光梁往复运行而摊到边沿的粗集料，确保整平效果和机械正常行驶，如图 10-12 所示。

图 10-12　水泥混凝土路面的整平机整平

精光工序是对混凝土表面进行最后的精细修整，使混凝土表面更加致密、平整、美观，这是保证混凝土路面外观质量的关键工序。

纹理制作是提高水泥混凝土路面行车安全的重要措施。施工时，用纹理制作机对混凝土路面进行拉槽式压槽，在不影响平整度的前提下，使混凝土路面具有一定粗糙度，如图 10-13 所示。适宜的纹理制作时间以混凝土表面无波纹水迹比较合适，过早或过晚都会影响纹理的质量。

混凝土达到一定强度即可拆除模板，拆模时间根据气温而定，一般在浇筑混凝土 60h

以后拆除。

图 10-13 水泥混凝土路面的纹理制作

4. 接缝施工

当胀缝与结构物相接，混凝土板无法设置传力杆时，可做成厚边式，即接近结构物一端适当加厚。此时可将木制嵌缝板设在胀缝位置，为便于事后取出嵌缝条，可在临浇筑混凝土一侧贴一层油毛毡。为减少填缝工作，可用沥青玛琋脂与软木屑混合压制成板放在胀缝位置，不再取出。

当胀缝设置传力杆时，可用软木做成整体式嵌缝板，中部预留穿放传力杆圆孔，混凝土浇筑后嵌缝板不再取出。也可用两截式嵌缝板，下截用软木制成，不再取出；上截用钢材或木材制成，也叫压缝板，混凝土初凝后取出，然后填缝。

缩缝有压缝及切缝两种做法。压缝法是在混凝土经过振捣后，在缩缝位置先用湿切缝刀切出一条细缝，再将压缝板压入混凝土中。压缝板为钢制，高度较假缝深度略大，宽度与缝隙宽度相等，使用前应先涂抹废机油等润滑剂。如压入困难，可用锤击或振动梁压入。切缝法是在混凝土强度达到 50%～70%时，使用切缝机切割成缝。切缝法便于连续施工，效率高，切缝整齐平直、宽度一致、美观大方。施工中，应尽可能采用切缝机切缝，如图 10-14 所示。

平头式纵缝应在其下部已凝固的混凝土侧壁涂以沥青，上部设置压缝板，然后再浇筑另一侧混凝土。

图 10-14 切割机切缝

5. 养生与填缝

养生的目的是防止混凝土中水分蒸发过快而产生缩裂，保证水泥水化的顺利进行。养生工作应在抹面 2h 后，混凝土表面已有相当硬度，用手指轻轻压上没有痕迹时开始进行。养生一般采用麻袋、草席覆盖及铺 2~3mm 厚砂，每天均匀洒水 2~3 次，时间一般为 14~21d，具体时间应视气温而定。养生应注意保持接缝内的清洁，以免增加填缝困难。

混凝土路面养生期满后即可进行填缝，填缝也可在混凝土初步硬结后进行。填缝时，缝内必须清理干净，必要时应用水冲洗，待其干燥后在侧壁涂一薄层沥青，待沥青干燥后再行填缝。

理想的填缝料应能长期保持弹性和韧性，热天缝隙缩窄时不软化挤出，冷天缩缝增宽时能胀大而不脆裂。此外，还要耐磨、耐疲劳，不易老化。冬期施工填缝应与混凝土路面齐平，夏期施工可稍许高出路面，但不应溢出或污染边缘。

工程案例

例 10-1　**1. 工程概况**

某高速公路双向四车道，路面面层采用 260mm 厚的水泥混凝土板，采用滑模摊铺机摊铺半幅 8.5m 宽的主线。

2. 施工用主要原材料及配合比

（1）水泥。水泥为 52.5 级普通硅酸盐水泥。

（2）碎石。碎石由坚硬、未风化的花岗岩经破碎而成。包含两种粒级，一种为 4.75~16mm 碎石，另一种为 16~31.5mm 碎石，经筛分确定其组成比例为 4∶6。

（3）砂。砂为中砂，清洁、颗粒坚硬、强度高。

（4）水。水为饮用水。

（5）钢筋。钢筋均经检验合格且按设计和规范加工。

（6）减水剂。减水剂采用 FDN-440 型高效减水剂，技术指标符合规范要求。减水剂配制成浓度为 30%的溶液后用于施工。

（7）配合比。混凝土的配合比为：水泥∶砂∶大石∶小石∶水∶减水剂 = 348∶682∶760∶507∶153∶1.74。

3. 试验段施工

申请试验段开工，经监理批准后开工。通过试验段施工，检验了施工工艺流程，确定了施工组织形式、人员编制、配套机具种类与数量、生产调度和施工管理体系等。

4. 施工

（1）基层准备

打扫已交验的基层，清除松散杂物，修补基层缺陷部位，并在混凝土面层摊铺前洒水湿润。

（2）测量放样

用全站仪放样，并进行高程测量。样桩在曲线段 5m 一个，直线段 10m 一个。按单向坡双线式挂线。测量放样挂线达到四等水准精度要求。在摊铺前对基准线进行抽查。

（3）安装钢筋

按设计图纸安装好钢筋。

（4）混凝土的拌制和运输

水泥混凝土采用强制式拌和楼拌制，每台每小时可生产 150m³ 水泥混凝土，本次施工配备了 2 台拌和楼。拌制混凝土严格按照监理批准的配合比配料，搅拌时间为 45s。拌制的混凝土经检验坍落度合格、和易性良好、基本不泌水。施工中抽样制件，以检验强度。

混凝土拌和物的运输采用车况良好、车厢平整光滑的自卸汽车。

（5）卸料、布料

由专人指挥将合格的混凝土拌和物均匀卸在已清扫干净并洒水湿润的基层上，由改装挖掘机辅助布料。在钢筋混凝土路面、桥面或搭板处，由改装的挖掘机直接从自卸汽车车厢中挖料并布料至钢筋混凝土路面、桥面或搭板上。

（6）摊铺

采用滑模摊铺机摊铺。布料后应立即摊铺。摊铺机起步时，先开启振捣棒，在开始摊铺的 5m 之内立即对所摊铺出的路面高程、厚度、宽度、中线、横坡等技术参数进行了准确测量，摊铺机操作人员根据测量结果及时缓慢地在摊铺行进中微调摊铺机上传感器、挤压底板、拉杆打入深度、抹平板的压力机边缘位置等。从摊铺机起步、调整到正常摊铺整个过程在 10m 内完成。通过调整使混凝土面板砂浆层厚度控制在 4mm 左右，便于抗滑构造施工。

摊铺过程中，尽可能使摊铺机缓慢（1m/min）、均匀、连续作业，保持振捣仓内料位高于振捣棒 100mm 左右。

（7）设置施工缝

在施工的起始位置及结束位置均需设置横向施工缝。先安装施工缝横向钢端模，并安装传力杆，然后用水准仪测量及抄平面板高程和横坡。

（8）路面修整

滑模摊铺好的混凝土面板原则上不再修整，但对打侧向拉杆被挂坏的纵缝边缘，及出现倒边、塌边、溜肩现象的纵缝边缘，应进行补料修整。

（9）抗滑构造制作

在混凝土仍具有塑性时（一般在摊铺机后约 30m），在滑模摊铺机后的工作桥上拖挂一层湿润的麻布，软拖制作细观抗滑构造，布片接触路面的拖行长度取 0.7m。

宏观抗滑构造用人工操作拉槽机施工，拉槽在混凝土表面泌水完毕 20～30min 内进行，拉槽深度控制在 2～3mm，槽宽 3～5mm，槽间距 18mm。

（10）养生

混凝土板抗滑构造软拉制作完成后，立即在面板表面及两侧喷洒养护剂，养护剂喷洒厚度以形成完全封闭的薄膜为宜。

在喷洒完养护剂的面板上一次性全断面覆盖塑料薄膜，然后加土盖严，但不能压坏细观抗滑构造。

养生时间根据混凝土弯拉强度增长情况而定，以混凝土弯拉强度不小于设计弯拉强度的 80% 为宜，一般为 14～21d。

（11）切缝

在摊铺时，应在自动插入横向缩缝传力杆位置的路侧做好标记，以保证切缝在传力杆的中间上方。在做好标记处用切缝机切缝，切缝应及时，避免不规则裂缝或断板产生，切缝时间最长不超过 24h，缝宽和缝深按设计控制。

（12）灌缝

混凝土板养生期满后，接缝槽口应及时灌缝。先清除接缝中砂石及其他污染物，保证缝内清洁、干燥，然后挤压嵌入多孔泡沫塑料背衬条，最后灌填聚氨酯焦油填缝料。

复习思考题

1. 水泥混凝土路面的构造是怎样的？
2. 水泥混凝土的原材料有哪些？基本要求是什么？
3. 水泥混凝土的配比设计流程是怎样的？
4. 如何保证水泥混凝土路面的施工质量？
5. 水泥混凝土路面的小型机具施工法流程是怎样的？
6. 水泥混凝土路面的轨道式施工法流程是怎样的？
7. 水泥混凝土路面的滑模摊铺施工法流程是怎样的？

第 11 章 桥梁基础施工技术

> 学习目的与要求

掌握明挖基础施工中的基坑开挖方法，了解常见的基坑排水方法，熟悉基底检验的内容与方法；了解常见的钻孔方法和机具设备，熟悉钻孔灌注桩的施工工艺流程；了解沉井基础的概念，熟悉沉井基础的施工流程。

桥梁上部承受的各种荷载，通过桥台或桥墩传至基础，再由基础传至地基。基础是桥梁下部结构的重要组成部分，因此，基础工程在桥梁结构物的设计与施工中，占有极为重要的地位，它对结构物的安全使用和工程造价有很大的影响。

桥梁基础按施工方法可分为明挖基础施工、钻孔灌注桩基础施工、沉井基础施工、承台及系梁施工。

11.1 明挖基础施工

明挖基础是将基础底板设在直接承载地基上，来自上部结构的荷载通过基础底板直接传递给承载地基。其施工方法通常是采用明挖的方式进行的，是一种直接敞坑开挖就地灌注的浅基础形式。由于施工简便、造价低，只要在地质和水文条件许可的情况下，都应优先选用。明挖基础适用于无水、少水或浅水河流的基础工程，可采用人工开挖或机械开挖。明挖基础施工重点需解决的问题是敞坑边坡稳定及开挖过程中的排水。

明挖基础适用于浅层土较坚实，且水流冲刷不严重的浅水地区，施工中坑壁的稳定性是必须特别注意的问题。由于它的构造简单，埋深浅，施工容易，加上可以就地取材，故造价低廉，广泛用于中小桥涵及旱桥。我国赵州桥就是在粉质黏土地基上采用了这种桥基。

明挖基础也称扩大基础，系由块石或混凝土砌筑而成的大块实体基础，其埋置深度可较其他类型基础浅，故为浅基础。它的构造简单，由于所用材料不能承受较大的拉应力，故基础的厚宽比要足够大，使之形成所谓刚性基础，受力时不致产生挠曲变形。为了节省材料，这类基础的立面往往砌成台阶形，平面将根据墩台截面形状而采用矩形、圆形、T形或多边形等。建造这种基础多用明挖基坑的方法施工。在陆地开挖基坑，将视基坑深浅、土质好坏和地下水位高低等因素，来判断是否采用坑壁支撑结构——衬板或板桩。在水中开挖则应先筑围堰。基坑开挖时应注意以下事项：

（1）基坑开挖对邻近建筑物或临时设施有影响时，应提前采取安全防护措施。

（2）基坑顶面应提前做好地面防、排水设施。

（3）基坑开挖时，不得采用局部开挖深坑及从底层向四周掏土。

（4）基坑顶有动荷载时，坑口边缘与动载间的安全距离应根据基坑深度、坡度、地质和水文条件及动载大小等情况确定，且不应小于1.0m。

（5）在土石松动地层或在粉、细砂层中开挖基坑时，应先做好安全防护；当基坑开挖需要爆破时，应执行现行国家标准《爆破安全规程》GB 6722 中的有关规定；土质松软层基坑开挖必须进行支护。

（6）基坑开挖时，应观测坡面稳定情况。当发现坑沿顶面出现裂缝、坑壁松塌或遇涌水、涌砂时，应立即停止施工，加固处理后，方可继续施工。

明挖基础施工的主要内容包括基础的定位放样、基坑开挖、基坑排水、基底处理以及砌筑（浇筑）基础结构物等。

11.1.1 基础的定位放样

在基坑开挖前，先进行基础的定位放样工作，以便正确地将设计图上的基础位置准确地设置到桥址上。放样工作系根据桥梁中心线与墩台的纵横轴线，推算出基础边线的定位点，再放线画出基坑的开挖范围。基坑各定位点的高程及开挖过程中高程检查，一般用水准测量的方法进行。

11.1.2 基坑开挖

基坑开挖的主要工作有：挖掘、出土、支护、排水、防水、清底以及回填等。施工时，应根据地质条件、水文条件、基坑开挖深度、开挖所采用的方法和机具等，采用不同的开挖工艺。

基坑在开挖前通常需完成下列准备工作：施工场地的清理、地面水的排除、临时道路的修筑、供电与供水管线的敷设、临时设施的搭建、基坑的放线等工作。

场地清理包括拆除房屋、古墓，拆迁或改建通信设备、电力设备、上下水道以及其他建筑物、迁移树木等工作。

场地内低洼地区的积水必须排除，同时应注意雨水的排除，使场地保持干燥，以便基坑开挖。

地面水的排除一般采用排水沟、截水沟、挡水土坝等措施。应尽量利用自然地形来设置排水沟，使水直接排至基坑外，或流向低洼处，再用水泵抽走。主排水沟最好设置在施工区域的边缘或道路的两旁，其横断面和纵向坡度应根据最大流量确定。一般排水沟的横断面不小于 0.5m×0.5m，纵向坡度一般不小于 3‰。平坦地区，如出水困难，其纵向坡度不应小于 2‰，沼泽地区可降至 1‰。在基坑开挖过程中，要注意排水沟保持畅通，必要时应设置涵洞。

1. 土方边坡及其稳定

1）土方边坡

为了防止塌方，保证施工安全，在开挖深度超过一定限度时，均应在其边沿做成一定坡度的边坡。

土方边坡坡度是以其高度 H 与宽度 B 之比表示，如图 11-1 所示为 $1:m$，即

$$土方边坡坡度 = \frac{H}{B} = \frac{1}{B/H} = 1:m \tag{11-1}$$

根据各层土质以及土体所受的压力，土方边坡可做成直线形、折线形和台阶形。合理

地选择基坑边坡是减少土方量的有效措施。

2）边坡的稳定

基坑边坡的稳定，主要是由于土体内土颗粒之间存在摩擦阻力和黏聚力，使土体具有一定的抗滑力来保持稳定。当土体的下滑力大于抗滑力，边坡就会失去稳定而发生滑动，这种滑动一般是在一定范围内整体沿某一滑动面向下和向外移动。一旦土体失去平衡，土体就会塌方，不仅会造成人身安全事故、影响工期，有时还会危及邻近建筑物的安全。

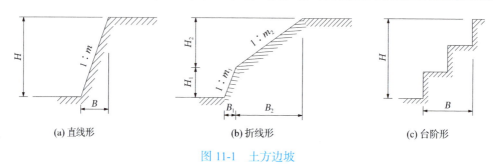

图 11-1　土方边坡

基坑边坡的失稳往往是在外界不利因素影响下触发和加剧的。这些外界不利因素往往会导致土体剪应力的增加或抗剪强度的降低。

引起土体剪应力增加的因素主要有：

（1）坡顶上堆积物、行车等荷载。

（2）雨水或地面水渗入土中使土中的含水率增加而造成土的自重增加。

（3）地下水渗流产生一定的动水压力。

（4）土体竖向裂缝中的积水产生侧向静水压力。

（5）边坡过陡，土体本身稳定性不够。

引起土体抗剪强度降低的因素主要有：

（1）土质本身较差或因气候影响使土质松软。

（2）体内含水率增加使土体黏聚力降低、产生润滑作用。

（3）饱和的细砂、粉砂因受振动而液化等。

2. 基坑开挖的方式

基坑开挖的方式与基础的埋置深度、地质土的性质、施工周期的长短有关。可分为直立壁开挖、放坡开挖、支护开挖。按其基坑所处的环境可分为陆地基坑开挖和水中基础的基坑开挖两种。

1）陆地基坑开挖

基坑大小应满足基础施工要求，对有渗水土质的基坑坑底开挖尺寸，需要按基坑排水设计（包括排水沟、集水井、排水管网等）和基础模板设计而定，一般基底尺寸应比设计平面尺寸各边增宽 0.5~1.0m。基坑可采用垂直开挖、放坡开挖、支撑加固或其他加固的开挖方法，具体应根据地质条件、基坑深度、施工期限与经验，以及有无地表水或地下水等现场因素来确定。

（1）坑壁不加支撑的基坑

对于在干涸无水河滩、河沟中，或有水经改河或筑堤能排除地表水的河沟中；在地下水位低于基底，或渗透量少，不影响坑壁稳定；以及基础埋置不深（一般在 5m 以内），施工期较短，挖基坑时不影响邻近建筑安全的施工场所，可考虑选用坑壁不加支撑的基坑。

不加支护的基坑开挖时，坑壁依靠土体本身的抗剪强度，或采取适量放坡的方式来解决边坡的稳定问题。

基坑开挖时，坑壁的形式有直坡式、斜坡式和踏步式等，如图 11-2 所示。

(a) 直坡式　　　　(b) 斜坡式　　　　(c) 踏步式

图 11-2　基坑形式

①直坡坑壁基坑

当基础土质均匀，地下水位低于基坑，基坑顶边缘无荷载，土体处于半干硬或硬塑状态时，可采用坑壁不加支护而垂直开挖的方法。

如果坑壁垂直开挖超过挖深限值时，可采取踏步式坑壁开挖法或考虑放坡开挖以及做成直立壁加支撑。

②斜坡坑壁基坑

在天然土层上挖基坑，若深度在 5m 以内，施工期较短，基底处于地下水位以下，且土的湿度正常，构造均匀时，可采用放坡开挖。

如果基坑开挖通过不同的土层时，可按土层分层选定边坡坡度，并留出至少 0.5m 宽的台阶。若土的湿度过大，可能引起坑壁坍塌时，坑壁坡度应采用该湿度下土的天然坡度。

③施工注意事项

a. 在无水土质基坑底面，基坑平面尺寸每边放宽 0.5～1.0m 或模板施工要求的宽度。对有水基坑底面，应预留四周开挖排水沟或汇水井的位置，每边放宽 0.8～1.2m。但如果采用坑壁为土模灌注混凝土时，基底尺寸为基础轮廓。

b. 坑顶边缘应留有护道，避免在此范围内加载，以保持顶边稳定。静载距坑缘不小于 0.5m，动载距坑缘不小于 1.0m。在垂直坑壁坑缘顶面的护道还应适当增宽，荷载距坑缘距离应满足不使土体坍塌为限。

c. 基坑应尽量安排在枯水或少雨季节施工。基坑开挖不宜间断，应连续施工并进行基础混凝土的灌注施工。

d. 基坑宜用原土及时回填，对桥台及有河床铺砌的桥墩基坑，均应分层夯实。

（2）坑壁有支撑的基坑

当基坑壁坡不易稳定并有地下水渗入，或放坡开挖场地受到限制，或基坑较深、放坡开挖工程数量较大，不符合技术经济要求时，可视具体情况，采用以下加固坑壁措施，如挡板支撑、钢木结合支撑、混凝土护壁及锚杆支护等。常用的坑壁支撑形式有：直衬板式坑壁支撑、横衬板式坑壁支撑、框架式支撑及其他形式的支撑（如锚桩式、锚杆式、锚碇板式、斜撑式等）。

常用的支撑方法有：

①横撑式支撑

分为水平式支撑和垂直式支撑，如图11-3所示。

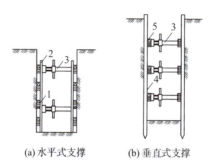

(a) 水平式支撑　　　(b) 垂直式支撑

1—水平挡土板；2—垂直支撑；3—工具式支撑；4—垂直挡土板；5—水平支撑

图11-3　横撑式支撑

a. 水平式支撑，断续或连续的挡土板水平放置。断续式水平挡土板支撑，适于能保持直立壁的干土或天然湿度的黏土，深度在3m以内的基坑。连续式水平挡土板支撑，适于较潮湿的或散粒的土，深度在5m以内的基坑。

b. 垂直式支撑，断续或连续的挡土板垂直放置。适于土质较松散或土的湿度很高、地下水较少、深度不限的基坑。

②锚拉支撑

水平挡土板支在柱桩的内侧，柱桩一端打入土中，另一端用拉杆与锚桩拉紧，锚桩必须设在土的破坏范围以外，在挡土板内侧回填土。适用于开挖面积较大、深度不大的基坑或使用机械挖土的基坑，如图11-4所示（φ为土的内摩擦角）。

③短柱横隔支撑

打入短木桩，部分打入土中，部分露出地面，钉上水平挡土板，在背面填土。适于开挖宽度大的基坑，当部分地段下部放坡不够时使用。

④钢板桩支撑

挖土之前在基坑的周围打入钢板桩或钢筋混凝土板桩，板桩入土深度及悬臂长度应经计算确定，如基坑深度较大，可加水平支撑。它适用于在一般地下水位较高的黏性土或砂土层中应用，如图11-5所示。

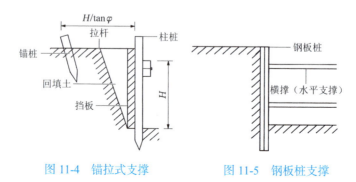

图11-4　锚拉式支撑　　　图11-5　钢板桩支撑

⑤大型钢构架横撑

在开挖的基坑周围打钢板桩或钢筋混凝土桩,在柱位置上打入暂设的钢柱,在基坑中挖土,每下挖 3~4m,装上一层钢构架支撑体系,挖土在钢构架网格中进行,亦可不预先打下钢柱,随挖随接长支柱。适于在饱和软弱土层中开挖较大、较深基坑,钢板桩刚度不够时采用。

⑥钢筋混凝土灌注桩支撑

在开挖的基坑周围,现场灌注钢筋混凝土桩,达到强度后,在基坑中间用机械或人工挖土,下挖 1m 左右装上横撑,在桩背面装上拉杆与已设锚桩拉紧,然后继续挖土至要求深度。桩间土方挖成外拱形,使之起土拱作用。如基坑深度小于 6m,或邻近有建筑物,亦可不设锚拉杆,采取加密桩距或加大桩径处理。适于开挖较大、较深(>6m)基坑,邻近有建筑物,不允许支护,背面地基有下沉、位移时采用。

⑦土层锚杆支护

沿开挖基坑边坡每 2~4m 设置一层水平土层锚杆,直到挖土至要求深度。适于在较硬土层中或破碎岩石中开挖较大、较深基坑,如邻近有建筑物,必须保证边坡稳定时才可采用。

⑧地下连续墙加锚杆支护

在基坑周围现浇地下连接墙,开挖土方至锚杆部位,用锚杆钻机在要求位置钻孔,放入锚杆,进行灌浆,待达到强度,装上锚杆横梁,或锚头垫座,然后继续下挖至要求深度。根据需要,锚杆可设 2~3 层,每挖一层,装一层,采用快凝砂浆灌浆。适于开挖放大、较深(>10m)、不允许内部设支撑、有地下水的大型基坑。

2)水中基础的基坑开挖

桥梁墩台基础大多位于地表水位以下,有时水流还比较大,施工时都希望在无水或静止水条件下进行。桥梁水中基础最常用的施工方法是围堰法。围堰的作用主要是防水和围水,有时还起着支撑施工平台和基坑坑壁的作用。公路桥梁常用的围堰的类型有:土石围堰、木笼围堰或竹笼围堰、钢板桩围堰、套箱围堰。

围堰必须满足以下的要求:

(1)围堰顶高宜高出施工期间最高水位 700mm,最低不应小于 500mm,用于防御地下水的围堰宜高出水位或地面 200~400mm。

(2)围堰的外形应适应水流排泄,大小不应压缩流水断面过多,以免壅水过高危害围堰安全,以及影响通航、导流等。围堰内形应适应基础施工的要求,并留有适当的工作面积。堰身断面尺寸应保证有足够的强度和稳定性,使基坑开挖后,围堰不至发生破裂,滑动或倾覆。

(3)围堰要求防水严密,应尽量采取措施防止或减少渗漏,以减轻排水工作。对围堰外围边坡的冲刷和筑围堰后引起的河床的冲刷均应有防护措施。

(4)围堰施工一般应安排在枯水期间进行。

11.1.3 基坑排水

基坑坑底一般多位于地下水位以下,地下水会经常渗进坑内,因此必须设法把坑内的水排除，以便利施工。要排除坑内渗水，首先要估算涌水量，方能选用相当的排水设备。桥梁基础施工中常用的基坑排水方法如下。

1. 集水坑排水法

除严重流砂外，一般情况下均可采用。基集水坑（沟）的大小，主要根据渗水量的大小而定，排水沟底宽不小于 0.3m，纵坡为 1%～5%。如排水时间较长或土质较差时，沟壁可用木板或荆笆支撑。

2. 井点排水法

当土质较差，有严重流砂现象，地下水位较高，挖基较深，坑壁不易稳定，用普通排水的方法难以解决时，可用井点排水法。井点排水法因需要设备较多，施工布置复杂，费用较大，应进行技术经济比较后采用。在桥涵基础中多用于城市内挖基、防护。集水坑一般设在下游位置，坑深应大于进水龙头高度，并用笆、竹篾、编筐或木围护，以防止泥砂阻塞吸水龙头。

井点排水适用于渗透系数为 0.5～150m/d 的土，尤其在 2～50m/d 的土中效果最好；降水深度一般可达 4～6m，二级井点可达 6～9m。超过 9m 应选用喷射井点或深井点法，具体可视土层的渗透系数、要求降低地下水位的深度及工程特点等条件，选择适宜的井点排水法和所需设备。

轻型井点排水法适用于土层渗透系数为 0.1～80m/d 的情况。轻型井点排水法是由带有滤管的井点管和集水管等所组成的管路系统与泵辅系统（包括离心泵和真空泵等）共同作用，完成人工降低地下水位的重要方法之一，并获得广泛使用。

电渗井点法排水适用于土层渗透系数 < 0.1m/d 的情况。其原理：用两根电极插入土中，分别通过正负直流电以后，土粒向阳电极移动，水分子向阴电极移动，由此将水汇集于管中，用水泵抽出地面。

3. 其他排水法

对于土质渗透较大、挖掘较深的基坑可采用板桩法或沉井法。此外，视现场条件、工程特点及工期等因素，还可采用帷幕法，即将基坑周围土用硅化法、水泥灌浆法、沥青灌浆法以及冻结法等处理成封闭的不透水的帷幕。这种方法除自然冻结法外，其余均因设备多、费用大，在桥涵基础施工时较少采用。

11.1.4　基底检验处理

1. 基底检验

基坑已挖至基底设计高程，或已按设计要求加固、处理完毕后，须经过基底检验，方可进行基础结构施工。

基坑施工是否符合设计要求，在基础浇筑前应按规定进行检验。其目的在于：确定地基的容许承载力的大小、基坑位置与高程是否与设计文件相符，以确保基础的强度和稳定性，不致发生滑移等病害。基底检验的主要内容包括：检查基底平面位置、尺寸大小，基底高程；检查基底土质均匀性、地基稳定性及承载力等；检查基底处理和排水情况；检查施工日志及有关试验资料等。

为使基底检验及时，以免因等候检验、基底暴露时间过久而风化变质，施工负责人应提前通知检验人员,安排检验。

1)检验内容

(1)检查基坑的平面位置、坑底尺寸、高程是否符合设计要求,偏差是否在现行有关规定允许范围以内。

(2)检验基坑底面土质及其均匀性、稳定性,坑壁坡面是否平顺稳定,有无排水措施,容许承载力能否满足设计要求。

(3)检查基坑和地基加固、处理过程中的有关施工记录和试验等资料。

(4)检查基底地基经加固、处理后的效果是否达到设计要求。

2)检验方法

(1)小桥和涵洞基底的地基检验

①一般经过直观或触探器确定土质与设计要求符合时,即可签认进行浇砌基础。

②经过直观或触探对土质有疑问时,应取土样做土的物理力学性能试验,如颗粒分析、天然密度、天然含水率、天然孔隙比、液限、塑限、密度、可塑性、压缩性和抗剪强度等,以鉴定土的容许承载力,或钻探 2m 以上,检查下卧层土质。

③特殊设计的小桥涵对地基沉降有严格要求,当属于下列不良土质情况时,宜进行荷载试验。

a. 风化颇重的岩层;

b. 松散砂类土的相对密实度 $D \leqslant 0.33$;

c. 黏质土的天然孔隙比超过下列限度时:黏土质砂(SC)$e_0 > 0.7$,低液限黏土(CL)$e_0 > 1$,高液限黏土(CH)$e_0 > 1.1$;

d. 含有大量有机物的吹填土或砂土、黏土;

e. 含有大块杂质(尤其是大量碎砖瓦等)的填筑土;

f. 对经过加固处理的地基,应根据不同加固方法的质量要求采用相应的检验方法,包括量测加固范围、桩位偏差和桩体垂直度偏差;用环刀法取样或灌砂法测定压实度或干密度;用静力触探或动力触探检验加固处理后的效果。

(2)大、中桥和填土在 12m 以上涵洞基底的地基检验

①一般由检验人员用直观、触探、挖试坑或钻探(钻探至少 4m)试验等方法确定土的容许承载力,确认符合设计要求后,即可进行基础施工。

②在地质特别复杂,或在设计文件中有特殊要求必须做荷载试验时,才做荷载试验。必要时还应做土工试验,与荷载试验核对。

③在特殊地基上已经加固处理又经触探、密实度检验后,尚有疑问时,则应再做荷载试验。确认符合设计要求后,才能进行基础的施工。

(3)检验注意事项

①地基经检验后,需要做大的加固处理时,应由施工单位邀请建设单位及设计单位共同研究确定。加固处理完毕,应再经检验合格后,方可进行基础施工。

②桥涵地基检验,除了进行平面尺寸和地基变形观测外,检验方法主要有静力触探、动力触探、标准贯入试验、土压力、孔隙水压力及土位移测试,荷载试验、旁(横)压试验,排水固结法加固的地基有时还需做十字板剪切试验。无论何种测试方法都有一定的局

限性，故宜采用多种方法进行综合评价。现场测试要辅以取样，做室内土工试验，如加固设计已规定有检验项目和检验方法的，按设计规定办理。

③为了有较好的可比性，加固前后两次的测试项目应力求对应，甚至最好由同一组织、同一仪器按同一标准进行。

④检验后按规定格式填写"地基检验表"，由参加检验人员会签，作为竣工验收的原始资料。

2. 基底处理

天然地基上的基础是直接靠基底土来承担荷载的，故基底土状态的好坏，对基础及墩台、上部结构的影响极大，不能仅检查土的名称与容许承载力大小，还应为土更有效地承担荷载创造条件，即要进行基底处理工作。

1）未风化岩石基底

对未风化岩层开挖至岩层面后，应清除岩面松碎石块，凿出新鲜岩面，并用水冲洗干净，岩面不得存有淤泥、苔藓等表面附着物。岩面倾斜时，应将岩面基本凿平或凿成台阶。对基坑内岩面有部分破碎带时，应会同设计人员研究处理，采用混凝土封填或设混凝土拱等方法进行处理，以满足承载力的要求。

2）风化岩层基底

岩石的风化程度对其承载力影响很大。在开挖至风化岩层时，应会同设计人员认真观察其风化程度，检查基底是否符合设计承载力要求。按设计要求适当凿去风化表层，或清理到新鲜岩面，将基坑填满封闭，防止岩层继续风化。

3）碎石或砂砾土层

将基底修理平整并夯实，砌筑基础混凝土时，应先铺一层20mm厚水泥砂浆。

4）黏土基底

基坑开挖时，留200~300mm深度不挖，以防止地面、地下水渗流至基面，浸泡基面，降低强度。砌筑前，再用铁锹加以铲平。如基底原状土含水率较大或在施工中浸水泡软，可在基坑中夯入100mm以上厚度的碎石，但碎石顶面不得高于设计高程。当基底土质不均，部分软土层厚度不大时，可挖除后换填砂土并分层夯实。

5）湿陷性黄土

湿陷性黄土地基开挖时，必须保持基坑不受水浸泡，并尽量避免在雨期施工，否则应有专门的防洪排降水设施，并应按设计要求采用重锤夯实、换填或挤密桩法进行加固。

6）软土层

软土地基应按设计要求进行加固，可采用换土、砂井、砂桩或其他软土地基处理方法。在软土地基上修建桥梁时，应按设计预留沉降量。采用砂井加固的软土地基，按设计要求采取预压。桥涵主体必须分期均匀施工。在砌筑墩台、填土和架梁工程中，随时观测软土地基的沉降量，用以控制施工进度，使软土地基缓慢平均受载，防止发生剧烈变化或不均匀下沉。

7）泉眼

对于泉眼，应用堵塞或导流的方法处理。泉眼水流较小时，可用木塞、速凝水泥砂浆、带螺母钢管等堵塞泉眼。堵眼有困难时，采用竹管、塑料管或钢管引流，待基础圬土灌注完后，向管内压浆将其封闭，也可在基底以下设置暗沟或盲沟，将水引至基础施工以外的汇水井中抽排，施工完成后用水泥砂浆封闭。

8）溶洞地基处理

在地基下出现溶洞时，应会同设计部门研究处理，一般采取以下加固措施进行处理：

（1）首先用勘测方法探明溶洞的形态、深度和范围，以便采取相应的处理方法。

（2）当溶洞埋深较浅时，可用高压射水清除溶洞中的淤泥，灌注混凝土进行填充；当溶洞较深且狭窄、洞内土不易清除时，可在洞内打入混凝土桩。

（3）当洞处在基础底面，溶洞窄且深时，可用钢筋混凝土板盖在溶洞上面，跨越溶洞。

（4）当埋藏较深，溶洞内有部分软黏土时，可用钻机钻孔，从孔中灌入砂石混合料，并压灌水泥砂浆封闭。

11.1.5 基础圬工浇筑

基础施工分为无水浇筑、排水浇筑和水下浇筑3种情况。

排水施工的要点是：确保在无水状态下砌筑圬工；禁止带水作业及用混凝土将水赶出模板外灌注方法；基础边缘部分应严密隔水；水下部分圬工必须待水泥砂浆或混凝土终凝后才允许浸水。

水下浇筑混凝土只有在排水困难时采用。基础圬工的水下灌注分为水下封底和水下直接灌注基础两种。前者封底后仍要排水再砌筑基础，封底只是起封闭渗水作用的作用，其混凝土只作为地基而不作为基础本身，适用于板桩围堰开挖的基坑。浇筑基础时，应做好与台身、墩身的接缝连接，一般要求是：

（1）混凝土基础与混凝土墩台身的接缝，周边应预埋直径不小于16mm的钢筋或其他铁件，埋入与露出的长度不应小于钢筋直径的20倍。

（2）混凝土或浆砌片石墩台身的接缝，应预埋片石作榫，片石厚度不应小于150mm，片石的强度要求不低于基础或墩台身混凝土或砌体的强度。

11.2 钻孔桩基础施工

灌注桩系指采用不同的钻（挖）孔方法，在土中形成一定直径的井孔，达到设计高程后将钢筋骨架（笼）吊入井孔中，灌注混凝土形成桩基础。这种成桩工艺大约于20世纪40年代初期在欧洲已开始使用。我国公路桥梁上使用钻孔灌注桩基础始于20世纪50年代末期，从人力转动锥头钻孔开始，逐渐在我国发展到冲抓锥、冲击锥、正反循环旋转钻、潜水电钻等各种钻孔工艺。钻孔直径从250mm发展到2000mm以上，桩长从十余米发展到百米以上。

11.2.1 钻孔方法和机具设备

钻孔灌注桩的关键是钻孔。钻孔的方法可归纳为如下3种类型：

（1）冲击法。用冲击钻机或卷扬机带动冲锥，借助锥头自重下落产生的冲击力，反复冲击破碎土石或把土石挤入孔壁中，用泥浆浮起钻渣，或用抽渣筒或空气吸泥机排出而形成钻孔。

（2）冲抓法。用冲抓锥靠自重产生冲击力，切入土层或破碎土层，叶瓣抓土、弃土以形成钻孔。

（3）旋转法。用钻机通过钻杆带动锥或钻头旋转切削土，用泥浆浮起并排出钻渣形成钻孔。

以上每种方法因动力与设备功能的不同而分为多种。如图 11-6 所示为钻孔方法的施工布置；如图 11-7 所示为常用的钻头形式。

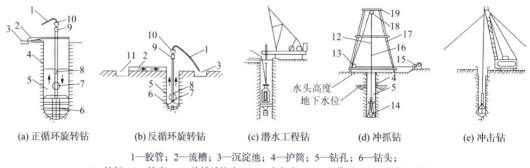

(a) 正循环旋转钻　(b) 反循环旋转钻　(c) 潜水工程钻　(d) 冲抓钻　(e) 冲击钻

1—胶管；2—流槽；3—沉淀池；4—护筒；5—钻孔；6—钻头；
7—钻杆；8—接头；9—旋转活接头；10—水龙头；11—泥浆池；12—吊起钢丝绳；
13—转向滑轮；14—冲抓锥；15—双筒卷扬机；16—开合钢丝绳；17—钻架；
18—天滑轮；19—横梁

图 11-6　几种钻孔方法的施工布置

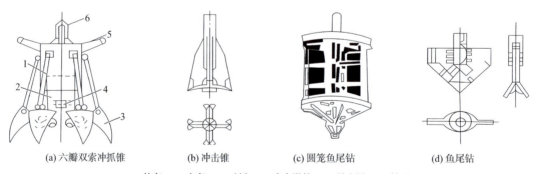

(a) 六瓣双索冲抓锥　(b) 冲击锥　(c) 圆笼鱼尾钻　(d) 鱼尾钻

1—外套；2—内套；3—叶瓣；4—内套滑轮；5—导向圈；6—挂环

图 11-7　常用的钻头形式

11.2.2　钻孔灌注桩的施工工艺流程

钻孔灌注桩施工因成孔方法的不同和现场情况各异，施工工艺流程不会完全相同。在施工前，要安排好施工计划，编排具体工艺流程图，作为安排各工序施工操作和进度的依据。参照各地实践经验，钻孔灌注桩的工艺流程一般如图 11-8 所示。

当同时有几个桩位施工时，要注意相互配合，避免干扰，并尽可能做到均衡地使用机具与劳动力，既要抓紧新钻孔的施工，也要做好已成桩的养护和质量检验工作。

钻孔灌注桩施工的主要工序包括：准备场地、埋设护筒、制备泥浆、钻孔、清底、钢筋笼制作与吊装以及灌注混凝土等。下面就其要点简略介绍。

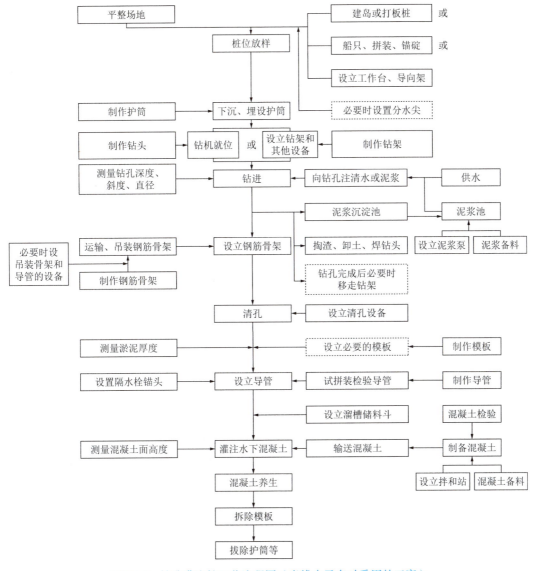

图 11-8 钻孔灌注桩工艺流程图（虚线表示有时采用的工序）

1. 准备场地

钻孔前要进行准备工作，其内容包括：

（1）场地为旱地时，应该除杂物，换除软土，整平夯实。

（2）场地为陡坡时，可用枕木、型钢等搭设工作平台。

（3）场地为浅水时，宜采用筑岛施工，筑岛面积应根据钻孔方法、设备大小等要求确定。

（4）场地为深水或淤泥较厚时，可搭设工作平台，平台必须牢固稳定，能承受工作时所有静、动荷载，并考虑施工机械能安全进出。

如水流平稳，水位升降缓慢，全部工序可在船舶或浮箱上进行，但必须锚固稳定，桩位准确。如流速较大，但河床可以整理平顺时，可采用钢桩或钢丝网水泥薄壁沉井，就位后灌水下沉至河床，然后在其顶部搭设工作平台，在其底部安设护筒；在某些情况下，可在钢板桩围堰内搭设钻孔平台。

2. 埋设护筒

钻孔成败的关键是防止孔壁坍塌。当钻孔较深时，地下水位以下的孔壁土在静水压力下会向孔内坍塌，甚至发生流砂现象。钻孔内若能保持比地下水位高的水头，增加孔内静水压力，就能稳定孔壁、防止坍孔。护筒除起到这个作用外，同时还有隔离地表水、保护孔口地面、固定桩孔位置和起到钻头导向等作用。

制作护筒的材料有木、钢和钢筋混凝土3种。护筒要求坚固耐用，不漏水，其内径应比钻孔直径大（比旋转钻约大200mm；比潜水钻、冲击锥或冲抓锥约大400mm），每节长度2~3m。一般常用钢护筒，在陆上与深水中均能使用，钻孔完成，可拔出重复使用。其底部和周围一定范围内，应夯填黏土，借助黏土压力及其隔水作用，保持护筒稳定，保护孔口地面。在深水中埋设护筒时，先打入导向架，再用锤击或振动加压沉入护筒，护筒入土深度视土质与流速而定。护筒平面位置的偏差不得大于50mm，倾斜度不得大于1%。

3. 泥浆制备

钻孔泥浆由水、黏土（膨润土）和添加剂组成。具有浮悬钻渣、冷却钻头、润滑钻具、增大静水压力，并有在孔壁形成泥膜、隔断孔内外渗流、防止坍孔的作用。调制的钻孔泥浆及经过循环净化的泥浆，应根据钻孔方法和地层情况采用不同的性能指标。泥浆稠度应视地层变化或操作要求，灵活掌握。泥浆太稀，排渣能力小，护壁效果差；泥浆太稠，会削弱钻头冲击功能，降低钻进速度。

通常采用塑性指数大于25、粒径小于0.005mm颗粒含量大于50%的黏土，通过泥浆搅拌机或人工调和，储存在泥浆池内，再用泥浆泵输入钻孔内。泥浆泵应有足够的流量，以免影响钻进速度。大直径深孔采用正循环旋转法施工时，泥浆泵应经过流量和泵压计算来选择。对孔深百米以内的钻孔，一般可采用不小于2MPa的泵压。

4. 钻机就位

测量放样，在护筒周边放出桩位中心十字线，并用红油标识，采用泵吸式反循环成孔工艺成孔。采用钻机本身的动力就位。开始前注意桩的钻孔和开挖应在中距5m内的任何桩的混凝土灌注24h才能开始，以避免干扰邻桩或钻孔过程。钻孔开钻后，要连续作业，根据钻孔和地质层合理选择钻进速度；遇地下水后开始向孔内注浆，孔内水头高度保证2m以上。钻头使用三翼圆笼钻锥，用优质泥浆护壁，桩的钻孔应保证各桩之间无影响，成孔前应检查孔的中心位置，垂直度和泥浆指标，钻进过程要经常检查孔径、垂直度、泥浆指标、垂直度和成孔速度。如有偏差，及时调整，保证桩基的成孔质量。

5. 成孔

就地灌注混凝土桩的成孔方法不胜枚举，至少也有几十种之多。国内常用的有如下方法：

（1）正循环旋转法。利用钻具旋转切削土体钻进，泥浆泵将泥浆压进泥浆笼头，通过钻杆中心从钻头喷入钻孔内，泥浆挟带钻渣沿钻孔上升，从护筒顶部排浆孔排出至沉淀池，钻渣在此沉淀而泥浆流入泥浆池循环使用。其特点是钻进与排渣同时连续进行，在适用的土层中钻进速度较快，但需设置泥浆槽、沉淀池等，施工占地较大，且机具设备较复杂。

（2）反循环旋转法。与正循环不同的是泥浆输入钻孔内，然后从钻头的钻杆下口吸进，通过钻杆中心排出至沉淀池内。其钻进与排渣效率较高，但接长钻杆时装卸麻烦，钻渣容易堵塞管路，另外因泥浆是从上向下流动，孔壁坍塌的可能性较正循环法大，为此需用较高质量的泥浆。

（3）潜水电钻法。系统旋转电动机及变速装置均经密封后安装在钻头与钻杆之间，潜入水下作业。其特点是钻具简单轻便、易于搬运、噪声小，钻孔效率较高，操作条件亦有所改善。但钻机在水中工作，较易发生故障。

（4）冲抓锥法。冲抓锥不需钻杆，钻进与提锥卸土均较推钻快。由于锥瓣下落时对土层有一股冲击力，故适用的土质较广。但该法不能钻斜孔；钻孔深度超过 20m 后，其钻孔进度大为降低；当孔内遇到漂石或探头石时冲抓较困难，需改用冲击锥钻进。

（5）冲击锥法。本法适用于各类土层。实心锥适用于漂、卵石和软岩层；空心锥（管锥）适用于其他土层。在冲击锥下冲时有些钻渣被挤入孔壁，起到加强孔壁并增加土层与桩间的侧摩阻力作用。但该法不能钻斜孔；钻普通土层时，进度比其他方法都慢；钻大直径孔时，需采用先钻小孔逐步扩孔的办法（分级扩孔法）。

近年来，基岩钻孔技术特别是钻机的进步是令人惊喜的，过去只能用爆破法、高压水射流才可钻进的硬质岩层已能够采用机械钻进法，拓宽了钻孔灌注桩的应用范围。

6. 终孔检查与孔底清理

钻孔的深度、直径、位置和孔形直接关系到成桩质量与桩身曲直。为此，除了钻孔过程中密切观测监督外，在钻孔达到设计要求深度后，应对孔深、孔位、孔形、孔径等进行检查。确认满足设计要求后，填写"终孔检查证"。

孔底清理后，要检查泥浆沉淀。现行规范规定：设计未作规定时，对于摩擦桩，直径 ≤ 1.5m 时，要求在灌注水下混凝土前沉渣厚度不大于 200mm；当直径 > 1.5m，长度 > 40m 或孔壁容易坍塌时，沉渣厚度不大于 300mm。

对于柱桩，要求沉渣厚度不大于 50mm。清孔方法视使用的钻机不同而灵活应用，通常可采用正循环旋转钻机、反循环旋转钻机、真空吸泥机以及抽渣筒等清孔。

7. 钢筋骨架的制作、安装、入孔、固定

钢筋骨架采用在场内制作，现场安装分节成型（预留接头钢筋长度）现场用起重机吊起，分节入孔的方法施工。施工中骨架第一节入孔后，用支撑杆固定骨架于井口中心位置，吊起另一节骨架与第一节骨架相接，接头采用电弧焊以单面焊的工艺进行焊接。焊接采用几台电焊机同时搭接单面焊，以减少混凝土浇筑前焊接所占用的时间。放钢筋骨架前，先在孔口加设 4 根导向钢管，以保证钢筋骨架在吊装过程中尽量对中，不伤孔壁及控制保护层厚度。钢筋骨架就位后，采取四点固定，以防止掉笼和混凝土浇筑时骨架上浮现象发生。支撑系统对准中线防止钢筋骨架倾斜和移动。钢筋骨架上焊接控制钢筋骨架与孔壁净距的护壁筋，以确保钢筋骨架在孔中的位置、保护层的厚度。钢筋骨架在孔内的高度位置用引笼拉筋固定在孔口位置，如图 11-9 所示。

图 11-9　安装钢筋骨架

8. 灌注钻孔桩水下混凝土

采用导管直开法灌注水下混凝土。

1）导管的形式和连接方法

导管做成直径 300～400mm，壁厚 4～6mm，中段每节长 2000mm，底节做成 6000～

8000mm 长，余节段用 1000mm 及 500mm 的管节找零，导管之间采用法兰连接；吊装之前要将导管连接，做水密性试验和接头承拉试验，保证连接紧密不漏水，入孔时导管尽量位于孔口中央，导管底端至孔底面距离约为 300mm，且导管要进行升降试验，以保证不碰撞钢筋骨架。

2）灌注水下钻孔桩混凝土

钢筋骨架入孔校正完毕，导管入孔固定后，经监理工程师验收钢筋工序及孔内沉淀层厚度，泥浆指标后，开始浇筑孔内水下混凝土。

浇筑混凝土前再次检测孔底沉淀层厚度，如大于规范要求时应再次抽渣清孔；混凝土拌合物运至灌注地点时检查和易性和坍落度，符合要求后方可使用；灌孔进行不得间断。灌注首批混凝土后，导管埋入混凝土中的深度不小于 1m，随着混凝土的不断灌注，不断提升导管，始终保持导管在混凝土中埋置深度在 4～6m，灌注的桩顶高程高出设计高程 0.5～1.0m。灌注过程中应经常量测孔内混凝土面层的高程，及时调整导管排泄端与混凝土表面相应位置，并始终严密监视导管在无空气和水进入的状态下填充。灌注混凝土时溢出的泥浆引流至适当地点处理，以防污染。混凝土应连续灌注至设计的混凝土顶面，以保证截切面以下的全部混凝土具有优良质量，如图 11-10 所示。

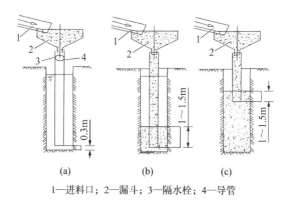

1—进料口；2—漏斗；3—隔水栓；4—导管

图 11-10 灌注水下钻孔桩混凝土

11.2.3 钻孔灌注桩基础施工注意事项

（1）钻孔机械就位后，应对钻机及配套设备进行全面检查。

（2）钻机安设必须平稳、牢固；钻架应加设斜撑或缆风绳。

（3）冲击钻孔，选用的钻锥、卷扬机和钢丝绳等，应配置适当；钢丝绳与钻锥用绳卡固接时，绳卡数量应与钢丝绳直径相匹配。

（4）冲击过程中，钢丝绳的松弛度应掌握适宜。正、反循环钻机及潜水钻机使用的电缆线要定期检查，接头必须绑扎牢固，确保不漏水、不漏电；对经常处于水、浆浸泡处应架空搭设。

（5）挪移钻机时，不得挤压电缆线及风水管路。潜水钻机钻孔时，一般在完成一根钻孔桩时要检查一次电机的封闭状况。钻进速度应根据地质变化加以控制，以保证安全运转。

（6）采用冲抓或冲击钻孔，当钻头提到接近护筒底缘时，应减速、平稳提升，不得碰撞护筒和钩挂护筒底缘。

（7）钻孔使用的泥浆，宜设置泥浆净化系统，并注意防止或减少环境污染。

（8）钻机停钻，必须将钻头提出孔外，置于钻架上，不得滞留孔内。

（9）对于已埋设护筒但尚未开钻或已成桩护筒尚未拔除的，应加设护筒顶盖或铺设安全网遮罩。

11.2.4　钻孔事故及处理

常见的钻孔（包括清孔时）事故有坍孔、钻孔偏斜、掉钻落物、糊钻、扩孔与缩孔，以及出现梅花孔、卡钻、钻杆折断、钻孔漏浆等。遇到事故时，要冷静分析事故原因，及时果断地采取补救措施。

11.2.5　挖孔灌注混凝土桩

挖孔灌注桩系用人工和小型爆破，配合简单工具挖掘成孔，灌注混凝土形成桩基，适用于无水或水较少的较实的各类土层。桩径（或边长）不宜小于 1.2m，孔深一般不宜超过 20m。在实际施工中挖孔桩有一定的适用范围，其特点是投资少、进度快，可多点同步作业且需要机具设备少，成孔后可直接检查孔内土质状况，基桩质量有可靠保证。对于挖深过深（超过 15m），或孔壁可能坍塌及渗水量较大等情况，应慎重选择施工工艺，增加护壁措施和通风条件，以确保施工安全。

混凝土及钢筋混凝土灌注桩是直接在施工现场桩位上成孔，然后在孔内安放钢筋笼，浇筑混凝土成桩。按成孔的方法有泥浆护壁成孔灌注桩、干作业成孔灌注桩、爆扩成孔的灌注桩及人工挖孔灌注桩等。灌注桩与预制桩相比，可节约钢材、木材和水泥，且施工工艺简单、成本低，同时可制成不同长度的桩以适应持力层的起伏变化。其缺点是施工操作要求较严，稍有疏忽容易发生缩颈、断裂等质量事故，技术间隔时间较长，不能立即承受荷载。

11.3　沉井施工

在修建负荷较大的建筑结构物时，其基础应该坐落在坚固、有足够承载力的土层上，当这类土层距地表较深、采用天然基础和桩基础受水文地质条件限制时，需用一种上、下开口就位后封闭的结构物来承受上部结构的力，这种结构物被称为沉井。沉井是基础组成部分之一，其形状大小根据工程地质状况由设计而定，通常用混凝土或钢筋混凝土制成。它一般由井壁、刃脚、隔墙、井孔、预埋冲刷管、封底混凝土、顶盖板组成。

沉井基础又称开口沉箱基础，由开口的井筒构成的地下承重结构物。一般为深基础，适用于持力层较深或河床冲刷严重等水文地质条件，具有很高的承载力和抗震性能。这种基础系由井筒、封底混凝土和预盖等组成，其平面形状可以是圆形、矩形或圆端形，立面多为垂直边，井孔为单孔或多孔，井壁为钢筋、木筋或竹筋混凝土，甚至由钢壳中填充混凝土等建成。若为陆地基础，它在地表建造，由取土井排土以减少刃脚土的阻力，一般借自重下沉；若为水中基础，可用筑岛法或浮运法建造。在下沉过程中，如侧摩阻力过大，可采用高压射水法、泥浆套法或井壁后压气法等加速下沉。

沉井基础是一种古老而且常见的深基础类型，其刚性大，稳定性好，与桩基相比，在荷载作用下变位甚微，具有较好的抗震性能，尤其适用于对基础承载力要求较高，对基础变位敏感的桥梁，如大跨度悬索桥、拱桥、连续梁桥等。

沉井基础既是结构基础，又是施工时的挡土、防水围堰结构物，其埋深深度大、整体性强、稳定性好、刚大度，能承受较大的上部荷载，且施工设备和施工技术简单，节约场地，所需净空高度小。沉井可在墩位筑岛制造，井内取土靠自重下沉，也可采用辅助下沉措施，如采用泥浆润滑套、空气幕等方法，以便减小下沉时井壁摩阻力和井壁厚度等。脚刃在井壁最下端，形如刀刃，在沉井下沉时起切入土中的作用。井筒是沉井的外壁，在下沉过程中起挡土的作用，同时还需要有足够的重量克服筒壁与土之间的摩阻力和刃脚底部的土阻力，使沉井能在自重作用下逐步下沉。

在施工沉井时要注意均衡挖土、平稳下沉，如有倾斜则及时纠偏。

沉井划分一般有3种方法，其划分种类如下。

（1）按制造情况可分为：就地浇筑混凝土或钢筋混凝土下沉沉井；浮式沉井，该种沉井多是钢壳井壁，另外有空腔钢丝网水泥薄壁沉井、钢筋混凝土薄壁沉井。

（2）按竖向剖面形状可分为：柱形、锥形、阶梯形。

（3）按横截面形状可分为：圆形、矩形、圆端形、椭圆形、菱形。

11.3.1　沉井基础构造

沉井是用混凝土或钢筋混凝土制成的井筒（下有刃脚，以利于下沉封底）结构物。施工时，先按基础的外形尺寸，在基础的设计位置上制造底节井筒；然后在井内挖土，使井筒在自重（有时须压重）作用下，克服土的摩擦力缓慢下沉，当第一节沉井顶下接近地面时，再接高第二节井筒，继续挖土，如此循环往复，直至下沉到设计高程；最后浇筑封底混凝土，用混凝土或砂砾石填充井孔，在井筒顶部浇筑钢筋混凝土顶板，即成为深埋的实体基础。在浅水或岸滩上可以就地制造混凝土沉井基础；在深水条件下可以采用浮运沉井基础，即先将底节沉井浮运就位，再接高下沉。

沉井基础可在地层地基土的容许承载力低，地面下深处有较好的持力层时；或山区河流中由于冲刷大，以及河流中有较大的卵石不便于采用桩基时；或岩层表面较为平坦，覆盖层不厚，但河水较深时，根据经济分析比较而采用。

11.3.2　沉井基础施工

1. 沉井制作

沉井的制作应根据沉井施工方法而确定，在沉井施工前，应对沉井入土地层及其基底岩石地质资料详细掌握，并依次制定沉井下沉方案；对洪汛、凌汛、河床冲刷、通航及漂浮物等做好调查研究，并制定必要的安全、技术措施，以确保沉井下沉。

沉井的制作可分为就地制作沉井和浮式沉井两种方案。

1）就地制作沉井

沉井位于浅水或可能被水淹没的岸滩时，宜采用筑岛沉井；在无被水淹没可能的岸滩上，可就地整平夯实制作沉井；在地下水位较低的岸滩，土质较好时可开挖基坑制作沉井。就地制作的沉井分为干旱滩岸沉井浇筑法和水中筑岛沉井浇筑法两种。

干旱滩岸沉井浇筑就是墩台基础位于干旱地而制作沉井，施工时沉井就地下沉。若土质松软时，应在场地平整并夯实后，在其上铺垫300～500mm的砂垫层，铺以垫木，垫木之间用砂填平，且不允许在垫木下垫塞木块、石块来调整顶面高程，以防压重（也称配重）

后产生不均匀沉降。

模板及支撑应具有较好的刚性。内隔墙与井壁连接处的垫木应互相搭接连成整体，底模支撑应支于垫木上。

筑岛沉井浇筑适用于水深 3~4m、流速较小的情况。围堰筑岛时，其岛面、平台面和坑底高程，应比施工时最高水位高出 500~700mm。当有流冰时，还应适当加高。底层沉井的制作包括场地平整夯实、铺设垫木、立沉井模板及支撑、钢筋焊扎、浇筑混凝土等。

在支垫上立模制作沉井时，应符合下列要求：

（1）支垫布置应满足设计要求及抽垫方便。

（2）支垫顶面应与钢刃脚底面紧贴，使沉井重力均匀分布于各支垫上。

（3）模板及支撑应具有足够的强度和较好的刚性。内隔墙与井壁连接处支垫应连成整体，底模应支承于支垫上，以防不均匀沉陷；外模与混凝土面贴接一侧应平直并光滑。

刃脚部分采用土模制作时，应符合下列要求：

（1）刃脚部分的外模应能承受井壁混凝土的重力在刃脚斜面上产生的水平分力；土模顶面的承载力应满足设计要求，土模顶面一般宜填筑至沉井隔墙底面。

（2）土模表面及刃脚底面的地面上，均应铺筑一层 20~30mm 的水泥砂浆，砂浆层表面应涂隔离剂。

（3）应有良好的防水、排水设施。

由于沉井是分节制作，分节沉入土中，沉井分节制作的高度应既能保证其稳定，又能由重力下沉。因此，底节沉井的最小高度应能抵抗拆除垫木或挖去土模（当刃脚为土模时）时的竖向挠曲强度，当挖土条件许可时应尽量高，一般情况下每节高度不宜小于 3m，并应处理好接缝。在沉井接高时，注意各节沉井的竖向中轴线与第一节沉井重合，且外壁应竖直平整。

2）浮式沉井制作

浮式沉井是把沉井底节制造成空体结构，或采取其他方法使之漂浮于水中，用船只拖运到设计位置，逐步用混凝土或水灌注，增大自重，在水中徐徐下沉，直达河底。这种方法适用于水深流急、筑岛困难的沉井基础。

（1）钢丝网水泥薄壁沉井

钢丝网水泥薄壁由骨架、钢丝网、钢筋网和水泥砂浆等组成，并由 30mm 钢丝水泥薄壁隔成空腹壳体，入水后能浮于水中，浮运就位后向空腹壳体内灌水，使其下沉落于河床上，再逐个对称灌注水下混凝土，从而使薄壁空腹沉井变成普通的重力式沉井。钢丝网水泥薄壁沉井由于钢丝网均匀分布在砂浆中，增加了砂浆的黏聚力和握裹力，从而提高了砂浆的抗拉强度和韧性，使钢丝网水泥薄壁具有很大的弹性和抗裂性，能抵抗一定程度的冲击。它具有结构薄而轻，有足够的强度和刚度，节省材料，操作简单，多点平行施工作业，且施工时无须模板，可节省模板和支撑等特点。当河流宽度超过 200m 时，可采用半通航措施，用钢绳牵引沉井入水，因而浮运就位方法简单，设备简便。

钢丝网水泥薄壁沉井的制作程序：

①预制场地的选择。为了保证浮运沉井安全地进行水上浮运，预制场地的选择应结合水下方案综合考虑。

②刃角踏面大角钢成型。成型的方法可在弯曲机上进行，也可用人工弯曲成型，但应

注意掌握角钢的翘曲变形，并随时整平。

③沉井骨架的架设。沉井骨架是由刃脚踏面角钢、竖面骨架角钢与内外箍筋焊接而成。首先是焊好刃脚踏面，其次是架设竖面骨架，待其就位后，用支撑、缆绳予以临时固定，正位后即可加箍筋焊成整体沉井骨架，为了增强角钢刚度，在横隔板及横撑骨架间设置刃脚加撑骨架。

④铺网。铺网工作是沉井制作的关键，要求铺网平整，否则会产生波浪形甚至高低不平，而造成抹灰砂浆的保护层厚薄不均，使沉井受力不利。铺网时内外井壁和刃脚部分同时进行。铺刃脚钢丝网时，由刃脚斜面向刃脚立面铺设；铺井壁钢丝网时，由上至下铺设，先铺内层钢丝网，其次铺纵筋，接着铺横筋，最后铺外层钢丝网。

⑤抹水泥砂浆。当铺网工作结束后，即可进行抹灰工作。抹灰所用水泥宜采用强度等级不小于42.5级的普通硅酸盐水泥，砂宜采用粗砂或中砂，水泥与砂的配比为1∶1.5，水灰比为0.4。抹灰时由下至上进行，先将砂浆从沉井腔内用力向外挤压，直到透过外层钢丝网为止，待砂浆初凝后再抹腔外，并将沉井外壁外缘面抹光。

（2）钢筋混凝土薄壁沉井

钢筋混凝土薄壁沉井的内外井壁及隔墙均采用钢筋混凝土薄壁轻型结构，具有良好的强度和刚度，刃脚也具有足够抵抗侧土压力的强度。

（3）装配式钢筋混凝土薄壁沉井

装配式钢筋混凝土薄壁沉井是近年来采用的一种深水墩基础形式，其沉井分层依次叠装，然后浇筑水下混凝土形成井壁，最后抽水、清基、填心而成。基本构件由纵贯上下的梯形导杆（4根）、每层1m的井壳（圆头2块、直线段2块）和与井壳等高的支撑梁壳（4块）装配而成。

①梯形导杆：断面呈工字形，外形呈梯形，设于圆头井壳与直线井壳衔接处，长度随层次而异，单元质量约为1.8t。其作用是在拼装和沉放底层井壳时起支撑和承重作用；在安装其余层次时起导向和连接作用，将通过导杆分层安装的各层井壳在浇筑混凝土前连成整体。

②井壳：井壳分圆头和直线两种，直线段又分为底节和中节。井壳构件高1m，宽1.1m，内外壁厚100mm，中间空腔900mm，内外壁间设有横隔。井壳不仅是浇筑混凝土的模板，而且本身是井壁的组成部分。

③支撑梁壳：支撑梁壳与井壁等高，宽620mm，设有横隔，在浇筑混凝土时作为模板，而浇完混凝土后便形成支撑梁，借以加强抽水时井壁承受水压的能力。

④泥浆润滑套沉井

泥浆润滑套沉井是在沉井外壁与土层间设置泥浆隔离层，以减少土体与井壁的摩擦力，从而减轻沉井自重，加大下沉速度，提高下沉效率。泥浆润滑套沉井刃脚踏面宽度宜小于100mm，以利于减少下沉的摩擦力。沉井外壁应做成单台阶形，为防止泥浆通过沉井侧壁而渗透到沉井内，对直径小于8m的圆形沉井，台阶位置在距刃脚底面2～3m处；对面积较大的沉井，台阶位置在底节与第二节接缝处。台阶的宽度应为泥浆套宽度，一般为100～200mm。

2. 沉井下沉方法

沉井下沉是通过井内除土，清除刃脚正面阻力和沉井内壁阻力后，依靠沉井自重而下沉。井内除土的方式有排水开挖和不排水开挖。在稳定的土层中，渗水量不大时，可以排水开挖使沉井下沉，即排除井内水后再进行开挖，使沉井下沉。在有涌水翻砂不宜采用排水下沉的地层，应用不排水法开挖。不排水开挖采用抓土、吸泥等方法使沉井下沉，必要时辅以压重、高压射水、降低井内水位而减小浮力增加沉井的自重、泥浆润滑套等方法。

1）拆除垫木

抽垫工作是沉井的开始工作，也是整个沉井下沉工作中极为重要的工序之一。拆除垫木，必须在沉井混凝土达到设计强度等级后方可进行。

（1）抽垫应分区、依次、对称、同步地进行。

（2）抽垫前应将井孔内的所有杂物清除干净，准备工作全部就绪后，方可进行抽垫。

（3）抽垫时，先挖垫木下的填砂，再抽垫木，垫木宜从外侧抽出。垫木抽出后，应回填土，开始几组可不做回填，当抽出几组垫木出现空当后，即应回填。回填材料可用砂、砂夹碎石，回填时应分层洒水夯实，每层厚度为 200～300mm，但回填料不允许从沉井内或筑岛材料中获取，以防沉井歪斜。回填高度应使最后分配的定位垫木重量不致压断垫木以及垫木下土体承压应力不超过岛面极限承压应力为准，必要时可加高回填高度，甚至在隔墙下进行回填，以满足要求。

（4）抽垫时的定位垫木的位置，应按设计确定。若设计无规定时，对于圆形沉井应安排在周边上相隔 90°的 4 个支点上；对于矩形沉井应对称布置在长边，每边两个，当沉井长短边之比为 $1.5 \leqslant L/B < 2$（L为长边长，B为短边长）时，长边两承垫间的距离为 $0.7L$，当比值 $L/B \geqslant 2$ 时，距离为 $0.6L$。

（5）当抽垫抽至垫木的 2/3 时，沉井下沉较为均匀，下沉量小，回填时间较为充分，便于较好地抽垫和回填。当继续抽垫时，下沉量逐步加大，回填也较困难，甚至出现下沉太快以至于回填时间不足，造成垫木压坏或间断。因此，抽垫开始阶段宜缓慢进行，以便有足够时间充分回填夯实，力求尽量改变最后阶段下沉快、沉降量大、断垫现象。

2）排水开挖下沉

在稳定的土层中，渗水量不大（每平方米沉井面积渗水量小于 $1m^3/h$）时，可采用排水开挖下沉。从地脉内或岛面开始挖土下沉，应将抽垫时在刃脚内侧的回填土分层挖去，其开挖顺序原则上与抽垫顺序相同，定位承垫处的土最后挖除。当一层全部挖完后，再挖第二层，如此循环往复。开挖的方法为：当土质松软时，分层挖除回填土，沉井逐渐下沉，当沉井刃脚下沉至沉井中部与土面大致平齐时，即可在中部先向下开挖 400～500mm，并向四周均匀开挖，距刃脚约 1m 处时，再分层挖除刃脚内侧的土台。当土质较坚实时，可从中部向下挖 400～500mm，并向四周均匀扩挖，使沉井平稳下沉。当土质坚硬时，可参见抽垫顺序分段掏空刃脚，每段掏空后随即回填砂砾，待最后几段掏空并回填后，再分层分次序逐步挖去回填土，使沉井下沉，直到下沉至岩层。

开挖刃脚下土体时，可采用跳槽法，即沿刃脚周长等分若干段，每段长约 1m，先隔一段挖一段，然后挖去剩余的各段，最后挖定位承垫处的岩石。开挖时，下沉速度应根据沉井大小、入土深度、地层情况而定。一般而言，平均下沉速度为 0.5～10m/d。

3）不排水开挖下沉

不排水开挖时的下沉基本要求：

（1）沉井内除土深度应根据土质而定，最深不应低于刃脚 2m；土质特别松软时不应直接在刃脚下除土。

（2）应尽量加大刃脚对土的压力。当沉井通过粉砂、细砂等松软地层时，不宜以降低沉井内水位以减少浮力的方法，促使沉井下沉，而是应保持沉井内水位高于沉井外水位1~2m，以防止流砂现象的发生，引起沉井歪斜，增加吸泥工作量。

（3）除纠正沉井倾斜外，沉井内的土应由各沉井均匀清除，其土面高差不应超过500mm。

（4）当沉井入土较深，井壁阻力较大时，应根据具体情况而采取有效的下沉方法，如采取抓土、吸泥、射水交替联合作业，必要时还需辅以降低沉井内水位，以增加沉井质量，或在沉井底放炮振动，或用在沉井顶压重的方法，使沉井至设计高程。

不排水开挖下沉常采用抓土下沉。单孔沉井时，抓斗挖掘井底中央部分的土，形成锅底状。

在砂或砾石类土体中，一般当锅底比刃脚低1~1.5m时，沉井即可靠自重下沉，并将刃脚下的土挤向中央锅底；在黏性土中，由于四周土不易向锅底坍落，应辅以高压水松土。多孔沉井时，最好在每个井孔上配置一套抓土设备，可同时均匀除土，减少抓斗倒孔时间，使沉井均匀下沉。

为了使抓斗能在沉井孔内靠边的位置抓土，在沉井顶面井孔周围预埋挂钩。偏抓时，先将抓斗落至孔底，将钢丝绳挂在井孔周边的挂钩上进行抓土，可以达到偏抓的目的。

4）辅助下沉措施

（1）高压射水：当局部地点难以由潜水员定点定向射水掌握操作时，在一个沉井内只可同时开动一套射水设备，并不得进行除土或其他起吊作业。射水水压应根据地层情况、沉井入土深度等因素确定，可取1~2.5MPa。

（2）抽水助沉：不排水下沉的沉井，对于易引起翻砂、涌水地层，不宜采用抽水助沉方法。

（3）压重助沉：沉井圬工尚未接高浇筑完毕时，可利用接高浇筑圬工压重助沉，也可在井壁顶部用钢铁块件或其他重物压重助沉。除为纠正沉井偏斜外，压重应均匀对称旋转。采用压重助沉时，应结合具体情况及实际效果选用。

（4）炮振助沉：一般不宜采用炮振助沉方法。在特殊情况下必须采用时，应严格控制用药量。在井孔中央底面放置炸药起爆助沉时，可采用0.1~0.2kg炸药，具体使用应视沉井大小、井壁厚度及炸药性能而定。同一沉井每次只能起爆一次，并应根据具体情况适当控制炮振次数。

（5）利用空气幕下沉。

5）沉井接高

接高上节沉井模板时，不得直接支撑于地面。接高时应均匀加重，防止沉井突然下沉和倾斜。接高后的各节沉井中轴线应为一直线。混凝土施工接缝应按设计要求布置接缝钢筋，清除浮浆并凿毛。

（1）沉井接高前，应尽量纠正倾斜，接高各节的竖向中轴线应与前一节的中轴线相重合。

（2）水上沉井接高时，井顶露出水面不应小于1.5m；地面上沉井接高时，井顶露出地面不应小于0.5m。

（3）接高前不得将刃脚掏空，避免沉井倾斜，接高加重应均匀、对称地进行。

沉井下沉时，如需在沉井顶部设置防水或防土围堰，围堰底部与井顶应连接牢固，防止沉井下沉时围堰与井顶脱离。

6）沉井纠偏

（1）纠偏前，应分析原因，然后采取相应措施，如有障碍物应首先排除。

（2）纠正倾斜时，一般可采取除土、压重、顶部施加水平力或刃脚下支垫等方法进行。对空气幕沉井可采取偏侧局部压气纠偏。

（3）纠正位移时，可先除土，使沉井底面中心向墩位设计中心倾斜，然后在对侧除土，使沉井恢复竖直，如此反复进行，使沉井逐步移近设计中心。

（4）纠正扭转时可在一对角线两角除土，在另外两角填土，借助于刃脚下不相等的土压力所形成的扭矩，可使沉井在下沉过程中逐步纠正其扭转角度。

7）沉井清基和封底

（1）沉井清基

清基是指沉井下沉到位后，清除基底的松散土层及杂质，以保证封底混凝土直接支承在持力土层上。

①沉井下沉至设计高程后，基底面地质应符合设计要求，如有不符需做处理时，应征得设计单位同意，必要时取样鉴定。

②清理后的基底面距隔墙底面的高度及刃脚斜面露出的高度，必须满足设计要求的最小高度。

③基底浮泥或岩面残存物均应清除，使封底混凝土与基底间不产生有害夹层。

④隔墙底部及封底混凝土高度范围内井壁上的泥污应予以清除。

（2）沉井清基方法

①排水清基

排水清基时，施工人员可进入井底施工，比较简单，主要问题是防止沉井在清基时倾斜和处理从刃脚下涌入井内的流砂等。

②不排水清基

不排水清基可采用高压射水将刃脚及隔墙下的土破坏，然后用吸泥机除渣。高压射水一般使用直径 75～86mm 的钢管，下端配有单孔锥形射水嘴，出水孔直径为 13～20mm。沉井沉至设计高程后，应检验基底的地质情况是否与设计相符，排水下沉时可直接检验、处理；不排水下沉时应进行水下检验、处理，必要时取样鉴定。

（3）封底

基底检验合格后，应及时封底。对于排水下沉的沉井，在清基时，如渗水量上升速度小于或等于 6mm/min，可按普通混凝土浇筑方法进行封底；若渗水量大于上述规定时，宜采用水下混凝土进行封底。

沉井封底，当井内可以排水时，按一般混凝土施工；不能排水时采用导管法灌注水下混凝土。

用刚性导管法进行水下混凝土封底时，应满足如下要求：

①混凝土材料可参照钻孔灌注桩水下混凝土有关规定，混凝土的坍落度宜为 150～200mm。

②浇筑封底水下混凝土时，需要的导管间隔及根数，应根据导管作用半径及封底面积

确定。

③用多根导管浇筑时的顺序，应进行设计，防止发生混凝土夹层。若同时浇筑，当基底不平时，应逐步使混凝土保持大致相同的高程。

④每根导管开始浇筑时所用的混凝土坍落度宜采用下限，首批混凝土需要量应通过计算确定。

⑤在浇筑过程中，导管应随混凝土面升高而徐徐提升，导管埋深应与导管内混凝土下落深度相适应，一般不宜小于表11-1的规定。用多根导管浇筑时，导管埋深不宜小于表11-2的规定。

不同浇筑深度导管的最小埋深　　　　表11-1

浇筑深度/m	≤10	10～15	15～20	>20
导管最小埋深/m	0.6～0.8	1.1	1.3	1.5

导管不同间距的最小埋深　　　　表11-2

导管间距/m	≤5	6	7	8
导管最小埋深/m	0.6～0.9	0.9～1.2	1.2～1.4	1.3～1.6

⑥在浇筑过程中，应注意混凝土的堆高和扩展情况，正确地调整坍落度和导管埋深，使每盘混凝土浇筑后形成适宜的堆高和不陡于 1∶5 的流动坡度，抽拔导管应严格使导管不进水。混凝土面的最终浇筑高度，应比设计值高出不小于150mm，待浇筑混凝土强度达到设计要求后，再抽水凿除表面松弱层。

沉井封底，若为水下压浆混凝土时，应按设计要求施工。

沉井基础的质量应符合下列规定：

⑦混凝土的强度应符合设计要求。

⑧沉井刃脚底面高程应符合设计要求。

⑨底面、顶面中心与设计中心的偏差应符合设计要求，当设计无要求时，其允许偏差纵横方向为沉井高度的1/50（包括因倾斜而产生的位移）。对于浮式沉井，允许偏差值增加250mm。

⑩沉井的最大倾斜度为1/50。

⑪矩形、圆端形沉井的平面扭转角偏差，就地制作的沉井不得大于1°，浮式沉井不得大于2°。

沉井制作允许偏差如表11-3所示。

沉井制作允许偏差　　　　表11-3

项目		允许偏差
沉井平面尺寸	长度、宽度	±0.5%，当长、宽大于24m时为±120mm
	曲线部分的半径	±0.5%，当半径大于12m时为±60mm
	两对角线的差异	对角长度的±1%，最大±180mm
沉井井壁厚度	混凝土、片石混凝土	+40mm，-30mm
	钢筋混凝土	±15mm

注：1. 对于钢沉井及结构构造、拼装等方面有特殊要求的沉井，其平面尺寸允许偏差值应按照设计要求确定；
　　2. 井壁的表面要平滑而不外凸，且不得向外倾斜。

11.3.3 桥梁基础托换施工技术案例

1. 工程概况

上海市轨道交通 10 号线 5 标段溧阳路—曲阳路区间隧道需要同向穿越距曲阳路地铁南侧 57m 的沙泾港桥。沙泾港桥建于 20 世纪 80 年代，为 3 跨简支梁结构，总跨度 30m，宽度 30m。由桥墩和桥台组成，桥台桩基采用 23 根 400mm×400mm×26000mm 预制钢筋混凝土方桩，分两节，采用硫磺胶泥接头；桥墩桩基采用 23 根 400mm×400mm×27000mm 预制钢筋混凝土方桩，分两节，亦采用硫磺胶泥接头。

该处隧道盾构的顶标高离地面为 6～7m，将碰到 33 根桩基需凿除。故要求将该桥的桩基托换成扩大的板式基础即沙泾港桥的承载要由深桩基础转换成 1.3m 厚大底板的浅筏基础，转换后在盾构经过时对所遇桥桩均可截断、清除而不影响桥梁的正常使用。每个桥墩需凿除 5 根桩，每个桥台需凿除 3～4 根。

2. 施工方案

为保证桥台桩基大底板能实现安全、顺利施工，施工单位决定，先在桥两侧桥台处做高压旋喷桩重力式挡土墙。汛期过后，再在桥两边河内筑岛围堰，并在围堰内做高压旋喷桩与桥台边重力式挡土墙连成整体，然后抽水，再做围护内基础底板和高压旋喷桩，如图 11-11 所示。

其施工流程如下所示：

施工准备及材料进场→桥台及桥墩间挖土至+2.5m→施工 2/3 围堰及安装桥台桥墩间支撑→施工临时排水设施→施工剩余 1/3 围堰→施工垫层及底板→桥下挖土至-1.7m→施工两排止水帷幕桩及压密注浆→安装桥墩间支撑、抽水及铺钢板→底板及实体式柱混凝土浇筑→拆除支撑→施工桥墩桥台间及桥墩间旋喷桩加固→拆除临时排水设施及围堰→设备退场及桥下河流疏通通水。

该方案对环境和交通影响小，管线无须搬迁，施工费用较省，但施工过程中有一定的风险。此处着重介绍从基坑开挖到底板完成这个危险性较大的施工过程的动态控制。

3. 基坑开挖与底板施工中遇到的难点及控制措施

1）对地面交通、周边管线及建筑物的保护措施

因沙泾港桥连通的四平路为上海市主干道，交通繁忙，通过车辆较多，且载重量较大，地下隧道盾构推进施工必须保证上部四平路安全和交通畅通。而沙泾港桥周边管线众多，建筑物林立，桥西南侧又有一新建高层建筑，其一角距道路边线 11m；在距桥南侧 15.2m、距四平路边线 4.69m 处还有一座单层水泵站；桥东南侧则为居民小区；桥东北侧为一座 4 层砖混楼房；桥北侧为拟建 10 号线曲阳路车站南端头井；桥西北侧曲阳路口为华西证券大厦。主要的管线有：电话、上水、电力、煤气以及污水管线。沙泾港桥施工期间必须考虑对周边这些管线及建筑物的保护。

为能够有效地对建筑物与管线的位移与沉降进行监控，在基坑开挖与底板施工期间，将沙泾港桥、周边建筑物及管线的监测频率提高到 1 次/16h，并将监测数据及时送至相关各方。监测的主控项目是周边建筑物、煤气、上水、通信、电力等管线以及桥面的位移和沉降。挖土施工时，要尽量减少土体的扰动而造成管线损坏。如在基坑施工开始时，发现桥西侧煤气管线沉降变化量过大，当天沉降值就超过报警值，立即与管线管理方商量保护

措施，决定用型钢支架吊牢煤气管，以防止其进一步下沉。

2）对施工场地狭小，施工环境恶劣的应对措施

该桥桥下空间狭小，机械设备无法正常使用，桥墩与桥台之间的土方全部由人工进行挖掘，但由于土质潮湿，挖土进度比较缓慢，施工安排作业人员自最东侧开始，将渣土驳运至桥西侧，由长臂挖机挖运至土方车上外运，按人均 4m/3d 计算，尽量安排充足的施工人员、日夜两班制连续施工，以最快的速度完成土方开挖工作。由于桥围堰内外的水头差较大，且施工期间时常降雨，因此，必须加强降水。沙泾港桥基础托换基坑开挖期间采用轻型井点降水，使地下水位保持在开挖面以下 1m 左右。并做好截水、排水措施，防止地表水及雨水冲刷边坡。保持基坑内干燥，以利于机械和人工挖土施工的顺利进行。

3）对薄弱环节的应对措施

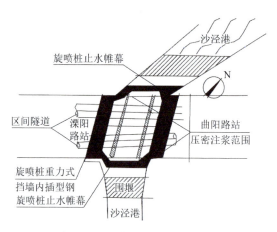

图 11-11　土方开挖前桥梁示意图

因施工场地的限制，基坑四个角处为重力坝与高压旋喷桩止水帷幕的相接点，旋喷桩机无法进入该接点处，故只好采用压密注浆作为该处止水帷幕，其止水效果较差，成为基坑围护中的薄弱环节。

为能够保障这四个薄弱环节处的安全顺利施工，经各方反复研究决定，在这些薄弱环节处增插 ϕ48mm 钢管，以增加该处的挡土能力，实践取得了理想的效果。

在挖土期间，东南、东北角坑底处发现渗漏水现象，且有逐渐扩大的趋势，若不及时控制，可能会造成流砂甚至基坑侧壁坍塌的情况。经研究决定在基坑开挖完后、底板混凝土浇筑之前，先行在这些角处浇筑约 1m 宽、1.3m 高的挡土墙，以抵挡侧向的水土压力，并封堵渗漏水，也达到了良好的效果。

4）对缩短桩台暴露时间的应对措施

沙泾港桥建造于 20 世纪 80 年代，本身的设计承载力不高。基坑开挖之后，原桥的桩身有部分暴露，形成高桩承台。一方面，桥台与桥墩失去了桥下土的一定支承作用；另一方面，受到开挖的影响，使土体受到扰动，桩的侧壁摩阻力下降。因此，在基坑开挖至底板施工完成并发挥作用的这段时间内是整个基础托换施工最关键的时间。而当时又因受场地的限制，无法使用大型吊机吊运；使施工器具与材料的搬动非常困难，只得采用人工搬运，故施工速度非常缓慢。如由两个工人将一根钢筋搬运至桥下要花费 15min。因此，除与交通部门联系协调经过沙泾港桥的车辆须限载限速外，还须在保证工程质量的前提下尽

可能地加快施工、缩短工期。

为能更快地保质保量地完成底板的施工，首要的任务就是增加施工人员的人数，尤其是要有足够的钢筋工、焊工等技术工人，分两班制日夜连续施工。

原设计中，基坑垫层厚度为10cm，混凝土强度等级为C15。为了使垫层充分发挥支撑的作用，及早地稳定基坑，特将厚度修改为20cm，混凝土强度等级修改为C40。

原设计中，底板厚度为1.3m，一次性浇筑完成。考虑到一次性浇筑底板所需的钢筋、模板施工时间较长，故采用分块浇筑的方法。在桥东侧挖土和垫层施工完成，西侧未开始挖土时，立即进行桥东侧底板施工。这样能发挥一半的底板支撑作用，有效地减少桥桩暴露造成的承载力损失；同时也可给桥西侧底板施工时提供了较大的施工场地。

4. 技术经济效果

在参与施工各方的共同努力下，本工程在预定的工期内完成了基坑开挖与底板施工任务。从实际施工中也可看出，先浇筑的四个角的挡土墙发挥了预期的作用，开挖期间基坑没有出现较大的渗漏水、流砂及坍壁现象；监测数据反映，周边的管线沉降量虽较大，但都在规范允许范围之内；底板分块浇筑后，桥梁产生的沉降也在规范允许范围之内，底板施工质量也较好。

复习思考题

1. 什么是明挖基础施工？明挖基础施工应注意哪些事项？
2. 影响基坑开挖方式的因素有哪些？常见的基坑支撑方法有哪些？
3. 简述钻孔灌注桩施工的主要工序。
4. 什么是沉井基础？沉井划分的方法有哪几种？
5. 试述沉井的清基方法。

第12章 桥梁下部结构施工技术

学习目的与要求

熟悉承台施工的流程，掌握系梁施工工艺流程与施工方法；整体式、装配式墩台和高桥墩施工要点；了解墩台帽施工；熟悉桥台翼墙、锥坡施工要点；了解台后施工、填土、搭板和排水盲沟的施工过程；了解支座特别是橡胶支座的安设方法。

12.1 承台和系梁的施工

12.1.1 承台施工

1. 桩头破除

待桩基混凝土强度达到规范规定的设计强度时，将桩顶 0.5～1.0m 掺杂有泥浆或其他杂物的多余混凝土用空压机带风镐凿除。凿除时应注意不能损坏接桩钢筋，凿除至承台底面以上 15mm 时停止凿除，清理桩头表面，使其表面平整。

2. 重新测量放样

当基底经测量找平、监理工程师验收合格后，利用筑岛顶面测设出的横纵中心线用经纬仪测设到基底上，用墨线弹出横纵中线，然后用经纬仪、钢尺精确放出承台基础结构大样，用墨线弹出边缘线大样。

3. 钢筋安装用常规方式进行

钢筋安装采用在场地预制成型，用车运至施工现场，采用常规方式进行。

钢筋安装时应注意墩台身钢筋直接预埋在承台混凝土里；墩台身钢筋的施工方法同常规施工方法。施工中可采用钢管施工脚手架作为操作平台，脚手架用钢管支架形成；预埋墩台身钢筋应注意测设的墩台身的位置必须精确，预埋后墩台身钢筋的固定用地锚拉线进行找正和固定。钢筋安装结束后，经监理工程师验收，交给下一道工序，如图 12-1 所示。

图 12-1 承台施工

4. 清理承台底面，浇筑承台混凝土

当承台及墩台身钢筋安装结束，经监理工程师验收后，方可开始浇筑承台混凝土。混凝土施工采用混凝土集中搅拌站拌和，混凝土输送泵进行水平和垂直运输直接入模，人工手持振捣棒均匀振捣，草袋覆盖、洒水保湿养生的方法施工；施工时应注意浇筑高程，用水平仪观测承台混凝土浇筑顶面，且墩台身预埋筋范围内的混凝土进行拉毛处理。

12.1.2 系梁施工

1. 施工工艺流程

测量放样→铺设底模→钢筋安装→模板安装→混凝土浇筑→养护→模板拆除。

2. 具体施工工艺方法

（1）铺设底模：按墩身系梁位置进行底模铺设。

（2）钢筋安装：钢筋在加工场地预制成型，运至施工现场，采用常规方法进行焊接、安装。在进行主筋（水平筋）接头时，将预埋筋按单面焊的搭接长度进行搭接，并满足同一搭接长度区段内接头错开50%，焊接标准执行施工规范的要求。安装时应注意预埋盖梁预埋钢筋。

（3）模板安装：模板找正采用经纬仪跟踪测量，水平仪测量顶面高程的方法控制，模板支立前涂刷优质脱模剂，以保证混凝土外观质量及拆模便利之用。

（4）混凝土浇筑：系梁混凝土采用集中搅拌站拌和，人工手持振捣棒分层浇筑振捣，塑料布覆盖洒水保湿养生的方法施工。

（5）模板拆除：待混凝土强度达到设计规定强度再行拆模，采用人工配合起重机扶模拆卸。拆模时应注意不能损坏台体混凝土。

12.2 墩身（台）施工

12.2.1 整体式墩台施工要点

1. 混凝土及钢筋混凝土墩、台施工要求混凝土墩、台施工要点

（1）墩台施工前应在基础顶面放出墩、台中线和墩、台内、外轮廓线的准确位置。

（2）现浇混凝土墩、台钢筋的绑扎应和混凝土的灌注配合进行。在配置垂直方向的钢筋时应有不同的长度，以使同一断面上的钢筋接头能符合《公路桥涵施工技术规范》JTG/T 3650—2020 的有关规定。水平钢筋的接头也应内外、上下互相错开。

（3）注意掌握混凝土的浇筑速度。

（4）若墩、台截面积不大时，混凝土应连续一次浇筑完成，以保证其整体性。若墩、台截面积过大，应分段分块浇筑。

（5）在混凝土浇筑过程中，应随时观察所设置的预埋螺栓、预埋支座的位置是否移动，若发现移位应及时校正。浇筑过程中还应注意模板、支架情况，如有变形或沉陷应立即校对并加固。

（6）高大的桥台，若台身后仰，本身自重力偏心较大，为平衡台身偏心，施工时应在填筑台身四周路堤土方的同时砌筑或浇筑台身，防止桥台后倾或向前滑移。未经填土的台

身施工高度一般不宜超过4m，以免偏心引起基底不均匀沉陷。

（7）V形、Y形和X形桥墩的施工方法与桥梁结构体系有密切关系。通常把这种桥梁划为V形墩结构、锚跨结构和挂孔部分3个施工阶段。其中V形墩是全桥施工重点，它由两个斜腿和其顶部主梁组成倒三角形结构。

2. 片石混凝土或片石混凝土砌体墩、台施工要点

在浇筑实体墩台和厚大无筋或稀配筋的墩台混凝土时，为节约水泥，可采用片石混凝土或混凝土砌体。

（1）当采用片石混凝土时，混凝土中允许填充粒径大于150mm的石块（片石或大卵石），并应遵守下列规定。

①填充石块的数量不宜超过混凝土结构体积的25%。

②应选用无裂纹、夹层和未煅烧过的并具有抗冻性的石块。

③石块的抗压强度应符合《公路桥涵施工技术规范》JTG/T 3650—2020 的有关规定，与对碎石、卵石的要求相同。

④石块在使用前应仔细清扫，并用水冲洗干净。

⑤石块应埋入新浇筑的捣实的混凝土中一半左右。受拉区混凝土不宜埋放石块；当气温低于0℃时，应停埋石块。

⑥石块应在混凝土中分布均匀，两石块间的净距不应小于100mm，以便捣实其间的混凝土。石块距表面（包括侧面与顶面）的距离不得小于150mm，具有抗冻要求的表面不得小于300mm，并不得与钢筋接触和碰撞预埋件。

（2）当采用片石混凝土砌体时，石块含量可增加到砌体体积的50%～60%，石块净距可减为40～60mm，其他要求与片石混凝土相同。

12.2.2　装配式桥墩的施工要点

装配式桥墩主要采用拼装法施工。它用于预应力混凝土、钢筋混凝土薄壁墩、薄壁空心墩或轻型桥墩。拼装式桥墩主要由就地浇筑实体部分墩身和基础与拼装部分墩身组成。实体墩身与基础采用就地现浇施工时，在浇筑实体墩身与基础时应考虑其与拼装部分的连接、抵御洪水和漂流物的冲击、锚固预应力筋、调节拼装墩身的高度等问题。

装配部分墩身由基本构件、隔板、顶板和顶帽组成，在工厂制作，运到桥位处拼装成桥墩。装配部分墩身的分块，要根据桥墩的结构形式、吊装、起重工具和运输能力决定。要尽可能使分块大、接缝小，按照设计要求定型生产为宜。加工制作出来的拼装块件要质量可靠、尺寸准确、内外壁光洁度高。拼装要根据施工现场的地形、水文、运输条件以及墩的高度、起吊设备等具体情况拟定施工细则，认真组织实施。决定拼装方法时应注意预埋件的位置，接缝处理要牢固、密实，预留孔道要畅通。

预应力混凝土空心墩的主要施工工艺流程为：

（1）浇筑桥墩基础。

（2）浇筑实体墩身（包括预埋锚固件和连接件）。

（3）安装预制的墩身块件，包括以下内容：

①预制构件分块；

②模板制作及安装（在工厂进行）；

③制孔(在工厂进行);
④预制构件浇筑(在工厂进行);
⑤预制构件运输至桥位;
⑥安装墩身预制块件。
(4)施加预应力。
(5)孔道压浆。
(6)封锚。

12.2.3 高桥墩施工要点

随着交通事业的不断深入发展和公路等级不断提高,新桥型不断推出,高强度混凝土的不断推广应用,高桥墩(塔)也不断出现。但随着桥墩高度的增加,其施工难度及技术要求也相应增大和提高。目前比较成熟的方法有提升模板法、滑动模板法和预制拼装法。

1. 提升模板法

1) 单面整体提升模板法

单面整体提升模板可分为拼装式模板和自制式模板。施工时,应分节段支模和浇筑混凝土,每节段的高度应视索塔尺寸、模板数量和混凝土浇筑能力而定,一般宜为3~6m。用倒链或起重机吊起大块模板,安装好第一节段模板。在浇筑第一节段混凝土时,应在塔身内预埋螺栓,以支承第二节段模板和安装脚手架,如图12-2、图12-3所示。

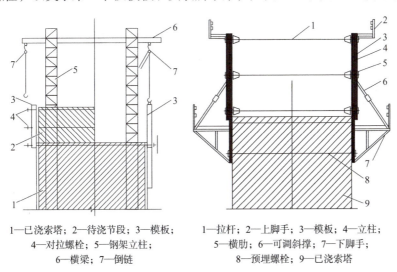

1—已浇索塔;2—待浇节段;3—模板;
4—对拉螺栓;5—钢架立柱;
6—横梁;7—倒链

图12-2 单面整体提升模板

1—拉杆;2—上脚手;3—模板;4—立柱;
5—横肋;6—可调斜撑;7—下脚手;
8—预埋螺栓;9—已浇索塔

图12-3 拼装式模板

2) 翻模法

这种模板系统依靠混凝土对模板的黏着力自成体系,且制造简单、构件种类少,模板的大小可根据施工能力灵活选用,混凝土接缝较易处理,施工速度快。但模板本身不能提升,要依靠塔式起重机等起重设备提升。施工程序为先安装第一层模板(接缝节+标准节+接缝节),浇筑混凝土,完成一个基本节段的施工;以已浇混凝土为依托,拆除最下一层的接缝节和标准节(顶节接缝节不拆),向上提升,将标准节接于第一层的顶节接缝节上,并将拆下的接缝节立于标准节上,安装对拉螺杆和内撑。完成第二层模板安装,如图12-4所示。

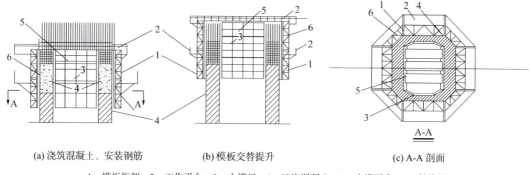

(a) 浇筑混凝土、安装钢筋　　(b) 模板交替提升　　(c) A-A 剖面

1—模板桁架；2—工作平台；3—内模板；4—已浇混凝土；5—内模平台；6—外模板

图 12-4　多节模板交替提升示意图

3）爬模法

爬模按提升设备不同可分为倒链手动爬模、电动爬架拆翻模和液压爬升模。

（1）倒链手动爬模

此种装置一般由钢模、提升桁架及脚手架 3 部分组成，其中模板由背模、前模及左、右侧模组成。其施工要点是：利用提升架上的起重设备，拆除下一节钢模，将其安装到上一节钢模上，浇筑上节钢模内的混凝土并养生；同时绑扎待浇筑节段的钢筋，待混凝土达到规定强度后，用倒链将提升架沿背模轨向上提升（倒链的数量、起吊力的选择一定要依据可提升物的重力等考虑足够的安全系数，并考虑做保险链），再拆除最下节钢模。如此循环操作，全部施工设备随塔柱的升高而升高，具体步骤如图 12-5 所示。

（2）电动爬架拆翻模

此种装置由模架、模板、电动提升系统和支承系统四部分组成，如图 12-6 所示。其施工步骤为模架爬升、模板拆除、钢筋安装和混凝土施工。

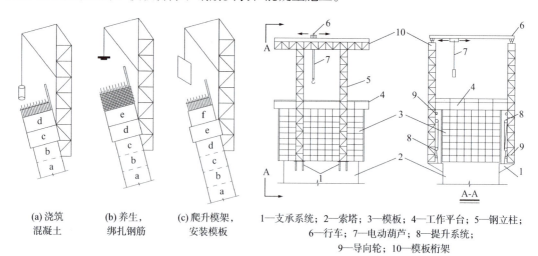

(a) 浇筑混凝土　(b) 养生，绑扎钢筋　(c) 爬升模架，安装模板

1—支承系统；2—索塔；3—模板；4—工作平台；5—钢立柱；6—行车；7—电动葫芦；8—提升系统；9—导向轮；10—模板桁架

图 12-5　爬模施工步骤　　　　图 12-6　电动爬架拆翻模示意图

（3）液压爬升模

此种装置由模板系统、网架主工作平台、液压提升系统等组成。当一个节段的混凝土

已浇筑并达到规定强度后,即可进行模板的爬升。先将上爬架的 4 个支腿(爬靴)收紧以缩小外廓尺寸,然后操作液压控制台开关,两顶升油缸活塞杆支承在下爬架上,两缸体同时向上顶升,并通过上爬架、外套架带动整个爬模向上爬升。待行程达到要求的高度时,停止爬升,调节专门杆件,伸出 4 个支腿,并使就位爬靴支在爬升支架上,然后操纵液压控制台,使活塞杆收回,带动下爬架、内套架上升就位,并把下爬架支腿支撑好。爬升就位后,拆下一节模板,同时绑扎钢筋,并将拆下的模板立在上一节模板顶部,再进行下一个节段的施工。

2. 滑动模板法

1)基本原理

滑动模板系将板悬挂在工作平台的围圈上,沿着所施工的混凝土结构截面的周界组拼装配,并随着混凝土的浇筑由千斤顶带动向上滑升。

2)基本构造

滑动模板的构造,由于桥墩类型、提升工具的类型不同而稍有差异,但其主要部件与功能则大致相同。一般主要由工作平台、内外模板、混凝土平台、工作吊篮和提升设备等组成。

3)提升工艺

(1)螺旋千斤顶提升工艺(略)。

(2)液压千斤顶提升工艺(略)。

4)施工工序要点

(1)滑模组装

①在基础顶面搭枕木垛,定出桥墩中心线;

②在枕木垛上先安装内钢环,并准确定位,再依次安装辐射梁、外钢环、立柱、顶杆、千斤顶、模板等;

③提升整个装置,撤去枕木垛,再将模板落下就位,随后安装余下的设施。内外吊架待模板滑至一定高度时,及时安装。模板在安装前,表面需涂润滑剂,以减小滑升时的摩擦阻力。

组装完毕后,必须按设计要求及组装质量标准进行全面检查,并及时纠正偏差。

(2)浇筑混凝土

滑模宜浇筑低流动度或半干硬性混凝土,浇筑时应分层、分段地对称进行,分层厚度以 200~300mm 为宜,浇筑后混凝土表面距模板上缘宜有 100~150mm 的距离;混凝土入模时,要均匀分布,应采用插入式振动器捣固,振捣时应避免触及钢筋模板,振动器插入一层混凝土的深度不得超过 50mm;脱模时混凝土强度应为 0.2~0.5MPa,以防在其自重压力下坍塌变形。为此,可根据气温、水泥强度等级经试验后选定一定量的早强剂掺入,以加强提升;脱模后 8h 左右开始养生,用吊在下吊架上的环绕墩身的带小孔的水管来进行。养生水管一般设在距模板下缘 1.8~2.0m 处效果较好。

(3)提升与收坡

整个桥墩浇筑过程可分为初次滑升、正常滑升和末次滑升 3 个阶段。从开始浇筑混凝土到模板首次试升为初次滑升阶段,初灌混凝土的高度一般为 600~700mm,分 3 次浇筑,在底层混凝土强达到 0.2~0.4MPa 时即可试升。将所有千斤顶同时缓慢提升 50mm,以观察底层混凝土的凝固情况。现场鉴定可用手指按刚脱模的混凝土表面,基本按不动,砂浆不粘手，用指甲划过有痕，滑升时能耳闻"沙沙"的摩擦声。这些表明混凝土已具备 0.2~0.4MPa 的脱模强度，可以开始再缓慢提升 200mm 左右。初升后全面检查设备，即可进入正常滑升阶段，即每浇筑一层混凝土，滑模提升一次，使每次浇筑的高度与每次提升的高度基本一致。在正常气温条件下，提升时间不宜超过 1h。末次滑升阶段是混凝土已经浇筑到需要高度，不再继续浇筑，但模板尚需继续滑升的阶段。浇筑完最后一层混凝土后，每隔 1~2h 将模板提升 50~100mm，滑动 2~3 次后即可避免混凝土与模板胶合。滑模提升时应做到垂直、均衡一致，顶架间高差不大于 20mm，顶架模梁水平高差不大于 5mm；并要求三班连续作业，不得随意停工。

（4）接长顶杆、绑扎钢筋

模板每提升至一定高度后，就需要穿插进行顶杆、绑扎钢筋等工作。为不影响提升的时间，钢筋接头均应事先配好，并注意将接头错开。对预埋件及预埋的接头钢筋，滑模抽离后，要及时清理，使其外露。

（5）混凝土停工后的处理

在整个施工过程中，由于工序的改变或发生意外事故，使混凝土的浇筑工作停滞较长的时间，即需要进行停工处理。例如，每隔半小时左右稍微提升模板一次，以免粘结；停工时在混凝土表面要插入短钢筋等，以加强新老混凝土的粘结；复工时还需要将混凝土表面凿毛，并用水冲走残渣，湿润混凝土表面，灌注一层厚度为 20~30mm 的 1∶1 水泥砂浆，然后再浇筑原配合比的混凝土，继续滑模施工。

12.3 盖梁施工

12.3.1 墩、台帽施工

1. 放样

墩、台混凝土浇筑或砌石砌至离墩、台帽下缘约 300~500mm 高度时，即需测出墩、台帽纵横中心轴线，并开始竖立墩、台帽模板，安装锚栓孔或安装预埋支座垫板，绑扎钢筋等。桥台台帽放样时，应注意不要以基础中心线作为台帽背墙线。模板立好后，在浇筑混凝土前应再次复核，以确保墩、台帽中心、支座垫石等位置、方向和高程不出差错。

2. 模板

（1）混凝土和钢筋混凝土墩、台帽模板墩、台帽系支承上部结构的重要部分，其位置、尺寸和高程的准确度要求较严，墩、台身混凝土浇筑至墩、台帽下约 300~500mm 处就应停止浇筑，以上部分待墩、台帽模板立好后一次浇筑，以保证墩、台帽底有足够厚度的紧密混凝土。

台帽背墙模板应特别注意纵向支承或拉条的刚度，防止浇筑混凝土时发生鼓肚，侵占梁端空隙。

（2）桩柱墩帽模板

桩柱墩帽亦称盖梁，除装配式的以外，需要现场立模浇筑。盖梁污工体积小，有条件利用钢筋混凝土桩柱本身作模板支撑。其方法是用两根木梁将整排柱用螺栓相对夹紧，上铺横梁，横梁间衬以方木调节间距，也可用螺栓隔桩柱成对夹紧，在横梁上直接安装底模板。两侧模板借助于横梁、上拉杆和一对三角撑所组成的方框架来固定。所有框架、榫眼及角撑均预先制好，安装时只用木楔楔紧框构四周，就能迅速而正确地使模板定位，如图12-7所示。

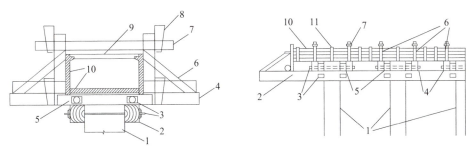

1—钢筋混凝土桩柱；2—木梁；3—螺栓；4—横梁；5—衬木；6—角撑；7—拉杆；8—木楔；9—内模；10—模板；11—肋木

图12-7 桩柱墩帽模板

3. 钢筋网、预埋件、预留孔等的安装

1）钢筋网的安装

梁桥墩、台帽支座处一般均布设1～3层钢筋网。当墩、台帽为素混凝土或虽为配筋混凝土但钢筋网未设置架立钢筋时，施工时应根据各层钢筋网的高度安排墩、台帽混凝土的浇筑程序。为了保证各层钢筋网位置正确，应在两侧板上画线，并加设钢筋网的架立钢筋和定位钢筋，以免振捣混凝土时钢筋网发生位移。

2）墩、台帽的预埋件的种类

（1）支座预埋件，有以下几类：

①平面钢板支座的下锚栓及下垫板；

②切线式支座的下锚栓及垫板；

③摆柱式支座的锚栓及垫板；

④盆式橡胶支座的固定锚栓。

（2）防振锚栓。

（3）装配式墩、台帽的吊环。

（4）供运营阶段使用的扶手、检查平台和护栏等。

（5）供观测用的标尺。

（6）防振挡块的预埋钢筋。

预埋件施工应注意下述各点：

①为保证预埋件位置准确，应对预埋件采取固定措施，以免振捣混凝土时发生移动。

②预埋件下面及附近的混凝土应注意振捣密实，对具有角钢筋的预埋件尤应注意加强捣实。

③预埋件在墩、台帽上的外露部分要有明显标识，浇至顶层混凝土，要注意外露部分尺寸准确。

④在已埋入墩、台帽内的预埋件上施焊时，应尽量采用细焊条、小电流、分层施焊，以免烧伤混凝土。

3）预留孔的安装

墩、台帽上的预留锚栓孔须在安装墩、台帽模板时，安装好锚栓留孔模板，在绑扎钢筋时注意将预留孔位置留出。预留孔应该下大上小，其模板可采用拼装式。模板安装时，顶面可比支座垫石顶面约低 5mm，以便垫石顶面抹平。带弯钩的锚栓的模板安装时应考虑钩的方向。为便于安装锚栓后灌实锚栓孔，可在每一锚栓孔模板的外侧三角木块部分预留进浆槽。

12.3.2 附属工程施工

1. 桥台翼墙、锥坡施工要点

1）翼墙、锥体护坡（简称锥坡）的作用和构造

翼墙、锥坡是用来连接桥台和路堤的防护建筑物，它的作用是稳固路堤，防止水流的冲刷。

设翼墙的桥台称为八字形桥台。翼墙设于桥台两侧，在平面上形成"八"字；立面上为一变高度的直线墙，其坡度变化与台后路堤边坡的坡度相适应；翼墙的竖直截面为梯形，翼墙顶设帽石。翼墙一般为浆砌片石或浆砌块石结构。根据地基情况，翼墙基础采用浆砌片石或片石混凝土。

锥坡一般为椭圆形曲线，锥体坡面沿长轴方向与路基边坡相同，一般为 1∶1.5，沿短轴方向为 1∶1，锥体坡顶与路基外侧边沿同高。当台后填土高度大于 6m，路堤边坡采用变坡时，锥坡也应做相应变坡处理以相配合，如图 12-8 所示。

锥坡内部用砂土或卵砾石填筑夯实，表面用片石干砌或浆砌，一般砌筑厚度为 200～350mm。坡脚以下根据地基情况及流速大小设置基础，或将坡脚伸入地面以下一段，并适当加厚趾部，如图 12-9 所示。

在受水流冲刷影响的地方，锥体可以考虑采用铺盖草皮或干砌片石网格代替满铺的片石铺砌，也可以将锥坡的下段用片石满铺，但上段铺草皮。

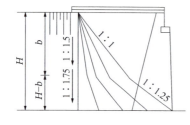

图 12-8　锥坡护坡的边坡处理（$H > 6m$）

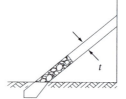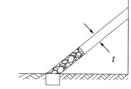

图 12-9　护坡及基础处理

2）锥坡施工要点

（1）锥体填土应按设计高程及坡度填足，砌筑片石厚度不够时再将土挖去，不允许填土不足，临时边砌石边补填土。锥坡拉线放样时，坡顶应预先放高约 20～40mm，使锥坡随锥体填土沉降后，坡度仍符合设计规定。

（2）砌石时放样拉线要张紧，表面要平顺，锥坡片石背后应按规定做碎石倒滤层，防止锥体土方被水侵蚀变形。

（3）锥坡与路肩或地面的连接必须平顺，以利排水，避免砌体背后冲刷或渗透导致坍塌。

（4）在大孔土地区，应检查锥坡基底及其附近有无陷穴，并彻底进行处理，保证锥坡稳定。

（5）干砌片石锥坡，用小石子砂浆勾缝时，应尽可能在片石护坡砌筑完成后间隔一段时间，待锥体基础稳定后再进行勾缝，以减少灰缝开裂。

（6）锥体填土应分层夯实，填料一般以黏土为宜。锥坡填土应与台背填土同时进行，并应按设计宽度一次填足。

2. 台后填土要求

（1）台后填土应与桥台砌筑协调进行。填土应尽量选用渗水土，如黏土含量较少的砂质土。土的含水率要适量，在北方冰冻地区要防止冰胀。如遇软土地基，为增大土抗力，台后适当长度内的填土可采用石灰土（掺5%石灰）。

（2）填土应分层夯实，每层松土厚200～300mm，一般应夯2～3遍，夯实后的厚度为150～200mm，使密实度达到85%～90%（拱桥要求达到90%～98%），并做密实度测定。靠近台背处的填土打夯较困难时，可用木棍、拍板打紧捣实，与路堤搭接处宜挖成台阶形。

（3）石砌圬工桥台台背与土接触面应涂抹沥青或用石灰三合土、水泥砂浆胶泥做不透水层，作为台后防水处理。

（4）拱桥台后填土必须与拱圈施工的程序相配合，使拱的推力与台后土侧压力保持一定的平衡。

一般要求拱桥台背填土可在主拱圈安装或砌筑以前完成。梁式桥的轻型桥台台后填土应在桥面完成后，在两侧平衡地进行。

（5）台背填土顺路线方向的长度，一般应自台身起，底面不小于桥台高度加2m，顶面不小于2m；拱桥台背填土长度一般不应小于台高的3～4倍。

3. 台后搭板的施工要点

（1）设置搭板是解决台后错台跳车的重要工程措施，其效果与搭板之下的路堤压缩程度和搭板长度有密切关系。日本高速公路规定使用期内台后错台高度须小于20mm。

（2）桥头搭板应设置一个较大的纵坡i_1，若路线纵坡为i_2，则搭板纵坡应符合$10\% \leqslant i_2 - i_1 \leqslant 15\%$，以保证在台后长度方向上的沉降分布较均匀，并逐渐减小。搭板的末端顶面应与路基顶面平齐，搭板前端顶面应留有路面面层的厚度。

（3）台后填土应严格遵守压实要求。应先清理基坑，使其尺寸符合要求。接着进行基底压实，如使用压路机困难可用小型手推式电动振动打夯机压实，并用环刀法测定压实度。基底之上填筑并压实岩渣，其最大粒径应小于120mm，含泥量应小于8%，压实后的干密度应不小于20MPa。达到规定高程后，便可填筑并压实二灰碎石，一般可用120～150kN压路机压实，每层碾6～8遍。对于边角部位可用小型打夯机补压。在填压达到搭板顶部的高程，压实或通行车辆一段时间后，再挖开浇筑搭板和枕梁。分层压实的厚度一般不大于200mm。

（4）进行上述填筑台后路堤材料有困难时，至少应选用透水性良好的砂性土，或掺用40%～70%的砂石料。分层厚度200～300mm，压实度不小于95%。靠近后墙部位（1.5m宽）可用小型打夯机，也可填筑块片石及级配砂砾石，用振捣器振实。用透水性材料填筑时，应以干重度控制施工质量。

（5）台背填筑前应在土基上或某一合适高度设置排水管或盲沟，并注意将排水管及盲沟引出路基之外。

（6）钢筋混凝土箱形通道的搭板可水平设置，但其上应留出路面面层的厚度。路堤填筑的施工要求与台后搭板相同。

4. 台后排水盲沟施工

（1）地下水较小时，排水盲沟以片石、碎石或卵石等透水材料砌筑，并按坡度设置。沟底用黏土夯实，盲沟应建在下游方向，出口处应高出一般水位 0.2m。平时无水的干河沟应高出地面 0.3m。

（2）当桥台在挖方内，横向无法排水时，排水盲沟可在下游方向的锥体填土内折向桥台前端排水，在平面上呈 L 形。

（3）盲沟施工时注意事项：

①盲沟所用各类填料应洁净、无杂质，含泥量应不大于 2%。

②各层的填料要求层次分明，填筑密实。

③盲沟应分段施工，当日下管、填料一次完成。

④盲沟滤管一般采用无砂混凝土管或有孔混凝土管，也可用短节混凝土管代替。但应在接头处留 10~20mm 间隙，供地下水渗入。

⑤盲沟滤管基底应用混凝土浇筑，并与滤管密贴，纵坡应均匀，无反向坡；管节应逐节检查，否则不得使用。

12.3.3 桥梁下部主体工程案例

1. 工程概况

桥梁下部主体工程主要由桥墩、横梁组成。WS 匝道及 ES 匝道桥墩立柱均采用单立柱形式，立柱底部截面尺寸为 2.3m（宽度）× 1.6m（厚度），在立柱顶部向两侧放大，以搁置双支座。桥墩采用花瓶墩，个别桥墩根据地面道路布置采用门墩。

WS 匝道及 ES 匝道在桥面变径处设置横梁。

2. 总体施工方法

本工程桥墩采用定型钢模板施工，模板采用分节地面拼装，起重机组装成型，墩身混凝土由搅拌运输车运至作业现场、起重机吊送入模，插入式振捣器振捣密实。

桥台采用单块面积 1.5m² 以上的钢模板，以保证外观，内设拉杆配合钢管、方木加固。混凝土由搅拌运输车运至作业现场、泵车泵送入模，插入式振捣器振捣密实。

横梁采用碗扣脚手架支撑，底、侧模均采用定型钢模板。

3. 墩、台身施工

1）测量放线

利用经纬仪测方格柱子中心线，在承台面画出主平面尺寸线，用水准仪测出各个墩柱的标高，为绑扎钢筋、架立模板作准备。

2）钢筋焊接与绑扎

墩、台身在基础施工、检测完毕后进行，先焊墩柱钢筋，钢筋焊接接头在同一截面上受拉区不能超过 25%，受压区不能超过 50%，焊接长度双面焊不小于 5d，单面焊不小于 10d，钢筋间距允许偏差为 −20mm，焊接钢筋保证轴线一致，偏差不得大于 0.1d，且不大于 2mm。

3）模板加工、安装及加固

墩柱模板采用大块定型钢模,由于墩柱数量较多,高度不等,采用分节定做,以利于拼装。待钢筋焊接、绑扎完毕后,即可立墩柱模板。墩柱模板采用地面分节拼好,起重机现场拼装。安装模板时,先利用坐标法将立柱位置准确定位,用两台经纬仪校核模板垂直度。模板内涂抹隔离剂,模板缝填夹薄橡胶条,以防漏浆。模板加固采用底部通过承台顶预埋钢筋与木楔固定,顶部通过拉索拉紧。

台身模板采用定做大块定型钢模板,单个面积在 1.5m² 以上,以保证外观美观,模板加固采用内拉外顶的方法,内设拉杆和方木内撑,外用方木顶撑。模板内涂抹隔离剂,模板缝填加薄橡胶条,以防漏浆。

4）混凝土浇筑

混凝土用起重机或泵车输送入模,混凝土坍落度控制在 12cm 左右,采用插入式振捣器振捣。浇筑时分层浇筑,每层不大于 30cm,浇筑一次性完成,振捣器振捣时,插入或拔出混凝土的速度要慢,以免产生空洞,振捣器垂直插入混凝土内,并要插至前一层混凝土 5~10cm,以保证新浇混凝土与先浇混凝土结合良好,振捣时应尽可能避免与模板、钢筋相接触,振捣充分,做到不漏振、欠振和过振,混凝土表面无蜂窝麻面、混凝土达到内实外美的标准。

5）混凝土养护

墩柱养护采用塑料布包裹覆盖养护,养护不少于 14d。

6）质量标准

混凝土表面平整、密实、光洁,无蜂窝、麻面,结构尺寸误差不得大于标准。

4. 横梁施工

1）支架、模板设计

根据横梁结构形式采用碗扣脚手架,步距横向 0.6m,纵向 0.9m,上铺 10cm×10cm 方木作为横梁。纵向放置工字钢以保证底面线形（图 12-10）。支架地基除支撑在承台内不处理外,其余均采用 15cm 素混凝土处理。

2）钢筋施工

横梁钢筋由集中加工地集中下料,加工成半成品,运至施工现场。

为保证钢筋绑扎质量,采用一次绑扎成型工艺,即:在地面上放样,将主筋焊接成型,并将箍筋绑扎完成,自检后请工程师验收,合格后用起重机将横梁钢筋吊置已提前铺设完毕的横梁底模板上。在支侧模前将定型塑料垫块绑扎在钢筋侧部,以保证混凝土保护层的厚度。

3）模板

横梁底板采用竹胶板,侧模采用定型大面积钢模板;梁底模与梁侧模交接处贴海绵条,以防止漏浆,确保混凝土表面光洁、平整。模板的拼装与支设均使用起重机配合进行。横梁模板加固采用对拉螺栓,上下各设置一道ϕ16mm 对拉螺栓,水平间距按 60cm 布置,第一道设置在横梁底部,第二道设置在横梁顶部。横梁侧模

图 12-10　桥梁下部围堰施工

采用 16 号槽钢固定，并设置 5 号钢丝绳和紧固器找正。对于模板的支设要引起重视，模板应具备必要的强度、刚度和稳定性及承受施工过程中产生的各种荷载的能力，来保证结构物各部位形状尺寸的准确。

4）横梁混凝土施工

横梁混凝土施工时，应从梁中间向两端对称进行浇筑，其他工艺均同墩柱的浇筑方法。

5）拆模及混凝土养护

当混凝土强度达到 5MPa 时可拆除侧模，拆模时起重机配合，并注意边角的保护。拆除的模板应及时清理、修整、除污，涂刷隔离剂，以备重复使用。模板拆除后，应及时对混凝土进行覆盖，保持混凝土湿润状态为宜，一般养护 7d。

6）质量标准

混凝土表面平整、密实、光洁、无蜂窝麻面，结构尺寸误差符合规范标准。混凝土强度符合设计要求。

复习思考题

1. 简述承台的施工流程。
2. 简述装配式桥墩的施工要点。
3. 简述滑动模板法的施工工艺。
4. 常见的支座预埋件有哪几类？
5. 盆式橡胶支座的安设施工有哪些注意事项？

第 13 章　桥梁上部结构施工技术

学习目的与要求

熟悉预应力混凝土简支梁的制作与施工流程；了解预应力混凝土简支梁的架设方法；熟悉预应力混凝土连续梁桥施工中的简支转连续施工、就地浇筑施工、悬臂施工、顶推施工和移动式模架逐孔施工等施工方法；熟悉现浇、装配式和钢管拱桥施工方法；熟悉斜拉桥中索塔、梁体、拉索的施工方法；熟悉悬索桥中猫道、主缆和加劲梁的架设方法。

13.1　装配式预应力混凝土简支梁桥施工

预应力混凝土结构以其良好的实用性能被广泛应用。目前公路上预应力混凝土简支梁的跨径已做到 50~70m。我国编制了后张法装配式预应力混凝土简支梁桥的通用设计图，跨径为 20m、25m、30m、35m、40m，这就有利于在工厂内或工地上广泛采用工业化施工，组织大规模预制生产，采用装配式的施工方法。近年来对于中小跨径的桥梁，绝大部分均采用装配式的预应力混凝土简支梁桥。

13.1.1　预应力混凝土简支梁施工

预应力混凝土简支梁施工分为先张法和后张法，考虑到目前工程上多采用后张法进行施工，本节仅对该种后张法施工工艺要点做重点介绍。

后张法主要施工工序为：先浇筑混凝土构件，并在构件中配置预应力钢筋的位置上预留孔道；养护混凝土至规定强度后，将预应力筋穿入孔道，利用构件本身作为台座，用张拉机具张拉钢筋至控制应力；在张拉端用锚具将钢筋锚固在构件两端；在孔道内灌注水泥浆。

1. 预留孔道

预留孔道是后张法梁体施工中的一项重要工序。预留孔道的尺寸与位置应正确，孔道应平顺。端部的预埋垫板应垂直于孔道中心线，并用螺栓或钉子固定在模板上，以防止浇筑混凝土时发生移动。孔道留设的方法有埋置式与抽拔式两种。孔道摩阻损失宜采用现场实测结果。

（1）埋置式制孔器

埋置式制孔器主要采用薄铁皮套管和铝合金波纹管，做成各种形状的孔道，将管子按索筋的设计位置和形状固定在钢筋骨架中不再抽出，待混凝土浇筑后，即可形成预应力筋的孔道，如图 13-1 所示。此法具有成孔均匀、摩阻力小、连接容易、与混凝土粘结性能好等优点，但管子的加工和安装比较困难，使用后不能回收，因而成本高，钢材耗用量大。

图 13-1　埋置式制孔器

（2）抽拔式制孔器

抽拔式制孔器的最大优点是能够周转重复使用，经济而节省钢材，目前使用较广。我国常用的抽拔式制孔器有：钢管制孔器、金属伸缩管制孔器和橡胶制孔器。

抽拔制孔器的时间是能否顺利抽拔和保证成孔质量的关键，它与水泥品种、环境气温和养护条件有关，必须严格掌握，一般在混凝土初凝后、终凝前进行，以用手指按压混凝土表面不显指纹时为宜。如抽拔过早，则混凝土容易塌陷而堵塞孔道；如抽拔过迟，混凝土与胶管粘结牢固，抽管困难，甚至可能拔断胶管或根本拔不出来。抽管可用人工逐根地进行，也可用机械（电动卷扬机或手摇绞车）分批地进行。抽管时必须速度均匀，边抽边转，并与孔道保持在一条直线上。

无论采用何种制孔器，都应按设计要求或施工需求预留排气、排水和灌浆用的孔眼。

2. 张拉机具使用前的校检

（1）目的：由于千斤顶的活塞与油缸壁的摩擦力，千斤顶的真实张拉力不等于活塞面积乘以油压读数，找到千斤顶的张拉吨位与高压油泵上的油表读数（油压读数）的对应关系，从而可利用油表读数来方便、准确地控制张拉力。

（2）校检方法：目前对预应力施工机具进行校检的方法有应力环（测力计）校检、压力机校检及电测传感器校检等方法，其中应力环（测力计）校检（标定）方便灵活，不受设备条件的限制，而压力机法的优点是千斤顶能够真实地伸长，结果较为准确。

（3）校检结果：利用"最小二乘法"求得大多数点所在的直线。校检结果一式两份，施工单位和监理工程师各一份。施工期间，内业计算与外业张拉时所用的千斤顶和油表必须经过校检，且均应按照校检结果进行内业计算和外业张拉，不得使用未经校检的设备组合。

（4）校检频度：连续张拉 300 次以上；使用 6 个月以上；新工程、新设备；使用过程中有异常感觉。

3. 预应力筋的张拉工艺

当梁体混凝土强度达到设计要求的张拉强度（一般为设计强度的 75%以上）时，才可进行穿束张拉。穿筋工作一般采取直接穿筋，较长的钢筋可借助长钢丝作为引线，用卷扬机进行穿筋。

曲线预应力筋和长度大于 24m 的直线预应力筋，应采用两端张拉。长度小于或等于 24m

的直线预应力筋,可在一端张拉。预应力筋的张拉应符合设计要求,当设计无要求时,可采用分批、分阶段对称张拉。分批张拉时,应按顺序对称地进行,以防过大偏心压力导致梁体出现较明显的侧弯现象,同时应考虑后张拉的预应力筋对先张拉的预应力筋所带来的预应力损失。

不同预应力筋构件所采用的张拉程序按下列规定采用:

(1)对钢筋、钢筋束,张拉程序为:0→初应力→$1.05\sigma_{con}$(持荷5min)→σ_{con}(锚固);

(2)对于用夹片式等具有自锚性能的锚具张拉钢绞线束和钢丝束时,其张拉程序为:

①普通松弛力筋:0→初应力→$1.03\sigma_{con}$(锚固);

②低松弛力筋:0→初应力→σ_{con}(持荷5min锚固)。

(3)对于用其他锚具张拉钢绞线束和钢丝束时,其张拉程序为:0→初应力→$1.05\sigma_{con}$(持荷5min)→σ_{con}(锚固);

(4)对于精轧螺纹钢筋,张拉程序为:

①直线配筋:0→初应力→σ_{con}(持荷5min);

②曲线配筋时0→σ_{con}(持荷5min)→0(上述程序可反复几次)→初应力→σ_{con}(持荷5min锚固)。

其中,σ_{con}为张拉时的锚下控制应力。

张拉时应注意以下方面:张拉时严格按照设计张拉顺序施工;孔道轴心、锚具轴心、千斤顶轴心在一条轴线上,如图13-2所示。控制张拉力达到设计张拉力,控制实测伸长量与理论伸长量的差值在理论伸长量的±6%之内;钢丝、钢绞线断丝或滑丝,1束不超过1根,1个断面不超过1%;钢筋不允许断筋或滑丝。

图13-2 预应力张拉施工

4. 孔道压浆

孔道压浆能保护预应力筋不受锈蚀,并使预应力筋与混凝土梁体粘结成整体,从而既能减轻锚具的受力,又能提高梁的承载能力、抗裂性能和耐久性。孔道压浆用专门的压浆泵进行,压浆后的浆体要求密实、饱满,并应在张拉后48h内完成。

孔道压浆应采用强度等级不低于42.5级普通硅酸盐水泥或矿渣硅酸盐水泥配置的水泥浆;对空隙大的孔道,可采用砂浆压浆。为了增加孔道压浆的密实性,在水泥浆中可掺入专用微膨胀剂,但掺入量不得使混凝土自由膨胀率超过10%,且不得掺入氯化物或其他对预应力筋有腐蚀作用的外加剂。孔道压浆宜采用专用压浆料或专用压浆剂配制浆液。

压浆前,应用压力水冲洗孔道,确保孔道畅通,并吹去孔内积水。压浆顺序应先下孔道后上孔道,以免上孔道漏浆把下孔道堵塞。直线孔道压浆时,应从构件的一端压到另一端;曲线孔道压浆时,应从孔道最低处开始向两端进行。宜采用真空压浆工艺。

5. 封端

孔道压浆后应立即将梁端水泥浆冲洗干净,并将端面混凝土凿毛。对端部钢筋网的绑扎和封端模板的安装,要妥善处理并确保固定,以免在浇筑混凝土时因模板移动而影响梁长。封端混凝土的强度应不低于梁体的强度。浇筑完混凝土并静置1~2h后,应按一般规定进行浇水、养护。

13.1.2 预应力混凝土简支梁的架设

预制装配施工是将在预制厂或桥梁现场预制的梁运至桥位处,使用一定的起重设备进行安装和完成横向联结组成桥梁的施工方法,如图13-3所示。目前,预制安装法是简支梁经常采用的一种施工方法。预制梁的架设主要有联合架桥机法、双导梁穿行式架设法、扒杆架设法、跨墩门式起重机架设法、自行式起重机架设法、浮吊架设法。

(a) 预制梁运输

(b) 预制梁架设

图13-3 预制梁运输与架设

1. 预制梁起吊与运输

预制梁从预制厂或预制场地到桥位安装现场,都存在梁体的起吊及运输问题。由于梁体长大、笨重,起吊、运输都比较困难,因此要合理选择起吊、运输工具和方法,以确保施工安全。梁体起吊时,混凝土的强度应符合设计规定,压浆强度不得低于设计强度的75%,封端混凝土强度不得低于设计强度的50%;吊点、支点位置应经计算确定,其距离误差不得大于200mm;梁体发生滑移时,应对其受力部位进行验算;无论起吊、运输或存放,都要有防止倾覆的措施。

在大的桥梁工地,架梁前常需先卸后架,应有一处存梁场地,场地位置要慎重选择,一般可在车站、区间或桥头存放,也可在施工线路上选择适当地点存放。存梁场应有良好的排水系统和设施,宜优先采用大跨度吊梁龙门架装卸桥梁。采用滑道移梁时,滑道应有一定的强度和刚度,并满足移梁作业的需要。

2. 预制梁架设方法

(1) 联合架桥机法

以联合架桥机并配备若干滑车、千斤顶、绞车等辅助设备架设安装的预制梁适用于多孔 30m 以下孔径的装配式桥梁。

联合架桥机主要由龙门架、导梁和蝴蝶架组成，如图 13-4 所示。龙门架用工字型钢梁架设，在架上安放两台起重机，架的接头处和上、下缘用钢板加固，主柱为拐脚式，横梁的高程由两根预制梁的叠高加上平板车的高度和起吊设备的高度决定。它是用来起落预制件和导梁，并对预制构件进行墩上横移和就位。蝴蝶架是专供托运龙门式起重机在轨道上移走的支架，它形如蝴蝶，用角钢拼成，上设有供升降用的千斤顶。它是用以拖动龙门架转移位置的专用工具，托架是在桥头地面上拼装、竖直，用千斤顶顶起放在托架平车上，移至导梁上放置。导梁用钢桁梁拼成，以横向框架连接，其上铺钢轨供运梁行走。

架梁时，先铺设导梁和轨道，用绞车将导梁拖移就位后，把蝴蝶架用平板小车推上轨道，将龙门式起重机托运至墩上，用千斤顶将起重机降落在墩顶，并用螺栓固定在墩的支承垫块上，然后用平车将梁运到两墩之间，由起重机起吊、横移、下落就位。待全跨梁就位后，向前铺设轨道，用蝴蝶架把起重机移至下一跨架梁。

其优点是可完全不设桥下支架，不受洪水威胁，架设过程中不影响桥下通车、通航。预制梁的纵移、起吊、横移、就位都比较便利。缺点是架设设备用钢材较多（可周转使用），较适用于多孔 30m 以下孔径的装配式桥。

（2）双导梁穿行式架设法

双导梁穿行式架设法是在架设跨间设置两组导梁。导梁是用贝雷梁或万能构件组装的钢桁架，其梁长大于 2 倍桥梁跨径，前方为引导部分，由前端钢支架与前方墩上的预埋螺栓连接，中段是承重部分，后段为平衡部分。导梁顶面铺设小平车轨道，预制梁由平车在导梁上运至桥孔，由设在两根横梁上的卷扬机吊起，下落在两个桥墩上，之后在滑道垫板上进行横移就位。先安装两个边梁，再安装中间各梁。全跨安装完毕、横向焊接后，将导梁向前推，安装下一跨，如图 13-5 所示。

图 13-4　联合架桥机架设

图 13-5　双导梁穿行式架设

（3）扒杆架设法

扒杆架设法又称吊鱼架设法，是利用人字扒杆来架设梁桥上部结构构件，而不需要特殊的脚手架或木排架，如图 13-6 所示。

人字扒杆又有一副扒杆和两副扒杆架设两种。两副扒杆架设中，一副是吊鱼滑车组，用以牵引预制梁悬空拖曳；另一副是牵引前进，梁的尾端设有制动绞车，起溜绳配合作用，后扒杆的主要作用是预制梁吊装就位时，配合前扒杆吊起梁端，抽出木垛，便于落梁就位。一副扒杆架设中，基本方法与两副扒杆架设相同，不同之处是采用千斤顶顶起预制梁，抽出木垛，落梁就位。

用此法架梁时，必须以预制梁的质量和墩台间跨径为基础，在竖立扒杆、放倒扒杆、转移扒杆或吊梁进行横移等各个阶段，对扒杆、牵引绳、控制绳等零件进行受力分析和应力计算，以确保设备的安全。本法不受架设孔墩台高度和桥孔下地基、河流水文等条件影响，适用于起吊高度不大和水平移动范围较小的中、小跨径的桥梁。

（4）自行式起重机架设法

在桥不高、场内又可设置行车便道的情况下，用自行式起重机（汽车起重机或履带起重机）架设中、小跨径的桥梁十分方便。此法视吊装重量不同，还可采用单吊（一台起重机）或双吊（两台起重机）两种形式。其特点是机动性好，不需要动力设备，不需要准备作业，架梁速度快。一般吊装能力为150～1000kN，国外已出现4100kN的轮式起重机。此方法适合于陆地架设。如图13-7所示。

图13-6　扒杆架设施工现场

图13-7　自行式起重机架设现场

（5）浮吊架设法

在海上和深水大河上修建桥梁时，用可回转的伸臂式浮吊架梁比较方便，也可用钢制万能杆件或贝雷钢架拼装固定的悬臂浮吊进行。这种架梁方法高空作业较少，施工比较安全，吊装能力也大，工效也高，但需要大型浮吊，如图13-8所示。鉴于浮吊船来回运梁航行时间长，要增加费用，一般采取用装梁船存梁后成批一起架设的方法。

浮吊架梁时需在岸边设置临时码头来移运预制梁。架梁时，浮吊要认真锚固。如流速不大时，则可用预先抛入河中的混凝土锚来作为锚固点。

（6）跨墩门式起重机架设法

跨墩门式起重机安装适用于岸上和浅水滩以及不通航浅水区域安装预制梁。两台跨墩龙门式起重机分别设于待安装孔的前、后墩位置，预制梁由平车顺桥向运至安装孔的一侧，移动跨墩门式起重机上的吊梁平车，对准梁的吊点放下吊架，将梁吊起。当板梁底超过桥墩顶面后，停止提升，用卷扬机牵引吊梁平车慢慢横移，使板梁对准桥墩上的支座，然后落梁就位。接着准备架设下一根梁。图13-9为跨墩门式起重机架设施工现场。

图13-8　浮吊架设施工现场

图13-9　跨墩门式起重机架设施工现场

13.2 预应力混凝土连续梁桥施工

我国建造预应力混凝土连续梁桥的施工方法很多，常用的施工方法有：简支转连续施工、就地浇筑施工、悬臂施工、顶推施工和移动式模架逐孔施工。其中悬臂施工通常分为悬臂浇筑和悬臂拼装。预应力混凝土连续梁桥在施工过程中常常会出现体系转换，因此施工阶段的应力与变形必须在结构设计中予以考虑。不同的施工方法，在施工各阶段的内力也不同，有时结构的控制内力出现在施工阶段。所以，对于连续梁桥，设计与施工是不能也无法截然分开的，结构设计必须考虑施工方法、施工内力与变形；而施工方法的选择应符合设计的要求，形成设计与施工互相制约、相互配合的关系。

本节主要介绍了几种常用的预应力混凝土连续梁桥施工方法。

13.2.1 简支转连续施工

先简支后连续施工是国内外常用的一种桥梁结构施工方法，具有施工简易、经济合理，并兼备简支梁与连续梁桥的优点。

1. 施工流程

施工流程是通过分片预制简支梁，在桥墩上设置临时支座，中间保留永久支座，将预制梁吊装后，永久支座暂不受力，由临时支座参与结构受力，临时支座每跨之间为简支体系，待一联全部吊装完成后，将各主梁的预留的钢筋连接，并浇筑湿接缝，先使结构连成整体的连续结构体系。待湿接缝混凝土强度达到设计要求后张拉墩顶负弯矩预应力钢束，再撤去临时支座，使原来布置的连续体系的永久支座参与结构受力，这样就完成了梁体的转换和结构体系的从简支到连续的转换。

简支转连续施工方法亦存在体系转换。体系转换方法一般有以下 3 种：

（1）从一端起依次逐孔连续，即先将第一孔与第二孔形成两跨连续梁，然后再与第三孔形成三跨连续梁，依此类推，形成一联连续。

（2）从两端起向中间依次逐孔连续。

（3）从中间孔起向两端依次逐孔连续。

如遇长联，可按上述 3 种方法灵活综合选用。显然，不同的体系转换方法所产生的混凝土徐变二次力及预加力产生的二次力是不同的。

2. 施工特点

预制简支转连续施工具有以下特点：

（1）适合于矮箱梁及 T 形截面梁集零为整，形成连续梁。

（2）适宜跨径为 25~50m，且宜等跨径布置桥孔，施工工艺成熟简单，不需大型起吊设备。

（3）下部结构和预制梁可安排平行作业施工，桥梁总体施工期短。

工程案例

例 13-1 1. 工程概况

某大跨度桥梁，跨径为 50m，采用预应力 T 梁，每联 4 跨，每跨上下游各 8 片梁，T

梁采用现场预制，用联合架桥机架设。

2. 施工工艺流程

墩顶两侧主梁在一定范围内布设预应力短束实现连续，这种方法效果好，简单可行，同时能克服普通钢筋混凝土连续梁墩顶负弯矩区容易开裂的问题。施工预先将T梁安装在盖梁的临时支座上，然后连接横隔板接头，架好一联T梁后，浇筑墩顶连接接头混凝土，达到强度后，张拉墩顶连续预应力束，拆除临时支座，使其支承在永久支座上，实现体系转换，然后浇筑T梁翼缘板湿接缝混凝土，进入下一联T梁安装。其工艺流程见图13-10。

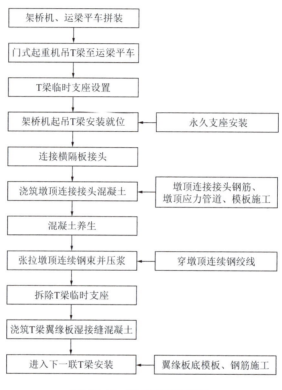

图13-10 施工工艺流程图

3. 施工方法

架桥机拼装完毕，即可进行T梁安装。利用2台80t门式起重机将T梁吊起移至运梁平车上，然后利用架桥机逐跨安装在墩顶的临时支座上（永久支座也预先安装好），并将横隔板连接。

1）T梁运输与安装

T梁混凝土达到强度，张拉、压浆完毕，且管道压浆强度达到规范要求后，利用门式起重机将待安装梁自预制场移至运梁轨道平车上，然后运梁平车通过轨道移动至安装位置旁，用架桥机起吊T梁安装就位，使其支承在临时支座上。相邻两跨T梁的中线误差不得超过3mm，自安装第2片梁起，每安装1片T梁即将相邻2片T梁的横隔板利用钢板焊接在一起。

T梁安装自第1跨开始，先安装中梁，再安装边梁，然后再进入第2跨安装，直至一联结束，如此循环。

2）临时支座制作、设置与解除

以下两种方法均简单可行，应根据盖梁（或支座垫石）上的平面可布置程度、材料、自身熟悉程度等各方面条件综合选择。

(1) 采用可溶性硫磺砂浆临时支座

其材料及配比为：硫磺：水泥：石英砂：石墨：聚硫乙胶 = 48：5.5：40：5：1.5。

M40 硫磺砂浆临时支座熬制过程如下：

①采用间接加热法熬制硫磺，在 135～140℃下加热融化硫磺；

②将石英砂加入硫磺内，之后加入石墨和水泥，升温至 150～155℃，搅拌均匀；

③将聚硫乙胶加入硫磺砂浆中，温度控制在 150～160℃；

④降温至 140～150℃，浇筑入模，同时预埋入一段电阻丝于 M15-5 体系，单根钢绞线张拉力为 195.3kN。

安装好永久支座后设置临时支座，临时支座设置在纵向，考虑比永久性支座高 3mm，逐孔将梁安装于临时支座上成为简支状态。需解除临时支座时，接通 36V 的电源，在 20min 内硫磺砂浆即可软化，在预制梁的重力作用下变形。为了防止硫磺砂浆软化后流到永久性橡胶支座处，危害永久支座，在硫磺砂浆与永久支座之间填满砂砾并在四周铺 1 层石棉瓦。

(2) 采用可落式砂筒临时支座

T 梁临时支座采用砂箱（卸荷砂筒）制作，比永久支座高 10mm，以便撤除。砂箱采用 2 根 $\phi 250$（内径）×13 和 2 根 $\phi 203$（外径）×7 钢管制作而成，内填干砂。砂筒与顶心之间间隙用沥青填设，防止砂子受潮。根据 T 梁和架桥机荷载计算，每个砂箱承载力为 200t，为保证 T 梁安装后不沉降，临时支座在使用前进行预压。每片 T 梁每端设 1 个临时支座（伸缩缝一侧直接安装永久支座）。同时将永久支座安装于墩顶接头中心下的支座垫石上。由于架桥机架设外边梁是一次到位，外边梁下支座受力最大。为保证安全，减小沉降，实际施工中外边梁底部临时支座安装 2 个。

待一联 T 梁（4 跨）架设完毕，浇筑墩顶连续接头混凝土，张拉连续钢束后，撤除砂箱临时支座，使 T 梁支承在永久支座上。实际施工过程中，部分砂筒由于密封不好，砂子受潮，不便掏出，只好将砂筒割破、卸落。

3）T 梁简支变连续

每 4 跨 T 梁为一联，每安装好一联，即进行由简支到连续的体系转换。墩顶接头用于连续用的钢束共 6 束，其中顶板 4 束，底板 2 束，采用扁锚 M15-5 体系，单根钢绞线张拉力为 195.3kN。

首先绑扎连接墩顶连续接头处的钢筋，纵向钢筋采用冷挤压连接，安装预应力管道，穿好钢绞线预埋好支座钢板，然后支立接头侧模板，浇筑 C50 微膨胀细石混凝土。每一联墩顶共 3 个接头，待 3 个墩顶接头混凝土全部浇筑完毕，达到设计强度后，即逐孔张拉墩顶连续钢束。按设计要求顺序，张拉墩顶连续预应力墩顶连续底板钢束采用吊篮进行逐根张拉并压浆。然后解除临时支座，使 T 梁落于永久支座上，完成 T 梁由简支变连续的过程，如图 13-11 所示。安装 T 梁翼缘板湿接缝底模板，绑

图 13-11　T 梁由简支变连续施工图

扎钢筋，浇筑湿接缝混凝土。湿接缝底模采用竹胶模板制作，以保证混凝土的外观质量。

13.2.2 就地浇筑施工

就地浇筑施工是一种古老的施工方法，它是在支架上安装模板、绑扎及安装钢筋骨架、预留孔道，并在现场浇筑混凝土的施工方法。由于施工需用大量的模板支架，一般仅在小跨径桥或交通不便的边远地区采用。随着桥梁结构形式的发展，出现了一些变宽的异型桥跨、弯桥等复杂的混凝土结构，又由于近年来临时钢构件和万能杆件系统的大量应用，在其他施工方法都比较困难或经过比较施工方便、费用较低时，也有在中、大桥梁中采用就地浇筑的施工方法。

1. 支架

就地浇筑混凝土梁桥的上部结构，首先应在桥孔位置搭设支架，以支撑模板、浇筑的钢筋混凝土以及其他施工荷载。由于在施工过程中支架承受了大部分恒重，因此必须具有足够的强度、刚度。对河道中的支架应充分考虑洪水和漂流物造成的不利影响，同时在安装时要设置预拱度，使得结构的外形尺寸和高程符合设计要求。

按照构造的不同，支架可分为以下 3 种形式。

（1）立柱式支架

立柱式支架构造简单，可用于陆地和不通航河道以及桥墩不高的小跨径桥梁施工。支架通常由排架和纵梁等构件组成。排架由枕木或桩、立柱和盖梁组成。一般需在纵梁下布置卸落设备，如图 13-12（a）和图 13-12（b）所示。

（2）梁式支架

根据跨径不同，梁可采用工字钢、钢板梁或钢桁梁，这 3 种梁分别用于跨径小于 10m、跨径小于 20m 和跨径大于 20m 的情况。梁可支承在墩旁支柱上，也可支承在桥墩上预留的托架或支承在桥墩处的横梁上，如图 13-12（c）和图 13-12（d）所示。

（3）梁柱式支架

当桥梁较高，跨径较大或必须在支架下设孔通航或排洪时，可采用梁柱式支架。梁支架在桥墩台以及临时支柱或临时墩上，形成多跨的梁柱式支架，如图 13-12（e）和图 13-12（f）所示。

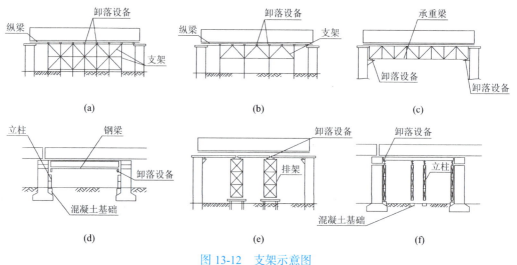

图 13-12 支架示意图

2. 支架预压

为避免在混凝土施工时，支架不均匀下沉，消除支架和地基的不可逆变形，准确测出支架的弹性变形量，事先对支架进行预压，可以选择代表性孔跨，每种结构类型预压不少于 1 孔。预压可以采用砂袋或水箱，按梁部混凝土重量分布情况进行分配荷载，加载重量按设计要求进行，一般为箱梁自重的 1.2 倍。

3. 混凝土的浇筑

预应力混凝土连续梁采用就地浇筑施工，需要在连续梁桥的一联各跨中设支架，按照混凝土的浇筑、养护、拆模等一定的施工程序完成各联桥的施工。在一联桥施工完成后，卸落支架，将其拆除进行周转使用。落架的时机与施工程序和预应力钢筋的张拉工序有关，应综合考虑。原则上，在张拉后恒载能由梁体本身承受时，可以落架。

小跨径预应力混凝土连续梁桥，一般采用从一端向另一端分层、分段的施工程序，先梁身后支点依次进行。施工时，梁板分两层浇筑，并在墩顶部分预留合龙段。当两跨的混凝土浇筑完成后，再浇筑中间墩顶合龙段。

大跨径预应力混凝土连续梁桥常采用箱形截面，施工时要分段施工。一种方法是水平分层施工，即先浇筑底板，待达到一定强度后进行腹板施工，最后浇筑顶板。当工程量较大时，各部位也可以分多次完成浇筑。另一种方法是分段施工法，根据施工能力，每隔 20~40m 设置连接缝，该连接缝一般设在弯矩较小的区域，连接缝宽 1m，待各段混凝土浇筑完成后，最后在接缝处施工合龙。

预应力混凝土连续梁桥采用就地浇筑施工法，在施工中不存在体系转换的问题，不产生恒载徐变二次弯矩；桥梁的整体性好；施工简便可靠；对机具和起重能力要求不高；同时也可以在桥梁中采用强大的预应力系统，使得结构构造简化。但是，支架与模板的施工费用昂贵，施工工期长，需要有较大的施工场地，是就地浇筑施工不利的一面。

工程案例

例 13-2 1. 工程概况

杭州湾大桥北接线第四合同 19 号桥全长 791.08m，其中上跨杭嘉苏高速公路的主桥为 17m + 22m + 22m + 17m 的等截面预应力连续箱梁，上跨杭州湾大桥北岸连接线的为 20m + 25m + 25m + 20m 的等截面预应力连续箱梁，其余均为普通钢筋混凝土连续箱梁。全桥预应力现浇连续梁共计 2 联 8 孔，普通钢筋混凝土连续箱梁共计 9 联 31 孔。预应力现浇连续梁全部为单箱单室结构，箱梁高 1.4m，顶板宽 9.5m，底板宽 5.5m，两侧悬臂长各为 2m；普通钢筋混凝土连续箱梁除第 6 联外全部为单箱两室结构，箱梁高 1.2m，顶板宽 9.5m，底板宽 5.5m，两侧悬臂长各为 2m；第 6 联为变截面普通钢筋混凝土连续箱梁，为单箱两室结构，箱梁高 1.2m。现浇连续箱梁横坡由顶板旋转而成，顶底板横坡同桥面，腹板保持垂直。根据梁体施工工艺要求：

（1）第 3 联上跨杭嘉苏高速公路的预应力现浇连续箱梁采用支墩加横梁预留门洞支架现浇。

（2）除第 3 联外的现浇连续箱梁全部采用布架灵活、搭拆方便、承载力大的 WDJ 碗扣式多功能钢支架搭设立柱式满堂支架现浇。

2. 施工方案

1）支架（跨杭嘉苏处预应力现浇连续箱梁除外）

（1）支架基础

按通过后满堂支架的设计方案，要求地基承载力大于200MPa，因此必须对地基做特殊处理。

①将原地面腐殖土地表层上的耕植土清除150mm，然后用挖掘机挖松500mm，用重型压路机或强夯分两层压实，底层压实度＞80%，顶层压实度＞85%。

②按2%横向排水坡（桥中心两侧排水）填筑石渣300mm，填筑分两层进行，每层压实厚度为150mm，用重型压路机压实，底层压实度＞90%，顶层压实度＞95%。

③为了防止浇筑混凝土时，流水软化支架的地基，浇筑厚50mm的C10细石混凝土封闭层。

④地基处理完后，在支架搭设范围地基基础四周800～1600mm范围内设顺桥向排水沟（水沟横断面为：600mm×800mm），排水沟根据现场情况设置好排水坡纵，确保地基基础不受雨水浸泡。

（2）满堂支架（立柱式）

在混凝土硬化好的基础顶面放置350mm×350mm×150mm C25混凝土预制块作为支架立杆底座，在已放置好的底座上搭设WDJ碗扣式多功能钢支架，如图13-13所示。支架布置主要分3个区域进行设计：

①一般结构区底板立杆按0.9m×1.2m进行布置，即立杆纵向间距0.9m，横向间距1.2m，步距1.2m。

②梁端及支点区长度为1.0m，渐变段长2.0m，沿桥梁方向梁端3.0m范围内立杆按0.6m×1.2m进行布置，即纵向净距0.6m，横向间距1.2m，步距1.2m。

图13-13 现场浇筑支架布置

③翼板宽2.0m，翼板立杆按1.2m×1.2m进行布置，即立杆纵向间距1.2m，横向间距1.2m，步距1.2m。

支架外围四周设剪刀撑，内部沿桥梁纵向每4排立杆搭设一排横向剪刀撑，横向剪刀撑间距不大于5m，支架高度通过可调托座和可调底座调节。

④支架安装完后，需要按照设计要求进行预压，主要是为了消除支架及地基的非弹性变形，获得弹性变形大小，以便更好地预留梁的标高。

2）支架安装注意事项

（1）为防止杆件滑脱，各种杆件伸出扣件的端头均大于100mm。

（2）在立杆安装过程中，应随时校正立杆垂直偏差，垂直偏差应控制在支架高度的1/200以内，水平偏差控制在50mm以内，立杆间接头扣件应使两端立杆在扣件内长度相等。

（3）顶托丝杆伸入立杆内的长度不小于200mm，以确保在浇筑混凝土过程中，顶托丝杆与立杆之间连接不致出现局部失稳。

（4）顺桥向、横桥向剪刀撑应按设计要求安放，并与立杆可靠连接。

（5）在地基处理时，应根据对应的箱梁底高程以及所采用立杆的长度调整地基高度，以避免在立杆对接安装时的损耗，从而提高经济效益。

3）混凝土施工

混凝土由汽车泵泵送从低端向高端连续浇筑，整个浇筑分两次进行，第一次浇筑底板及腹板混凝土，外侧腹板施工缝设于腹板与翼板转角以上20～30mm处，中腹板施工缝设于腹板根部以上300～500mm处。第二次浇筑中腹板、顶板及翼板，在第二次浇筑前检查支架有无压缩及下沉，并塞紧各楔块，以减少沉降。在以上施工工艺条件下，为保证施工质量，要求混凝土缓凝时间不少于4h，坍落度在100～140mm。

4）预应力施工

（1）预留孔道

①预应力钢绞线束预留孔道采用有一定强度、管壁严密、不易变形的金属波纹管，确保管道畅通。

②在非预应力钢筋骨架绑扎、安装就位后，再在钢筋骨架上安装预留孔道的金属波纹管。制孔波纹管安装位置应符合设计，位置准确，直线段每1m，曲线段每0.50m设定位钢筋一道，并在底板弯束上弯处设置防崩钢筋，避免波纹管在浇筑混凝土过程中移位。相邻制孔管接头应至少错开300mm。

③预留孔道内不得进入泥浆及杂物，端头用木塞塞牢。

（2）张拉顺序及控制

根据设计图纸，预应力钢材采用$\phi^s15.24$mm钢绞线，群锚体系YM15型，张拉控制力$\sigma_{con}=1395$MPa，两端同时张拉，张拉顺序为，先通长索，后弯起索，左右上下对称张拉。箱梁施工时，确保锚垫板位置尺寸正确，并与预应力孔道垂直，从而保证了千斤顶的张拉作用线与钢绞线的轴线重合一致。两台400型千斤顶同时张拉。预应力张拉的程序为，0→初应力（10%σ_{con}）→103%σ_{con}（持荷2min锚固），其中3%σ_{con}为锚圈口预应力损失。

5）支架的拆除

支架拆除与梁体下落不同步，容易造成纵向翼体板之间开裂，造成梁的破坏。为了便于桥梁的合理受力，支架拆除应按结构受力特征拆除，所以支架拆除应需按一定的顺序和工艺进行。先拆除支撑在翼板上的支架，保证全梁翼板处于无支撑状态，再松动腹板的螺杆，接下来松动底板的螺杆，分两部分，均应从跨中向两边松动，必须两箱均匀下落，分次松完，每次下落 8mm。

支架拆除的注意事项及要求：

（1）支架拆除时严禁动载和其他荷载上桥，严禁有任何冲击力对桥面作用。

（2）设置观测点：跨中 $L/3$、$2L/3$ 处，两边跨的 $L/2$ 处，观测其下沉情况及梁体裂纹情况，进行裂纹观测。

13.2.3 悬臂浇筑施工

悬臂浇筑施工是指将墩柱部位的上部结构浇筑完成后，在专供悬臂浇筑用的活动脚手架（称为挂篮）上向墩柱两边对称平衡地逐段浇筑悬臂梁段，每浇筑完一对梁段并待混凝土达到要求强度后，就张拉预应力束，待浇筑部分可以受力时向前移动挂篮，再进行下一梁段的施工，一直推进到悬臂端为止。

1. 施工程序

1）悬臂浇筑分段

悬臂浇筑施工时，梁体一般要分四大部分浇筑，如图 13-14 所示。A 为墩顶梁段（0 号梁段）；B 为由 0 号梁段两侧对称分段悬臂浇筑部分；C 为边孔在支架上浇筑部分；D 为主梁在跨中合龙部分。

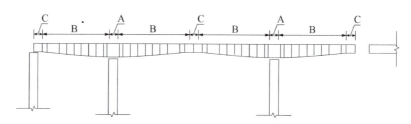

图 13-14 悬臂浇筑分段示意图

2）悬臂浇筑程序（墩梁铰接）

（1）在墩顶托架上浇筑 0 号梁段并实施墩梁临时固结系统。

（2）在 0 号梁段上安装悬臂挂篮，向两侧依次对称地分段浇筑主梁至合龙前段。

（3）在临时支架或梁端与边墩间的临时托架上支模浇筑梁段。

（4）合龙段可在改装的简支挂篮托架上浇筑。多跨合龙段浇筑顺序按设计或施工要求进行。

2. 悬浇挂篮

挂篮是悬臂浇筑施工的重要机具（图 13-15）。它是一个能够沿梁顶面纵向滑动或滚动的承重钢制结构，锚固在已施工的梁段上，承重钢制结构一部分悬出前端，用于悬挂梁段施工模板结构，在上面进行下一段梁的钢筋、预应力管道的安设，混凝土灌注和预应力张拉等作业。完成一个节段后，挂篮即可前移并固定，进行下一节段的悬臂灌注，不断循环下去，直到悬臂灌注完成。如图 13-16 所示。

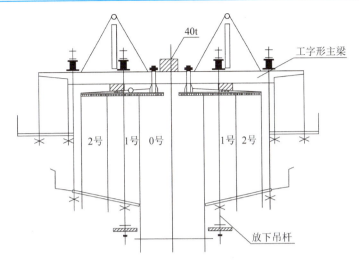

图 13-15 三角组合梁式挂篮

图 13-16 现场挂篮施工图

挂篮由主桁（梁）结构、悬挂调整系统、行走系统、模板系统、平衡锚固系统、工作平台等组成。

1）主桁（梁）结构

每个挂篮由两片或多片主桁片组成，主桁（梁）有平行弦式、三角组合梁式、菱形桁架式、弓弦式等。它是挂篮的主要受力构件，将悬挂系统传来的预制混凝土块体重力、模板重力等传递到连续梁上，同时将各个系统联系起来。主桁（梁）有两排支点，支撑在混凝土梁上。后端在定位后，可锚固在混凝土梁上。主桁（梁）上安装上横梁，用以悬吊模板结构。主桁（梁）之间采用联结系连接起来，可起到抗风和抵抗横向力的作用。

2）悬挂调整系统

悬挂系统由前后上横梁、吊杆、提升机具、前后下横梁、底模纵梁、纵梁后锚固拉杆等组成。其作用是悬挂模板，调整模板的位置，将荷载传递到主梁上。

3）行走系统

行走系统是挂篮的移动装置，包括桁架行走系统和内模行走系统。桁架行走系统，一般采用滑动式行走装置。与滚动式行走装置相比，滑动式行动缓慢，易于控制。主要设备由行走支腿、滑行板、滑行轨道、推行后座和推行千斤顶组成。行走支腿一般为箱形钢结构，上部与主梁连接，连接处设铰接结构，便于主梁的变形；下部与轨道接触面设计为前端翘起的滑雪板形状，并在底面贴3mm厚的不锈钢板，滑行时可加一些润滑油或放置四氟乙烯板，以减小滑动过程中的摩擦。

4）模板系统

挂篮施工的连续梁大多数采用的是箱形截面梁，因此模板分为外侧模板、内模和底模。外侧模板固定在外侧支架上，随支架一起运动。内模固定在箱导梁上。

3. 0号梁段施工

在悬臂法施工中，0号梁段（墩顶梁段）均在墩顶托架上立模现场浇筑，并在施工过程中设置临时梁墩锚固，使0号梁段能承受两侧悬臂施工时产生的不平衡力矩。

1）施工托架

施工托架可分别支承在墩身、承台或地面上，如图13-17所示。托架可采用万能杆件、贝雷梁、型钢等构件拼装。常用施工托架有扇形、门式托架等形式。在混凝土浇筑以前，应对托架进行试压，以消除因其非弹性变形引起混凝土出现裂缝。试压方法，可反复采用水箱灌水多次加压或用千斤顶张拉加压等。

图13-17 施工托架

2）梁墩临时固接措施

（1）将0号梁段与桥墩预埋的钢筋或预应力筋临时固接，待需要解除固接时切断。

（2）在桥墩一侧或两侧加临时支承或支墩。

（3）将0号梁段临时支承在扇形或门式托架的两侧。

（4）临时支承可用硫磺水泥砂浆块、砂筒或混凝土块等卸落设备，以使体系转换时能较方便地拆除临时支承。

4. 混凝土悬臂浇筑

悬臂浇筑梁段混凝土时需要注意以下几点：

（1）挂篮就位后，安装并校正模板吊架，此时应对浇筑预留梁段混凝土进行抛高，以使施工完成的桥梁符合设计高程。高程值包括施工结构挠度，因挂篮重力和临时支承释放支架产生的压缩变形等。

（2）浇筑混凝土可以从前端开始，应尽量对称平衡浇筑。浇筑时应加强振捣，并注意对预应力预留管道的保护。

（3）梁段拆模后，应对梁端的混凝土表面进行凿毛处理，以加强接头混凝土的连接。

（4）对于箱形截面，如果所浇筑混凝土量不大，可采用全截面一次浇筑。如果混凝土量较大，每一梁段的混凝土通常分两次浇筑，即先浇底板混凝土，后浇腹板及顶板混凝土。当所浇的箱梁腹板较高时，也可将腹板内模板改用滑动顶升模板，这时可将腹板混凝土与底板混凝土同时浇筑，待腹板浇筑到设计高程后，再安装顶板钢筋及预应力管道并浇筑顶板混凝土。有时还可先将腹板预制之后进行安装，再现浇底板与顶板，减少现场浇筑工作量，并减轻挂篮承受的一部分施工荷载。但需注意由混凝土龄期差而产生的收缩、徐变内力。

当挂篮就位后，即可在上面进行梁段悬臂浇筑施工的各项作业，施工工艺流程如图13-18所示。

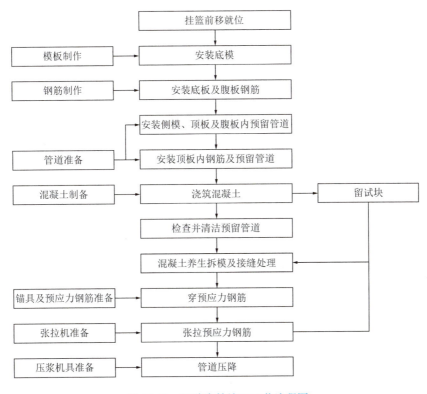

图13-18 悬臂浇筑施工工艺流程图

5. 结构体系转换

对于采用悬臂法施工的悬臂梁桥和连续梁桥，为保证施工阶段的稳定，在结构体系转换的施工中应注意以下几点：

（1）结构由双悬臂状态转换成单悬臂受力状态时，梁体某些部位的弯矩方向发生转换。所以在拆除梁墩锚固前，应按设计要求，张拉部分或全部布置在梁体下缘的正弯矩预应力束，对活动支座还需保证解除临时固结后的结构稳定，如控制和采取措施限制单悬臂梁发生过大纵向水平位移。

（2）梁墩临时锚固的放松，应均衡对称进行，以确保逐渐均匀地释放。在放松前应测量各梁段高程，在放松过程中，注意各梁段的高程变化，如有异常情况，应立即停止作业，找出原因，以确保施工安全。

（3）对转换为超静定结构，需考虑钢束张拉、支座变形、温度变化等因素引起结构的次内力。若按设计要求，需进行内力调整时，应以高程、反力等多因素控制，相互校核。如出入较大时，应分析原因。

（4）在结构体系转换中，临时固结解除后，将梁落于正式支座上，并按高程调整支座高度及反力。支座反力的调整，应以高程控制为主，反力仅用作校核。

6. 合龙段施工

连续梁采用悬臂施工法，在结构体系转换时，为保证施工阶段的稳定，一般边跨先合龙，释放梁墩锚固，结构由双悬状态变成单悬状态，最后跨中合龙，成连续受力状态。这中间存在体系转换。

施工时应注意以下问题：

（1）合龙段长度选择。合龙段长度在满足施工操作要求的前提下，应尽量缩短，一般采用1.5~2.0m。

（2）合龙温度选择。一般宜在低温合龙，遇夏季应在晚上合龙，并用草袋等覆盖，以加强接头混凝土养护，使混凝土早期结硬过程中处于升温受压状态。

（3）合龙段混凝土选择。混凝土中宜加入减水剂、早强剂，以便及早达到设计要求强度，及时张拉预应力束筋，防止合龙段混凝土出现裂缝。

（4）合龙段采用临时锁定措施，采用劲性型钢或预制的混凝土柱安装在合龙段上下部作支撑，然后张拉部分预应力钢束，待合龙段混凝土达到要求强度后，张拉其余预应力束筋，最后再拆除临时锁定装置。

为方便施工，也可将劲性骨架作预应力束筋的预留管道打入合龙段混凝土内。将劲性钢管安装在截面顶板和底板管道位置，钢管长度可用螺纹套管调节，两端支承在梁段混凝土端面上，并在部分管道内张拉预应力筋，待合龙段混凝土达强度要求后，再张拉其余预应力束筋。也可在合龙段配置加强钢筋或劲性骨架。

（5）为保证合龙段施工时混凝土始终处于稳定状态，在浇筑之前各悬臂端应附加与混凝土质量相等的配重（或称压重），配重需依桥轴线对称施加，按浇筑重力分级卸载。如采用多跨一次合龙的施工方案，也应先在边跨合龙，同时需通过计算，进行工艺设计和设备系统的优化组合。

工程案例

例13-3 1.工程概况

府环河下游的新斗马河西引桥1号桥7~10号墩上的梁为单线现浇连续梁（32m+48m+32m），连续梁位于圆曲线和缓和曲线上。右线桥24~27号墩、左线引桥100~103号墩上的梁为单线现浇连续梁（32m+48m+32m），连续梁位于圆曲线上。

单线现浇连续梁1号块混凝土方量为23.7m³（重616kN），底宽4.2m，顶宽7.4m，梁高3.3m，梁高为等高连续梁。顶板厚0.25m，局部加厚至0.45m，腹板从0.35m变化至0.6m，底板厚度从0.25m变化至0.60m。全梁共设5道横隔板，全梁共分35个梁段，中支点0号梁段长6.0m，一般梁段长3m，合龙段长2m，边跨直线段长7.5m，全梁采用双向预应力体系。

2. 施工准备

悬臂现浇连续梁正式施工前必须做好施工前的一切准备工作，主要包括以下内容：

（1）悬臂挂篮的制作和荷载试验；

（2）0号梁段下的墩身施工；

（3）协作队伍的提前确定；

（4）混凝土施工配合比的选定；

（5）施工所需的材料、机械设备的组织进场。

3. 悬臂挂篮的结构形式

根据混凝土悬臂浇筑工艺及对挂篮设计的技术要求，综合各种形式的挂篮施工特点、用钢量、钢材种类、操作工艺等研究比选后，决定采用菱形挂篮施工，走行方式为无平衡重行走方式，使桁架行走时的稳定系数大于2.0，以满足规范要求。满足挂篮下通航净高不小于4.5m。挂篮由承重系统、底模系统、模板系统（内、外）、行走系统、后锚固系统组成，挂篮的设计荷载为1000kN，当1号梁段的混凝土强度达到设计强度的85%且张拉F2、F3、T2索后才可安装挂篮。

4. 悬臂挂篮工艺流程及施工步骤

1）0号块及中间块施工

每处悬臂浇筑连续梁施工采用2套轻型菱形挂篮[每套挂篮及附属设备重（含模板）26t]，在2个主墩上分别对称平衡悬浇箱梁。0号、1号梁段采用在主墩身周围用万能杆件搭设托架，在托架上浇筑成形。其他悬浇段在挂篮上对称浇筑混凝土，边跨边部梁段搭设满堂支架现浇施工。悬浇段和现浇段施工完成后，在中跨先合龙，形成两单悬臂梁，最后在边跨合龙，形成三跨连续梁。边跨合龙采用支架现浇合龙，中跨利用其中一套挂篮合龙。

施工顺序为：0号梁段施工→悬臂浇筑一般梁段、边跨边部梁段→中跨合龙→边跨合龙。

各合龙段混凝土浇筑均选择在非温度变化剧烈日之夜间气温最低时进行。为切实保证灌注质量，在合龙段两端截面间设钢支撑，并于顶底板上各张拉部分钢绞线，以临时锁定合龙段两段梁体。合龙段混凝土达到一定强度后，拆除临时支座，解除一端活动支座临时水平约束，待混凝土强度达到设计强度的85%后，张拉部分钢绞线。施工时，悬灌两端施工设备的重量要保持平衡，并注意无左右偏载，两端浇筑进度之差控制在2m³以内。

2）0号梁段浇筑施工工艺

（1）托架架设及预压。在主墩浇筑混凝土前，预埋工字钢牛腿，墩身施工完后，0号梁段利用支承在墩身上的托架，支立连接在牛腿及托架上，在托架上现浇来完成。托架配件通过施工便道运到施工现场，垂直提升时采用起重机。托架采取现场整体拼装的方式，利用万能杆件进行拼装。托架的底部与预埋在墩身上的牛腿连接，托架的顶面布设横排工字钢且设置横向联系杆，墩顶横向放置4排型钢，梁底模板纵肋放置在型钢上。施工时使用两套托架，两主墩同时施工。

（2）临时支座

由于桥墩与梁采用支座连接方式，正式支座不能承受施工中产生的不平衡力矩，故须设置临时支座，用以临时固结锁定梁体，平衡施工中产生的不平衡力矩。每个墩顶设置4

个临时支座，其结构为 C40 硫磺混凝土。为了便于临时支座的拆除，在其中部布置 800W 电阻丝，可同时通电拆除临时支座。

（3）正式支座

永久支座采用盆式橡胶支座。单向活动支座的上下导向挡块必须对正，固定支座上下各部件的纵轴线必须对正。支座四角高差不得大于 2mm。

3）挂篮拼装

挂篮加工在工地加工制作，利用汽车运输到施工墩位处，主墩挂篮拼装采用 250kN 起重机提吊拼装，等 1 号梁段施工完毕并张拉预应力索后才能拼装。2 号梁段挂篮安装顺序为：将调坡木板、钢枕、滑道，放在已定位置上，并用压紧器将其固定，以防倾覆；用起重机安装主梁，立柱（菱形桁架，底梁锚固在滑道上）及立柱平联；安装前上横梁于主梁端头，并安装平联与主梁连接；拆除 0 号梁段托架、底板；用起重机先后吊装前下横梁、后下横梁、底板腹板下纵梁，并安装吊杆；安装纵梁，侧模及支架。

4）挂篮的预压和试验

挂篮预压采用起重机提升水箱的方法进行。压载时间自压载结束到开始卸载为 48h，从开始加载就要布设好观测点（对称分布 6 点），观测次数为加载前、加载（$0.1F$、$0.5F$、$1.0F$、$1.2F$）、加载完成、加载 12h、加载 24h、加载 48h、卸载（$1.0F$、$0.5F$）、卸载后共 12 次。根据观测的数据，分析、推断出弹性变形和非弹性变形。通过预压将非弹性变形消除，根据弹性变形结果控制托架的抬高量。施工中设专人负责测量，并进行抬高量计算。至此挂篮安装完毕。调试合格后，方可绑扎钢筋、立模、浇筑。安装时，须做好中线及高程的控制。

中线控制：在 0 号梁段上放置全站仪，将轴线打到模板上，与桥轴线和底板几何中心比较，确定挂篮位置，如有偏差，用倒链在纵梁上反拉直到中线吻合。

高程控制：后视点高程为 0 号梁段高程，前吊点高程 = 设计高程 + 挂篮弹性变形 + 挂篮自重引起的对结构的下挠。

5）挂篮的移动

待 2 号梁段灌注完毕后，等混凝土强度达到设计强度的 85% 以上时，按设计对纵向进行张拉，压浆等强后，移动挂篮，准备灌注下一段对称梁的混凝土。

5. 合龙段施工及体系转换

本连续梁施工在中跨先合龙，形成双悬臂梁，最后在边跨合龙，形成三跨连续梁。边跨合龙采用支架现浇合龙，中跨利用其中一套挂篮合龙。合龙后张拉钢绞线完成体系转换。合龙前调整中线和高程，将合龙一侧的临时固定支座释放，同时将两悬臂端间距离按设计合龙温度及预施应力后弹性压缩换算后采用体外刚性支撑和四束永久性钢束进行约束锁定。灌注混凝土选在日最低气温时进行，一般选定凌晨 3 时灌注开始，控制到 5 时完成。先合龙中跨，后合龙边跨。中跨合龙利用一个挂篮来进行，移挂篮到中跨合龙段，在挂篮上完成中跨合龙段的施工，T 形结构变成双悬臂梁，完成由 T 形结构向双悬臂梁的第一次体系转换，如图 13-19 所示。在边跨直线段支架上完成边跨合龙段的施工，张拉预应力，然后拆除临时支座，将临时支座反力转移到永久支座上。实现由两悬臂梁向三跨连续梁的第二次体系转换。

图 13-19　合龙段施工

13.3　拱桥施工

拱桥作为一种古老的桥式，以其跨越能力大、承载能力高、可用地方材料、造价经济、养护维修费用少、造型美观等特有的技术优势而成为建筑历史最悠久、竞争力较强的桥型。其发展大致经历了石拱桥、混凝土拱桥（含钢筋混凝土拱桥，下同）、预应力混凝土拱桥、钢拱桥、钢-混组合拱桥、劲性骨架混凝土拱桥及钢管混凝土拱桥等过程。拱桥的施工，从方法上大体可分为有支架施工和无支架施工两大类。本节仅重点介绍现浇混凝土拱桥、装配式混凝土拱桥及钢管混凝土拱桥的主要施工方法。

13.3.1　现浇混凝土拱桥施工

当拱桥跨径不大时，可以采用就地浇筑法来进行拱圈施工。石拱桥、现浇混凝土拱桥以及混凝土预制块砌筑的拱桥，都可采用有支架的施工方法修建，其主要施工工序有材料的准备，拱圈放样（包括石拱桥拱石的放样），拱架制作与安装，拱圈及拱上建筑的砌筑等。

1. 拱架

就地浇筑混凝土拱圈等时，需搭设拱架，以支承全部或部分拱圈和拱上建筑的重量，并保证拱圈的形状符合设计要求。拱架要有足够的强度、刚度和稳定性。拱架的种类很多，拱架按形式可分为满布式拱架、拱式拱架等；按使用材料的不同可分为木拱架、钢拱架、竹拱架、竹木拱架及土牛拱胎（即先在桥下用土或砂、卵石填筑一个"土胎"，然后在上面砌筑拱圈，砌成后再将填土清除即可）等形式。

1）木拱架

（1）满布式木拱架

满布式木拱架的优点是施工可靠，技术简易，木材和铁件规格要求较低。缺点是材料用量多且损耗率也较高，受洪水威胁大。在水深流急，漂流物较多及要求通航的河流上不能采用。

（2）撑架式木拱架

撑架式木拱架是用少数框架式支架加斜撑来代替数目众多的立柱。木材用量较立柱式拱架少，构造上也不复杂，而且能在桥孔下留出适当的空间，减小洪水及漂流物的威胁，并在一定程度上满足通航的要求。因此，它是实际中采用较多的一种形式，如图13-20所示。

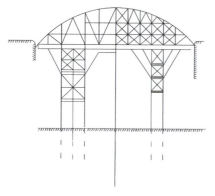

图13-20　撑架式木拱架示意图

无论是立柱式还是撑架式木拱架，都应使构造简单，受力明确，避免采用复杂的节点和接头形式。拱架应具有足够的强度、刚度和整体稳定性。连接处要紧密，以保证拱架在荷载作用下变形最小且变形曲线圆滑。满布式拱架常用的节点构造。

（3）拱式木拱架

与满布式拱架相比较，拱式拱架不受洪水、漂流物的影响，在施工期间能维持通航，适用于墩高、水深、流急或要求通航的河流。

三铰桁式木拱架是拱式木拱架中常用的一种形式，其材料消耗率低，但要求有较高的制作水平和架设能力，如图13-21所示。三铰桁式木拱架的纵、横向稳定应特别注意。除在结构构造上需加强纵、横向联系外，还需设抗风缆索，以加强拱架的整体稳定性。在施工中还应注意对称均匀地砌筑，以加强施工观测。

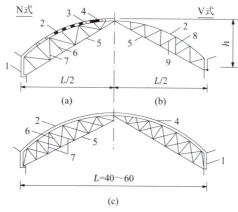

1—垫块；2—上弦；3—横梁；4—模板；5—下弦；6—竖杆；7—斜杆；8—腹杆（压）；9—腹杆（拉）

图13-21　三铰桁式木拱架（尺寸单位：m）

2）钢拱架

（1）梁式钢拱架

梁式钢拱架是用工字钢做成，上垫弓形木。当支架间的距离较大时，可用桁架代替工字钢。支架可做成塔架式结构，如图13-22所示。

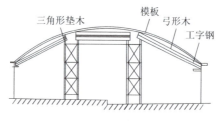

图13-22　梁式钢拱架示意图

（2）拱式钢拱架

拱式钢拱架是由几根直线形的工字钢连接而成的折线形拱架。接头用铆接、螺栓连接或焊接。当跨径很大时，可做成桁架式。

（3）桁式钢拱架

通常用拼装式桁架拼装而成，即拱架由标准节段、拱顶段、拱脚段和连接杆等以钢销或螺栓连接而成。

2. 现浇混凝土拱桥拱架法施工

1）施工工序

现浇混凝土拱桥施工工序一般分三阶段进行：第一阶段是浇筑拱圈（或拱肋）及拱上立柱的底座；第二阶段是浇筑拱上立柱、连接系及横梁等；第三阶段是浇筑桥面系。前一阶段的混凝土达到设计强度的75%以上才能浇筑后一阶段的混凝土。拱架则在第二阶段或第三阶段混凝土浇筑前拆除，但必须事先对拆除拱架后拱圈的稳定性进行验算。若设计文件对拆除另有规定，应按设计文件执行。

2）拱圈或拱肋的浇筑

（1）浇筑流程

满堂式拱架浇筑流程为：支架设计→基础处理→拼设支架→安装模板→安装钢筋→浇筑混凝土→养护→拆模→拆除支架。满堂式拱架宜采用钢管脚手架、万能杆件拼设；模板可以采用组合钢模、木模等。

拱式拱架浇筑流程为：钢结构拱架设计→拼设拱架→安装模板→安装钢筋→浇筑混凝土养护→拆模→拆除拱架。拱式拱架一般采用六四式军用梁（三脚架）、贝雷架拼设。

支架应该按照设计要求进行预压处理，以消除支架的即地基的非弹性变形。

（2）连续浇筑

跨径小于16m的拱圈（或拱肋）混凝土，应按拱圈全宽度、自两端拱脚向拱顶对称地连续浇筑，并在拱脚处混凝土初凝前全部完成。如预计不能在限定时间内完成，则需在拱脚处预留一个隔缝并最后浇筑隔缝混凝土。薄壳拱的壳体混凝土，一般从四周向中央进行浇筑。

（3）分段浇筑

大跨径拱桥的拱圈（或拱肋）（跨径≥16m），为避免拱架变形而产生裂缝以及减小混凝土的收缩应力，应采用分段浇筑的施工方法。分段长度一般为6～15m。分段长度应以能使拱架受力对称、均匀和变形小为原则，拱式拱架宜设置在拱架受力反弯点、拱架节点、拱顶及拱脚处；满堂式拱架宜设置在拱顶、$L/4$部位、拱脚及拱架节点等处。各段的接缝面应与拱轴线垂直。

分段浇筑程序应符合设计要求，且对称于拱顶进行，使拱架变形保持对称均匀和尽可能地小。填充间隔缝混凝土，应由两拱脚向拱顶对称进行。拱顶及两拱脚间隔缝应在最后封拱时浇筑，间隔缝与拱段的接触面应事先按施工缝进行处理。间隔缝的位置应避开横撑、隔板、吊杆及刚架节点等处。间隔缝的宽度以便于施工操作和钢筋连接为宜，一般为500～1000mm。间隔缝混凝土应在拱圈分段混凝土强度达到75%设计强度后进行；为缩短拱圈合龙和拱架拆除的时间，间隔缝内的混凝土强度可采用比拱圈高一等级的半干硬性混凝土。封拱合龙温度应符合设计要求，如设计无规定时，一般宜在接近当地的年平均温度。

（4）箱形截面拱圈（或拱肋）的浇筑

大跨径拱桥一般采用箱形截面的拱圈（或拱肋），为减轻拱架负担，一般采取分环、分段的浇筑方法。分段的方法与上述相同。分环的方法一般是分成二环或三环。分二环时，先分段浇筑底板（第一环），然后分段浇筑肋墙、隔墙与顶板（第二环）；分三环时，先分段浇筑底板（第一环），然后分段浇筑肋墙、隔墙（第二环），最后分段浇筑顶板（第三环）。

分环分段浇筑时，可采取分环填充间隔缝合龙和全拱完成后最后一次填充间隔缝合龙两种不同的合龙方法。

3）卸拱架及注意事项

采用就地浇筑施工的拱架，卸拱架的工作相当关键。拱架拆除必须在拱圈砌筑完成后20～30d，待砂浆砌筑强度达到设计强度的75%后方可拆除。此外还必须考虑拱上建筑、拱背填料、连拱等因素对拱圈受力的影响，尽量选择对拱体产生最小应力的时候卸落拱架。为了能使拱架所支承的拱圈重力能逐渐传给拱圈自身来承受，拱架不能突然卸除，而应按一定的程序进行。

3. 拱上建筑的施工

拱上建筑的施工，应在拱圈合龙，混凝土或砂浆达到设计强度的30%后进行。对于石拱桥，一般时间不少于合龙后3d。为避免使主拱圈产生过大的不均匀变形，对实腹式拱桥，应由拱脚向拱顶对称地砌筑，当侧墙砌筑好以后，再填筑拱腹填料及修建桥面结构等。空腹式拱桥一般是在腹孔墩砌完后就卸落拱架，然后再对称均衡地砌筑腹拱圈，以免由于主拱圈的不均匀下沉而使腹拱圈开裂。

在多孔连续拱桥中，当桥墩不是按单向受力墩设计时，仍应注意相邻孔间的对称均衡施工。

13.3.2 钢管混凝土拱桥施工

钢管混凝土拱桥是以钢管为拱圈外壁，在钢管内浇筑混凝土，使其形成由钢管和混凝土组成的拱圈结构。由于管壁内填满混凝土，提高了钢管壁受压的稳定性，且钢管内的混凝土受钢管的约束，提高了混凝土的抗压强度和延性。在施工上，由于钢管的质量小，刚度大，吊装方便，钢管的较大刚度可以作为拱圈施工的劲性骨架，钢管本身就是模板，这些优点给大跨度拱桥施工创造了十分有利的条件。由于有上述这些优点，使钢管混凝土拱桥在全国各地很快得到推广应用。

1. 钢管混凝土拱桥的基本构造

钢管混凝土拱桥大多有两条拱肋，拱肋间采用横撑连成整体，形成拱圈。两条拱肋相互间采用平行、内倾和外倾设置。其中，平行设置较多，内倾（即所谓提篮式拱）和外倾（即为展翅拱，又称蝶形拱）较少采用。拱肋轴线多采用悬链线，也有采用抛物线和圆曲线的，但较少见。钢管混凝土拱桥拱肋截面根据跨度大小、受力要求，主要采用有二管哑铃形及多管桁架形等几种形式。

拱脚常采用铰座、预埋钢套管和半圆形钢管槽等形式，目的在于拱肋桁架吊装时，拱肋可以沿拱脚作小幅度转动以调整拱轴安装线形，合龙后，均须外包封拱脚混凝土。拱肋常常沿拱轴线分成若干段，以便于制造、运输及吊装，拱肋接头有对接法兰加外包钢板、内接法兰加外包钢板、坡口对焊等连接形式，法兰连接多采用高强螺栓，外包钢板在拱肋合龙后焊接。合龙段为顶部一段拱肋节段，但也有采用仅在拱顶设一个合龙口（连接头）的形式。

拱肋桁架大多只在弦杆钢管及级板内填充混凝土，腹杆钢管多为空钢管，横向联结系即剪刀撑一般为型钢，也有用空心钢管的。填充混凝土采用泵送顶升法，混凝土强度等级一般为C50或C60。

2. 钢管混凝土拱桥施工方法

钢管混凝土拱桥的施工其重点与难点在于钢管拱肋节段的制造、吊装及填充混凝土泵送。本处施工方法主要指钢管拱肋节段吊装。钢管拱肋节段吊装的方法较多，归纳起来有如下几种：

（1）支架法

支架法是在桥位处直接搭设支架，在支架上拼装与焊连拱肋节段，合龙后将支架拆除。该方法施工较为简便，但需要有较空旷的场地，地基地质条件好，承载力较高，适用于矢高不大的拱桥，不适宜于大跨拱桥。

（2）缆索吊机斜拉扣挂悬臂拼装法

此法利用缆索吊机吊起拱肋节段，两岸对称，逐节段从拱脚向拱顶方向悬臂拼装或焊接，每拼接或焊接一节段，须挂设一组扣索和锚索，将已拼装好的悬臂拱拉住，最后在拱顶合龙。该方法适用范围广，较为常用，如图13-23所示。

图 13-23 钢管混凝土拱肋吊装现场

（3）转体施工法

转体施工法是在岸边利用支架顺桥向或横桥向预先拼装好两个半拱，并利用斜拉索将半拱拽拉好，按规定要求作一定的转动，使两半拱在跨中合龙。转体有平转和竖转两种，平转又分有平衡重和无平衡重转体两种。转体施工要求两半拱拼装焊接方便，是较为常用的方法之一。

（4）整体大节段吊装法

整体大节段吊装法是在岸边码头上将拱肋拼装好形成整体拱圈，而后用大型船舶浮运到桥位处，利用大型浮吊或拼装式吊机整体一次性将拱圈吊起安装就位。该法需具备拼装码头和航运条件及大型起吊设备。

（5）拱上爬行吊机法

拱上爬行吊机法是悬臂拼装法的一种，类似于钢桁梁悬臂拼装，对于跨度较大的拱桥，因悬臂较大，尚需借助于吊索塔架或扣、锚索等辅助结构。该方法需通航河流从水上输送钢拱肋，故较少采用。国内的万州长江大桥即采用此方法施工。

工程案例

例 13-4 **1. 工程概况**

该新建桥梁位于大连市现有北岗桥的东侧，桥梁结构为一孔下承式钢管混凝土系杆拱桥，其拱轴线为二次抛物线，矢高 9m，矢跨比 1∶4。新建桥梁全长为 38m，宽度为 27m，共分两幅，每幅纵向设两根钢管混凝土拱肋，全桥共 4 根。拱肋均为直径 600mm、壁厚 16mm 的钢管，钢管内灌注 C55 微膨胀混凝土。

每幅两根拱肋间设两道一字形横撑，采用直径 500mm、壁厚 14mm 的钢管。各钢管均采用螺旋焊接钢管，拱肋钢管材质为 Q370qD 钢管。拱肋在梁端插入纵梁内深为 0.165m。

每个拱肋下设 8 根吊杆，顺桥向吊杆间距均为 4m。建成后通行能力为双向六车道，整体桥梁钢拱共四道，每道分五段。

2. 施工方案

施工时，按设计将每根钢管拱肋分为 5 个节段，计划在 2006 年 7 月 1 日—7 月 4 日进行钢管拱肋吊装，拱肋吊装前在纵横梁上搭设临时支架，采用 1 台 1200kN 起重机在桥北侧进行吊装作业。至 2006 年 7 月 13 日完成拱肋焊接工作。然后进行拱肋顶升灌注 C55 微膨胀混凝土，待拱肋钢管混凝土强度达到设计强度的 85% 后，拆除拱肋临时支架，张拉纵梁 1 号预应力钢束，以及空心板纵向 3 号、4 号钢索，并进行管道压浆。最后安装吊杆，按设计要求调整索力。拱肋节段见图 13-24。

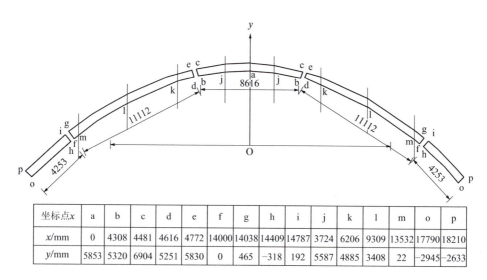

坐标点 x	a	b	c	d	e	f	g	h	i	j	k	l	m	o	p
x/mm	0	4308	4481	4616	4772	14000	14038	14409	14787	3724	6206	9309	13532	17790	18210
y/mm	5853	5320	6904	5251	5830	0	465	−318	192	5587	4885	3408	22	−2945	−2633

图 13-24 拱肋节段示意图

3. 施工方法

1）支架搭设

由于拱肋支撑的需要，需在拱肋相应的纵梁上方搭设支架，拱肋支墩由轮扣支架在桥面上搭设而成。立杆布置纵横向间距均为 600mm×600mm×600mm，步距采用 1.2m。支架在拱肋节段连接处铺设,各支墩连接支架采用1.2m×1.2m 布设,步距为1.2m。连接支架不承受拱肋重量,方便作业人员进行安装吊杆、拱肋涂装等作业。作业钢板直接焊接在支架顶部,钢板上部设有直径 6.5m 的圆弧形支撑拱肋钢板,见图 13-25。

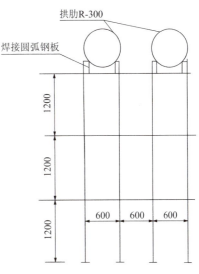

图 13-25 中间拱肋支架示意图

2)起重机吨位的选择

由于桥南侧上部有高压线,大吨位起重机站位受影响,因此计划在该桥北侧台后采用 1200kN 汽车起重机来完成拱肋吊装。起重机站在北侧向南侧吊装拱肋时,吊装南侧 2 号段拱肋和中段拱肋难度较大,现计算如下:

(1)吊装南侧 2 号段拱肋时,北侧桥台胸墙至南侧 2 号段拱肋吊点水平距离为 29m,加上起重机站位距离桥台前墙距离按 7m 考虑,起重机作用半径应为 36m,120t 汽车起重机主臂伸长 40.5m,作用半径为 36m 时,起吊能力为 51kN,大于该段拱肋吊装时所需的 23.6(拱段重)+ 20(吊钩及其他)= 43.6kN,此时起重机吊钩距地面距离 $H = 40.5 - 36 + 23.5$(起重机高)$- 1.8$(吊钩长)$= 26.2m$,H 大于 2 号段拱肋吊装时距离地面要求高度的 810m,满足要求。

(2)起重机吊装中段拱肋时,北侧桥台胸墙至中段拱肋吊点水平距离为 18m,加上起重机站位距离桥台前墙距离按 7m 考虑,起重机作用半径应为 25m,1200kN 汽车起重机主臂伸长 32.5m,作用半径为 26m 时,起吊能力为 92kN,大于该段拱肋吊装时所需的 52kN(包括拱段、吊钩等重量),此时起重机吊钩距地面距离 $H = 23.5$(起重机高)$- 1.8$(吊钩长)$= 2.17m$,H 大于中段拱肋吊装时距离地面要求高度的 12.0m,满足要求。

3)钢丝绳直径的选择

每根拱肋均采用单点吊装,以最重的中段拱肋计算,考虑钢丝绳等附加荷载 10kN,最大起重量为 33kN。吊装时钢丝绳采用套扣吊装的方法,可得知钢丝绳受拉力为 33kN。依据规定钢丝绳安全系数取 14 倍,所以要求钢丝绳最小破断拉力为 462kN。计划选用 6×37 型直径 32.5mm 的钢丝绳(钢丝绳公称抗拉强度为 1550MPa)。6×37 型直径 32.5mm 钢丝绳的允许拉力 $[F_g] = 34.71kN > 33kN$(最大起重量)。确定选用钢丝绳为 6×37 型、直径大于 32.5mm 的钢丝绳。

4)拱肋整体焊接

首先焊接主拱肋分节点对接接口,该焊缝是全桥的关键焊缝,而且是全位置焊接,因此采用手工电弧多层焊接。焊后 24h 后进行超声波探伤和 X 射线探伤。1~5 号节段拱肋管焊接完成后进行钢横撑的手工电弧对称分布焊接。焊接完毕后对焊缝处进行打磨除锈,并按要求做好防腐涂装。

5)拱肋混凝土的施工

全桥共 4 条拱肋,每条拱肋中有 C55 微膨胀混凝土 10.5m³,顶升法施工时泵送混凝土两边对称顶升,当拱顶排气孔有砂浆及混凝土排出且拱顶管内混凝土密实后应尽快封闭管顶。管内混凝土灌注质量以超声波检测为主,人工敲击为辅的方法加以检测。

6)混凝土配合比

钢管混凝土采用 C55 微膨胀缓凝混凝土,根据大连市原材料的情况,优选出的配合比为：水泥∶粉煤灰∶UEN（膨胀剂）∶砂∶石（5～20mm 碎石）∶减水剂（FDN）∶水 = 1∶0.12∶0.13∶1.10∶2.17∶0.013∶0.38。其坍落度为 180mm，在室内 30℃环境下，混凝土初凝时间 24～28h，终凝时间 40～46h。

7）拱肋混凝土泵车能力的确定

泵送顶升混凝土的关键是混凝土泵车提供的最大泵送顶升压力能够使钢管内的混凝土达到钢管的顶端，因而泵车的性能、混凝土的特性与顶升的高度是决定施工机具选型的主要条件。

结合以上分析，混凝土泵送顶升机具选型主要是泵车能提供的压强与泵送顶升压力的比较。具体计算时将钢管的垂直高度折算成水平距离，利用求出的单位长度水平管产生的压力损失值，计算出所需的泵送混凝土压强，考虑自重压力、泵车内部的压力损失值后即可进行泵送机具的选型。根据《混凝土泵送施工技术规程》JGJ/T 10—2011 的有关资料，计算出按施工中 2 倍的计算值选用，即选用 6.3MPa 以上的泵车。

8）顶升混凝土的施工

全桥 4 根钢管拱的混凝土在严密的组织、严格的质量控制以及保持每根拱管连续浇筑的条件下顺利地完成全部泵送作业。每根钢管都保持了两岸同步连续泵送，由于拱顶未设计隔板，因此，在拱顶排气孔设专人观测，一侧混凝土先顶升到位时，先停止泵送，待另一侧混凝土顶升到位时，再同时顶升，直到排气孔出浆并有混凝土排出时，维持泵压并立即关闭闸阀以保证混凝土的严密充实，如图 13-26 所示。

图 13-26　顶升混凝土施工现场

9）吊杆施工方法

工艺流程为：安设 50kN 卷扬机于桥面上→穿挂吊杆于吊杆钢管拱肋→张拉索体→拧紧螺母→内力调整张拉→检测吊杆内力→封闭防护。

操作方法为：

（1）拧出吊杆上端螺母，安放在拱肋待穿吊杆的上端锚垫板。

（2）将牵引钢丝绳由待穿吊杆的预留钢管放下。

（3）将牵引钢丝绳的连接头与吊杆上端的锚杯连接起来。

（4）启动卷扬机，缓慢将吊杆牵引向上，穿出拱肋预留钢管，拧上上端螺母。

（5）卸下牵引连接头。

（6）重复步骤（1）～（5），以同样方式进行下一根吊杆的安装。

（7）待吊装就位，拧下下端螺母，将下锚杆穿进横梁的预留钢管内，再拧上下端螺母。

（8）张拉时，在连接支架顶部搭设工作平台，按顺序安装撑脚、张拉杆、千斤顶、张拉螺母、油电管线。

（9）启动油泵，缓慢加压，开始张拉，同时注意监控油表读数，一旦到设计索力值，立即停止。

（10）拧紧螺母。

4. 施工注意事项

（1）合龙前对拱肋进行全面的线形、位置测量及调整，并尽可能选择温度变化幅度较小的时间段合龙。合龙后对拱肋线形及位置实施精测，调整合格后固定合龙装置，进行各段连接缝焊接工作，完成拱肋的正式合龙。

（2）焊接宜采用小电流、多道焊的方法，以提高焊接接头的韧性。

（3）过量气孔、夹渣、未熔合、裂纹等缺陷，采用碳弧气刨和砂轮打磨的方法清除不合格焊缝，然后补焊。

（4）顶升混凝土时，每个灌注孔备用1台输送泵，防止泵车中途出现故障，避免管内混凝土凝固。

（5）灌注前用水或蒸汽湿润管壁。

（6）输送过程中的泵压宜控制在小于3.5MPa，最大宜不大于4MPa，以免顶裂管壁。

（7）在混凝土灌注前、灌注过程中、灌注后对拱肋LP8～7LP8点进行高程测量和横向位移观测。

（8）混凝土灌注24h后，对拱肋浇水降温养护。

（9）混凝土浇筑完成后，对吊杆实际长度进行测量。

5. 结语

钢管拱桥拱内混凝土施工中最关键的是混凝土配合比的控制，特别是膨胀剂的掺量要控制准确，如果不能使混凝土达到微膨胀效果，钢管拱肋在受力时管内混凝土由于收缩与钢管有间隙，不能够达到三向受力的效果，从而不能够提高其弹塑性工作性能。另外，泵送顶升机具的选择至关重要，若因其顶升能力不足，顶升不到位而返工，将会造成很大的经济损失。

13.4 斜拉桥施工

斜拉桥亦称斜张桥、斜缆桥或牵索桥等，它是以通过或固定于桥塔（索塔）并锚固于桥面系的斜向拉索作为上部结构主要承重构件的一种新结构。它不仅用高强度缆索代替桥墩，又使桥面处于预应力工作状态，因而是一种理想的适应大跨径桥梁和更有效地利用结构材料的新桥型。斜拉桥由塔、梁和索三部分构成。用高强钢材制成的斜缆索将主梁多点吊起，并将主梁的恒载和车辆荷载传至塔柱，再通过塔柱基础传至地基。

斜拉桥按材料可分为钢斜拉桥、混凝土斜拉桥、钢-混凝土结合梁斜拉桥以及混合型斜拉桥。斜拉桥按总体布置分类有独塔双跨、双塔三跨和多塔多跨三种形式。

13.4.1 索塔施工

索塔施工有现场浇筑法和预制后运到塔位处拼装两种方法。索塔可为钢结构或工形、箱形钢筋混凝土结构。索塔的横向形式，如图 13-27 所示。

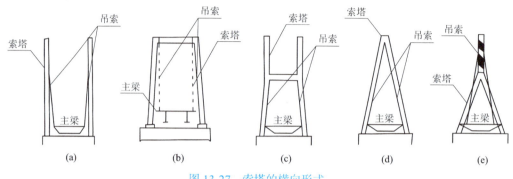

图 13-27　索塔的横向形式

1. 钢筋混凝土索塔施工

1）钢筋混凝土索塔施工方法

钢筋混凝土索塔的施工，可以采用搭架现浇、预制吊装、滑模、爬模浇筑等多种方法，它们各有其特点和适用范围。

（1）搭架现浇。此施工方法工艺成熟，简便易行，无需专用的施工设备，能适应较复杂的断面形式，对锚固区的预留孔道和预埋件的处理也较方便，但有费工、费料、速度慢的缺点。此法适用于索塔高度较小的斜拉桥施工。

（2）预制吊装。该法可将节段预制与基础施工同时进行，因而，可加快施工进度，如图 13-28（a）所示。但该法要求有起重能力较大的专用起重设备。如果索塔的高度较高、断面较大，则很难采用预制吊装法施工。

（3）爬模施工。本法的最大优点是施工进度快，适用于较高的直立塔及倾斜塔的施工，如图 13-28（b）所示。但对拉索的锚固区预留孔道和预埋件的处理要困难些，并需要有专用的设备（如提升式千斤顶、顶杆等）。为了方便爬模施工，设计上应采取必要的措施。

(a) 预制吊装

(b) 爬模施工

图 13-28　索塔施工方法

2）索塔的搭设

塔墩固接的索塔，施工脚手架宜在墩上搭设；塔梁固接的索塔，施工脚手架宜在梁上搭设。

3）斜拉索锚固管的定位

斜拉索的锚固管全部集中在索塔上部的锚固区，其位置的准确性直接影响到斜拉桥的工程质量，因此锚固管的精密定位是索塔施工的重点，是控制索塔施工的关键。锚固管定位要求平面及高程误差不得大于5mm。为了保证索塔及锚固管位置的准确，现在的钢筋混凝土索塔设计中都布设有刚性骨架，如图13-29所示。刚性骨架由型钢制作，其安装精度易于保证，锚固管等可以比较容易精确固定在刚性骨架上，而且在混凝土灌注过程中也不易发生移动。另外，刚性骨架还可用来悬挂固定模板，甚至可临时安装吊装用的起吊设备等。

(a) 塔顶拉索锚固管定位　　　　　　(b) 梁端拉索锚固管定位

图 13-29　斜拉索锚固管定位

4）索塔施工变形观测

变形观测是指导施工及相应测量工作的依据。索塔施工中因受大气温度及日照的影响，塔柱将会发生扭转。这样，在不同时刻进行的观测，就会有不同的结果，这就需要研究掌握索塔在自然条件下的变化规律。另外，在主梁施工过程中，为掌握索塔在索力影响下偏离平衡位置的程度，也需要进行索塔施工的变形观测。钢筋混凝土索塔大多采用高等级混凝土泵送法施工。因而，对混凝土的早强和可泵性有一定的要求，需对混凝土的用料、级配及其外加剂严格把关，要严格按混凝土施工的有关规定进行。

2. 钢索塔的安装

钢索塔需用铆接、螺栓连接或焊接等连接形式进行装配，通常为型钢组成的桁架或框架。其操作应遵循一般钢结构的拼装要求，特别应注意尺寸的准确性，并使结构单元简化，减少拼装时的吊装次数。

3. 索塔施工的精度要求

索塔断面尺寸一般都较小，而且轴向压力非常大，故施工中对索塔的尺寸和轴线位置的准确性应有一定的要求。《公路桥涵施工技术规范》JTG/T 3650—2020 要求的施工允许偏差为：塔柱底偏位 10mm；横梁轴线偏位 10mm；外轮廓尺寸塔柱±20mm，横梁±10mm；倾斜度总体不超过塔高的1/3000且不大于30mm，节段偏差不超过节段垂直高度的1/1000，且不大于 8mm；塔顶高程允许偏差±20mm；拉索锚固点高程允许偏差±10mm；横梁顶面高程允许偏差±10mm。

13.4.2 梁体施工

由于斜拉桥梁体尺寸较小，各节段间有拉索，索塔还可以用来架设辅助钢索，因此采用各种无支架施工方法更为有利。采用何种施工方法，要根据桥梁的构造特点、施工技术及设备、现场条件等因素确定。由于设计与施工方法密切相关，所以设计单位在设计时就应确定桥梁的主要施工方法。下面介绍几种常用的施工方法。

1. 梁体截面形式

斜拉桥主梁的截面一般有箱形、工字形或箱形与工字形并用，也有少数斜拉桥主梁用空心板梁或桁架。箱形梁的特点是抗扭刚度大，横向刚度也较大，能适用于跨度大、桥面宽的桥梁；工字形梁的特点是横向刚度小，但通过设置横隔板可提高刚度，工字形梁比较轻，从短跨到长大跨均能适用；箱形梁和工字形梁均能工厂化生产，用预制构件施工能够进行悬臂拼装，有利于施工。

2. 梁塔连接方式

梁塔墩的连接形式有 3 种：梁塔墩全固接、塔墩固接及梁塔固接。

（1）梁塔墩全固接。桥塔、主梁和桥墩三者均固接。其优点是不需要设置支座，缺点是固接点附近的主梁应力大，梁需变高。

（2）塔墩固接。桥塔和桥墩固接，而主梁悬浮，即主梁不与桥墩和桥塔连接或铰接。其优点是主梁可采用较小的支座，普遍不设固定支承；缺点是梁的抗风性能和横向刚度有所降低。

（3）梁塔固接。是指主梁和桥塔固接，而与桥墩之间为铰接或滑动支座连接。

3. 梁体施工方法

1）缆索法

缆索法是用缆索系统架设桥梁的方法。缆索装置又叫施工索道或缆索起重机，用此种方法架设斜拉桥，可用索塔代替施工索道中的塔柱，物尽其用。在这种施工方法中，索塔既是桥梁结构的重要组成部分，又是施工设施的主要组成部分。

2）支架法

支架法是在支架或临时墩上修建斜拉桥主梁最简单方便的方法，但这种方法只有当桥不高，临时支架不影响桥下交通时才有可能采用。因此，一般多用于在河滩地段施工边跨，中跨则采用其他施工方法。采用此法施工能保证桥梁设计要求的几何形状、尺寸、坡度，并且施工费用较低。

3）顶推法

顶推法施工与连续梁所用的顶推法大致相同，当然，要增加索塔与拉索的制作、安装工作。在钢斜拉桥的施工中，有将完成的整座结构（指索塔与梁固接的形式）一起顶推的成功经验，特别是将主梁节段用滚轴顶推已有许多实例。

4）悬臂法

悬臂法是架设大跨径斜拉桥主梁最常用的方法，它可分为整孔浇筑（或拼装）和分段浇筑（或拼装）两种工艺，常需用临时支架等辅助设施架梁或浇筑混凝土。图 13-30 为斜拉桥主梁悬臂施工。

图 13-30　斜拉桥主梁悬臂施工

（1）悬臂拼装施工程序

①浇筑塔墩，同时预制节段；②将预制节段运来吊装就位；③安装拉索；④张拉并设置预拱度；⑤待前进几段后对拉索进行一次微调；⑥全桥拼好后再对拉索做最后调整。

（2）悬臂浇筑施工程序

悬臂浇筑施工流程与悬臂拼装施工流程基本相同。

①拼装悬臂托架，浇筑主梁起始梁段；②拼装悬臂挂篮，对称悬浇梁段，张拉纵向预应力筋并灌注砂浆；③挂篮前移，并浇下一梁段；④遇有拉索的梁段，安装拉索并张拉索力；⑤跨中合龙段的浇筑；⑥拉索索力的调整。

5）平转法

平转法与拱桥中采用的平转法相似，即将上部结构分为两半，在沿河岸顺河流方向的矮支架上制作，然后以桥墩为圆心旋转到桥位合龙。此法修建的斜拉桥跨径不大，其施工工序如下：

①建造主墩与上下转盘并试转；②在岸上浇筑或拼装全桥的主梁；③浇筑索塔；④安装拉索，张拉并调高程与拉力；⑤平转就位；⑥校核高程，必要时再做最后调整；⑦封填转盘。

6）混合法

混合法是指将斜拉桥主梁分为三部分（两块边纵梁和一块行车道板）预制或现浇，纵梁可预制，行车道板可现浇或预制。施工时，利用吊机先安装两侧边纵梁并拉拉索，然后再浇筑或拼装主梁中间的行车道板。

13.4.3　拉索施工

斜拉索系指由高强钢丝为材料制作的缆索，其类型为平行钢丝束绞制工艺和热挤聚乙烯护套等工艺制成的钢绞线或钢丝索，前者多为工地现场制作，后者则为工厂制作，具有较高的内在质量和防腐能力，有条件时宜优先考虑采用。

1. 拉索制作

1）平行钢丝束的制作

（1）调直与防锈

未经镀锌的高强钢丝应堆放于室内，并防止潮湿锈蚀。使用前须注意调直，用调直机进行调直和除锈。经调直的钢丝其弯曲矢高≤5mm/m，表面不能有烧伤发蓝的痕迹，调直后的钢丝表面应均匀涂抹防锈油脂。

（2）钢丝排列夹紧定位

在编索平台上按锚板孔的位置将钢丝分层排列，并注意标准丝安排在最外层，不可错位；然后用梳板将钢丝梳理顺直；再用特别的夹具，将梳理顺直的钢索夹紧定位，夹具间距一般可为 2m。夹紧的钢索断面应符合设计形状，且能保证钢丝之间相互密贴，无松动现象。

（3）内防腐处理

在夹紧定位后的钢丝束上需进行内防腐处理，一般可采用涂刷橡胶沥青防水涂料和包以玻璃纤维的做法。要求涂料涂刷均匀，无空白漏涂现象；玻璃纤维布的包裹应紧密重叠。

（4）平行束的内防护

平行钢丝索的外防护有多种处理方法，一般宜采用聚乙烯管作护套，安装后再在护套内压注特种水泥砂浆。因此，护套需能承受一定的内压并具有一定的防老化的能力。可根据设计所要求的直径与管壁厚度，由专业工厂制作，其分节长度可视工地现场及运输条件确定。

（5）护套安装

平行钢丝索的外防护完成后，即可套入聚乙烯套管，要求将每节聚乙烯捋顺，并保持其接缝平整严密。

（6）堆放要求

平行索应保持顺直、平放、支点间距一般不应大于4m。堆放场地要求干燥阴凉；堆放工地现场需有保护措施，以防碰撞、破损缆索表面。

2）钢绞线索的制作

（1）绞制要求

钢丝应按设计断面进行排列定位，不能错位。钢索绞制的角度须严格控制在2°～4°。钢索绞制成型后立即绕上高强复合带2～4层，要求缠绕紧密，经缠绕后的钢束断面形状应正确，且钢丝紧密无松动现象。

（2）热挤护套要求

热挤护套可采用低密度聚乙烯或高密度聚乙烯材料，根据设计决定的材料性能选用。聚乙烯材料中应掺有一定比例的炭黑，以提高抗老化能力；聚乙烯护套应紧裹在钢丝索外，在正常生产、运输、吊装过程中，不应脱壳。护套外观应光滑圆整，厚度偏差不大于1mm。

（3）绳缆长度要求

挤好护套后的缆索长度应大于成品索的设计长度，换算成标准温度在无应力状态下的长度，经精确丈量，复核无误后将两端切齐，要求端面与缆索垂直，不能歪斜。

（4）防锈、防伤

绞制钢索所用高强钢丝为未镀锌时，应用除锈、防锈油等做临时防腐措施；当采用镀锌钢丝时，亦须注意在放丝绞制过程中防止擦伤镀锌表层。

2. 拉索与塔、梁的连接

（1）索与塔的连接

索与塔的连接有辐射集中于一点和均匀布设在塔上两种连接方法。索在塔上的支承方式有连续式和固定式两种。索鞍是连接索与塔的结构，索鞍是近年来国内混凝土斜拉桥中较多采用的索鞍形式，它是固定在塔上的。在这里，索鞍已不再呈"鞍"的形状了，之所以这样称呼，是沿用传统的索鞍名称。这种索鞍之所以能得到广泛应用，主要是因为国内的斜拉桥大都采用高强钢丝作为拉索材料，并使用了镦头锚具或冷铸锚具的缘故。尽管这种锚固方法有较多的预埋管道，并且管道和钢筋的位置要求较精确。但可以将锚固块件在地面上以较高的精度预制好，然后再吊装就位，与塔拼成整体。因此，这种锚固在近几年得到了较广泛的应用。

（2）拉索与梁的连接

在斜拉桥中，索与梁的连接通常有三种形式，即：第一种是索通过主梁顶板锚固；第二种是索锚固在肋板里；第三种是设置铰座来锚固。此外，在早期的斜拉桥中也常采用锚固横梁来锚固钢索，但是，由于锚固横梁的体积庞大，需耗用大量的钢筋与混凝土，同时其施工也很复杂，近年来已很少采用这种方式。

3. 拉索施工

1）索的运输

索在制索场制成后，暂时堆放在制索场并在安装前运到桥上。对于小直径的短索来说，其困难不大，但对于直径较大且已制作了刚性索套的长索来说，其运输困难是很大的。这不仅是由于大直径的索比较重，更重要的是带有索套的索不允许有过小的弯曲半径，否则很容易导致索套开裂破坏。

在专门制索厂制作的拉索需经长途运输时，斜拉索可以盘绕成盘后用汽车或火车运送，盘绕外径不得小于索径的 250 倍，索的表面应用麻条或纤维布两层缠包，以保护锚头不生锈。

2）拉索的安装

拉索安装是指拉索吊运就位后，将其两端锚头安装到索塔和梁的预留孔道位置上。由于拉索的无应力长度小于其理论长度（即索内有应力时其两端支承面间的距离），又由于索的自重影响，往往在其一端的锚具装上后，其另一端的锚具还留在孔道内或还未能进入预留孔道，因此需要采取一定的措施，同时，还要使索的防护层不受损伤。

（1）单吊点法

拉索运上桥面后，利用索塔上的滑车组和从索塔孔道内伸下的吊绳，连接拉索的上端，将拉索起吊并穿入索塔管道内，引出孔口，安装上端锚具。此法简便，安装迅速，但应注意避免索的弯折和缠包索套的破损。单吊点法仅适用于缠包玻璃布套的柔软拉索。

（2）多吊点法

从索塔上部，安装一斜向的天线，在天线上按规定距离拴上滑轮组，组成多吊点，用人工拉滑轮组绳索，配合吊绳均匀起吊拉索，穿入孔道后，两端安装锚具固定拉索。此法吊点分散，受力较小，但操作需统一指挥，以均匀起吊。

（3）导索法

在安装拉索的上方设置斜向天线（导索），拉索运到导索下端，从索塔管道内伸下牵引绳，拴在拉索的一端，并在导索上装上第一个滑环，牵引拉索沿导索上升，并按一定距离装挂滑环，牵引拉索沿导索上升，随升随挂，直到拉索上升穿入索塔孔道，安装锚具固定。此法对成卷的拉索施工尤为简便。但对于编制成束并缠包玻璃丝布套的拉索，施工稍有难度。

（4）起重机安装

按拉索长度在桥上设一台或两台起重机，用特制的长扁担捆拉索起吊。拉索上端由索塔孔道内伸出的拉绳引入索塔孔道，下端穿入主梁孔道，装锚具固定。

拉索锚具的安装，通常都是先安装固定好下端主梁的锚具，然后设法装妥索塔上的上端锚具。上端锚具的安装以往常用的办法是用倒链或绞车紧拉拉索，使锚具穿过预留孔道，现在则较常利用张拉千斤顶直接拉紧拉索的办法，此法还分为软牵引与硬牵引两种方法。

拉索安装应注意拉索不能与孔道壁接触，以防振动磨损，锚头可在允许移动的间隙内调整位置，该调整的偏移量需在安装前测定，并在锚下垫板上标明锚头位置，使锚头可对线安装。

3）斜拉索张拉

斜拉索应按设计吨位张拉，其延伸值可以作为校核拉力的参考。斜拉索在下列情况下应同步张拉：

（1）索塔和梁体两侧对称位置上的拉索。

（2）中孔无挂梁的连续梁，两端索塔和梁体两侧对称位置上的拉索。

同步张拉是为了避免索塔向一侧偏歪，导致索塔根部出现裂纹，以及为了避免梁体左右侧扭转，导致梁体两侧出现裂纹。考虑到索塔和梁体都有一定的抗弯、抗扭刚度，除设计另有规定外，同步张拉的拉索，允许有10%以内的施工误差。

斜拉索的张拉工作，由于索位、索长、环境、张拉设备和操作等因素，施工误差较大，故在一组拉索张拉完成后，须用振动频率计测试各拉索的张拉力，每组及每索的拉力误差均不得超过设计规定值，如误差大于设计规定值时，必须予以调整（放松或拉紧）。

4）索力测定与调整

（1）索力测定

随着斜拉桥在国内逐步推广，索力的测定方法及仪器也逐步完善起来。目前，除了用油压表读数来控制张拉力的大小外，还可采用应变片电测法和钢索测力仪来检测索力。几种方法相互校核，使得索力的测量精度有了很大提高。

①油压表法。索的张拉力是在施工张拉时通过油泵上的压力表来直接读取的，张拉力的精度依赖于油压表的精度和千斤顶系统的完好程度。此法精度不高，且在桥梁结构运营阶段的索力很难用千斤顶及油压表测量。

②电测法。这是应用电阻应变测量原理，通过贴有电阻应变片的张拉连杆或筒式压力传感器，将索力的大小转变为电信号，并由电阻应变仪或电子秤显示出来的方法。此法精度较高，便于集中检测，可以长期观测。

③钢索测力仪法。这是近年新发展起来的一种索力测定方法，它是利用仪器测出拉索的自振频率，从而推算出拉索拉力的方法。

（2）索力调整

这里所说的索力调整是指在全桥完工后，开放交通前对全桥的索力进行统测和根据测量结果所进行的调整工作，是斜拉桥施工中不可忽视的一项工作。

调整拉索索力的目的是为了消除多种因素对桥梁引起初始应力应变的影响。这些影响在设计中难以预测，在施工中不可避免（如徐变、收缩、松弛、误差、温度等），只有待桥体结构完工后，通过调整拉索的张力来解决。调整拉索张力应该注意的事项有：用桥面高程控制索力；操作以简便为宜，次数越少越好；尽量选择无风或微风天气，以排除风荷载的影响；在清晨进行索力测量，因为这时的拉索与梁体温差较小；统测应在较短时间内快速完成,以免测试条件发生变化。

工程案例

例 13-5 **1. 工程概况**

四方台大桥位于哈尔滨绕城高速公路上,跨松花江,2004 年 9 月建成。该桥全长 1268m,主桥长 696m,主桥的结构形式为双塔双索面、钢-混凝土叠合梁斜拉桥,由三跨斜拉桥和两个过渡跨结构组合而成;塔墩固结一体、塔与主梁纵向活动支承,属塔墩固结、塔梁支承式半悬浮体系。过渡跨与斜拉桥主梁连续。

桥跨布置为 42m(过渡跨)+138m(边跨)+336m(主跨)+138m(边跨)+42m(过渡跨)。主桥全部位于以主跨中心线为变坡点、半径为 17000m 的竖曲线范围内,纵坡坡度为 2.6%。主桥总体布置满足了Ⅲ级航道通航要求。

桥梁横向全宽 33.2m,双向共四车道。桥面横向布置为:2.6m(布索道和防撞护栏)+12m(车行道与路缘带)+3m(中央分隔带)+12m(车行道与路缘带)+2.6m(布索道和防撞护栏),其中车行道横坡 2.0%,布索道坡度为 1.0%。

斜拉桥边跨与主跨的跨径之比为 0.411,索塔桥面以上有效高度为 89.17m,有效高度与主跨径之比为 0.265。

建成的四方台大桥见图 13-31。

图 13-31 四方台大桥全景

2. 主塔塔柱施工

大桥主塔为直柱门式塔,分为上、中、下塔柱三部分。南塔高 110.80m,北塔高 106.10m,桥面以上高度均为 88.56m。索塔截面形式为单室类六边形,顺桥向长 7.0m,横桥向宽 5.0m。

1)主塔劲性骨架施工

中塔柱主筋每段长度以及劲性骨架安装高度,均与塔柱每节段 2.5m 的浇筑高度和爬升架附壁高度相匹配。因爬升架是依靠支承在劲性骨架顶面及模板上的倒链向上提升的,所以劲性骨架必须高出待浇节段模板 1 个节段以上。据此,中塔柱劲性骨架每节安装高度 5.0m,主筋与之相匹配应安装 10m。劲性骨架施工时要首先利用加工胎具在地面将每一节段的劲性骨架定位、焊接,形成一体后整体吊装、对位,与上一节段连接,此方法将大部分高空作业转移到地面进行,不仅能保证焊接质量、安装精度,而且大大提高了工作效率。

2）塔柱环、竖向预应力施工

主塔中、上塔柱锚固区内设有环向预应力，预应力钢束采用 7 根 $\phi5$ 低松弛钢绞线，预应力钢筋采用 $\phi32$ 高强精轧螺纹粗钢筋。

预应力钢绞线管道采用 PT-PLUS 塑料波纹管成孔，内径 76mm，高强精轧螺纹粗钢筋管道采用钢制波纹管成孔，内径 45mm。预应力管道安装时，首先焊好定位筋，定位筋必须牢固。钢筋施工时安装预应力管道，这样可以避免钢筋施工完毕后穿管道而造成管道损坏。当主筋与管道冲突时，应调整钢筋位置但不可割断主筋，当劲性骨架与管道冲突时，将劲性骨架割去部分，再将劲性骨架适当加强。在精轧螺纹和钢绞线穿入后检查波纹管有无破损、变形或死弯，如有应及时更换。在曲线段应对管道定位筋进行加密，以保证管道线形准确。锚头垫板安装时应与管道保证垂直且中心一致，并处理好锚头与波纹管连接位置，防止浇筑混凝土时漏浆。

竖向与环向预应力钢绞线采用单侧张拉，预应力钢筋采用双侧张拉。张拉时以张拉吨位为主，张拉吨位与伸长量双控制。竖向预应力采用先中间后两边对称张拉的原则。

张拉完成后进行压浆，孔道压浆采用强度等级与塔柱混凝土相同的水泥浆。稠度控制在 14～18s。压浆采用真空辅助压浆工艺。压浆前，对孔道进行清洁处理，压浆顺序先压下层孔道，压浆应缓慢均匀进行，不得中断。压浆应达到孔道端饱满，出浆稠度相同为止。

封锚采用与塔身相同配合比的混凝土，以保证外观一致。

3）拉索锚固区施工

主塔共有 13 对索导管，壁厚 10mm，管内径在 253～382mm，锚头与索导管管壁间隙很小，并且施工时要保证与主梁索导管的同心度，因此索导管中心线位置必须严格控制。

首先根据索导管的锚固中心坐标、导管长度、纵向倾角、导管半径以及钢板厚度计算出了索导管各要点的极坐标、高程，然后根据这些数据进行定位。

在控制点观测平台支立全站仪，根据索导管关键点的三维坐标，确定索导管在劲性骨架上的空间位置，然后在劲性骨架上焊接支撑导管的钢板和型钢支架。利用全站仪精确调整、定位将钢板焊牢。采用极坐标多测回的方法进行观测，在已调整好高度和平面位置的钢板上放出索导管的中心轴线及索导管的外轮廓线和纵向控制线。使用千斤顶和导链将索导管经过反复移动、测量、调整来完成索导管定位，最后将全站仪对中杆立于索导管上事先做好标记的中轴线点观测，满足要求后，进行索导管的加固、焊接，否则，重新调整，直至满足设计要求为止。

3. 主塔上横梁施工

上横梁作为连接两塔柱的受力构件，其截面采用箱形预应力结构，其断面尺寸为 30.7m（长）×6m（宽）×5m（高），混凝土量为 438.7m³，见图 13-32。

1）支架施工

（1）支架形式

上横梁支架采用的是钢管或万能杆件拼制的落地支架，支架支撑在承台顶面，这里仅以万能杆件支架为例。万能杆件支架是由甲型杆件拼装而成的两个 72m 高、单元为 4m×6m 的立柱，其净距为 14m；随着高度的增加，每隔一段距离（约 10～12m），加设水平支撑，增加支架稳定性。横向支撑为高 4m、长 30m、宽 2m 的桁架，立柱截面和桁架上下弦杆均为 4N1 形式。

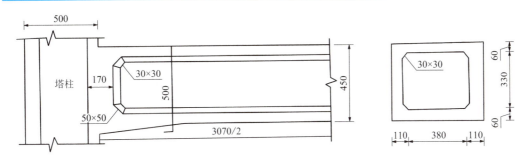

图 13-32 上横梁及其横截面图（尺寸单位：cm）

（2）支架验算

万能杆件支架验算包括：强度验算、稳定性验算、跨中挠度计算、立柱竖向变形量计算等项目，这里仅以强度验算和稳定性验算为例。

①强度验算

荷载组合：因上横梁分两次浇筑，同时考虑到施工荷载，计算荷载取 9000kN，施压时单柱采用 4 个油压千斤顶对称张拉 6 束钢绞线，每束拉力为 750kN，则两支架立柱分别承担 4500kN。

②稳定性验算

支架稳定性验算中荷载取值：上横梁自重＋支架自重＋模板等施工荷载，共计 16000kN。取支架最下端 N7 支撑杆和 N1 支撑杆处进行验算，实际支撑力 $W = 16000$kN < $[W] = 33880$kN。$[W]$ 由 N 型万能杆件受力性质查表得到。

2）施工工艺及施工控制

上横梁施工仍以主塔施工控制网中的永久控制点为测站进行施测。

经过预压试验后，确定上游支架立柱预留提高 10mm，下游支架立柱预留提高 12mm。预拱度设置完成后，在上横梁底模上精确放出上横梁的纵横轴线及各关键控制点，进行模板支立。

（1）模板、钢筋

当支架支好后，上横梁两端变截面加高段用型钢制成三角形支架座在支架上，底模板拆除可采用切割钢管和三角形支架竖向型钢的方法卸架，底模及外侧模采用大块定型模板，内模为组合钢模板，配一定数量的异型模板。模板定位通过斜拉筋与支架相连，用导链进行找正。横梁钢筋加工成半成品，按分类编号运至施工现场绑扎、焊接。为了施工方便，内模底模通常开口，这样便于进行底板混凝土振捣，避免横梁底板出现施工缺陷。

（2）混凝土施工

上横梁混凝土分两次浇筑，第一次浇筑至顶板底面以下 30cm 高程处，第二次浇筑至顶板顶面。第一次浇筑完成后，待混凝土强度达到设计强度的 75%，对底板上对称 5 束 15-15 钢绞线施加 50% 设计预应力，然后再浇筑第二次混凝土。在每次浇筑过程中，两塔柱混凝土随同上横梁一起浇筑。上横梁混凝土施工要求混凝土初始坍落度为 180～200mm，初凝时间不小于 10h，3d 达到设计强度的 80% 以上，混凝土和易性良好，可以满足泵送要求。混凝土输送采用泵送，用混凝土泵直接送到上横梁顶面，软管布料，然后通过串筒流入模板内，串筒底口离混凝土面 1.5～2.0m。混凝土振捣时，振捣工必须进入模板内部进行振捣，振捣须严格按规程操作。

为防止因支架弹性变形引起先浇筑混凝土开裂，混凝土浇筑顺序为从中间向两端。先浇筑底板，底板混凝土由混凝土泵经横梁顶部入洞进入箱内，两肋采用混凝土泵送至上横梁顶面，软管布料的方式浇筑肋板，肋板每次分层浇筑高度为300mm，这样可避免因肋板浇筑而使底板混凝土出现上涌现象。

混凝土浇筑完成后，应在混凝土表面覆盖麻袋片或塑料布，及时进行洒水养护。在混凝土强度达到设计强度以前，保持混凝土表面处于湿润状态。

（3）张拉

当主塔柱施工完成以后，从爬架上吊下施工平台至塔柱外侧，作为上横梁两根15-31预应力钢绞线的施工平台。9根15-9钢绞线在塔柱内张拉锚固，可使用塔柱内腔的施工作业平台进行，张拉时采用两端同时对称张拉，并且补足先期张拉的5根15-15钢绞线的张拉力。预应力施工完成后，及时进行压浆和封锚施工。

4. 斜拉索施工

本桥为自锚式双塔双索面预应力结构，共设斜拉索104根，索面呈扇形，标准索距为12m。斜拉索为外包热挤双层高密度聚乙烯（PE）防护套的ϕ7mm高强镀锌钢丝索，两端均采用带外螺纹的张拉端冷铸镦头锚。

斜拉索张拉和施工期间的调索均在塔上进行。

1）放索

斜拉索放索：首先清扫索道，设置放索轨道。放索轨道由每隔4m布置的一只钢滚轮组成。向梁端牵引拉索锚头，穿过拉索导管后固定在钢梁锚箱垫板上。为防止放索时散盘，在放索盘上设置简易刹车装置。在施工过程中我们发现采用此方法放索效率不高，并且容易损伤聚乙烯（PE）管，为此对放索支架进行了改装，从而形成了一套安全、快捷的放索方法。将放索支架固定在轨道平车上，使其不仅能够自转而且能够顺桥向沿轨道前行，放索时用塔上卷扬机吊住锚头，在锚头提升的同时放索支架沿轨道前移，从而使索体悬于空中，避免了索体与桥面的摩擦接触，不仅保护了PE管，而且提高了工作效率。

2）斜拉索的挂设

斜拉索的挂设主要可分为三个阶段：

（1）牵引提升；

（2）梁端挂索；

（3）塔上挂索。

施工中根据斜拉索的长度、重量以及设备的吊装能力，对短索（1～5号索）和长索（6～13号索）分别采取了不同的挂设工艺，6～13号索采用了软牵引装置。

（1）1～5号索挂设

斜拉索运至桥面主塔附近的放索支架上，解除锚杯处外包装，在索体上安装专用起吊夹具，并衬上软垫材料，夹具安装位置从锚杯最外端沿着索体长度尺寸，应大于主塔索导管长度，才能保证束体穿过主塔索导管后一次就位。在锚杯内旋入外螺纹的连接装置，然后用主塔索导管引出的起重钢丝绳吊住连接装置，塔式起重机吊住专用夹具，起动塔上卷扬机，旋转索盘，同时放索支架沿轨道前移，慢慢地把拉索提升到主塔预埋钢管区域，然后利用塔式起重机调整拉索锚杯位置，使其对准主塔索导管，起动塔上卷扬机,在起重钢丝绳的牵引下使拉索锚头通过主塔索导管,在锚杯上旋入螺母,则完成塔上挂索。

桥面吊机吊起放索盘上剩余索体,由桥面卷扬机把索体牵引至梁端预埋钢管处,在索体上安装专用反顶夹具,夹具长度应大于梁上预埋钢管长度。在反顶夹具前端安装两只 5t 钢滑车,桥面吊机吊住索体上反顶夹具对准梁上钢管,启动桥面卷扬机,逐步把索体顶出锚垫板,旋上螺母,螺母应旋在锚杯中段,梁上安装结束。

(2) 6~13 号索挂设

由于 6~13 号索自重较大,采用梁端反顶装置容易将拉索 PE 管拉断,因此使用了软牵引装置进行 6~13 号索的挂设。首先将钢绞线软牵引装置穿过塔内锚杯上的螺母,而后钢绞线穿过钢管与塔外拉索锚杯连接装置相连。启动油泵,在软牵引与塔吊的共同作用下完成放索,当拉索锚杯悬于空中未进入主塔索导管之前,停止牵引,此时拉索处于自由悬链状态,然后在桥面吊机与梁端反顶装置的共同作用下首先完成主梁端挂索,最后再启动油泵利用软牵引装置完成塔上挂索。

斜拉索挂设完成后,解除吊钩,拆除索体上专用夹具,安装塔内张拉千斤顶,准备张拉。

3) 张拉

斜拉索张拉前,首先检查梁端牵索是否与索导管相碰,防止张拉时擦伤 PE 保护层。张拉对称同步进行,即顺桥向两侧平衡张拉以及横桥向上下游对称张拉。这里采用了一台油泵控制两台千斤顶的方法来保证张拉的同步性。

张拉工作在塔内施工脚手架上进行,随着拉索逐根上升,脚手架平台随之上升,上塔柱内设置自上而下的人行爬梯。

张拉千斤顶、螺杆、撑脚安装就位后,认真检查转换套和螺杆的安装质量,并保证转换套和螺杆在锚杯中有足够的长度。张拉过程中,按设计提供的索力,进行分级张拉,张拉中要随时旋紧锚杯上的螺母。油泵操作工要随时提供各自油压表读数,并保持一致,直至张拉至最终索力后旋紧螺母,该组索力张拉结束。以后拉索张拉,以此类推。

节段施工过程中,张拉以桥面高程控制为主,索力控制为辅。索力以油压表读数为主,以延伸率为辅,并以监控单位的振动频率测力计的索力测量为校核。

4) 调索

斜拉桥为超静定结构,任何一根拉索索力的变化或位移的产生均会使整个结构内力状态发生相应改变。因此,斜拉索索力的调整必须事先经过采集桥面高程以及主塔位移等数据,经过计算与各种施工阶段的内力和几何状态比较,并根据偏差的大小来决定调索步骤以及下节段施工时是否需要做出修正,在尽量减少调索次数前提下,达到桥面高程、索力双控为目标。

根据以上所述原则和施工监控的实际情况全桥共进行 5 次调索:分别在第 4 号、10 号、13 号节段安装完成之后进行了索力调整,前三次调索充分保证了大桥钢梁安装的顺利进行以及中跨的顺利合龙。中跨合龙之后又进行两次索力调整,调整之后使大桥的索力与线形满足设计要求,达到线形与索力双控的目标。

斜拉桥的施工控制宜遵守以下原则:在主梁悬臂施工阶段以高程控制为主;二期恒荷载施工阶段以索力控制为主。

施工控制应贯穿在斜拉桥施工的全过程中,除施工应按规定的程序进行外,对各类施工荷载应加强管理，并对施工过程中的变形、应力和温度等参数进行监控测试，且采集的数据应准确、可靠。监控测试应符合下列规定：

（1）宜选择无风或微风的天气进行测试，减小风对测量的不利影响。

（2）测试时应停止桥上的机械施工作业，消除机械设备的振动及不平衡荷载等对测试产生的不利影响。

（3）各种测试均应在尽可能短的时间内完成，应避免测试条件产生较大的变化。测量宜在夜间气温相对稳定的时段进行。

13.5 悬索桥施工

悬索桥是指以承受拉力的缆索作为主要承重构件的桥梁，由主缆索、索塔、锚碇、吊索（吊杆）、桥面结构等部分组成。主缆索通过索鞍悬挂于索塔并锚固于两岸（或桥两端）作为主要承重构件，一般由多股钢丝挤压成，每股钢丝由多根钢丝组成；主缆索几何形状由力的平衡条件决定，一般接近于抛物线。索塔主要承受主缆索的压力，一般采用混凝土浇筑而成，也有部分桥梁采用钢结构的索塔；在索塔的顶部设置有索鞍，用于支撑主缆索。

悬索桥因其受力性能好，跨越能力强，轻型美观，施工方便成为大跨度桥梁首选桥型。20 世纪 90 年代初，国内开始发展现代化长大悬索桥，如汕头海湾大桥、广东虎门大桥、厦门海沧大桥等，在桥梁建设的同时也为我国悬索桥施工技术提供宝贵的技术经验，也为我国悬索桥施工技术进一步发展奠定基础。

13.5.1 悬索桥施工技术简介

现代大跨度悬索桥的施工方法比较典型，其施工步骤可概括为以下四个部分：

（1）锚碇施工。锚碇主要由锚块、锚杆、鞍座等组成。锚块的主要功能是容纳锚碇的锚固系统、传递大缆拉力到岩体，形式可分为重力式和隧道式；若锚碇处有坚实岩层靠近地表，修建隧道锚有可能比较经济；但隧道锚有传力机理不明确的缺点。适合建造隧道锚的锚址地质条件应具有以下特点：①锚址区的地质条件应是区域稳定的。锚址区不应有滑坡、崩塌、倾倒体及层间滑动等区域性地质灾害存在，不应有深大断裂带通过。②锚址区的岩体应具有较强的整体性。锚址区的岩体不应存在较多的裂隙、层理等地质构造，这些构造降低了岩体的整体性，对控制隧道锚的变位极为不利。③锚址区的岩体应具有较高的强度。由于隧道锚的承载能力与岩体的强度密切相关，故要求锚址区的岩体应具有较高的强度以达到隧道锚的承载要求。

如果锚块采用重力式锚，设计上应按照以下情况进行考虑：若锚址区有坚实基岩层靠近地表，应让锚块嵌入基岩，使位于锚块前的基岩凭借承压来抵抗主缆索的拉力，例如广东汕头海湾大桥，就是利用两岸山体岩层来抵抗主缆拉力；若锚址区坚实基岩位于桥面之下深度不过 30~50m，可修建直接坐落在基岩上的锚块；若坚实基岩层埋置更深，而设计意图是使荷载完全传至该持力层，则必须设置沉井、沉箱、大直径桩（含斜桩）等深基础，这样的锚碇造价是比较昂贵的。

（2）索塔施工。索塔塔身一般采用翻模法分段浇筑，在主塔连接板的部位要注意预留钢筋及模板支撑预埋件。索塔塔身的施工控制主要是垂直度监控，每段混凝土施工完毕后，在第二天早晨 8:00 至 9:00 间温度相对稳定时，利用全站仪对塔身垂直度进行监控，以便调整塔身混凝土施工，应避免在温度变化剧烈时段进行测试，同时随时观测混凝土质量，及时对混凝土配比进行调整。索塔塔身浇筑完成后检查顶面标高，符合设计要求后清理表面准备安装索鞍；索鞍既可以整体吊装，也可以分块吊运后再组装；索鞍安装应严格控制索鞍横向轴线偏差、标高偏差。并要求鞍体底面与底座密贴，四周缝隙用黄油填实。

（3）主缆索施工。主缆索是悬索桥的主要受力构件，一般由多股钢索挤压而成，为确保主缆索受力均匀，主缆索每股钢索必须与基准索保持平行，并且主缆索在架设过程中必须妥善保护，不得损坏主缆索钢丝。主缆索施工时需要架设循环索作为主缆索索股牵引的动力，架设猫道作为主缆施工的操作平台，一般主要施工工序为：①建立牵引系统，架设猫道；②主缆索股牵引；③单端冷铸锚头的制作；④整形；⑤线形调整；⑥主缆定型；⑦安装索夹、吊索。主缆索架设方法分为空中送丝法（AS法）及预制索股法（PWS法）。

无论采用哪种架设方法，均需要设置一根基准丝（或基准股），用于调整其他丝股的垂直度。为主缆索的整形、线形调整及定型做好基础；国内广东汕头海湾大桥、虎门大桥、西陵大桥、江阴长江大桥都是采用预制索股法进行架设的。主缆索初步整形应选在气温稳定的夜间进行。整形时首先在主跨 1/2、3/4，边跨 1/2 处确定钢丝束排列有无差异、钢丝是否平行。若有则及时调整。然后用钢带打包捆扎，捆扎间距开始较大，然后用二分法加密直到 2.5~5m 一道。主缆索初步整形后需要利用紧缆机挤紧，挤紧首先从两主塔向中跨跨中挤紧，然后再从主塔分别向两边跨挤紧，挤紧间距为 1m。挤紧后在挤紧压块前后备用钢带捆扎一道，间距约 0.5m。主缆索挤紧后主缆断面，空隙率均应满足设计要求。主缆索在完成大部分恒载作用之后进行主缆缠丝及主缆防腐工作。

（4）加劲梁施工。悬索桥加劲梁多用钢桁架，其架设方式也像钢桁架桥那样。在每一梁段拼好以后，立即将其与对应的吊索相连，使其自重由吊索传给主缆。悬索桥加劲梁架设时一般采用缆载起重机、缆索起重机、大型浮吊进行架设。缆载起重机由主梁、端梁及各种运行、提升机构组成。起重机在主缆上运行及工作，故主梁的跨度即为两主缆的中心距，并且起重机运行机构必须能跨越索夹障碍的功能。在索塔附近架梁时，由于主缆索存在较大倾斜，起重机应设置与索夹相对固定抱紧的机构，以承受起吊时产生的下滑力；缆索起重机主要由起重小车、承重索、牵引索等组成。

起重机架梁前需要在两侧索塔上架设起重机所需要的承重索及牵引索。承重索承受起重小车及加劲梁的重力，由牵引索承受吊梁时的下滑力并牵引起重机走行。三种架设方法相比，大型浮吊由于受环境因素、通航条件等条件限制架设时使用比较少。缆索起重机架设前需要架设大量承重索及牵引索，使得架设成本大幅提升。缆载起重机由于直接支撑在主缆索上，既节约成本，架梁也方便，因此广泛用于悬索桥加劲梁的架设，但架梁时应注意主缆索的保护。

13.5.2 悬索桥主缆施工

悬索桥基础、塔和桥面系的施工与斜拉桥相关构件的施工方法相同，而最具典型特征的是主缆及加劲梁的施工。下面简要介绍其上部结构的施工。

1. 猫道的架设

猫道（图13-33）相当于一临时轻型索桥，其作用是在主缆架设期间提供一个空中工作平台。它由猫道承重索、猫道面板系统及横向天桥和抗风索等组成，一般为3～5m宽，每条主缆下设一个。

图13-33　猫道

在整个主缆系统施工过程中，猫道担负着输送索股，调股紧缆，安装索夹及吊杆，钢箱梁吊装及缠丝防护等重要任务。

猫道施工流程为：猫道承重索制作→架设为猫道承重索施工所需的临时设施→托架系统→架设、调整猫道承重索→托架拆除及支承索上移→猫道面层铺设及横向走道安装→调整猫道标高→架设抗风缆（以提供抗风稳定性及结构刚度，调整猫道线形，减少偏载产生的倾斜程度）→猫道门架安装。

2. 主缆架设

悬索桥的钢缆有钢丝绳钢缆和平行线钢缆。前者一般用于中、小跨度的悬索桥，后者主要用于主跨为500m以上的大跨悬索桥。平行线钢缆根据架设方法分为空中送丝法（AS法）及预制索股法（PWS法）。

（1）空中送丝法。用空中送丝法架设主缆的方法是在19世纪中叶发明于美国，自1855年用于尼亚加拉瀑布桥以来，多数悬索桥都用这种方法来架设主缆。在桥两岸的塔和锚碇等都已安装就绪后，沿主缆设计位置，在两岸锚碇之间布置一无端牵引绳，即将牵引绳的端头连接起来，形成从此岸到彼岸的长绳圈。将送丝轮扣牢在牵引绳上某处，且将缠满钢丝的卷筒放在一岸的锚碇旁，从卷筒中抽出钢丝头，暂时固定在某靴跟（可编号为A）处，称这一钢丝头为"死头"。继续将钢丝向外抽，由死头、送丝轮和卷筒将正在输送的钢丝形成一个钢丝套圈，用动力机驱动牵引绳，于是送丝轮就带着钢丝送向对岸。在钢丝套圈送到对岸时，就用人工将套圈从送丝轮上取下，套到其对应的靴跟（可编号为A′）上。如图13-34所示为送丝工艺示意图。随着牵引绳的驱动，送丝轮又被带回，取下套圈套在靴跟A上，然后又送向对岸。这样进行上百次，当其套在两岸对应靴跟（如A及A′）上的丝数达到一丝股钢丝的设计数目时，就将钢丝"活头"剪断，并将该"活头"同上述暂时固定的"死头"用钢丝连接器连起来。这样，一根丝股的空中编制就完成了。

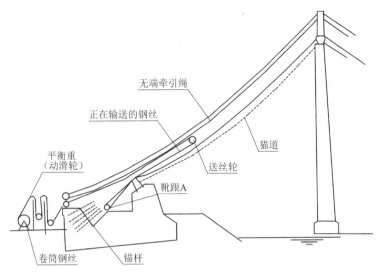

图 13-34　送丝工艺示意图

在上述基本原理基础上，可以采取多种提高工效的措施。例如，对岸也有卷筒钢丝，可以利用上述送丝轮在其返程中另带一钢丝套圈，从而在另一对编号为 B、B′的靴跟之间进行编股。又如沿无端牵引绳设置两个送丝轮，两轮的间距为：当甲轮从此岸驶向彼岸时，乙轮正好从彼岸驶回，于是可以同时在 C、C′和 D、D′靴跟之间编制另两丝股。这就是"以四根丝股为一批"法。再者，对于送丝轮扣牢在牵引绳上的两个点而言，每点可以不只设一轮（如美国金门大桥在立缆架设时设置了四轮），每个送丝轮上的缠槽路也可以不止一条。

空中送丝法扩缆每一丝股内的钢丝根数为 300～600 根，将这种丝股配置成六角形或矩形并挤紧而成为圆形。它的施工必须设置脚手架（猫道）、配备送丝设备，还需有稳定送丝的配套措施。为使主缆各钢丝均匀受力，必须对钢丝长度和丝股长度分别进行调整，还应及时进行紧缆和缠缆。主缆架设实景如图 13-35 所示。

图 13-35　主缆架设

（2）预制索股法。用预制索股法架设主缆是 1965 年间在美国发展起来的，其目的是使空中架线工作简化。自用于 1969 年建成的纽波特桥以后使用逐渐广泛，我国汕头海湾大桥、虎门大桥、西陵大桥、江阴长江大桥都采用了这种方法。

预制索股张束主要规格为 61 丝、91 丝或 127 丝，再多就会过载。两端嵌固热铸锚头，在工厂预制，先配置成六角形，然后挤紧成圆形。架设的过程同空中送线法一样，但在猫道之上要设置导向滚轮以支持绳股。

虎门大桥每束 127 丝，每丝直径 5.2mm，每根主缆 110 束，采用门架式拽拉器牵引索股（图 13-36）。在猫道上设置若干个猫道门架安装门架导轮组，牵引索通过这些导轮组，牵引索上固接有拽拉器，通过主（副）牵引卷扬机的收（放）索或放（收）索，使牵引索带动拽拉器穿过导轮组做往复运动。索股前端与拽拉器相连，使得索股前端约 30m 长悬在空中运行，而索股后段则支承在导向滚轮上运。此方式也可用于空中送丝法。

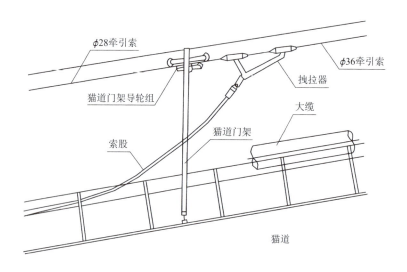

图 13-36 门架式拽拉器牵引

13.5.3 悬索桥加劲梁架设施工

加劲梁架设的主要工具是缆载起重机。架设顺序可从主跨跨中开始，向桥塔方向逐段吊装；也可以从桥塔开始，向主跨跨中及边跨岸边前进。

以往加劲梁多用钢桁架，其架设方式也像钢桁架桥那样，从桥塔开始向主跨跨中和岸边逐段吊装。在每一梁段拼好以后，立即将其与对应的吊索相连，使其自重由吊索传给主缆。对于三跨悬索桥而言，一般需要四台缆载起重机，分别从两塔各向两个方向前进。边跨和主跨的跨径比各桥不同，为了使塔顶纵向位移尽可能小，对于当主跨拼成多段时，边跨应拼几段，应该进行推算。在历史上，因为推算速度跟不上施工需要，曾使用全桥的结构模型试验（如美国旧金山海湾桥）来决定较为合理的吊装次序。

从桥塔开始吊装的优点是施工比较方便，缺点是桥塔两侧的索夹首先夹紧，此时主缆形状与最终几何线形差别最大，因而主缆中的次应力较大。汕头海湾大桥就是采用这种方式，如图 13-37 所示。海湾大桥混凝土加劲箱梁主跨有 73 段，边跨各 24 段，首先将预制段从预制场纵、横移下海，用铁驳船浮运到主塔主缆下定位，用锚固在主缆索夹上的 800kN 缆载起重机垂直起吊安装。每安装一梁段之后，起重机向前移 6m，锚固到下一对索夹上，为下一梁段的吊装准备。吊装时，采用四点吊装法。

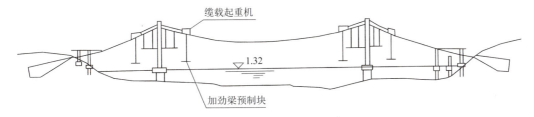

图 13-37　汕头海湾大桥吊装示意图

当加劲梁的重力逐渐作用到主缆上，主缆将产生较大的位移，改变原来悬链线的形状，所以在吊装过程中上缘一般都顶紧而下缘张开，直至全部吊装完毕下缘才闭合。如果强制使下缘过早闭合，结构或其连接件有可能因强度不够而破坏。合理的做法应该是：在架设的开始阶段，使各梁段在上缘铰接，而使下缘张开。这些上缘铰接的梁段应具备整体以横向抗弯抵抗横向风荷载的能力。待到一部分梁段业已到位，主缆线形也比较接近最终线形时，再将这一部分梁段下缘强制闭合，当然必须通过施工控制确认此时闭合是结构和其连接件都能够承受的。

英国 1966 年建成的塞文桥的梁段吊装是从跨中开始，向桥塔方向前进。如果边跨较长，为避免塔顶产生过大的纵向位移，应从两岸向桥塔方向同时吊装边跨梁段。这种吊装次序的优点是：在架设桥塔附近的加劲梁段时，主缆线形已非常接近最终几何形状，此时将桥塔附近的索夹夹紧，主缆的永久性角位最小。虎门大桥（边跨无加劲梁）主跨 39 个梁段，其吊装次序就是先吊跨中段，再从跨中对称向两桥塔前进，直至全桥合龙。

复习思考题

1. 什么是先张法？什么是后张法？
2. 常见的预制梁安装有哪几种方法？
3. 简述简支转连续的施工流程。
4. 挂篮的基本构造有哪些？什么是挂篮的行走系统？
5. 常见的钢管混凝土拱桥施工方法有哪些？
6. 斜拉桥拉索施工包含哪些工序？
7. 什么是猫道？什么是空中送丝法？

第14章 桥面及附属工程施工

学习目的与要求

熟悉板式橡胶支座、盆式支座的安设,了解其他支座的安设;掌握伸缩缝装置的施工要点;熟悉钢筋混凝土桥面铺装层的施工过程;了解沥青混凝土面层的施工要点;了解桥面附属设施中防撞护栏、人行道、栏杆和灯柱的安装施工要点。

桥面系包括桥面铺装层、伸缩缝装置、桥面连续、泄水管、支座、桥面防水、桥面防护设施(防撞护栏或人行道栏杆、灯柱等)、桥头搭板等,是桥梁服务车辆、行人实现其功能的最直接部分,其施工质量不仅影响桥梁的外形美观,而且关系到桥梁的使用寿命、行车安全及舒适性,因而必须引起重视。

14.1 支座安设

目前国内桥梁上使用较多的是橡胶支座,有板式橡胶支座、聚四氟乙烯板式橡胶支座和盆式橡胶支座三种。前两种用于反力较小的中小跨径桥梁,后一种用于反力较大的跨径桥梁。

14.1.1 板式橡胶支座的安设

板式橡胶支座(图14-1)在安装前应进行全面检查和力学性能检验,包括支座长、宽、厚、硬度(邵氏)、允许荷载、允许最大温差及外观检查等。检查结果如不符合设计要求,不得使用。如设计未规定,其力学性能可参考下列数值:硬度 HRC = 55～60;压缩弹性模量 $E = 6 \times 10^2$ MPa;允许压应力 $[\sigma] = 10$ MPa;剪切弹性模量 $G = 1.5$ MPa;允许剪切角 $\tan\gamma = 0.2 \sim 0.3$。支座安装时,支座中心尽可能对准梁的计算支点,必须使整个橡胶支座的承压面上受力均匀。为此,应注意下述几点:

图14-1 板式橡胶支座

(1)安装前应将墩、台支座支垫处和梁底面清洗干净,去除油垢,用水胶比不大于0.5的1:3水泥砂浆仔细抹平,使其顶面标高符合设计要求。

(2)支座安装尽可能安排在接近年平均气温的季节里进行,以减少由于温差变化过大而引起的剪切变形。

(3)梁、板安放时,必须细致稳妥,使梁、板就位准确且与支座密贴,勿使支座产生剪切变形;就位不准时,必须吊起重放,不得用撬杠移动梁、板。

(4)当墩台两端标高不同,顺桥向或横桥向有坡度时,支座安装必须严格按设计规定办理。

（5）支座周围应设排水坡，防止积水，并注意及时清除支座附近的尘土、油脂与污垢等。

14.1.2 盆式橡胶支座的安设

盆式橡胶支座顶、底面积大，支座下埋设在桥墩顶的钢垫板面积也较大，浇筑墩顶混凝土时，必须采取特殊措施，使垫板下混凝土能浇筑密实。盆式橡胶支座的主要部分是聚四氟乙烯板与不锈钢板的滑动面，以及密封在钢盆内的橡胶垫块，两者都不能有污物和损伤，否则容易降低使用寿命，增大摩擦系数。盆式橡胶支座各部件的组装应满足下述要求：在支座底面和顶面（埋置于墩顶和梁底面）的钢垫板必须埋置密实，垫板与支座间平整密贴，支座四周探测不得有 0.3mm 以上的缝隙；支座中线、水平、位置偏差不大于 2mm；活动支座的聚四氟乙烯板和不锈钢板不得有刮伤、撞伤，氯丁橡胶板块密封在钢盆内，安装时应排除空气、保持密封；支座组件要保持清洁。施工时应注意下列事项：

（1）安装前应将支座的各相对滑移面和其他部用丙酮或酒精擦拭干净。

（2）支座的顶板和底板可用焊接或锚固螺栓连接在梁体底面和墩台顶面的预埋钢板上。采用焊接时，应防止烧坏混凝土，安装锚固螺栓时，其外露螺杆的高度不得大于螺母的厚度；上下支座安装顺序，宜先将上座板固定在大梁上，然后据其位置确定底盆在墩台的位置，最后予以固定。

（3）安装支座的标高应符合设计要求，平面纵横两个方向应水平，支座承压不大于 5000kN 时，其四角高差不得大于 1mm；支座承压大于 5000kN 时，不得大于 2mm。

（4）安装固定支座时，其上下各个部件纵轴线必须对正；安装纵向活动支座时，上下各部件纵轴线必须对正，横轴线应根据安装时的温度与年平均的最高、最低温差，由计算确定其错位的距离。支座上下导向挡块必须平行，最大偏差的交叉角不得大于 5′。

另外，桥梁施工期间，混凝土将由于预应力和温差引起弹性压缩、徐变和伸缩而产生位移量，因此，要在安装活动支座时，对上下板预留偏移量，使桥梁建成后的支座位置能符合设计要求。

14.1.3 其他支座安设

对于跨径较小（10m 左右）的钢筋混凝土梁（板）桥，可采用油毡、石棉垫或铅板支座。安设这类支座时，应先检查墩台支承面的平整度和横向坡度是否符合设计要求，否则应修凿平整并以水泥砂浆抹平，再铺垫油毡、石棉垫或铅板。梁（板）就位后梁（板）与支承间不得有空隙和翘动现象，否则将发生局部应力集中，使梁（板）受损，也不利于梁（板）的伸缩与滑动。

14.2 伸缩缝装置及其安装

14.2.1 伸缩缝的基本概念及其分类

伸缩缝是桥梁适应温度、混凝土徐变和收缩、荷载作用等使梁端产生变位的装置，应具有使各种车辆顺利通过、不漏水、安装和养护方便等功能。

在我国各地使用的伸缩缝种类繁多，按其材料可分为钢板和橡胶伸缩缝，按其缝的形式可分为有缝式和无缝式。

14.2.2 伸缩缝装置的施工

在现行行业标准《公路工程质量检验评定标准》JTG F8011 中，桥面的平整度是一个很重要的指标，而影响桥面平整度的重要部分之一是桥梁的伸缩装置。如果由于施工程序不合理或施工不慎，在 3m 长度范围内，其标高与桥面铺装的标高有正负误差，将造成行车的不舒适，严重的则会造成跳车，这种现象在高等级公路上更为严重。在车辆跳跃的反复冲击下，将很快地导致桥梁伸缩装置的破坏。因此，遵照伸缩装置的施工程序并谨慎施工是桥梁伸缩装置成功的重要保证。伸缩缝装置的施工工艺流程如下：

1. 安装前的检查及准备工作

（1）检查预留槽的尺寸、预埋锚固钢筋的尺寸和位置是否符合设计要求，否则必须做缺陷处理，特别是预留槽的宽度、深，预埋筋的数量、规格、牢固程度等。

（2）安装 160mm 及以上伸缩量的伸缩装置时，还应依照伸缩装置位移箱的位置，切断发生干涉的预埋钢筋，但不准齐根切断，以备将来搭焊。

（3）伸缩装置上桥安装前，必须按安装时实际气温在工程师指导下调整组装定位空隙值，并由安装施工负责人检查后方可用专用卡具将其固定。

（4）伸缩装置吊装就位前，应将预留槽内的混凝土凿毛，并吹扫干净。

2. 伸缩装置的就位

（1）用起重机将伸缩装置起吊至预留槽内，吊装时应按照工厂表明的吊点位置起吊，必要时可做适当加强措施，以确保安全可靠。

（2）安装时注意伸缩装置的纵中心线应与梁端预留槽伸缩缝预留间隙中心线相重合；其长度与桥宽度对正，然后穿放横向连接的水平钢筋，并将边梁垫起，不得悬空。

（3）现场对接较长的伸缩缝由于运输困难，制造商往往将一条伸缩装置做成两段，运到现场后再行拼接。

（4）伸缩装置的标高与固定

①采用龙门吊架或横吊梁，沿桥宽横向每隔 1.2m 放置横吊梁，使伸缩装置上顶面密贴槽钢下面，校正到与已做好的沥青混凝土路面包括横坡、顺桥纵坡相吻合。

②对伸缩装置的纵向直线度进行调整。

③伸缩装置的标高与直线度调整符合设计要求后，即可进行临时固定。

④临时固定后对伸缩装置的标高应再复测一遍，确认在临时固定过程中不出现任何变形、偏差后，将伸缩装置边梁上两侧的锚固板、锚固筋与预埋钢筋一次全部焊牢，如有困难，可先将一侧焊牢，待达到已确定的安装气温时再将另一侧的锚固筋全部焊牢，随后再将水平钢筋与锚固钢筋焊牢。

⑤伸缩装置焊接牢固后应尽快将出厂时用于先设定的门架或临时固定卡具去掉，使其自由伸缩，此时伸缩装置已产生效用。

（5）安装模板及浇筑混凝土

①上述工序完成后，安装必要的模板，模板应做得牢固、严密，能在混凝土捣固时不出现移动，并能防止砂浆流入位移控制箱内或流进梁端的缝隙，影响伸缩缝的功能。

②按设计图样的要求，在预留槽内浇筑高强度等级混凝土。以往为加强混凝土强度时

会再加一层钢筋网或钢纤维，但实践证明效果并不是很好，如今大多在施工缝中采取在混凝土中加入增强纤维，其主要成分为丙烯聚合物或共聚物，可以有效抑制混凝土在塑性期及硬化初期由于施工、养护期间混凝土的离析、泌水、收缩等因素而产生的原生裂缝，从而使硬化后的混凝土结构性能得到显著改善。

③待伸缩装置两侧预留槽内混凝土强度满足设计要求后，方可开放交通。未达到要求的强度时，伸缩缝不得承受交通负荷，若必须通过车辆时，可做临时搭板。

伸缩缝的安装质量应符合表 14-1 所列的规定。

伸缩缝的安装质量标准　　　　表 14-1

项目	规定值或允许偏差	
长度/mm	符合设计要求	
缝宽/mm	符合设计要求	
与桥面高差/mm	2	
纵坡/%	一般	±0.5
	大型	±0.2
横向平整度/mm	3	

注：缝宽应按安装时的气温折算。

14.3　桥面铺装层施工

桥面铺装层的作用是实现桥梁的整体化，使各片主梁共同受力，同时为行车提供平整舒适的行车道面。高等级公路及二、三级公路的桥面铺装层一般为两层，上层为 4~10cm 沥青混凝土，下层 8~10cm 钢筋混凝土。钢筋混凝土增加桥梁的整体性，沥青混凝土提高行车的舒适性，同时能减轻车辆对桥梁的冲击和振动。四级公路或个别三级公路为减少工程造价，直接采用水泥混凝土桥面，也有三级公路在水泥混凝土桥面上铺设一层沥青碎石，所以其结构形式应根据公路等级、交通量大小和荷载等级设计确定，现就钢筋混凝土和沥青混凝土铺装层分别介绍。

14.3.1　钢筋混凝土桥面铺装层施工

（1）梁顶标高的测定和调整预应力混凝土空心板或大梁在预制后存梁期间由于预应力的作用，往往会产生反拱，如果反拱过大就会影响到桥面铺装层的施工，因此设计中对存梁时间、存梁方法都作出了要求。如果架梁前已发现反拱过大，则应采取降低墩顶标高、减少垫石厚度等方法，保证铺装层厚度。架梁后对梁顶标高进行测量，测定各跨中线、边线的跨中和墩顶处的标高，分析评价其是否满足规范要求，若偏差过大，则应采取调整桥面标高、改变引线纵坡等方法，以保证铺装层厚度，使桥梁上部结构形成整体，如图 14-2 所示。

图 14-2　钢筋混凝土桥面铺装

（2）梁顶处理 为了使现浇混凝土铺装层与梁、板结合成整体，预制梁板时对其顶面进行拉毛处理，有些设计中要求梁顶每隔50cm设一条1~1.5cm深齿槽。浇筑前要用清水冲洗梁顶，不能留有灰尘、油渍、污渍等，并使板顶充分湿润。

（3）绑扎布设桥面钢筋网 按设计文件要求，下料制作钢筋网，用混凝土垫块将钢筋网垫起。满足钢筋设计位置及混凝土净保护层的要求，若为低等级公路桥梁，用铺装层厚度调整桥面横坡，横向分布钢筋要做相应弯折，与桥面横坡相一致。在两跨连接处，若为桥面连续，应同时布设桥面连续的构造钢筋，若为伸缩缝，要注意做好伸缩缝的预埋钢筋。

（4）混凝土浇筑 对板顶处理情况、钢筋网布设进行检查，满足设计和规范要求后，即可浇筑混凝土。若设计为防水混凝土，其配合比应满足规范要求。浇筑时由一端向另一端推进，连续施工，防止产生施工缝，用平板式振捣器振捣，确保振捣密实。施工结束后注意养护，高温季节应采用草帘覆盖，并定时洒水养护，在桥两端设置隔离设施，防止施工或地方车辆通行，影响混凝土强度。待混凝土强度形成后，方能开放交通或铺筑上层沥青混凝土。

14.3.2 沥青混凝土面层施工

桥面沥青混凝土与同等级公路沥青混凝土路面的材料、工艺、施工方法相同，一般与路面同时施工。采用拌合厂集中拌和、现场机械摊铺，沥青材料及混合料的各项指标应符合设计和施工规范要求。沥青混合料每日应做抽提试验（包括马歇尔稳定度试验），严格控制各种矿料和沥青用量及各种材料和沥青混合料的加热温度，用胶轮压路机进行碾压成形，碾压温度要符合要求。摊铺后进行质量检测，强度和压实度要达到合格，厚度允许偏差+10mm，−5mm，对于高等级公路桥梁国际平整度指数（IRI）不超过2.5m/km，均方差不超过1.5mm；其他公路桥梁IRI不超过4.2m/km，均方差不超过2.5mm，最大偏差值不超过5mm，横坡不超过±0.3%。

注意铺装后桥面的泄水孔的进水口应略低于桥面面层，保证排水顺畅。

14.4 其他附属工程施工

桥面其他附属工程包括人行道、桥面防护（栏杆、防撞护栏）、泄水管、灯柱支座、桥面防水、桥头搭板等。高等级公路及位于二、三级公路上的桥梁通常采用防撞护栏，而城市立交桥、城镇公路桥及低等级公路桥往往要考虑人群通行，设人行道。灯柱一般只在城镇内桥梁上设置。

14.4.1 防撞护栏施工

边板（梁）预制时应在翼板上按设计位置预埋防撞护栏锚固钢筋，支设护栏模板时应先进行测量放样，确保位置准确。特别是位于曲线上的桥梁，应计算出护栏各控制点坐标，用全站仪逐点放样控制，使其满足曲线线形要求。绑扎钢筋时注意预埋防护钢管支撑钢板的固定螺栓，保证其牢固可靠。在有伸缩缝处，防撞护栏应断开，依据选用的伸缩缝形式，安装相应的伸缩装置。混凝土浇筑及养护与其他构件相同。

14.4.2 人行道、栏杆施工

人行道、栏杆通常采用预制块件安装施工方法，有些桥的人行道采用整块预制，分中块和端块两种，若为斜交桥，则其端块还要做特殊设计。块件预制时要严格按照设计尺寸制模成形，保证强度。大部分桥梁人行道采用分构件预制法，一般分为挑梁 A、挑梁 B、路缘石、支撑梁、人行道板五部分，如图 14-3 所示。挑梁 A、挑梁 B，人行道板为预制构件，路缘石和支撑梁采用现浇施工。注意挑梁 A 上要留有槽口，保证立柱的安装固定。栏杆的造型多种多样，一般由立柱、扶手、栅栏等几部分组成，均为预制拼装。施工时应注意以下几点：

（1）悬臂式安全带和悬臂式人行道构件必须与主梁横向连接或拱上建筑完成后才可安装。

（2）安全带梁及人行道梁必须安放在未凝固的 M10 水泥砂浆上，并以此来形成人行道顶面设计的横向排水坡。

（3）人行道板必须在人行道梁锚固后才可铺设，对设计无锚固的人行道梁，人行道板的铺设应按照由里向外的次序。

（4）栏杆块件必须在人行道板铺设完毕后才可安装，安装栏杆柱时，必须全桥对直、校平（弯桥、坡桥要求平顺）、竖直后用水泥砂浆填缝固定。

（5）在安装有锚固的人行道梁时，应对焊接认真检查，注意施工安全。

（6）为减少路缘石与桥面铺装层中渗水，路缘石宜采用现浇混凝土，使其与桥面铺装的底层混凝土连为整体。

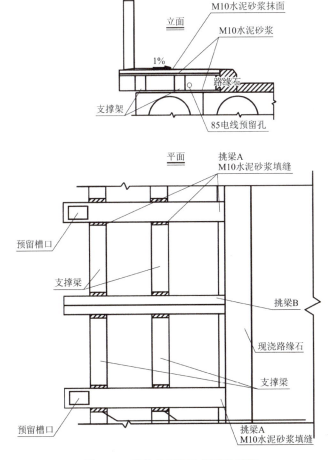

图 14-3　分构件预制人行道构造图

14.4.3 灯柱安装

灯柱通常只在城镇设有人行道的桥梁上设置，灯柱的设置位置有两种：第一种是设在人行道上；第二种是设在栏杆立柱上。

第一种布设较为简单，在人行道下布埋管线，按设计位置预设灯柱基座，在基座上安装灯柱、灯饰，连接好线路即可。这种布设方法大方、美观、灯光效果好，适合于人行道较宽（大于1m）的情况。但灯柱会减小人行道的宽度，影响行人通过，且要求灯柱布置稍高一些，不能影响行车净空。

第二种布设稍麻烦一些。电线在人行道下预埋后，还要在立柱内布设线管通至顶部，因立柱既要承受栏杆上传来的荷载，又要承受灯柱的重力，因此带灯柱的立柱要特殊设计和制作。在立柱顶部还要预设灯柱基座，保证其连接牢固。这种布设一般只适用于安置单边灯柱，灯柱顶部可向桥面内侧弯曲延伸一部分，以保证照明效果。优点是灯柱不占人行道空间，桥面开阔，但施工、维修较为困难。

规范要求桥上灯柱应按设计位置安装，必须牢固、线条顺直、整齐美观，灯柱电路必须安全可靠。大型桥梁须配置照明控制配电箱，固定在桥头附近安全场所。

检查验收标准：灯柱顺桥向位置偏差不能超过100mm，横桥方向偏差不能超过20mm，竖直度，顺桥向、横桥向均不能超过10mm。

复习思考题

1. 板式橡胶支座的安设有哪些注意事项？
2. 简述伸缩缝的概念及其分类。
3. 简述钢筋混凝土桥面铺装层施工流程。
4. 常见的桥面其他附属工程有哪些？

第15章 公路沿线设施施工技术

> 学习目的与要求

熟悉普通护栏（刚性护栏、半刚性护栏和柔性护栏）的分类；熟悉混凝土护栏、波形梁护栏的构造；熟悉防眩设施的分类与构造要求；了解防眩设施的施工要点；了解植物防眩的内容；了解常见的交通标志；了解路面标线、轮廓标的要点；了解公路绿化施工要点。

15.1 公路安全设施施工

15.1.1 护栏的分类

1. 按护栏的刚度分类

（1）刚性护栏。混凝土护栏是刚性护栏的主要代表形式，它是一种以一定形状的混凝土块相互连接而成的墙式结构。它利用与失控车辆碰撞并使其爬高、转向来吸收碰撞能量。刚性护栏主要设置在需严格阻止车辆越出路外，以免引起二次事故的路段。刚性护栏在碰撞时不变形，几乎不会被损坏，维修费用低，但当车辆与护栏的碰撞角较大时，对车辆和乘员的伤害大。并且该护栏在寒冷地区使用容易积雪。

（2）半刚性护栏。波形梁护栏是半刚性护栏的主要代表形式，它是一种以波纹状钢护栏板相互拼接并由立柱支撑而组成的连续结构。它利用土基、立柱、波形栏板的变形来吸收碰撞能量，并迫使失控车辆改变方向。半刚性护栏主要设置在需要着重保护乘员安全的路段。此类护栏刚柔并济，具有较强的吸收碰撞能量的能力，具有较好的视线诱导功能，外形美观，损坏处易更换。

（3）柔性护栏。缆索护栏是柔性护栏的主要代表形式，它是一种以数根施加初张力的缆索固定在立柱上而组成的结构。它主要依靠缆索的拉应力来抵抗车辆的碰撞，吸收碰撞能量。缆索护栏属柔性结构，车辆碰撞时缆索在弹性范围内工作，可以重复使用，容易修复。但它的视线诱导性较差，施工较复杂，端部立柱损坏修理困难。

2. 按位置分类

（1）路侧护栏。它指设置在公路路肩（或边坡）上的护栏，用于防止失控车辆越出路外，碰撞路边障碍物和其他设施。路侧护栏一般设置在有可能发生严重事故的路段。

（2）中央分隔带护栏。它指设置在公路中央分隔带内的护栏。目的是防止失控车辆穿越中央分隔带闯入对向车道，并保护中央分隔带内的构造物。它包括固定护栏和活动护栏。

活动护栏指设置在中央分隔带开口处的、能够移动的护栏，以便事故处理，车辆、急救抢险车辆紧急通过。

（3）桥梁护栏。它指设置在桥梁上的护栏，目的是防止失控车辆越出桥外，保护行人和非机动车辆。

（4）过渡段护栏。它指在不同护栏断面结构形式之间平滑连接并进行刚度过渡的结构段。

（5）端部护栏。它指在护栏开始端或结束处设置的专门结构。

（6）防撞垫。它是通过吸能系统使正面、侧面碰撞的车辆平稳地停住或改变行驶方向，一般设置在互通立交出口三角区、未保护的桥墩、结构支撑柱和护栏端头。

15.1.2 波形梁护栏

波形梁护栏由波形护栏板、立柱、托架、防阻块、横梁等构件组成。根据护栏不同的防撞等级，波形护栏板可选用二波形护栏板或三波形护栏板；立柱可选用圆形钢管或方形钢管。波形梁护栏如图15-1所示。

图 15-1 波形梁护栏

1. 横断布设形式

（1）路侧波形梁护栏。路侧波形梁护栏的横断布设，不应使护栏面侵入公路建筑限界以内，并不得使护栏立柱外侧的侧向土压力明显减少，护栏面可与土路肩左侧边缘线或路缘石左侧立面重合，立柱外侧土路肩保护层厚度不应小于25cm。

（2）中央分隔带分波形梁护栏。设置在中央分隔带的波形梁护栏宜以公路中心线为轴对称设置，其按构造可分为分设型和组合型两种。分设型护栏适合于中央分隔带宽度大于或等于2m，中央分隔带内的构造物较多，并在中央分隔带下埋有管线的路段。组合型护栏适合于中央分隔带宽度小于2m，中央分隔带内构造物不多或埋设管线较少的路段。

（3）交通分流处三角地带护栏。高速公路、一级公路互通式立体交叉匝道进出口及服务区、停车区进出口处的三角地带，属危险三角区，应该设置专门设计的护栏。该处的护栏构造应与路侧波形梁护栏相一致，并应根据三角地带的线形和地形进行布设。在布设时，靠高速公路、一级公路主线一侧的8m范围内，和靠匝道一侧的8m范围内，立柱间距应加密一倍，三角区的顶端用圆形端头把两侧护栏连接起来。在迎交通流方向的危险三角区范围内应设置缓冲设施，如防撞筒等，这样可有效地吸收碰撞能量，降低正面碰撞车辆速度。侧面碰撞时，能改变车辆碰撞角度，导向正确方向。

2. 施工

1）一般要求

（1）护栏施工一般在路面施工完成后进行，但在施工前应预先做好施工组织设计及施工准备。护栏施工常用工具有打桩机、开挖工具、夯实工具、钳子、榔头及全站仪、经纬仪、水准仪、卷尺等。

（2）在立交桥、小桥、通道和涵洞等设施顶部遇有护栏立柱时，应在这些设施施工时准确设置预埋件。

（3）护栏施工时，应准确掌握各种设施的资料，特别是埋设在路基中的各种管道、电缆的位置。在施工过程中要谨慎操作，不允许对地下设施造成任何损坏。

2）立柱放样

立柱放样应以公路固定设施如桥梁、通道、涵洞、隧道、中央分隔带开口、紧急电话开口、互通立交等为主要控制点（即控制立柱的位置）。应在两控制点之间量距，如出现零头数，可通过合适的调整段调整。立柱间距可能有不大于250mm的间距零头数，可通过分配法将其调整至多根立柱间距中。准确放样和保证护栏的线形，在条件允许时可使用全站仪、经纬仪、水准仪等测量仪器。放样后，应确认立柱施工不会造成对地下设施的损坏，否则应调整立柱的位置。在涵洞顶部填土高度不足时，应改用混凝土基础，或调整该立柱的位置。

3）立柱安装

（1）立柱安装应与设计图相符，并与道路线形协调。立柱应牢固地埋入土中，埋入深度应达到设计深度，并与路面垂直。

（2）一般路段，如路肩和中央分隔带路基情况允许，立柱可用打入法施工。施工时应精确定位，将立柱打入土中至设计深度。当打入过深时，不得将立柱部分拔出加以矫正，须将其全部拔出，待基础压实后再重新打入。无法采用打入法施工时，可采用开挖法或钻孔法埋设立柱。埋设立柱时，回填土应采用良好的材料并分层夯实，回填土的压实度不应小于设计规定值。

（3）在铺有路面的路段设置立柱时，柱坑从路基至面层下5cm采用与路基相同的材料回填并分层夯实，余下部分采用与路面相同材料回填并夯实。

（4）位于石方区的立柱，应根据设计文件的要求设置混凝土基础。

（5）护栏立柱设置在小桥、通道、明涵等构造物中时，应在构造物施工时做好混凝土基础。采用预留孔基础时，应先清除孔内杂物，排出孔内积水。将液态沥青在孔底刷涂一遍，放入立柱，控制好高程，即可在立柱周围浇筑砂浆或混凝土。在灌注时一定要保持立柱的正确位置和垂直度。浇筑完毕并捣实后，可用沥青封口，以防止雨水漏入孔内。采用法兰盘基础时，应把定位法兰盘和地脚螺栓、螺母清理干净，安装立柱时应控制立柱的方向和高程，调整其位置，经检查合格后方可拧紧法兰盘地脚螺栓。如采用可抽换式基础时，承座器应固定在构造物中，安装时把立柱插入其中，调整好高度，即可把迫紧器与承座器的连接螺栓拧紧，立柱即被锁固。

（6）考虑到护栏结构对景观及对驾驶员的视线诱导的影响，立柱就位后其水平方向和竖直方向应形成平顺的线形。

（7）渐变段及端部是护栏施工中需重点注意的部位。施工中要严格控制其立柱位置，按照设计规定的坐标进行安装。

4）防阻块、托架、横隔梁安装

（1）防阻块能防止立柱阻绊车轮，避免护栏局部受力，减小碰撞时车辆的加速度。托架适用于路肩较窄或护栏设置防阻块受限的情况。在安装时，应保证其准确就位。在调整好立柱后，即可安装防阻块，最后安装波形梁板并进行统一调整。

（2）设有横隔梁的护栏，把梁与横隔梁连为一体成为组合型护栏。横隔梁应平行于路面（即垂直于立柱）安装。在安装波形梁板之前不应拧紧横隔梁与立柱的连接螺栓，否则不易进行总体调节。

5）横梁安装

（1）波形梁通过拼接螺栓相互连成纵向横梁，并由连接螺栓固定在立柱或横梁上。波形梁护栏板的搭接方向是安装的关键，搭接方向应与行车方向一致。如搭接方向相反，即使是轻微的擦碰，也会造成较大的损失。为保证护栏板通过搭接形成牢固的纵向整体模梁，拼接螺栓必须采用高强度螺栓。

（2）如经调节后出现不规则的立柱间距时，可利用设计文件中的调节板加以调节，考虑到强度和防腐的因素，不得采用现场切割护栏板的方法。

（3）波形梁护栏板在安装过程中需不断进行调整，因此，不应过早拧紧其连接螺栓和拼接螺栓，否则将无法发挥板上长圆孔的调节作用。待调节完成后，需按规定拧紧拼接螺栓。调整后的波形梁应形成平顺的线形，避免局部凹凸。

6）端头安装

中央分隔带护栏的端头梁与两侧梁相连，端头附近的立柱应按设计文件的要求进行加强处理。路侧护栏的端部结构由端柱、端头梁、混凝土基础等组成。在端部基础混凝土达到设计强度70%后，方可安装端部结构。如因土基压实度不足等原因需要对局部结构进一步加强时，经论证，可根据设计文件的要求在端头梁附近设置钢丝绳锚固件。

15.1.3 混凝土护栏

混凝土护栏是刚性护栏的典型代表。它是一种具有一定断面形状的墙式护栏结构。当汽车与护栏碰撞时，在瞬间移动荷载的作用下，护栏基本上不移动不变形（完全刚性状态），碰撞过程中的能量主要是依靠汽车与护栏面接触并沿着护栏面爬高和转向来吸收，同时碰撞汽车也恢复到正常行驶方向。混凝土护栏一般设置在中央分隔带较窄的路段和路侧十分危险必须防止车辆越出的路段，如图15-2所示。

(a) 中央分隔带处护栏　　　　(b) 桥梁侧边护栏

图15-2　混凝土护栏

1. 构造要求

1）断面形式。混凝土护栏根据设置地点可分为路侧护栏和中央分隔带护栏。

（1）路侧混凝土护栏按构造可分为F型（图15-3）、单坡型（图15-4）、加强型三种。

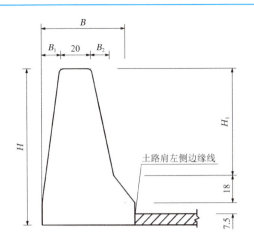
图 15-3 F 型混凝土护栏（尺寸单位：cm）

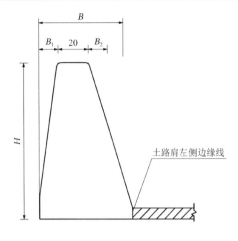
图 15-4 单坡型混凝土护栏（尺寸单位：cm）

（2）中央分隔带混凝土护栏从构造上可分为整体式和分离式两种。中央分隔带宽度较窄或中央分隔带内通信、电力管线较少的路段可采用整体式混凝土护栏。当中央分隔带较宽且需要设置监控、通信、电力管线等设施时，可采用分离式混凝土护栏。

2）护栏与基础连接

（1）路侧混凝土护栏的基础可采用以下两种方式：

①座椅方式。将护栏基础嵌锁在路面结构中，借助路面结构对基础位移的抵抗力来提高护栏的抗倾覆稳定性，如图 15-5、图 15-6 所示。

②桩基基础方式。在现浇路侧混凝土护栏前先打入钢管桩，如图 15-7 所示。钢管桩必须牢固埋入基座中，并与混凝土护栏连成整体。

（2）中央分隔带混凝土护栏的基础可采用以下两种方式：

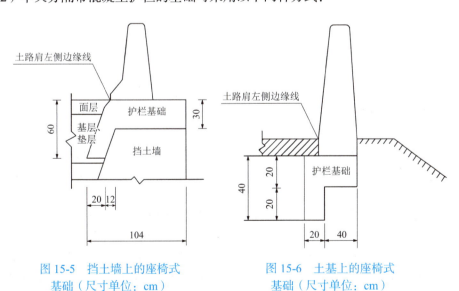

图 15-5 挡土墙上的座椅式基础（尺寸单位：cm）

图 15-6 土基上的座椅式基础（尺寸单位：cm）

①整体式混凝土护栏基础直接支承在土基上，土基的承载力不应小于 150kN/m²，混凝土护栏嵌锁在基础内，埋置深度一般为 10～20cm。混凝土护栏两侧应铺筑与车行道相同的路面材料。

②分离式混凝土护栏下设置枕梁，护栏之间应设置支撑块。

3）护栏块纵向长度与连接

每节混凝土护栏的纵向长度，在浇筑、吊装条件允许时，应采用较长的尺寸。预制混凝土护栏长度宜为4～6m；现浇混凝土护栏的纵向长度应按横向伸缩缝的要求确定，一般为15～30m。现浇混凝土护栏每3～4m应设置一道假缝。假缝构造如图15-8所示。

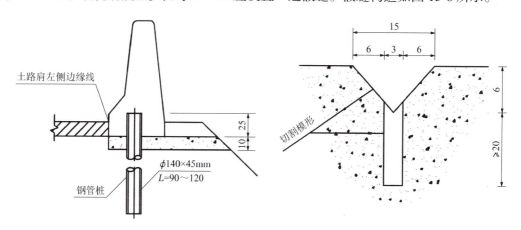

图15-7　桩基基础方式（尺寸单位：cm）　　图15-8　假缝构造（尺寸单位：cm）

为防止混凝土护栏在汽车碰撞力作用下，出现护栏块脱开、错位等现象，混凝土护栏块之间必须采取可靠的纵向连接措施。现浇混凝土护栏块之间的纵向连接，可按平接头加传力钢筋处理。预制混凝土护栏块之间可采用纵向企口连接和纵向连接栓连接。

2. 施工

《公路桥涵施工技术规范》JTG/T 3650—2020对现浇和预制混凝土的拌和、运输、浇筑、抗冻、抗渗及防腐蚀、养护及修饰和模板的制作等做了全面的规定，混凝土护栏的施工除应符合其相应的规定外，还应满足下列要求：

1）施工放样与地基准备

混凝土护栏的起讫位置应由公路构造物，如大中桥梁、中央分隔带开口、隧道等作为控制点，定好长度并应精确测量。施工放样时，应根据现场条件确定混凝土护栏的中心位置及设计标高。浇筑混凝土护栏基础前，应检测基础承载力是否达到150kPa或设计规定值。

2）现场浇筑混凝土护栏施工

（1）一般要求及准备工作。浇筑混凝土前，应按设计文件的要求绑扎钢筋及预埋件。钢模板涂脱模剂后，可浇筑混凝土。混凝土浇筑前的温度应为10～32℃。采用固定模板法施工时，模板宜采用钢模板，钢模板的厚度不应小于4mm。

（2）混凝土浇筑。采用滑动模板法施工时，滑模机的施工速度应根据旋转搅拌车、混凝土卸载速度及成形断面的大小决定，可采用0.5～0.7m/min。混凝土振捣由设置在滑模机上的液压振动器完成，振动器应能根据混凝土的坍落度无级调速，一边振动一边前进。两处伸缩缝之间的混凝土护栏必须一次浇筑完成，伸缩缝应与水平面垂直，宽度应符合设计文件的规定，伸缩缝内不得连浆。混凝土初凝后，严禁振动模板，预埋钢筋不得承受外力。

（3）拆模。应根据气温和混凝土强度确定拆模时间，一般可在混凝土终凝后3～5d拆除混凝土护栏侧模。拆模时不应损坏混凝土护栏的边角，并应保持模板的完好状况。假缝可在混凝土护栏拆除模板后，按设计文件要求的间距和规格采用切割机切开，并应保证断面光滑、平整。

3）预制混凝土护栏施工

（1）一般要求。预制混凝土护栏的施工场地应平整、坚实、排水良好、交通方便。采用钢模板，模板长度应根据吊装和运输条件确定，宜采用固定的规格。

（2）混凝土浇筑及拆模。每块预制混凝土护栏必须一次浇筑完成。拆模时间应根据气温和混凝土达到的强度而定，拆模时混凝土强度不应低于设计强度的70%。拆模时不得损坏混凝土护栏的边角，并应保持模板完好。

（3）起吊、运输和堆放。在起吊、运输和堆放过程中，不得损坏混凝土护栏构件的边角，否则在安装就位后，应采用高于混凝土护栏强度的材料及时修补。

（4）护栏安装。混凝土护栏的安装应从一端逐步向前推进，护栏的线形应与公路的平、纵线形相协调。

（5）其他。中央分隔带混凝土护栏在超高路段，应按设计文件要求处理好排水问题。

15.2　公路防眩设施施工技术

15.2.1　防眩设施分类

道路上使用的防眩设施的按构造形式可分为三种类型，如图 15-9 所示。

Ⅰ型：指连续封闭型的防眩设施，基本上阻止了对向车道从水平面上所有角度射来的光线，如足够宽度的中央分隔带上的树墙等。

Ⅱ型：是由连续网状结构组成的防眩设施，能阻挡水平面上 $0\sim\beta_1$ 角度射来的光线，在 β_1 以外可横向通视。金属（或塑料）防眩网为其代表形式。

Ⅲ型：是以一定的间距连续设置板状结构而组成的防眩设施，能阻挡水平面上 $0\sim\beta_1$ 角度射来的光线，在 β_1 以外可横向通视。金属（或塑料）防眩板为其代表形式。防眩扇板、百叶窗式防眩栅、一定间距植树等从遮光原理来说均是Ⅲ型防眩设施。

目前在公路上广泛使用的防眩设施是防眩板，其次为植树、防眩网。防眩板是一种经济美观，对风阻挡小，积雪少，对驾驶员心理影响较小的比较理想的防眩结构形式。

防眩设施应设置在道路的中央分隔带上，且最好与护栏、隔离封闭设施配合使用。防眩设施可设置在道路的中央分隔带中心线上，也可靠中央分隔带一侧设置。

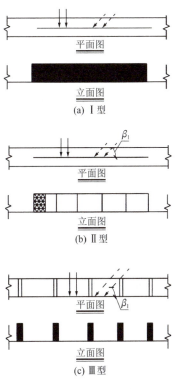

图 15-9　防眩设施类型

15.2.2　构造要求

1. 防眩板的基本结构

防眩板应以一定长度的独立结构段为制造和安装单元。防眩板设置在道路的中央分隔带上，免不了要遭受失控车辆的冲撞而损坏。为减轻损坏的严重程度，方便更换维修，设计时应每隔一定距离使前后相互分离，使各段互不相接。这样做既有利于加工制作和运输安装，也有利于防止温度应力的破坏。防眩板每一独立段的长度应与护栏的设置间距相协调，可选择 4m、6m、8m、12m 等。

2. 防眩板的设置方式

防眩板与中央分隔带护栏常配合设置，其设置方式主要有以下三种。

（1）单独设置于护栏中央，如图 15-10 所示。

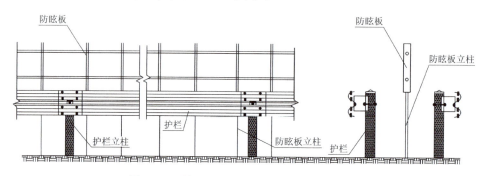

图 15-10　单独设置于护栏中央的防眩板构造

（2）设置于护栏横梁上。可在分设型护栏立柱上加横梁（槽钢），防眩板固定在槽钢上，也可在组合型护栏立柱上固定防眩板，如图 15-11 所示。

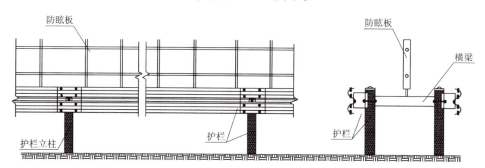

图 15-11　设置于护栏横梁上的防眩板构造

（3）设置于混凝土护栏上。这依赖混凝土顶上的预埋件来实现，预埋件的间距一般为 2m，防眩板与预埋件之间一般采用焊接连接，如图 15-12 所示。设置于护栏上的防眩板实物如图 15-13 所示。

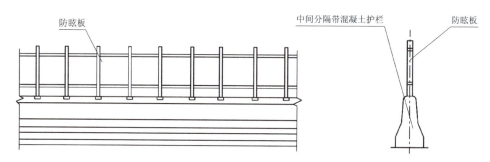

图 15-12　设置于混凝土护栏上的防眩板构造

图 15-13　设置于护栏上的防眩板实物

15.2.3　防眩设施施工

防眩设施的施工应根据其设置方法在路面工程或护栏工程施工完成后进行，或者与护栏工程同步进行。

1. 设置在混凝土护栏上的防眩板或防眩网的安装

（1）预埋件的设置位置、结构尺寸等不符合设计要求，或未按要求设置预埋件时，应与建设单位联系，不得随意处理，以免破坏混凝土护栏的使用功能。

（2）混凝土护栏是支撑防眩板、防眩网的结构物，防眩板、防眩网安装完成后，各连接件就要受力，混凝土强度达到设计强度的 70% 以上时，方可在混凝土护栏顶部安装防眩设施。

（3）防眩板、防眩网安装后，其下缘与混凝土护栏顶部的间距应符合设计文件的规定。安装过程中，不得随意抬高防眩板、防眩网来调整高度及垂直度，以免下缘漏光过量影响防眩效果。

（4）防眩板、防眩网安装后，与混凝土护栏成为整体结构，一般不会削弱混凝土护栏的原有功能，但应注意检查。

2. 设置在波形梁护栏上的防眩板或防眩网的安装

（1）防眩板或防眩网可通过连接件安装在波形梁护栏上。

（2）为了简化防眩板或防眩网结构，有时把防眩板或防眩网安装在单侧波形梁护栏上。一般情况下，这种做法不会削弱波形梁护栏原有的功能，但一旦发生碰撞事故，护栏和防眩设施均会遭受破坏，应经常注意检查。

（3）防眩板或防眩网下缘与波形梁护栏顶面之间的间距应符合设计文件的规定，以免漏光过量影响防眩效果。

（4）防眩板或防眩网通过连接件与波形梁护栏连接，施工过程中不应损伤波形梁护栏的金属涂层。任何形式涂层的损伤，均应在 24h 之内给予修补。

3. 独立设置立柱的防眩板或防眩网的安装

（1）防眩板或防眩网单独设置时，立柱一般直接落地埋在中央分隔带内，因此，施工前，应注意清理中央分隔带内的杂物、坑洞，了解管线埋深及位置，处理好与其他中央分隔带内构造物的关系。立柱埋设在其他位置时，也应进行场地清理。

（2）防眩板或防眩网单独设置时，可根据所在位置选择将立柱埋入土中、设置混凝土基础或固定在构造物上等方式加以处理。

（3）防眩板或防眩网立柱的施工，采用开挖法埋设混凝土基础时，不得破坏地下的通信管线或电缆管线。混凝土基础开挖达到规定深度后，应夯实基底，调整好垂直度和高程，夯实回填土。施工中不得损害中央分隔带地下排水系统。

15.2.4 植树防眩

在中央分隔带上植树是最先试验采用的防眩措施，具有防眩、美化路容、降低噪声和诱导交通等多重功能。植树防眩特别适用于较宽的中央分隔带，作为道路总体景观的一部分，和自然环境相协调，给驾驶员提供了绿荫连绵、幽美舒适的行车环境。道路绿化是视野所及范围内行车的重要参照物。

以一定间距植树防眩的形式应注意路线的走向。当路线走向与太阳运行方向接近垂直时，不宜采用植树防眩，因在这种情况下，树木遮挡太阳光在路面上形成阴影，树木间透过的太阳光洒在路面上，会给行驶中的驾驶员造成一晃一晃、明暗相间的眩目感觉，对驾驶员视觉功能的损害比夜间前照灯的眩目更为严重。

另外，以一定间距植树防眩的形式，夜间在前照灯照射距离之外，树丛隐约像一个个人站立在中央分隔带上，由于心理定式作用的影响，驾驶员很难迅速区别是树还是人，高速行驶时会感到极度的紧张。

因而，从某种程度上来说，密集植树防眩比间隔植树防眩应用更广一些。但密集植树防眩也有不利的一面，即阻碍了驾驶员的横向通视，使其不能很好地观赏车道左侧的景观，视野变窄，且有压迫感和单调感，容易疲倦打瞌睡。故密集植树防眩的高度不宜超过1.40m，一般以1.20~1.40m为宜。

综上所述，密集植树和以某一间距植树防眩都有一定的缺陷，因而近年来国外比较推崇一种所谓的自由栽植方式。其基本依据和做法是：由于交通量一定时，在道路上行驶车辆的车头时距是连续型随机变量，并符合正态分布，故由此联想到树木的栽植间距也可有大有小，但控制其平均间距在5~6m，且使每一栽植的间距作为随机变量，使其符合正态分布。

15.3 公路标志、标线和轮廓标施工技术

汽车专用公路上的交通标志、标线，是为道路使用者提供信息而设置的，应确保所传递的信息能最大限度地为道路使用者接受和理解，从而减少不幸事故的发生和避免在道路上迷失方向，是交通安全管理上必不可少的设施，对交通安全起着重要的作用。

交通标志、标线的有效性取决于目标显示度、易读性、公认度三方面。原则上要求标志、标线在夜间能具有和白天一样的可见性。标志、标线施工质量的好坏，不仅影响道路环境的美观，而且对其是否能充分发挥出使用功能起着决定性的作用。

轮廓标是设置在道路两侧边缘，用于显示道路边界轮廓、指引车辆正常行驶、具有逆反射性能的一种交通安全设施，从功能上说，轮廓标是一种视线诱导设施。

15.3.1 交通标志

1. 交通标志分类

交通标志是指明道路情况和对交通要求的设施。其目的是避免行驶在道路上的车辆和行人发生危险。

交通标志按功能可分为主标志和辅助标志两种。主标志包括警告标志、禁令标志、指示标志和指路标志四种，辅助标志一般附设在主标志下面，起辅助说明作用。

交通标志按设置形式可分为柱式（单、双柱）、悬臂式、门架式和附着式，如图15-14所示。

（1）柱式又可分为单柱式和双柱式。单柱式是将标志牌安装在单独的支柱上，设置在分隔带、路边等处，单柱式标志牌的宽度尺寸一般小于100cm。双柱式是用两根支柱支撑标志牌的方法，一般宽度大于100cm或虽小于100cm但标志牌面积大，单柱式支柱在构造上较不稳定。

（2）悬臂式是在锥形柱或钢筋混凝土柱或直钢管上安装托架，把标志牌固结在托架上，再从路边伸向车行道上，一般设在宽幅道路、住宅密集地区，要伸出道路上空设置，便于驾驶员看清。

（3）门架式是用钢筋混凝土柱、钢管或钢桁架等，在车行道上架成门形横梁上安装标志牌，是一种车行道正上方标识的方式。特别是对于禁令标志的"车辆分道行驶"和指示标志的"中央车道"，原则上用这个方法。

（4）附着式是在应设置标志的地点，在电线杆、路灯柱、信号机、桥梁等标志上附着标志，在有适当设施的情况下，也可利用这种方式。

(a) 单柱式

(b) 双柱式

(c) 悬臂式

(d) 门架式

(e) 附着式

图 15-14 交通标志设置形式

2. 交通标志施工

1）加工标志底板

（1）标志底板的制作是一项专业性很强的工作，应根据设计尺寸在工厂进行加工成形。铝合金板的加工应根据版面设计尺寸的要求进行剪裁、切割、焊接、铆接等。板面要求平整，不能有刻痕，并按设计要求对标志板进行拼接和加固，进行冲孔、卷边及其他的加工工序。挤压成形的铝合金型材应根据标志尺寸拼装，使搭接紧密、板面平整。

（2）标志底板按要求制作完成以后，应进行彻底的清洗、除污、干燥。清洗完毕后，应检查铝合金板表面是否残留有污迹，不干净的铝板须重洗。清洗处理完成后直到贴反光膜前，不得用手直接触摸该铝合金板，也不应再与油脂或其他污物接触。

2）制作标志面

（1）标志面采用反光膜材料时，应符合下列规定：

①标志板加工过程中，贴反光膜是最关键的工序。反光膜与标志底板通过化学胶来粘贴。为保证粘贴效果，标志底板一定要干净。标志反光膜应在干净、无尘土，温度不低于18℃、相对湿度为20%～50%的车间内进行粘贴。温度过低，对胶的粘贴性能有不利影响。

②交通标志的文字、形状、图案和颜色等应严格执行现行《道路交通标志和标线 第4部分：作业区》GB 5768.4 的规定。驾驶员对指路标志中汉字的辨认取决于很多因素，最主要的是汉字的大小和字体。驾驶员对指路标志的认读是在快速行驶中进行的，标志应确保驾驶人员有足够时间去发现、判断、认读、理解和采取行动。最佳的指路标志尺寸应该满足在规定速度下对信息获取的要求。

③标志反光膜的逆反射性能应符合设计要求，应能为车辆驾驶人员在黎明、黄昏及夜晚提供有效的认读距离，以便及早发现前方路况、采取行动，避免交通事故的发生。

④由于标志面内容主要由文字和图案构成，而且文字和图案都有规定的字体和尺寸，手工操作已不能胜任。反光文字符号应采用刻绘机完成。指路标志面积大，底膜的粘贴应在贴膜机上进行。标志底膜一般根据胶的性质选择在专用的真空热敏（热敏胶）压贴机或连续电动滚压（压敏胶）贴膜机上完成贴膜。文字符号一般采用（手工贴膜）转移膜法粘贴。

⑤反光膜应尽量减少拼接。当不能避免接缝时，应使用反光膜产品的最大宽度进行拼接，接缝以搭接为主。当需要滚筒粘贴或丝网印刷时，可以平接，其间隙不应超过 1mm。在距标志板边缘 50mm 范围内，不得拼接。

（2）当批量生产版面和规格相同的标志时，可采用丝网印刷的方法。丝网印刷就是在贴好反光膜的标志板上印刷图案，曝光正确且保养良好的丝网可用 3万次以上，因此在批量生产时比较经济。限于丝网印刷设备的制约，目前可采用丝网印刷技术的交通标志面仅限于较小规格的。

（3）包装、储存及运输标志面时，应符合下列规定：

①丝网印刷的标志一般采用先风干、再烘干的方法。包装前反光膜上丝网印刷的油墨一定要干透。

②标志应存放在室内干燥的地方。贴上反光膜的标志板需用保护纸保护分隔。标志可

以分层储存，但需用发泡胶把两块标志分隔。把标志竖起来储存可以减少压力，一些小标志可以挂起来储存。

③标志面应有软衬垫材料加以保护，以免搬运中受到损伤。

（4）采用其他标志面材料时，应符合设计文件的规定。

3）钢构件的加工

（1）所有钢构件的钻孔、冲孔、焊接均应按现行《公路桥涵施工技术规范》JTG/T 3650 和设计文件的要求在防腐处理之前完成。

（2）所有钢构件在运输过程中不应损伤防腐层。

4）标志定位与基础设置

（1）标志应按设计桩号定位。设置标志的目的是维护公路交通安全和畅通，为公路使用者提供明确的交通信息服务，所以标志桩号不能随便更改。如果在规定位置设置有困难时，在不影响标志视认性的情况下，位置可以做适当调整。

（2）标志应按设计文件的规格在指定桩号开挖基础，基础的地基承载力应符合设计文件的要求。设计文件中未规定时，地基承载力不得小于150kPa。浇筑混凝土时，应注意正确设置地脚螺栓和底座法兰盘。

5）安装标志

（1）立柱必须在基础混凝土强度达到设计强度的80%以上时才能安装。考虑到风力的影响，地脚螺栓等连接件应根据设计文件的要求设置双螺母。

（2）路侧柱式标志板可通过抱箍固定在立柱上。

（3）悬臂、门架式标志吊装横梁时，应使预拱度达到设计文件的要求。

（4）标志板安装到位后，为增强视认效果，标志板的板面平整度和安装角度应根据有关标准、规范和设计文件的规定进行适当调整。

15.3.2 路面标线

标线与道路标志共同对驾驶员指示行驶位置、前进方向及有关限制，具有引导并指示有秩序地安全行驶的重要作用（图15-15）。通常见到的有车道线、停车线、人行横道线（或斑马人行过街线）、导向箭头、分车线、路面边缘线、停车道范围、渠化（导流）线等。所有组织交通的线条、箭头、文字或图案的颜色，原则上以白色为主；禁止超车超过左侧车道、禁止停放车辆等禁令标志主要用黄色。

图15-15 路面标线

标线分为油漆标线和热塑标线两种。一般油漆标线用在车行道边缘及收费广场标线；热塑标线用在永久性的车道分界线、横向标线、人字线、斑马纹导流标线、出入口标线和车道导向箭头。

1. 标线分类

1）按位置分类

（1）纵向标线：沿道路行车方向设置的标线。

（2）横向标线：与道路行车方向成角度设置的标线。

（3）其他标线：字符标记或其他形式标线。

2）按功能分类

（1）指示标线：指示车行道、行车方向、路面边缘、人行道等设施的标线。

（2）禁止标线：告示道路交通的遵行、禁止、限制等特殊规定，车辆驾驶人及行人需严格遵守的标线。

（3）警告标线：促使车辆驾驶员及行人了解道路上的特殊情况，提高警觉，准备防范应变措施的标线。

3）按形式分类

（1）线条：标划在路面、缘石或立面上的实线或虚线。

（2）字符标记：标划在路面上的文字、数字及各种图形符号。

（3）突起路标：安装在路面上用于标示车道分界、边缘、分合流、弯道、危险路段、路宽变化、路面障碍物的反光或不反光体。

2. 标线施工

1）一般规定

（1）新铺沥青混凝土路面的交通标线施工，可在路面施工完成一周后开始；新建水泥混凝土路面的交通标线施工，应在混凝土养护膜老化起皮并清除后开始。

（2）雨、雪等恶劣天气会影响路面与涂料之间的粘结，沙尘暴、强风会影响标线施工的作业。当热熔标线的施工所处气温低于10℃或当常温及加热型标线的施工所处气温低于0℃时，这两种情况都会严重影响涂料的黏度，应暂停施工。

（3）突起路标宜在路面标线施工完成后安装，且不得影响标线质量。在大多数情况下，突起路标作为交通标线的补充，与涂料标线同时使用。标线大多采用机械施工，行进速度较快，而突起路标要逐个粘贴，速度慢。因此，突起路标施工时不得影响标线施工，最好在标线施工完成后再粘贴突起路标。

（4）路面标线、突起路标施工过程中，应加强安全管理，维护标线涂料和突起路标的正常养护周期。

2）路面标线的施工

（1）清扫路面是一道非常重要的工序。施画标线的路面不能有灰尘、松散颗粒、沥青渣、油污、砂土、积水等有害材料，否则会影响涂料与路面的粘结。旧路面重画标线时，一定要把旧标线清除干净。

（2）应根据公路横断面尺寸和设计文件的要求确定标线位置、标线宽度、实线段长度，在路面上画出线形、文字、图案，如高速公路进出口标线、导流标线、减速标线、路面文字和箭头的线形等。标线应与线形一致，流畅美观。

（3）正式施画前应进行试画，以检验画线车的行驶速度、线宽、标线厚度、玻璃珠撒布量等能否满足要求。调试合格后才能开始正式施工。由于材料的不同，各种标线的施画方法也存在很大差异。

①常温溶剂型标线的施工。常温溶剂型标线的涂敷可以用气动喷涂机或高压无气喷涂机等设备来完成。气动喷涂机使用压缩空气将涂料微粒化，并把涂料喷涂在路面上。气动喷涂施工时需要加入较多的稀释剂才能达到流动性要求，漆膜厚度相对较薄，溶剂用量较多，因此，传统的气动喷涂已开始向高压无气喷涂转变。高压无气喷涂技术将涂料施加高压，能将黏度大的涂料送到喷枪，通过小口径喷嘴喷射出去，继而形成大喷射直径的雾锥。这样可减少溶剂的浪费，获得较厚的和均匀的涂层，使标线标准、美观。

常温溶剂型涂料的主要成分是合成树脂，次要成分是体质颜料和添加剂。常温溶剂型涂料的干燥时间为 5～10min。因此，需注意保护标线不让车辆碾压。标线干燥后，即可开放交通。

②加热溶剂型标线的施工。与常温溶剂型涂料相比，加热溶剂型涂料因形成涂膜的要素多，溶剂含量较低，所以它具有更好的速干性。由于涂膜较厚，对玻璃珠的固着性也比常温型涂料好。对于高黏度涂料，由于不能原封不动地用于喷涂，因此，必须通过加热器将其加温至 50～80℃，使涂料黏度降低才可以喷涂。为此，加热溶剂型涂料施工机具需要附加加温的装置。加热溶剂型施工系统由涂料容器、加热器、热交换器、保温装置、泵喷涂装置等组成。现在车载加热型画线车的普及使用，确立了画中心线、边缘线等公路纵向标线的合理施工方法。加热溶剂型涂料采用大型机械化施工，溶剂少，涂膜厚，干燥时间短，耐久性好。如在喷涂的同时撒玻璃珠，则能与涂膜很好固着，具有良好反光效果。

加热溶剂型涂料的主要成分是合成树脂，次要成分是体质颜料和添加剂、着色颜料。溶剂含量占 20%～30%。溶剂的作用是稀释涂料，使涂料具有一定的流动性，改善涂料的操作性能。加热型涂料约 10min 后不粘附轮胎，可以开放交通。

③热熔型标线的施工。热熔型涂料施工实际上是一种熔结作业，因此，材料性能及施工方法和技术都直接影响着涂膜性能。热熔型涂料是由颜料、反光材料与具有热可塑性的树脂混合而成。热熔型涂料与常温溶剂型、加热溶剂型不同，它不含溶剂或稀释剂，呈粉末状供应。将热熔型涂料加热到 180～220℃（根据热熔型涂料采用的树脂类型和配方选择合适的温度），涂料即可成为熔融状态，用画线机涂敷在路面，并紧接着撒布玻璃珠，在常温下固化。当涂敷在沥青路面时，涂料与路面熔合；当涂敷在水泥混凝土路面时，涂料与路面是物理粘结，是机械啮合。将粉末状的涂料在热熔釜内熔融，达规定温度后将熔融的涂料装入涂敷机，到需要画标线的路段将其涂敷在路面上。涂敷作业是标线施工最关键的一步，应按规定操作规程严把质量关。为防止画线车的储料罐和流出口等处涂料黏度变大，可装保温装置，按涂敷量和气候等因素妥善地控制温度。为保证夜间的标线识别性，在标线涂敷的同时要撒布玻璃珠。经验表明，玻璃珠直径有一半埋入涂膜中时，反光效果最好。

但要做到这一点不太容易。涂料温度高，玻璃珠撒布快，珠子易沉入涂层中；涂料温度低，玻璃珠撒布慢，涂层已接近固化，玻璃珠不能在涂层上很好固着，容易脱落，反光效果差。因此，玻璃珠撒布受到涂料温度、涂层厚度、气候条件等的影响，施工时要严格控制撒布时间。

涂膜干燥时间因室外气温的变化而不同。对于热熔型涂料，涂膜干燥时间约为3min，涂料不会粘在车辆轮胎上，即可以开放交通。

④双组分型标线和水性标线也应采用专用设备施工。

（4）路面标线尽管厚度较薄，但仍有一定的阻水作用，尤其是在南方雨水较多的地区，处理不当容易导致交通事故，因此应按设计文件的要求留出排水孔。位于禁止超车线上的突起路标，在施画禁止超车线时，应采取措施预留突起路标的位置，以免影响后期突起路标的施工。

（5）修整标线局部缺陷。对于标线被污染、变色、玻璃珠撒布有堆积、涂料的喷射形状不好、飞溅及其他缺陷，应及时进行修整。

（6）成形标线带和防滑彩色路面标线的施工应符合产品使用说明书的规定。

3）突起路标的施工

（1）突起路标的施工放样工作，一般应沿着标线来定位，根据设计文件的要求确定突起路标的设置位置，反射体应面向行车方向。

（2）由于突起路标种类较多，材料各异，施工方法有所不同。突起路标位置确定后，最常用的方法是把突起路标用胶直接粘在路面上，底胶可采用耐候性专用沥青胶或环氧树脂。在粘结前，应用扫帚、刷子、高压喷嘴吹风等办法清理路面。用刮刀把粘结剂涂抹在路面上和突起路标底部，突起路标就位，在突起路标顶部施加压力，排除空气，再一次调整就位。若采用强化玻璃突起路标，则应在路面上钻孔，取出岩芯，清理孔穴后涂胶，突起路标就位，在突起路标顶部施加压力，排除空气，再一次调整就位。若采用带脚的突起路标，则应在路面上钻小孔，把突起路标的脚伸入到孔内（深度应足够，钻孔不能太大），清理孔穴后涂胶，突起路标就位，在突起路标顶部施加压力，排除空气，再一次调整就位。待胶凝固后即可开放交通。

突起路标在粘结剂固化以前不能受力，因此在突起路标施工过程中，一定要做好养护管理和交通诱导工作，在粘结剂固化以前一定要避免车辆冲压突起路标，待粘结剂固化以后，才可开放交通。

15.3.3 轮廓标

汽车专用公路上车辆行驶速度很高，为提高行车的安全性和舒适性，指示道路前方线形非常重要。轮廓标根据其设置条件不同可分为独立式轮廓标和附着式轮廓标两类。当路边无构造物时，轮廓标为柱式，由柱体、逆反射体组成，独立设置在路边土路肩中，其主体结构为三角形断面立柱；当路边有构造物时，轮廓标为附着式，由逆反射体、支架和连接件组成。根据构造物的不同，轮廓标可分别附着在波形梁护栏、混凝土护栏、隧道侧墙和缆索护栏之上，如图15-16所示。

图 15-16　轮廓标

一般按行车方向，配置白色反射体的轮廓标应安装在公路右侧，配置黄色反射体的轮廓标应安装在公路左侧。轮廓标不得侵入公路建筑限界以内。

1. 轮廓标构造要求

（1）设置在土中的柱式轮廓标，由柱体、逆反射体组成。柱体为白色，逆反射体规格为 4cm×18cm，可由反光片、反光膜制作，反光等级应为二级以上。柱体为三角形。顶面斜向车行道，主体部分为白色，在距路面 55cm 以上部分为 25cm 的黑色标记，在黑色标记的中间有一块 18cm×4cm 的反射器，反射器为定向反光材料。

（2）附着在各类建筑物上的轮廓标，由逆反射体、支架和连接件组成，逆反射体可由反光片、反光膜制作，反光等级应为二级以上。可根据建筑物的种类及埋置的部位采用不同形状的轮廓标和不同的连接方式。

①轮廓标附着在波形梁护栏中间的槽内时，反射器为梯形，与后底板铆接在一起，后底板固定在护栏与立柱的连接螺栓上。后底板应做成一定的角度，角度的大小以保证汽车前照灯光能大致与其保持垂直为原则。在经常有雾、风沙、阴雨、雪、暴雨等地区，可采用较大的反射器（如 φ100mm 的圆形），并将轮廓标安装在波形梁护栏的立柱上。也可将圆形反射器装在波形梁护栏板的上缘。这种轮廓标，通过专门加上的支架把轮廓标固定在波形梁上。

②附着在缆索护栏的轮廓标，是通过夹具将轮廓标固定在缆索上，这种护栏上的轮廓标一般应为圆形或者梯形。在中央分隔带可采用两面反射的结构。

③附着在侧墙上的轮廓标，包括在隧道壁、挡墙、桥墩侧墙、桥台侧墙、混凝土护栏等处设置的轮廓标，其形状可用圆形、长方形或者梯形。

2. 轮廓标施工

1）一般要求

轮廓标属于视线诱导设施。附着在护栏或其他构造物上的轮廓标，一般是在整个工程的最后阶段安装。安装太早，特别是在公路还没有全封闭、没有正式移交给管理部门以前，这种设施很容易遭到破坏。轮廓标安装前，应对柱式轮廓标或附着式轮廓标的埋设条件、位置、数量进行核对，并做出详细的施工组织设计，以便对施工进度、作业程序、材料供应、人员安排等进行合理组织。

2）安装施工

（1）柱式轮廓标的施工。柱式轮廓标安装施工前应按设计图要求定位。柱式轮廓标施工时，应设置混凝土基础。基础开挖达到规定的尺寸和深度后，先浇筑一层片石混凝土，厚度不应小于20cm。接着在片石混凝土上支模板，测定模板顶部的标高。当立柱与混凝土基础浇在一起时，则可将立柱放入模板中，固定就位后，即可浇筑混凝土。混凝土浇筑完成后应采取正常的养护措施，直到混凝土达到规定的强度；当轮廓标柱体或立柱为装配式结构时，则应预留柱体插入的空穴，或采用法兰盘连接。柱式轮廓标，可在混凝土基础的预留空穴中安装。安装时轮廓标柱体垂直于地平面，三角形柱体的顶角平分线应垂直于公路中心线，柱体与混凝土基础之间用螺栓连接。

（2）附着式轮廓标的施工。附着在各类构造物上的轮廓标应按照放样确定的位置进行安装。附着在护栏槽内的轮廓标，反射器为梯形，把反射器后底板固定在护栏与立柱的连接螺栓上。附着在缆索护栏上的轮廓标，通过夹具把轮廓标固定在缆索上。附着在隧道壁、挡墙、桥墩、桥台侧墙、混凝土护栏等处的轮廓标，通过预埋件或用胶固定在侧墙上。反射器的安装角度应符合设计文件的规定。安装高度宜尽量统一，并应连接牢固。

15.4 公路绿化工程施工技术

15.4.1 概述

一般而言，公路工程施工后会对工地原有及附近生态环境造成一定程度的破坏，因此，在公路建成之初，应采取相应措施尽可能恢复生态。由于植物的树冠及草皮可防雨水的冲蚀，浓密的枝叶可以遮阳，叶面绒毛或气孔可以帮助净化空气，植物的各部分可将声音吸收、折射，所以用植栽（绿化）的方法可以减少公路建设对环境破坏的影响，而且采用植栽方式还能恢复自然生态。所以，公路工程建设中，公路的绿化已成为公路工程的重要组成部分。图15-17为公路绿化工程效果。

图15-17 公路绿化工程

1. 公路绿化的功能

公路植被绿化有三个方面的功能：一是公路绿化具有视线诱导、防止眩光、阻隔人车随意进出快车道等保证交通安全方面的功能；二是具有调整和美化景观方面的功能，减少公路使用者长途跋涉所产生的疲劳和单调；三是具有防止水土流失、净化空气、吸纳噪声等环境保护方面的功能。

2. 绿化栽植的基本原则

（1）绿化栽植前，应对公路沿线的水文、气象、土壤有所了解，选择适合气候条件和公路环境特点的树种。我国幅员辽阔，南方多雨高温，北方干旱寒冷。不同的树种，对气候、水文条件的要求不一样。公路的边坡和中央分隔带的填土，多是贫瘠土壤，缺少肥力。土壤还有酸碱度，多数树木适应中性土壤，只有少量树木适应酸碱度的范围较大，如苦楝、乌桕、刺槐等。公路边坡和中央分隔带上栽植的苗木，由于养护作业路段较长，加上行车的影响，浇水和修剪不够方便，所以应选择耐贫瘠、耐旱、抗污染、适于粗放管理的树种。

（2）根据栽植苗木不同功能的要求，选择不同的树木。中央分隔带上的苗木不仅有绿化作用，还可遮挡对面行驶车辆的灯光，起到防眩作用，宜选用柏树类或多叶常绿的灌木球。

边坡上的树木，可选择不同树形、不同颜色的树种，或栽一些开花的苗木，以改善沿线景观。服务区内可选择一些观赏性强、四季开花的一些苗木，适当布置一些大树，景观效果会更突出一些。

（3）绿化用苗木宜多选用一些乡土树种。乡土树种比较适应当地的自然环境。公路绿化路线长，用苗量大，管理粗放，宜选用大众化、价格不高、养护费用低的树种，同时注意品种不宜单一。

（4）绿化工程实施前，应对全线（包括互通立交区、管理区、服务区）进行绿化设计，根据不同部位、不同地段对景观和绿化功能的要求，布置不同的苗木。

（5）施工季节，应选择苗木宜于栽植成活的季节。我国南北方气温差异甚大。一般来说，北方地区以春季栽植为好，冬季气候寒冷，土层封冻，苗木如在秋冬栽植，起挖时根系受损不利于成活。南方地区则以秋末、冬初栽植为好，这个季节树木逐渐进入休眠期，苗木对水分、养分的消耗较少。南方冬季的气温一般不致对新植苗木造成冻害，待到春季来临，苗木根部已经过了较长适应期，会很好生长。我国中部地区，气温介于南、北之间，可以因树种不同，分别在秋末冬初和初春两个时期种植。一般常绿针叶树耐寒性强，适合秋末冬初栽植。一些落叶树耐寒性差，适合春初栽植。

15.4.2 绿化工程施工

1. 施工准备

1）栽植前的准备

（1）熟悉施工图，了解设计意图、工程范围和工程量，明确施工期限和工程施工放线的依据，如水准点、导线点。了解苗木的供应来源，了解施工现场的行车道路、交通状况。

（2）熟悉施工现场，摸清现场的地下管线，地下水位等情况，采取相应的技术措施。

（3）解决接通施工用水、用电，选定设备材料的堆放场地，修筑施工便道，搭设临时设施。

（4）及时与当地政府、派出所、村民委员会协调好关系，为顺利施工创造好的外部环境。

2）编制施工组织计划

在前项准备工作的基础上，根据了解情况和资料编制施工组织计划，其主要内容如下：

（1）施工组织机构。

（2）施工程序和进度。

（3）制定劳动定额。

（4）制定工程所需的材料、工具及提供材料工具的进度表。

（5）制定机械和运输车辆使用计划和进度表。

（6）制定栽植工程的技术措施和安全、质量要求。

（7）绘出平面图，在图上应标有苗木种植位置、运输路线和灌溉设备等的位置。

（8）制定施工预算。

3）施工现场清理及平整

清除施工现场的建筑垃圾、不适宜栽植的土层和杂草。按照施工图进行地形整理，主要使其与四周道路、广场的标高合理衔接，使绿地排水通畅。

2. 树木栽植与养护

1）定点放线

定点放线是在现场测出苗木栽植位置和株行距。由于树木栽植方式各不相同，定点放线的方法也有多种，常用的有以下三种：

（1）自然式配置乔、灌木放线法

①坐标定点法。根据植物栽植的疏密度先按一定的比例在设计图及现场分别打好方格，在图上用尺量出树木在某方格的纵横坐标尺寸，再按此位置用尺量在现场相应的方格内。

②仪器测放。用经纬仪根据地上原有基点或以建筑物、道路作为基点将树群或孤植树依照设计图上的位置定出每株的位置。

③目测法。对于设计图上无固定点的绿化种植，如灌木丛、树群等可用上述两种方法划出其栽植范围，其中每株树木的位置和排列可根据设计要求在所定范围内用目测法定点。定点时应注意植株的生态要求并注意自然美观。定好点后，多采用白灰打点或打桩，标明树种，栽植数量、坑径。

（2）行列式放线法。对于成片整齐式种植或行道树的放线法，也可用仪器和皮尺定点放线，将绿地的边界、园路广场和小建筑物等的平面位置作为依据，量出每株树的位置。

一般行道树的定点是以路牙或道路的中心为依据，可用皮尺或测绳等，按设计的株距，每隔10株钉一木桩，作为定位和栽植的依据。定点时如遇电杆、管道、涵洞等障碍物应避开，应遵照与障碍物相距的有关规定来定位。

（3）等距弧线放线法。若树木栽植在一条弧线上（如匝道或公路出入口旁），放线时可沿着弧展开的方向以路牙或路中心线为准，每隔一定距离分别画出与路牙垂直的直线。在此直线上，按设计要求将树与路牙的距离定点，把这些点连接起来就成为近似道路弧度的弧线，在此线上再按株距要求定出各点来。

2）起苗

（1）选苗。应选用生长健壮、无病虫害、无机械损伤、树形端正和根系发达的苗木。

（2）起苗方法。起苗时，应尽可能保全较多的根系，不过于损伤植株的吸收组织。起苗的方法有裸根起苗和带土球起苗。

①裸根起苗。一般落叶树入冬后进入明显的休眠期，植株根部的吸收降到最低量，根部暂脱离泥土不致死亡，移植这类树木可采取裸根起苗。起挖时应尽量把根盘挖大，保全较完整的根系，过长的根可截去，在起挖过程中断折或撕裂的根应剪去，并注意保持截口的平整。挖出的苗要及时运走栽植，不宜耽搁。

②带土球起苗。常绿树冬季虽停止生长，但光合作用仍持续，根部吸收并不间歇，因此根部不宜脱离泥土，移植时必须带土球。为保证栽植成活，并及早恢复长势，移植珍贵

的落叶树，也可采取带土球起苗。移植常绿树不仅要带土球，树冠部分还必须修剪，以减少叶面积，降低蒸发量。起出的土球要削光滑，包装要严，草绳要打紧。若土质十分松散，包扎前须先在土球外垫一层草包，再用绕线球的方式进行包扎。

3）运输和假植

（1）树苗起挖完毕，应及时运往栽植地点。在搬移运输途中注意做到不折损树枝，不碰伤树皮，不散失土球。大型树木上下车，须用机械起吊，注意保持完整土球和树形。

（2）远距离运输裸根苗木，应在起苗之后随即将苗木根部浸一下事先调制的泥浆，装上车排列整齐，根部盖上湿草袋，以减少树体水分的散失。

（3）苗木运抵栽植点后，应随即栽植。如一时无法栽植，或因数量较大需分批栽植，则必须予以假植。可在附近阴凉背风处挖宽 1.5～2.0m，深 0.4m 的假植沟，将苗木码放整齐，逐层覆土，将根部埋严。如假植时间过长，则应适量浇水，保持土壤湿润。带土球苗木一时栽植不完，应尽量集中，将土球垫稳、码严。如时间较长，同样应适量喷水。

4）挖种植穴

栽植地点的地形平整好以后，可按照设计图在地面栽植点打上石灰点。有时在一段范围内栽植多个树种，树木规格也不尽相同，此时须用石灰粉画出树穴的大小范围，然后开始挖穴。挖穴的大小与树木的规格、土质状况有关，一般裸根苗树穴直径应比根群直径稍大些，以保证根系充分舒展。带土球的苗木树穴，应大于土球直径 20cm 左右。穴深为穴径的 3/4 左右，或深于土球厚度 20cm。一株胸径为 5cm 的苗木，挖掘树穴直径应不小于 80cm，穴深约 60cm。土层板结、石砾较多的地方，应放大穴径和深度，以利于根系的生长。树穴以口面圆整，穴壁竖直，穴底平坦为标准。切忌挖成锅底形或无规律形状，致使树根无法自然舒展。挖穴时发现砖石块、石灰或粉煤灰团、废弃混凝土块应随时剔除。

5）栽植

树穴挖好后即可进行栽植。在有条件的情况下，穴底先施一层基肥。肥料用农家肥或肥沃的塘泥。

（1）掌握栽植适宜的深度是树木成活生长的一个重要环节。一般树木栽后应与原圃地深浅一致，根茎部分刚好埋在土内。为防止初栽的树木遇风倒伏，也可略微栽得深一些。树木栽得过深会抑制正常生长，甚至导致根部因水湿而腐烂。带土球的树穴应预先测算妥当，以免土球上下搬动致使散球。一些不耐水湿的树种（如雪松、泡桐、梧桐等）栽植在平坦地上，应略高出四周地面。

（2）植树应避开雨天。雨天土壤潮湿黏着，不仅不便于操作，而且有碍于填实根周空隙，也将导致土壤板结，所以一般以阴天植树最好。

（3）栽植时，首先应剪去树木在运输中不慎造成的断枝、断根，剪口要光滑。同时，为了减少新栽苗木水分的散发，需要对苗木的枝叶进行疏剪。一般对常绿针叶树及用于植篱的灌木不多剪，只剪去枯病枝。对于较大的落叶乔木，尤其是生长势较强，容易抽出新枝的树木如杨、柳、槐等可进行较大修剪，树冠可剪去 1/2 以上，这样可减轻根系负担，维持树木体内水分平衡，也使得树木栽后稳定，减少风吹摇动。

（4）栽植裸根苗木的方法是一人用手将树干扶直，放入坑中，另一人将土填入。在泥土填入一半时，用手将苗木向上提起，使根茎交接处与地面相平，这样树根不易弯曲，然后将土踏实，继续填土，直到与地平或略高于地面为止，并随即将浇水的土堰做好。栽植带土球树木时,填土前要将包扎物去除,以利根系生长,填土时应充分压实,但不要损坏土球。

(5)填土完毕,应对苗木充分浇水。对于较大的乔木,栽后应设支柱支撑,以防大风刮倒。

6)树木的养护

树木栽植后养护工作非常重要,如果养护工作没有做好,会影响树木的成活,即使成活,生长也难以兴旺茂盛。俗话说"三分栽,七分管",可见养护的重要性。

(1)树木在栽植时若土层未填实,经浇水或下透雨后会出现土层沉陷,树干倾斜。发现后应及时扶正树干,根部应加土填平踩实。

(2)保持土壤湿润是树木成活的主要条件,栽后的苗木应视天气情况及时浇水。在枝叶普遍萌动,生长趋向兴旺的季节,更需保证充足的水分,但以土层基本上润湿为度。若发现低洼处经常积水,应及时开沟排水,以免土壤通气不良,造成苗木烂根。

3. 草皮栽植与养护

1)草皮的栽植

栽植草皮是防止水土流失、表现绿化效果的重要手段。在公路边坡、互通立交区、服务区及管理区都在广泛使用。草种分暖季型和冷季型两种。暖季型草春夏秋生长旺盛,秋末和冬季叶片发黄枯死,第二年春再长出新叶。这类草有马尼拉、结缕草、爬根草等。冷季型草在秋末冬初及春天生长旺盛。到了夏季高温便生长缓慢。冷季型草有早熟禾、高羊茅、黑麦草等。在栽植草皮前应根据养护管理条件及绿化效果要求,仔细了解草种的生长习性而选择合适的草种。在有条件的地方(如服务区、管理区)可选择需精细管理的草种,而在环境较差的地区应选用粗放管理的草种。

(1)场地平整。栽植草皮的场地,首先应根据设计要求处理好地形,然后深翻20~30cm的土层。大面积平坦的草坪,应敷设与下水道相通的泄水管道,保障草坪不积水。在深翻土层时,应清除砖头、石块,否则会影响草皮的生长、草面平整和今后的修剪工作。为了促进草皮的生长,在平整土地时可以施一些基肥,按每100m^2施入40~50kg农家肥或0.15kg的过磷酸钙,与表层土壤拌和均匀,再用细耙耙平。

(2)栽植方法。草皮的栽植时间在全年的生长季均可进行,但种植时间过晚,当年不能覆满地面。最佳时间是在春季。栽植的方法分条栽、穴栽、间栽和铺栽。条栽是将草块切成5~10cm宽的长条,栽植时各条之间保留20~30cm的间隔。穴栽是将草块撕成5~10cm见方,栽植时各块前后左右均保留20~30cm的间隔。间栽是将草块切成15cm×30cm的长方形,栽时纵横成行。当草源充足,又想快速造成新草坪时,可以采用铺栽。铺草皮时不留缝隙,草皮的用量和草场的面积相同。以上各种栽植方法,栽植时须注意相邻草块的高度要一致,遇到厚薄不均现象,要相应地把栽植处的土壤除去少许或略添碎土垫高。栽植完毕,须用滚筒滚压,使草块与土壤紧密相接,然后充分浇水,一般经半个月便可生根。

(3)播种草籽。采用播种方法可以大面积种植草坪。采购草种要注意种子的质量,一般要求纯度在90%以上,发芽率在50%以上。播前如经过浸种处理发芽会比较齐。播种时间,暖季型草种为春播,可在春末夏初播种;冷季型草种为秋播。

播种方法一般采用撒播,草种量一般为10~20g/m^2。为使撒播均匀,可选用细砂或细土与种子拌和均匀再撒播。播种场地如果比较干燥,前两天须先润水,保持表层10cm以上的泥土润湿,播种后轻轻耙土镇压。此后经常保持土壤润湿,经三四个月可形成葱绿的草坪。

使用机械喷播可以快速大面积种植草坪,即将种子、肥料、农药、保水剂和粘结剂按一定比例加水后喷洒在地面或斜坡上。这种混合物有一定的稳定性,干后比较牢固,达到防止冲刷的目的,同时能满足种子萌发所需要的水分、养分。

2)草坪的养护

(1)除杂草。要保持草坪的整齐美观,去除杂草是一项重要的工作。杂草的生命力较强,生长较快,如不及时去除,没几年就会使草坪毁掉,失去观赏价值。除杂草的方法是用小铲挖除整个植株,这是一项经常性的工作,消耗劳力较多。此外,使用化学除草剂也可去除杂草,且效率高。但使用起来较为复杂,需辨别药剂的种类、使用浓度、天气要求、去除杂草的种类等。

(2)修剪。修剪是草坪养护的重点,而且是费工最多的工作。修剪能控制草坪高度,促进分蘖,增加叶片密度,抑制杂草生长,使草坪平整美观。公路沿线的绿化距离长、范围大,通常只考虑服务区、管理区内草坪进行修剪。一般草坪每年修剪5~10次,根据草坪的种类和观赏需求而定。

(3)施肥。适量施肥,可促使草皮生长茂密,叶色嫩绿。由于农家肥会影响草皮的美观,且肥料中常带有杂草种子,故通常使用化学肥料,可用硫酸铵0.5%、过磷酸钙0.4%、硝酸钾0.3%的比例配合施用,每百平方米用量为3~5kg。

(4)浇水。夏季气温高,草皮蒸发量大,应及时补充水分。每次应浇透,宜渗入土层超过10cm,这样可以维持较长的时间。

工程案例

例 15-1 无锡342省道是一条具备高度感知能力的智慧公路,公路沿线建设的各种附属设施可以利用机器视觉、力光热传感器、北斗卫星、物联网信息等最新感知监测技术,对公路主体、结构物、沿线设备、车辆装备进行感知。利用收集到的数据提升交通安全与通行效率。该项目具有代表性的"智慧设施"有以下四种:

(1)智能消冰除雪系统。在惠运大桥双向1.5km范围内进行了敷设,当天气条件达到预警阈值时,系统将会命令防撞护栏底部装置自动喷洒融雪剂,让路面冰雪快速融化,如图15-18所示。

图 15-18 消冰除雪系统

（2）雾区诱导系统。在惠山大道至天一高架路段布设了一连串的警示灯、轮廓标与诱导灯，提醒驾驶员保持安全视距，引导车辆安全行驶，如图 15-19 所示。

（3）行人避让提示。当有人通过人行道时，检测器将会捕捉到行人信号并将之传输到人行道两侧的道钉灯，道钉灯收到信号后会连续闪烁，提醒机动车驾驶员需减速慢行，如图 15-20 所示。

图 15-19　雾区诱导警示灯

图 15-20　行人避让道钉灯

（4）5G 车路协同系统。智慧公路应用了最新的 5G 技术，示范段全线超 60%实现 5G 信号覆盖。智慧公路建成后能通过"摄像头＋雷达"，感知车祸、拥堵、路障等异常状态，即使能见度极低的天气，也能感知。当紧急情况发生时公路会自动报警，自动捕捉实时画面，大大提高了应急事件处置效率，如图 15-21 所示。

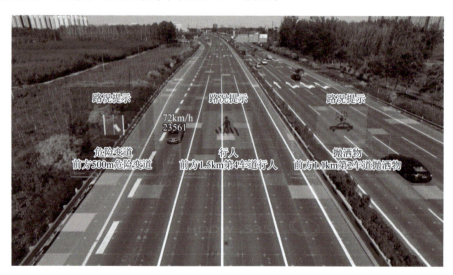
图 15-21　智慧交通系统

复习思考题

1. 按刚度划分，护栏可分为哪几种？
2. 常见的隔离设施有哪些？
3. 按构造形式，常见的道路防眩设施分为哪几类？
4. 公路标线按位置、功能、形式如何分类？

第 16 章　公路工程施工 BIM 技术应用

学习目的与要求

了解建筑信息模型（Building Information Modeling，简称 BIM）技术在公路工程施工中的作用及应用前景，熟悉公路工程 BIM 模型的创建与管理。

公路工程施工工艺复杂，包括路基、路面、桥梁、涵洞、排水系统、绿化工程等，各参建方在各环节产生的数据均需密切沟通，以推动各个工艺作业与业务流程的有序开展、协同处理。BIM 技术采用带有属性信息的三维仿真模型对工程对象进行客观表达与描述，利用良好的信息共享、模型管理、结构计算等功能实现对工程三维模型的模拟、共享、管理与计算分析，实现对复杂空间对象的精细化表达与科学化管理。同时，BIM 技术的数据共享与协同特征可有效支持工程设计、施工、监理等多主体协同监管工程施工状况，是推动工程施工流程化管控与全生命周期管理的重要技术抓手。

16.1　BIM 模型的创建与管理

BIM 模型是贯穿 BIM 技术在工程项目管理中应用始终的关键元素，是工程规划、设计、施工、运营等协作单位协同工作的基础，可实现快速算量、碰撞检查、冲突协调、虚拟施工。因此，通过对公路工程对象三维模拟，可为图纸会审与三维技术交底、公路工程关键施工工艺仿真、施工过程模拟、施工动态控制等提供技术支撑，以实现公路工程的标准化施工与精细化管理，确保公路工程安全、质量和进度全面受控。

（1）协同工作环境。在工作环境方面，为强化各参建方在各环节的信息共享与协同管理，BIM 技术为各参建方组织与管理公路工程相关数据，如路基宽度、最大纵坡、极限最小平曲线半径、停车视距参数等提供了规范性的数据组织与存储标准，并利用元数据描述公路工程各参数的语义信息、规格标准、数据类型等，为公路工程实施阶段的数据存储、组织、管理、传输与共享提供了标准化基础，避免不同技术平台或软件下 BIM 模型信息存在的格式转换数据丢失、数据描述内容不清晰等问题；利用文件管理方式对各类模型资源进行管理，通过文件的权限设置、文件管理工作流设计、文件版本更新管理等，实现 BIM 技术支持下的公路工程各参建方协同管理与使用模型文件。同时，为做好公路工程的设计、采购、工艺实施、监理等工作的统筹管理与协同调度，BIM 技术提供了一系列基础构件或器件单元模型以及工作流程，以便各参建方在同一套标准与工作流程下创建与管理公路工程的承台、桩帽、桩、板梁、箱梁、桁架梁等构件模型，有力地指导构件采购、预制生产、施工组织计划编制等。

（2）协同工作方法。BIM 技术采用统筹管理与顶层设计的理念，以节点化的管理方式对公路工程各参建方在工程全生命周期内的数据进行统一应用接口管理，即公路工程各参建方的数据由单一入口进入到 BIM 数据库或模型库中，通过单一入口的汇总与权限管理，可较好地保证 BIM 数据或模型文件的安全性与访问有序性。例如，在公路工程设计阶段，设计人员利用 BIM 技术相关软件对板梁这一构件进行三维仿真模拟，在空间结构与细部关系三维刻画后，为板梁模型附加上规格大小、设计理论重量等属性参数，利用空间数据与属性数据的集成组织与管理实现板梁 BIM 模型的构建；板梁施工阶段，利用 BIM 技术相关软件的数据应用接口调取板梁的三维仿真模型，查看其诸多属性参数，更为全面地共享与获悉板梁的设计标准与质量控制要求，有效监管板梁浇筑等施工作业的质量。

（3）BIM 模型管理。BIM 技术在模型创建与更新方面提供了良好的属性图形联动机制，其将工程对象的三维模型参数化，参数调整后软件可自动渲染与更新三维模型，如修改板梁的规格参数中的高度后，板梁三维模型也会相应发生调整，并利用计算机图形引擎重新渲染出更新后的板梁三维模型。属性图形联动机制可以极大地提升工程对象 BIM 数字化建模的效率，其主要依托 BIM 技术中的构件库管理工具对工程对象的构件进行标准化，在实际公路工程设计阶段则调用相应的组件进行参数调整与构件拼装，实现公路工程对象三维模型的快速搭建。同时，BIM 技术具有强大的信息处理与科学计算能力，可继承公路工程的专业算法优化设计方案。如在对公路工程中的桥梁孔跨进行布置时，可将公路桥梁所在区域 DEM 控制点位数据、梁型信息等输入到软件中，引入模拟退火算法与强化学习方法，通过全局遍历与随机搜索对大规模孔跨布置组合求取最优解，实现对桥梁孔跨的自动测算与最优布置，提高孔跨布置的科学性。

16.2 BIM 模型在公路工程施工中的应用分析

（1）构件库开发。BIM 模型的构建与共享是公路工程设计、施工协同管理的关键。在公路工程设计阶段，需利用 BIM 技术对公路工程中各个对象如板梁、钻孔桩、桥台、连续梁等进行三维仿真建模，对各对象如板梁的长度、高度、宽度等参数进行精细化设计，并利用结构计算与碰撞测试等检查工程对象设计中存在的不合理之处并加以参数调整，利用良好的属性图形关联机制实现参数调整下三维模型的自动渲染与更新。公路工程对象的三维仿真建模与设计调整优化主要依托 BIM 技术中的构件库管理工具对工程对象的构件进行标准化，在实际公路工程设计阶段则调用相应的组件进行参数调整与构件拼装。因此，利用 BIM 技术建立公路工程的标准化构件库，设计人员可调用构件库中的工程对象三维模型。例如，利用 Revit 软件设计并开发不同规格、型号、属性、用途的公路工程对象构件族，利用 Tekla Structure 软件对构件的空间结构进行设计、对构件间的空间关系加以定义，在对构件进行分类与编号后保存到构件族库中。

（2）公路工程构件生产。公路工程对各构件设计完成后，须将设计方案与生产厂商共享，以便其采购原材料、组织生产作业。早期构件设计人员移交给生产厂商的多为二维图纸，其对构件的空间结构数据与属性数据等刻画与表达相对局限，构件的设计交底不够完整，不利于构件高质量、高精度生产。将 BIM 技术应用到公路工程设计方与生产方技术交底中，以公路工程对象的构件三维仿真模型为交底内容，生产厂商可直观查看各构件的规格、尺寸、结构、材料、属性参数等，便于构件生产人员精确掌握构件的空间结构、属性数据、预制参数，如板梁的长度、高度、宽度、中板、边板、钢筋等，确保构件生产的精准性。此外，在BIM协同工作环境与工作方式下，生产单位的构件生产方案可与公路工程施工单位的施工方案有机衔接，根据公路工程施工进度协调生产单位的原材料采购计划、生产计划与运输计划，以流程的有序衔接提高公路工程施工各环节的高效配合与有机协同（图16-1）。

图 16-1　高速公路预制构件设备示意图

（3）图纸会审与技术交底。在对公路工程对象各构件逐一设计后，可利用BIM技术对各构件三维仿真模型进行碰撞测试与错误检查，经结构计算与空间分析找到各构件拼装时存在的结构交叉、重叠、碰撞等问题，并通过调整构件三维仿真模型的属性参数或空间结构，优化构件的设计方案，提高构件设计的合理性与可行性。例如公路工程中的桥墩由桩基、承台、托盘、顶帽、牛腿、垫石等构件组成，在对各构件三维建模后，可利用结构分析方法检测各构件的空间结构交叉状况，帮助设计人员与施工人员提前规避构件不匹配问题（图16-2）。同时，依托BIM技术的结构计算分析模型，结合公路工程的几何结构、材料等测算出公路工程的荷载，以便合理利用预应力技术，量化测算灌浆量，有效控制预应力筋的伸长值在一定阈值范围内。

（4）施工过程模拟。早期公路工程施工进度管理大多依赖于施工组织计划的编制以及现场管理人员的统筹调度，施工组织计划对施工作业顺序、逻辑、时限加以设计，但受到突发性天气状况或现场机械设备协调不力等因素影响，施工进度可能会发生延误，施工作业逻辑也无法严格按照组织计划有序实施。利用 BIM 技术对公路工程的施工过程进行模拟，或对公路工程施工的关键环节与复杂工序进行提前模拟，现场管理人员与技术人员可从施工过程模拟中预先发现施工作业存在的工序逻辑错误、施工资源浪费式消耗以及施工工艺实施安全隐患等，进而纠正、调整、优化公路工程施工组织计划，确保在施工过程中各项工序推进与衔接的有效性、契合性与安全性。

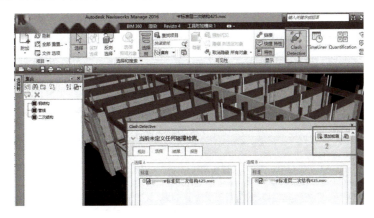

图 16-2　构件空间检测示意图

（5）施工动态控制。公路工程施工过程中，在BIM软件中输入施工现场的场地模型数据、公路工程的结构模型数据、公路工程的施工计划等，BIM 软件会按照施工计划动态执行施工节点的施工作业内容，并将不同节点的施工作业内容有效衔接与组织，建立 BIM4D

模型。在公路工程实际施工阶段，施工人员以日、月等时间周期将工程施工进度上报给管理人员，由管理人员将施工进度录入到 BIM 相关软件中，将实际施工进度与计划进度进行动态比对，以便管理人员及时发现施工进度偏差并做出调整。同时，利用 BIM 技术对公路工程施工进度进行管理，可有效关联每日、每周、每月施工进度、施工内容、构件采购、机械使用登记等环节，有效关联项目部、工程部、技术部、质量安全部等协同参与到公路工程施工、质量核查、技术培训、员工管理等业务中，实现公路工程施工的动态控制与协同管理。

工程案例

例 16-1 BIM 技术在桥梁，特别是大型复杂桥梁信息化、数字化施工建造过程中的应用越来越广泛，在提高桥梁施工质量，把控施工进度，提高施工品质等方面起到了至关重要的作用。本案例介绍 BIM 技术在新安 1 号大桥施工过程中，深化设计施工模型、检查钢筋碰撞情况、管理施工进度和安全质量等方面的应用。

1. 工程概况

新安 1 号大桥项目是海南儋州至白沙快速出口路项目的控制性重点工程，位于白沙县阜龙乡探扭村，设计行车速度为 100km/h，使用年限 100 年，桥宽 25.5m，左幅长度 813.7m，右幅长度 843.7m，桥轴为南西至北东走向，桥梁设计交角 90°；左幅桥梁布跨参数为 $3 \times 30m + 4 \times 30m + 3 \times (3 \times 40)m + 2 \times (4 \times 30)m$、右幅布跨参数为 $4 \times 30m + 3 \times (3 \times 40)m + 3 \times (4 \times 30)m$。

2. BIM 在桥梁施工设计深化中的应用

基于 BIM 的桥梁工程施工设计深化，主要包含了施工模型设计优化以及施工组织设计优化两个方面。

（1）创建施工图精度的 BIM 模型

依据设计图纸，通过建立三维 BIM 模型更好地表达设计意图（图 16-3），便于施工方提前发现设计中存在的问题，并与设计方协商解决，在施工前规避有关风险。

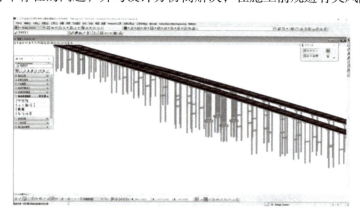

图 16-3　桥梁 BIM 三维施工模型

（2）桥梁主要构件钢筋碰撞检查

桥梁构件钢筋构造通常比较复杂，传统二维设计图纸在钢筋与预应力管道、预埋件等细节方面设计明显不足，造成桥梁构件在实际施工过程中，出现钢筋、预应力管道、预埋件之间交叉碰撞等问题，给施工带来诸多不便。而通过创建构件钢筋三维 BIM 模型，不仅可以利用相关软件检查钢筋、预应力管道及预埋件等构件之间的交叉碰撞情况，同时也可以通过三维模型检查钢筋施工、安装需要的空间和间距，发现钢筋设计中存在的问题，以此排除传统二维设计中难以发现的设计缺陷，达到优化设计的目的，还可以模拟施工，合理规划施工中机械和物料的摆放位置，有效提升施工效率和质量，缩短工期。如图 16-4 所示。

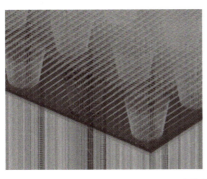 

图 16-4 桥梁钢筋碰撞检查

3. BIM 在桥梁施工进度管理中的应用

采用 BIM 技术，三维 BIM 模型结合时间、人工、资源等施工影响因素，利用三维可视化、形象化等特点，优化施工组织设计，提前发现存在的问题，以便更好地保证施工方案、施工工序组织、资源配置的合理性，加快施工进度，提高工作效率。

（1）施工进度模拟

桥梁施工过程中构件众多，作业工序错综复杂，通过将桥梁施工过程中需要的时间、人员、物料、机械设备和施工工序等与 BIM 模型关联，使用相关软件开展可视化进度推演，经过计算对比分析后，最终形成一套科学合理的施工组织方案，可总体把控整个桥梁施工的进度和质量，保证桥梁的施工质量，提高桥梁施工的经济效益。

（2）施工进度管理

通过 BIM 技术可以合理模拟施工项目，同时也可以将桥梁施工过程中涉及的实际人工、物料、时间等因素与三维 BIM 模型关联，通过模型查看施工进度总体把控资源使用情况。如图 16-5 所示。

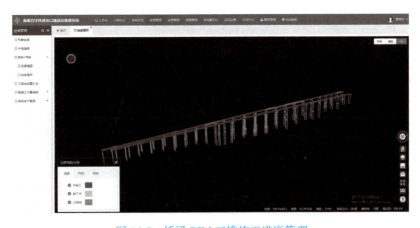

图 16-5 桥梁 BIM 三维施工进度管理

（3）施工过程中的协同合作

桥梁施工过程较为复杂，建设方、设计方、施工方、监理方等各参建方的工作情况对桥梁施工都会产生一定的影响。传统管理模式下，不同参建方之间沟通较少，协调效率不高，而采用 BIM 技术施工，可将参建各方在施工过程中的相关信息关联到 BIM 模型，达到共享数据、协调生产的目的。

4. BIM 在桥梁施工安全与质量管理中的应用

（1）安全检查

项目代建指挥部、监理、总包部、施工单位应用"安全质量检查管理系统"开展安全检查活动的循环质量管理（PDCA），利用物联网、二维码、移动互联网、BIM、地理信息系统（GIS）等技术检查危大工程、危险作业、作业环境、特种设备、特种人员等重点对象，实现检查全程留痕可追溯，并结合系统采集的数据统计分析检查结果，为安全管理决策提供数据支撑。

（2）质量检查

项目代建指挥部、监理、总包部、施工单位通过"安全质量检查管理系统"开展现场质量问题填报和问题整改下发工作，同时责任人通过系统反馈整改情况，复查人员再开展复查，实现闭环管理。应用系统能够实现质量在线审批和流转整改单，能够大幅提高整改通知下达、整改反馈的工作效率，实现检查全程信息化留痕可追溯管理。

（3）结合 BIM + GIS 技术安全与质量信息查询

根据设计数据创建项目的三维全景 BIM 模型，结合 GIS 技术，融入地形数据、高分卫星遥感影像数据、倾斜摄影数据、三维模型数据等，搭建项目重点工程的全景可视化电子沙盘，实现基于 BIM 模型的数据查询与直观展示。

5. 使用效果

本项目采用 BIM 技术后，与传统的桥梁施工模式相比具有明显的优势：一是创建了三维 BIM 模型，能够在施工前发现二维施工图中存在的问题，提前优化设计，避免施工的返工浪费；二是利用 BIM 模型结合时间、人工、材料、机械设备等要素模拟项目施工进度，优化施工组织计划，最大幅度提高了资源利用效率，提高施工速度；三是以 BIM 模型为核心，建立了参建各方统一的工作信息流，打通了信息壁垒，协调施工，提升了工程品质。

复习思考题

1. 什么是 BIM 技术？BIM 技术可以解决公路工程施工中的哪些问题？
2. 公路工程施工中采用 BIM 技术与传统的施工模式相比具有哪些明显的优势？

参考文献

[1] 朱峰. 公路工程施工[M]. 北京: 机械工业出版社, 2010.
[2] 盛可鉴. 公路工程施工技术[M]. 2版. 北京: 人民交通出版社, 2013.
[3] 董春晖, 邓小军. 公路工程施工[M]. 济南: 山东大学出版社, 2015.
[4] 殷青英. 路基施工技术[M]. 北京: 人民交通出版社, 2019.
[5] 王修山. 道路与桥梁施工技术[M]. 2版. 北京: 机械工业出版社, 2022.
[6] 交通运输部. 公路路基设计规范: JTG D30—2015[S]. 北京: 人民交通出版社, 2015.
[7] 交通运输部. 公路路基施工技术规范: JTG/T 3610—2019[S]. 北京: 人民交通出版社, 2019.
[8] 交通运输部. 公路沥青路面施工技术规范: JTG F40—2004[S]. 北京: 人民交通出版社, 2005.
[9] 交通运输部. 公路桥涵施工技术规范: JTG/T 3650—2020[S]. 北京: 人民交通出版社, 2020.
[10] 交通运输部. 公路水泥混凝土路面施工技术细则: JTG/T F30—2014[S]. 北京: 人民交通出版社, 2014.
[11] 交通运输部. 公路工程质量检验评定标准 第一册 土建工程: JTG F80/1—2017[S]. 北京: 人民交通出版社, 2018.
[12] 交通运输部. 公路交通安全设施施工技术规范: JTG/T 3671—2021[S]. 北京: 人民交通出版社, 2021.
[13] 交通运输部. 公路土工试验规程: JTG 3430—2020[S]. 北京: 人民交通出版社, 2020.
[14] 魏洋, 董峰辉, 郑开启, 等. 桥梁施工技术[M]. 北京: 人民交通出版社, 2021.
[15] 陈晓燕. BIM技术在公路工程中的应用研究[J]. 智能建筑与智慧城市, 2023(2): 175-177.
[16] 邢宝亮, 田海燕. BIM技术在公路桥梁施工中的应用[J]. 中国公路, 2021(24): 104-105.